Les Classiques de l'Humanisme

Collection publiée
sous le patronage de l'Association Guillaume Budé
dirigée par
Pierre Laurens et Alain Michel

AGOSTINO NIFO

DE PVLCHRO ET AMORE

I
DE PVLCHRO LIBER

DU BEAU ET DE L'AMOUR

I
LE LIVRE DU BEAU

Édition critique, traduction, introduction et notes

par

Laurence Boulègue

LES BELLES LETTRES

2003

Conformément au règlement de la collection,
ce volume a été relu par Pierre Laurens et Alain-Philippe Segonds.
Il a été composé par les soins de Laury André.

95, bd Raspail, 75006 Paris.
www.lesbelleslettres.com

ISBN : 2-251-34472-1

INTRODUCTION[1]

AGOSTINO NIFO (1469-1538) ARISTOTÉLISME ET HUMANISME AU CROISEMENT DES XVe ET XVIe SIÈCLES

I. ITINÉRAIRE D'UN PHILOSOPHE ARISTOTÉLICIEN DANS L'ITALIE DES XVe ET XVIe SIÈCLES

Lorsque Nifo rédigea, en 1529, le *De Pulchro et Amore*[2], il était un philosophe reconnu, auteur d'une œuvre considérable, et désormais attaché à la cour du prince Sanseverino de Salerne. Son parcours paraît en bien des points exemplaire : après de brillantes études à l'Université de Padoue, l'une des universités

1. Je souhaite exprimer ici toute ma gratitude au Professeur Pierre Laurens qui m'a aidée tout au long de la préparation de ce livre. Je le remercie des nombreuses heures qu'il m'a consacrées et de l'intérêt qu'il a toujours généreusement porté à l'élaboration de mon travail. Je suis extrêmement reconnaissante au Professeur Pierre Magnard de m'avoir encouragée et soutenue dès mon DEA : sa disponibilité, son avis, et ses conseils m'ont été précieux. L'attention bienveillante du Professeur Alain Michel, son intérêt pour Nifo, m'ont également stimulée pour entreprendre et poursuivre ce travail sur le *De Pulchro et Amore*. La lecture vigilante d'Alain-Philippe Segonds a également contribué à l'aboutissement de ce livre et je lui en suis reconnaissante.

2. En effet, le *De Pulchro* et le *De Amore* ne forment en réalité qu'un seul et même ouvrage (cf. la note sur le texte). Le *De Pulchro* fut l'objet de notre mémoire de maîtrise en 1993, alors constitué d'une traduction partielle, fondée sur l'édition de 1549, accompagnée d'un commentaire. Le *De Amore*, bien plus développé, fut l'objet de notre thèse de doctorat présentée et soutenue sous la direction du Professeur P. Laurens en 2000. La présente édition propose, en deux volumes, la somme de ce travail, augmenté, en ce qui concerne le *De Pulchro*, et remanié.

italiennes les plus renommées à la fin du XVe siècle, il obtint la chaire extraordinaire de philosophie dès l'âge de vingt-trois ans, et trois ans plus tard, la chaire ordinaire. Il enseigna ensuite dans de nombreuses autres universités, à Rome notamment, protégé par le pape Léon X, ou encore à Pise, avant de s'attacher définitivement à Salerne. Malgré cette carrière remarquable, à la fois universitaire et aulique, représentative des philosophes, écrivains et artistes de son temps, Agostino Nifo reste un philosophe sinon inconnu, du moins largement méconnu.

Actuellement, à part le *De Auguriis*[3], traduit en 1546 par Antoine Du Moulin, et le *De regnandi peritia*, traduit en 1987 par Simone Pernet-Beau et Paul Larivaille[4], l'œuvre de Nifo n'est pas accessible en français. A l'exception d'une version italienne du *De re aulica* (*Il Cortigiano del Sessa*) en 1560 et d'une récente traduction espagnole du *De Pulchro et Amore* en 1991[5], les ouvrages de Nifo ne sont guère davantage traduits dans d'autres langues. En revanche, les trente dernières années ont vu se développer, surtout chez les chercheurs anglo-saxons, des études précises sur la partie logique et scientifique de la pensée de Nifo en même temps qu'était mise en lumière l'importance de la pensée aristotélicienne dans l'Italie des XVe et XVIe siècles.

Ainsi l'œuvre de Nifo connut-elle une fortune fluctuante malgré l'intérêt qu'elle suscita chez des écrivains, penseurs et chercheurs de renom. Ses nombreux déplacements, et les lacunes biographiques qui s'ensuivent, les multiples débats et controverses esquissent la figure d'un philosophe qui fut parfois difficile à cerner, même pour ses contemporains, fervents admirateurs ou adversaires acerbes.

3. *Des augures ou divinations*, traduict par maistre Antoine Du Moulin Masconnois, in Artemidorus, *Les jugements astronomiques des songes, augmenté par Auguste Niphe sur les Augures. Et un traicté fait sur les Divinations par Antoine D.*, Lyon, Jean de Tournes, 1546.

4. S. Pernet-Beau et P. Larivaille, *Une réécriture du Prince de Machiavel : le De regnandi peritia d'Agostino Nifo*, Paris, Université de Paris X-Nanterre, 1987. Nous reviendrons dans la troisième partie sur le *De regnandi peritia* et sur l'étude de Simone Pernet-Beau et Paul Larivaille.

5. Voir la note sur le texte.

1. Bref parcours historiographique : une pensée diversement interprétée

Le jugement des contemporains : le paradigme du philosophe

De tous les humanistes de son temps, seul Mario Equicola semble avoir entretenu avec Nifo une amitié véritable. Ils se rencontrèrent probablement à l'Académie pontanienne[6] de Naples qui se caractérisait par une certaine réserve envers les néo-platoniciens de l'école de Florence tout en se défendant de l'aristotélisme des philosophes arabes tels qu'Averroès[7]. Né vers 1470 à Alveto, Mario Equicola fit ses études à l'Université de Naples et fut ensuite le précepteur d'Isabella Gonzaga en 1508-1509, puis de 1519 à 1525, année de sa mort, le secrétaire d'Isabella et de Federico Gonzaga. Il écrivit un *De opportunitate*, un *De mulieribus*, un *Il novo cortegiano*, dont il n'existe qu'un seul exemplaire privé, et le *Libro di natura d'amore*, publié en 1525, mais probablement écrit dès 1507. Les sujets des ouvrages montrent que cet auteur s'est attaché à traiter des questions de son temps, les femmes, l'amour, la cour, et son orientation philosophique n'est pas toujours aisée à déterminer tant les sujets qu'il traite sont alors en vogue. Mais le *Libro di natura d'amore* se démarque ponctuellement, par certaines prises de position, des propos habituellement tenus dans les traités d'amour qui fleurirent au cours du XVIe siècle. Nifo, à son tour, traita ces thèmes dans le *De Pulchro et Amore*, en 1530, et aussi dans le *De re aulica*, en 1534. Les deux hommes, à bien des égards, sont proches et, malgré des divergences, perceptibles dans le *De Amore*, des affinités de pensée y sont aussi sensibles : Equicola est cité par Nifo, dans le premier chapitre du *De Amore*, parmi les

6. Il est, entre autres, répertorié comme membre de l'Académie pontanienne par Pasquale Panvini dans sa *Biografia dei re di Napoli*. Cf. Panvini, 1825, p. 284.

7. Au début du XVIe siècle, l'influence aragonaise s'exerce à Naples. Mais il n'y a pas vraiment de politique homogène et, selon A. Antonaci, on ne peut pas parler « d'école napolitaine » comme on peut le dire de Padoue, Venise, Ferrare ou Florence. L'influence de Pontano y fut très forte et s'y retrouvent divers philosophes aristotéliciens sans opposition radicale au platonisme. Cf. A. Antonaci, 1978, p. 95-116.

principales autorités sur le sujet, et lui-même avait dédié à Nifo son *De Oportunitate*, en 1507, en termes très élogieux : *Instar regum et principum uirorum unus mihi es omnium, Niphe eminentissime*[8].

Outre cette amitié significative, Nifo semble avoir marqué l'esprit de bon nombre d'auteurs de son temps. En effet, il fut l'un des professeurs de Scaliger qui le cite aux côtés de Pomponazzi ou Zimara dans l'avis au lecteur de son *Exotericarum exercitationum, liber quintus decimus de subtilitate*[9]. Dans ce témoignage, Nifo apparaît encore fortement lié à la tradition aristotélicienne et averroïste de l'école de Padoue, et il est mentionné parmi les grands noms de philosophes qui marquèrent Scaliger. Il eut également pour élève Gilles de Viterbe qui se démarqua, par la suite, des positions aristotéliciennes de son maître pour rejoindre l'école platonicienne[10]. L'impact laissé par Nifo est encore plus frappant quand on voit que Galeazzo Florimonte, évêque de Sessa, un de ses disciples et admirateurs, a consacré un ouvrage entier, édité la première fois en 1554, à la présentation de sa pensée : *Ragionamenti di M. Agostino da Sessa con l'illustriss. s. Principe di Salerno, sopra l'Etica d'Aristotele.* Florimonte met en scène une discussion sur l'*Ethique* d'Aristote entre Nifo et le prince de Salerne, dans un dialogue de forme platonicienne où Nifo est le maître qui répond aux questions de son élève et protecteur. L'ouvrage montre comment était perçu l'ensemble de la pensée de Nifo, et il y apparaît comme le philosophe aristotélicien de référence : les deux interlocuteurs abordent des sujets variés, tous centrés autour de l'éthique (l'amitié, le bonheur, la vertu, la vie contemplative). Certaines des questions présentes dans l'ouvrage de Florimonte

8. M. Equicola, 1507, première page (sans pagination).

9. J. C. Scaliger, 1557, p. 111 : *Averrois autem dispositiones secutus sum : propterea quod primis Lycei Sacris initiatus in illius uiri uerba iurare coactus sum a praeceptoribus meis, Buccaferrea, Petro Pomponatio, Zimarra, Tiberio, Nipho, qui, ut ingenue fatear, saepius Aristotelem ad Averroim quam hunc ad illum referebant.*

10. Voir F. Fiorentino, 1885, p. 254-255. Sur le platonisme de Gilles de Viterbe, voir l'article de A. M. Voci, 1986, p. 477-508.

sont posées dans le *De Amore* : ainsi, l'amour de soi, abordé dès les premières pages, est défini comme un sentiment naturel, légitime, mais qui n'est pas à mettre au premier rang[11]. De même, plus loin, est évoquée la question du plaisir, lui aussi naturel et légitime[12]. Florimonte aborde, sans les approfondir, tous les aspects essentiels et problématiques de la pensée de son maître dans une présentation où ne se trouve nulle trace de l'influence averroïste et où les propos de Nifo paraissent tirés d'une lecture directe d'Aristote. Ce témoignage est précieux, moins dans le fond – Florimonte, dans cette seconde moitié du XVIe siècle, semble avoir gommé les aspects les plus provocateurs de la pensée de Nifo – qu'en ce qu'il révèle l'importance que revêtait Nifo aux yeux de ses contemporains. Cela est sensible aussi dans le dialogue de Nicolò Franco *Où le philosophe et le poète débattent sur la question de la prééminence* : le philosophe est Nifo, le poète, Sannio. Le philosophe reproche aux poètes de croire les fables plutôt que la raison, et le poète plaide pour l'interprétation allégorique ; c'est une question qui apparaît, en effet, dans le *De Amore* où Nifo dénie plus d'une fois aux poètes toute autorité en matière philosophique. Cette querelle n'est qu'un jeu, et, à la fin du dialogue, Nifo et Sannio se réconcilient, car la philosophie et la poésie sont deux sœurs[13]. Là encore, Nifo est pris comme modèle du philosophe aristotélicien.

Un autre témoignage, moins remarquable en soi mais plus proche de certains thèmes abordés dans le *De Pulchro et Amore*, montre la renommée de Nifo : il s'agit d'un traité sur les femmes, fort misogyne, écrit par Michelangelo Biondo[14], où Nifo est l'interlocuteur de Socrate. Dans ce dialogue, Nifo apparaît comme le disciple ignorant qui interroge son maître, Socrate.

11. G. Florimonte, 1554, f. 6.

12. G. Florimonte, 1554, f. 102 : *Questi tali giuochi e ingeniosi motti sono certi movimenti dell'animo per gli quali si conoscono i costumi e gli habiti suoi ; non altramente che i movimenti del corpo diano inditio della sanità o della infirmità delle membra : egli si vede che la gente è naturalmente inclinata a i giuochi et a i piaceri.*

13. N. Franco, 1579, f. 242.

14. M. Biondo, *Angoscia, Doglia e Pena, le tre furie del mondo*, p. 15.

Les propos tenus ne semblent pas être le reflet de la pensée réelle de Nifo mais, dans le *prooemium*, Michelangelo Biondo, se présente comme son disciple[15]. Bien qu'il ne semble pas très fidèle à la pensée de Nifo sur les femmes, se réclamer de Nifo, selon l'auteur, était visiblement un gage de crédibilité. Bien plus instructive est la transcription de la pensée de Nifo par Le Tasse. En effet, celui-ci a également mis en scène Nifo dans un de ses dialogues consacré à la question du plaisir, *Il Nifo ovvero del piacere*[16], en 1581, et Nifo est reconnu par Le Tasse comme un philosophe de référence, qui réalise sur ce point la synthèse de la pensée de Platon et d'Aristote.

Enfin, ce n'est pas seulement en tant que philosophe que Nifo est évoqué par ses contemporains, mais aussi en tant que médecin, comme le montre la dédicace de Ferdinando Ponzetto en ouverture d'un traité qu'il écrivit sur les poisons, *De Venenis*[17].

Une personnalité critiquée

Tous ces textes témoignent de l'importance et de l'estime qu'accordaient à Nifo les écrivains de son temps. Mais cette reconnaissance a dû s'accompagner aussi de critiques, si l'on en juge par la notice de Paul Jove sur Nifo dans son *Gli elogi degli uomini illustri*, publié pour la première fois en 1557. Il est certes retenu par Jove parmi les philosophes et les professeurs

15. M. Biondo, in *Trattati del Cinquecento sulla donna*, a cura di Giuseppe Zonta, 1913, p. 74 : *Si che avendo armato me medesimo di infinita pazienzia me adormentai sotto un verde lauro, appoggiando il mio capo sopra ad un marmo, dove io avea fatto scolpire la imagine di Socrate e di Nifo, mio maestro. Di sorte mi parue che tutti dua si presentasseno davanti a me, raggionando della mia donna. Il che dilettandomi stava ascoltando ; e, finito che ebbeno il suo ragionamento, me imposeno che sopra di cio dovesse io scrivere il parere mio. Si che, per obedienzia de' miei maestri, sopro il loro raggionamento dirò' quanto ho ricevuto da la loro dottrina.*

16. Eugenio Garin signale ce traité du Tasse dont nous reparlerons plus longuement. Cf. E. Garin, 1947, p. 208-209.

17. F. Ponzettus, 1562, p. 516 : *Ferdinandus Ponzettus cardinalis Melfitensis Augustino Nypho philosopho praeclaro, salutem. Superest ergo studiose mi Augustine occultorum naturae fidelis interpres ut ante editionem aliquod tempus huic operi diligenter accommodes, et si quid invenies quod discipleat, non pigeat nunciare, eo maxime ne nobis accidat quod vulgo dicitur : dum a veneficis praecavere studemus, aliquos latenter instruere videamur.*

aristotéliciens et il lui reconnaît un esprit fertile et libre. Cependant, Jove dénigre aussi Nifo : critiquant le style du philosophe, qu'il juge rude, il signale qu'il fut averroïste, mais relève surtout qu'il était en fait peu constant. Par ailleurs, il semble prendre un certain plaisir à le décrire comme un vieillard trop sensible à l'amour des jeunes femmes et oublieux de la réserve qui sied à son âge. Cette notice est en fait très mitigée, et les attaques, assez perfides, portent surtout sur l'homme[18]. Nous les retenons, car elles semblent bien être en partie à l'origine du discrédit qui pesa sur Nifo auprès d'un certain nombre de critiques par la suite. Jove fut un collègue de Nifo à Rome : en 1514, Nifo percevait trois cents ducats de salaire à la chaire de philosophie ordinaire, Paul Jove, à la chaire de philosophie morale, seulement cent trente florins[19]. Peut-être lui en était-il resté quelque rancune.

Gabriel Naudé et les critiques des XVIIe, XVIIIe et XIXe siècles

Gabriel Naudé, haute figure du libertinisme du XVIIe siècle en France, fut un grand admirateur de Nifo dont il édita en latin un certain nombre d'œuvres dans les *Opuscula moralia et politica*[20] (1645), parmi lesquels se trouve le *De Pulchro et Amore.* Cette édition est précédée d'une introduction (non paginée), un *iudicium*[21], où Naudé célèbre chez Nifo la liberté de ton et de

18. P. Giovio, 1972, p. 115-116, repris par P. Bayle, 1720, tome III, p. 3002 : Nifo serait mort d'avoir trop dansé à ses secondes noces !

19. V. Martelli, 1564, appendice p. 1-26 (lettre du 26 juin 1537). A ce moment-là, à Rome, le ducat et le florin avaient à peu près la même valeur.

20. Les *Opuscula moralia et politica* regroupent le *Prima pars opusculorum in quinque libris diuisa*, édité à Venise en 1535, composé des *De uera uiuendi libertate, De diuitiis, De his qui in solitudine apte uiuere possunt, De sanctitate et de prophanitate, De misericordia*, et les *De pulchro et amore (1530), De regnandi peritia* (1523), *De principe* (1521), *De rege et tyranno* (1526) et le *De re aulica* (1534). L'intérêt de Gabriel Naudé pour Nifo est antérieur à cette édition puisqu'il mentionne déjà Nifo comme un commentateur aristotélicien de référence dans l'*Apologie pour tous les grands personnages qui ont été faussement soupçonnés de magie* (1624-1625). Cf. G. Naudé, 1998, p. 263-264.

21. Voir notre communication au second Congrès de la Société française des Etudes Néo-latines (mars 2003), « Gabriel Naudé et la figure du philosophe dans le *iudicium* de l'édition des *Opuscula moralia et politica* (1645) d'Agostino Nifo ». A paraître dans les actes du colloque (fin 2003-04).

pensée qui, selon lui, éclate dans ses œuvres qualifiées d'aristotéliciennes. Ainsi admire-t-il particulièrement le *De Intellectu*, un des premiers livres du jeune Nifo, très marqué alors par l'averroïsme padouan, qui provoqua la colère de certains ordres religieux, puisqu'il remettait en cause l'immortalité de l'âme. Le *De immortalitate animae* (1518), qui soutient des thèses plus conformes aux dogmes de l'orthodoxie chrétienne, lors de la fameuse controverse avec Pomponazzi, est implicitement présenté par Naudé comme une allégeance nécessaire après la première audace commise dans le *De Intellectu*. Naudé est également très élogieux à l'égard des prises de position de Nifo contre les thèses des astrologues[22]. Entreprise de valorisation, le *iudicium* de Naudé encense et justifie Nifo sur tous les fronts, y compris sa liberté de mœurs, son goût prononcé pour les plaisanteries et les jeux de mots, en remarquant, d'une part, que bien d'autres auteurs du XVIe siècle en Italie se laissaient aller à ce genre de licences, et en rappelant d'autre part qu'il fut un philosophe reconnu et célébré. Sa source principale est Paul Jove qu'il réfute ici en bien des points. En outre, il insiste sur les honneurs dont Nifo fut gratifié par le pape Léon X en 1520 et reproduit le privilège *Priuilegium Augustini Niphi Suessani comitis Palatini.* L'intérêt que Naudé porte à Nifo est en soi assez significatif ; le soin qu'il prend à le disculper l'est également et laisse penser que Nifo était déjà probablement contesté et attaqué.

Par la suite Nifo fut la plupart du temps ignoré. En Italie, il est absent du *De scriptoribus non ecclesiasticis Graecis, Latinis, Italicis* de Jacopo Gaddi, en 1648, et il faut attendre le XVIIIe siècle pour trouver à nouveau sa trace dans des ouvrages qui ne lui sont pas exclusivement consacrés, plutôt dans des encyclopédies et des ouvrages généraux, où il apparaît incidemment au détour d'une notice. Le *De Gymnasio Romano et de eius professoribus ab*

22. Nifo écrivit un *De falsa diluuii prognosticatione, quae ex conuentu omnium planetarum qui in piscibus continget anno 1524*, imprimé à Bologne en 1520, dans lequel il s'attache à détruire les prophéties d'un mathématicien allemand, Stöffler de Tübingen, qui avait prédit un déluge pour l'année 1524. Voir P. Zambelli (ed.), *Astrologi hallucinati*, 1986, p. 5-6 et, dans le même ouvrage, A.-M. Lecoq, p. 220-222.

Urbe condita usque ad haec tempora[23] de C. R. Josepho Carafa, en 1751, nous offre un rapide aperçu de la vie et de l'œuvre de Nifo. De même, il est brièvement évoqué par Jacobo Facciolati dans ses *Fasti gymnasii Patauini*[24]. En revanche, Bartolomeo Chioccarello consacre à Nifo une notice assez longue et assez élogieuse du *De illustribus scriptoribus qui in ciuitate et regno neapolis ab orbe condito ad annum usque MDCXXXXVI floruerunt*[25]. B. Chioccarello, tout en signalant les jugements péjoratifs portés sur Nifo, tend à le défendre et à le valoriser en le considérant comme un philosophe extrêmement savant et complet, jalousé par ses contemporains[26]. Mais, c'est une exception. En général, les critiques restent très réservés, voire ouvertement négatifs. C'est le cas d'Angelo Fabroni qui, dans son *Historia Academiae Pisanae*[27], juge ineptes les livres de Nifo, excepté quelques-uns, dont le *De Pulchro et Amore*, mais il ne précise pas pour autant en quoi réside leur intérêt.

En France, la source principale semble être le *Dictionnaire historique et critique* (1696-97) de Pierre Bayle[28], dont s'inspirent ensuite Niceron et Michaud. Bayle reflète bien la confusion des idées et des jugements sur Nifo et son œuvre. Dans la continuité de Naudé, il tente de retracer la biographie du philosophe à partir, semble-t-il, des mêmes sources. Visiblement plus influencé par la lecture de Paul Jove, il montre moins d'indulgence à l'égard des mœurs de Nifo, notamment son comportement de courtisan. Plus réservé, il ne partage pas l'admiration inconditionnelle de Naudé, mais il reconnaît volontiers, conformément à la tradition libertine, ses mérites de philosophe en signalant que Nifo est l'un des seuls contradicteurs de Pomponazzi auquel ce dernier ait daigné répondre. La

23. C. R. J. Carafa, 1751, tome II, p. 330-331.
24. J. Facciolatti, 1757, tome II, p. 111.
25. B. Chioccarello, 1780, p. 76-84.
26. B. Chioccarello, 1780, p. 83 : *Porro Augustinus, etsi uir undequaque doctissimus et in omnium litterarum campo uersatus, non tamen caruit aculeis aemulorum, et qui ipsius doctrinam acutis dentibus lacerarent et parui penderent.*
27. A. Fabroni, 1791, p. 318.
28. P. Bayle, 1720, p. 2099-3002.

controverse avec Pomponazzi a probablement terni aux yeux de Bayle la grandeur que Naudé attribuait à Nifo, et cette circonspection sera désormais prédominante chez les critiques français. Le père Niceron, dans ses *Mémoires des hommes illustres*[29], reste très proche de Pierre Bayle, et s'indigne des licences que prend Nifo dans le *De Pulchro et Amore*, mais il ajoute le catalogue de ses œuvres à la fin de sa notice[30]. Bayle et Niceron, cependant, s'efforcent de rester objectifs en signalant tout de même l'importance de Nifo dans son époque.

A la fin du XVIIIe siècle, Girolamo Tiraboschi se réfère souvent à Bayle lorsqu'il rédige quelques pages sur Nifo dans sa *Storia della letteratura italiana*[31] où il ne manque pas de le critiquer. En effet, G. Tiraboschi semble avoir fait des recherches biographiques et bibliographiques plus poussées. Par ailleurs, les prétendues libertés déplacées de Nifo ne semblent pas l'affecter puisqu'il cite l'indignation de Niceron à propos du *De Pulchro et Amore* sans la reprendre à son compte, et peut-être même peut-on percevoir une légère ironie dans ce passage[32]. Ainsi, en cette fin du XVIIIe siècle, en Italie au moins, les critiques sur Nifo se font moins partisanes, mais on ne perçoit pas un réel regain d'intérêt pour son œuvre. Toutes les informations ne sortent pas du cadre des dictionnaires et autres ouvrages généraux.

Au XIXe siècle, Nifo est pratiquement oublié. On peut tout de même signaler les deux pages de la *Biographie universelle ancienne et moderne*[33], dirigée par Michaud, qui semblent directement inspirées du dictionnaire de Pierre Bayle, où l'auteur reprend à son compte de manière plus marquée encore les critiques à l'égard des « obscénités » du *De Pulchro et Amore* et du *De re aulica*. En 1870 en Italie, Luigi Settembrini, dans une

29. J.-P. Niceron, 1727-1745, tome 18, p. 52-71.
30. J.-P. Niceron, 1727-1745, tome 18, p. 63-71.
31. G. Tiraboschi, 1784-1794, VII, parte 2, p. 432-436.
32. G. Tiraboschi, 1784-1794, VII, parte 2, p. 436.
33. M. Michaud, 1854, p. 597-598.

notice des *Lezioni di letteratura italiana*[34] qui ne présente pas d'intérêt biographique[35], s'intéresse particulièrement au *De regnandi peritia*, paru en 1523 à Naples, et montre sa similitude avec le *Prince* de Machiavel. Selon L. Settembrini, Machiavel a pris la matière de son livre à Nifo (par la suite, les critiques feront l'analyse inverse) malgré leurs points de vue divergents. Nifo s'efface de plus en plus des ouvrages généraux, même si on peut le trouver incidemment signalé ici ou là. En revanche, à la fin du XIXe siècle, enfin, des ouvrages plus spécialisés s'intéressent à lui bien qu'il n'en soit pas le sujet principal.

La critique d'Ernest Renan à nos jours

En 1852, Ernest Renan est amené à regarder assez précisément l'œuvre de Nifo, du moins ses premiers ouvrages, dans sa fameuse étude *Averroès et l'averroïsme*[36]. La pensée de Nifo lui paraît intéressante au début de son enseignement à Padoue, quand il critiquait l'immortalité de l'âme. Par la suite, selon Renan, Nifo s'est rallié à l'orthodoxie et son œuvre, devenue conventionnelle, n'offre plus grand intérêt et surtout manque de cohérence. Le point de vue de Renan est certainement conditionné par son sujet et par ses propres partis pris : il s'intéresse à l'averroïsme et n'aborde Nifo que dans cette optique, si bien qu'on ne peut manquer de percevoir la déception de l'auteur quant à l'évolution du philosophe. Quand ce dernier ne semble plus avoir de rôle contestataire vis-à-vis de la religion, il s'en désintéresse sans chercher à pénétrer davantage sa pensée, préférant se retrancher derrière des jugements un peu hâtifs et légèrement ironiques. Toujours est-il que Nifo est considéré, au moins dans ses premières années, comme un philosophe qui a marqué l'histoire de l'Université de Padoue à la fin du XVe siècle. L'épisode qui jusque-là avait valu à Nifo

34. L. Settembrini, 1870, p. 170-171.
35. Luigi Settembrini donne sans justification 1478 pour l'année de naissance de Nifo (L. Settembrini, 1870, p. 170).
36. E. Renan, 1861, chap. III, p. 355-371.

tant de réticences est désormais celui qui suscite le plus d'intérêt. Ainsi renaît une certaine considération, du moins pour cette partie du parcours du philosophe, bien que la critique reste encore réservée. Rares sont les ouvrages, ou même les articles, qui lui sont exclusivement consacrés.

Le premier à avoir tenté une réelle et globale réhabilitation de Nifo est Pasquale Tuozzi, au tout début du XXᵉ siècle, alors qu'il était chargé par l'Université de Padoue d'écrire un article pour les *Atti e memorie della Reale Academia di scienze e lettere di Padova*[37]. L'enquête biographique, plus approfondie qu'auparavant, s'appuie sur de multiples recherches, notamment dans les archives des universités, et ne se contente plus des encyclopédistes sus-cités. De plus, l'article témoigne d'une réelle volonté de pénétrer les intentions et les idées de Nifo, notamment sur les points les plus délicats, à savoir le débat sur l'immortalité de l'âme et le *De regnandi peritia*, si proche du *Prince* de Machiavel[38]. Pasquale Tuozzi, vu la nature de son travail, qui est une commande, a certes tendance à valoriser son sujet, mais il emploie une méthodologie et une recherche historique rigoureuses, ce qui en fait une source biographique précieuse.

Giuseppe Saitta consacre quelques pages à Nifo dans *Il pensiero italiano nell'umanesimo e nel Rinascimento*[39] où il dégage les points de sa philosophie qui lui paraissent les plus intéressants, surtout, selon lui, les bases du raisonnement scientifique. Bien qu'il trouve que l'ensemble de l'œuvre manque un peu de vigueur philosophique, Saitta voit dans sa pensée une forme d'averroïsme christianisé, ce qui est encore une nouvelle approche de la pensée de Nifo. Tous les critiques ne sont cependant pas si élogieux, mais les préjugés des siècles précédents, particulièrement centrés sur la vie et la personnalité du philosophe plutôt que sur l'étude de son œuvre, sont nettement moins prégnants. Cependant, Leopoldo Cassese, dans les *Atti del Centro di Studi di medecina*

37. P. Tuozzi, 1903-1904, p. 63-86.
38. Voir le chapitre suivant.
39. G. Saitta, 1949, p. 277-282.

medievale[40] (1958), le présente encore, sans étude approfondie de son œuvre, comme un écrivain versatile dont la renommée fut supérieure au mérite[41], et l'article se clôt sur le constat affligeant d'un homme présenté davantage comme un courtisan que comme un véritable savant[42]. Les sources de Leopoldo Cassese sont indiscutablement Paul Jove et Pierre Bayle et, surtout, l'auteur ne semble pas avoir lu directement un seul livre de Nifo. Quant aux encyclopédies, elles restent assez neutres et présentent des biographies sommaires, plus ou moins exactes. Mais si, en général, la controverse avec Pomponazzi n'est plus un motif de rejet, comme c'était le cas chez Renan, ce qui, à présent semble particulièrement blâmable, c'est l'imitation honteuse, voire le plagiat, du *Prince* de Machiavel. Ainsi, *l'Enciclopedia Italiana*[43] considère le *De regnandi peritia* comme une traduction latine à peine dissimulée du *Prince* ; et l'*Enciclopedia cattolica*[44] pense que Nifo a directement copié des pages du manuscrit de Machiavel. En France, l'*Histoire de la philosophie, de la Renaissance à la Révolution kantienne*[45] n'est guère plus favorable. Dans tous ces jugements, les remarques de Pasquale Tuozzi à ce sujet ne sont pas prises en compte.

Par la suite, les critiques qui se sont intéressés aux deux points sensibles que sont la controverse avec Pomponazzi et le *De regnandi peritia* présentent encore des avis variés et contradictoires. Pour ce qui est de sa biographie, la contribution d'un historien local, natif de Sessa comme Nifo, mérite d'être retenue : Gennaro Monarca a en effet entrepris, dans un ouvrage paru en 1975[46], de tracer la vie de Nifo, et ce sera sur certains points une aide précieuse. Les auteurs qui ont tenté d'avoir une vue globale, même rapide, de l'œuvre de Nifo soulignent en général l'intérêt

40. L. Cassese, in *Rassegna storica Salernitana di storia patria*, 1958, appendice, p. 3-17.
41. L. Cassese, 1958, p. 4.
42. L. Cassese, 1958, p. 17.
43. *Enciclopedia Italiana*, 1949, p. 811.
44. *Enciclopedia Cattolica*, tome VIII, 1952, p. 1876.
45. Y. Belaval (éd.), 1973, p. 94-95.
46. G. Monarca, *Agostino Nifo, vita ed opere : traccia per una riscoperta*, 1975.

historique du philosophe, tout en restant plus ou moins réservés en ce qui concerne l'originalité de sa pensée. Ainsi, *La Filosofia*[47] d'Eugenio Garin, en 1947, est un point de départ fructueux qui permet de situer Nifo avec plus de nuances en établissant des ponts entre les divers courants philosophiques que sont l'aristotélisme, dans toute sa variété, l'averroïsme et le platonisme. Même si ces quelques pages restent encore assez générales, elles annoncent une vision plus complexe et plus fine des études philosophiques à la Renaissance bien que Garin, attaché à établir l'existence et la légitimité d'une philosophie humaniste et à marquer, à juste titre, les points de rupture avec la période médiévale, n'ait pas voulu voir en Nifo et en d'autres de véritables représentants de cette philosophie[48].

Depuis une trentaine d'années, cependant, en même temps que se développent les études sur l'aristotélisme à la Renaissance, envisagé dans toute sa complexité, quelques auteurs vont s'attacher plus précisément à l'œuvre de Nifo. Paola Zambelli, dans un article « I problemi metodologici del necromante Agostino Nifo »[49], paru en 1975 dans la revue *Medioevo*, voit en Nifo un philosophe original. Mais, c'est surtout chez les universitaires et critiques anglo-saxons, dans la lignée de Paul Oskar Kristeller, que les recherches paraissent les plus fructueuses. Ainsi, E. J. Ashworth, dans son article « Agostino Nifo's reinterpretation of medieval logic »[50] (1976), distingue lui aussi Nifo dont il estime la pensée riche et représentative d'un aristotélisme nourri de multiples influences, perceptibles,

47. E. Garin, 1947, p. 32-36.

48. E. Garin, 1989 (première édition 1954), p. 17-35. Eugenio Garin ne voit chez Nifo ou Zimara, et chez les représentants de Bologne et de Padoue en général, qu'une philosophie académique et bavarde, sans lien avec le renouveau humaniste qu'il voit à l'œuvre, à juste titre, non seulement dans les lettres et dans les arts mais aussi dans la philosophie. Les modifications profondes de certains courants aristotéliciens à la fin du XVe et au début du XVIe siècle, confortant pourtant ses analyses générales sur la spécificité de la période Renaissance, ne lui sont pas apparues et il ne les a pas intégrées dans sa vision d'ensemble.

49. P. Zambelli, 1975, p. 129-171.

50. E. J. Ashworth, *Rivista critica di storia della filosofia*, 31 (1976), p. 355-374.

selon lui, dans la partie logique de son œuvre avec notamment les *Dialectica ludicra.* Le même ouvrage, dans la même revue, suscite l'intérêt de Lisa Jardine en 1981 dans un article intitulé « Dialectic or dialectical rhetoric ? Agostino Nifo's criticism of Lorenzo Valla »[51]. Cependant, le seul à montrer un intérêt constant pour la philosophie d'Agostino Nifo est Edward P. Mahonney : de 1968 à 1992, il a écrit de nombreux articles[52] qui éclairent aussi bien sa vie que sa pensée, le situant toujours dans les discussions et les débats de son temps, éclairant ainsi des points précis tout en ouvrant des perspectives d'interprétation générale, notamment sur l'évolution de son aristotélisme. Il est relayé par Charles B. Schmitt, moins centré sur Nifo, mais spécialiste de l'aristotélisme à la Renaissance, et dont l'ouvrage, *Aristote et la Renaissance*[53], croise Nifo à plusieurs reprises en le considérant comme un auteur éclectique qui, sous l'intitulé général d'aristotélisme, s'efforce à une synthèse de toute la philosophie[54]. Grâce aux contributions de ces deux chercheurs, plutôt axées sur la philosophie des sciences et la logique, l'importance de Nifo paraît désormais incontestable.

Nifo laisse donc de moins en moins indifférent et on peut constater, aujourd'hui, un nouvel intérêt pour son œuvre, ou du moins certains aspects de sa pensée, qui suscitent encore critiques et interprétations diverses. Il manque encore une analyse complète de l'ensemble de la pensée de Nifo et de son évolution ; et on le comprend, tant son œuvre est importante et foisonnante. Sans prétendre pallier ce manque, l'étude que nous proposons tente de dégager une certaine cohérence à travers la reconstitution de son parcours et la présentation des œuvres-clés qui furent l'objet d'une attention particulière de la part de la critique.

51. L. Jardine, 1981, p. 253-270.

52. Trop nombreux pour être cités ici, ces articles sont donnés dans la bibliographie.

53. C. B. Schmitt, 1992 (première édition *Aristotle and the Renaissance*, 1983). Voir la bibliographie pour les autres articles de cet auteur.

54. C. B. Schmitt, p. 123.

2. Biographie : de la notoriété à l'oubli

Les informations dont nous disposons pour retracer la vie d'Agostino Nifo manquent souvent de précision. Aussi les biographes doivent-ils souvent se contenter de déductions et, comme elles sont elles-mêmes divergentes d'un auteur à l'autre, nous devons nous aussi nous contenter de proposer des dates probables et, parfois, une chronologie relative.

Naissance et lieu de naissance : problèmes de datation

Au sujet du lieu de naissance d'Agostino Nifo, deux positions très nettes se dégagent chez les différents biographes, certains se contentant de répéter l'opinion de leurs prédécesseurs. Soutenue par Barrio[55], Naudé[56], et reprise par les encyclopédistes comme Bayle[57] et Niceron[58], la première situe la naissance d'Agostino Nifo à Japoli, en Calabre. En fait, ces différents auteurs se fondent tous sur Barrio ou se reprennent les uns aux autres les données biographiques jusqu'à former une première « tradition ». Or Gabriele Barrio, lui-même originaire de Calabre, a voulu retracer une histoire de sa région et, par-là même, la valoriser. Il pourrait bien avoir faussé certaines informations afin de glorifier la Calabre de noms illustres. C'est du moins le jugement que porte Gennaro Monarca[59], et, en effet, Barrio n'offre aucune preuve de son affirmation. Ainsi, se perpétua l'idée qu'Agostino Nifo naquit à Japoli, en Calabre, et qu'il gagna Sessa plus tard, fuyant les mauvais traitements de sa belle-mère, pour y être précepteur. Ce serait donc par reconnaissance envers sa ville d'adoption, Sessa, qu'il aurait écrit en être originaire.

55. G. Barrio, 1737 (première édition 1571), L.II, chap. XIII, p. 145

56. G. Naudé, in A. Nifo, 1645, introduction aux *Opuscula moralia et politica* (sans pagination).

57. P. Bayle, 1720, p. 2099.

58. J.-P. Niceron, 1727-1745, tome18, p. 52.

59. G. Monarca, 1975, p. 16. Monarca, de plus, présente quelques pages très bien documentées sur la famille, le lieu et la date de naissance de Nifo. La reconstitution événementielle semble juste, excepté un certain flou pour la période allant de 1503 à 1516.

Une seconde « tradition » situe la naissance de Nifo à Sessa. C'est l'avis de Panvini[60], Michaud[61], de l'*Enciclopedia cattolica*[62], relayés par les biographes du XXe siècle comme Tuozzi[63] et Monarca[64]. Cette deuxième proposition paraît à la fois plus simple et plus digne de confiance, car elle s'appuie sur une argumentation solide. Tout d'abord, comme le reconnaît implicitement Gabriele Barrio lui-même, nombreuses sont les assertions où Nifo affirme être originaire de Sessa[65] : on peut se reporter aux premières pages de bien des traités du philosophe, surtout les ouvrages antérieurs à 1520, année où Léon X lui octroya le droit d'user du nom de Médicis. De plus, de nombreux documents[66], même si les sources premières semblent perdues, attestent la présence des Nifo à Sessa dès 1440, période où éclata la guerre entre René d'Anjou et Alfonso I d'Aragon. Domizio Nifo, grand-père d'Agostino Nifo, et son frère Giovanni suivirent Marino Marzano I, quatrième duc de la ville de Sessa, marié à Eleonora d'Aragon. Originaires de Calabre, depuis 1440 les Nifo

60. Panvini, 1825, p. 284. Panvini, à l'occasion de ses recherches pour sa *Biografia dei re di Napoli,* ne fait que citer Nifo parmi les membres de l'Académie napolitaine avec la précision *nato nella città di Sessa.*

61. M. Michaud, 1854, vol. XXX, p. 597.

62. *Enciclopedia Cattolica,* 1952, tome VIII, p. 1876.

63. P. Tuozzi, 1903-1904, p. 63.

64. G. Monarca, 1975, p. 15.

65. On peut, par exemple, le constater dans le titre de l'édition de 1497 de la *Destructio destructionum* : *Destructiones destructionum Averroys cum Augustini Niphi de Suessa expositione.* En revanche, pour le *De Pulchro et Amore,* rédigé en 1529, Nifo préfère accoler à son nom celui des Médicis : *Augustini Niphi Medicis libri duo, De Pulchro primus, de Amore secundus.*

66. G. Tommasino (1921, p. 124-125) rapporte le récit du passage des Nifo de Tropea, en Calabre, à Sessa, fait par T. de Masi dans un manuscrit de 1719 non édité, intitulé *Descrizione delle famiglie del primo ceto di Sessa Aurunca.* Monarca reprend Tommasino sur ce point dans sa biographie (G. Monarca, 1975, p. 9-11). De plus, P. Tuozzi rapporte que le grand-père de Nifo aurait reçu de Marino Marzano la concession d'une maison à Sessa dans le quartier dit de San Nicola, ainsi que quelques terrains en février 1446. Tuozzi s'appuie, lui aussi, sur Tommaso de Masi qui consulta un acte public qui se trouvait encore dans les archives de Sessa en 1761. Mais T. de Masi écrit que cette maison fut donnée, non à Domizio Nifo, mais à son frère Giovanni. Tuozzi semble avoir fait une confusion sur ce point précis, mais l'ensemble confirme l'hypothèse d'une présence ancienne des Nifo à Sessa (P. Tuozzi, 1903-1904, p. 63). De plus, selon Monarca, les deux frères profitèrent de ce patrimoine (G. Monarca, 1975, p. 11).

vécurent à Sessa, et Domizio Nifo, qui était déjà baron de Japoli et de Coccorioli avant de suivre Marino Marzano, eut deux fils, Giovanni et Giacomo, père d'Agostino Nifo[67]. Il semble donc qu'on puisse affirmer avec une quasi-certitude qu'Agostino Nifo naquit à Sessa.

Les hypothèses sur l'année de naissance du philosophe sont encore plus nombreuses. Michaud, Niceron et Bayle avancent l'année 1473 sans justifier leur choix[68]. Pasquale Tuozzi avance l'année 1472, tout en admettant une certaine approximation : il se fonde sur le *De re aulica*, imprimé en 1534, où Nifo affirmerait avoir dépassé depuis peu sa soixante et unième année[69]. Chioccarello, en se référant à l'arbre généalogique de la famille Nifo, lut (mais c'est probablement une erreur) qu'Agostino Nifo avait soixante trois ans quand il mourut en 1538, et le fait donc naître en 1475[70]. D'autres auteurs, plus récents, comme Mahoney, proposent parfois l'année 1470[71].

Si l'on reprend avec Monarca le raisonnement depuis le début, on peut logiquement supputer l'année 1469[72]. En premier lieu, il faut noter que dans le *De re aulica*, Nifo reste très imprécis : il dit simplement avoir la soixantaine[73], ce qui laisse une marge assez vaste. Le calcul de Tuozzi paraît donc faussé. Ensuite, Monarca, d'après l'arbre généalogique des Nifo, peut affirmer qu'Agostino Nifo a soixante-neuf ans l'année de sa mort : comme il est mort en 1538, cela permet de situer la naissance du philosophe en 1469, et Nifo aurait donc eu soixante-cinq ans

67. Pour des renseignements plus détaillés concernant la famille de Nifo, on peut se reporter à la biographie de Monarca (1975, p. 9-13).

68. P. Bayle, 1720, p. 2099 ; Niceron, 1727-1745, tome 18, p. 52 ; M. Michaud, 1854, vol. XXX, p. 597. L'*Enciclopedia italiana* suit cette opinion en soulignant l'incertitude qui demeure sur cette date (1949, vol. XXIV, p. 811).

69. P. Tuozzi, 1903-1904, f. 63.

70. B. Chioccarello, 1870, p. 83. G. Monarca pense que Chioccarello lut une copie erronée de l'arbre généalogique où le 9 de 69 serait devenu un 3. G. Monarca a consulté l'original et lit bien 69 et non 63 (cf. G. Monarca, 1975, p. 14).

71. E. P. Mahoney dans *Philological Quarterly*, 1971(january), p. 125.

72. G. Monarca, 1975, p. 13-14.

73. A. Nifo, 1645, *De re aulica* (1534) in *Opuscula moralia et politica*, deuxième partie, p. 235-358. A la fin de la préface à Phausina Rhéa, p. 238 : *Philosophum senem sexaginarium et pene capularem, eum puellae dicasse, subque eius nomine publicasse.*

quand le *De re aulica* parut en 1534. Ce raisonnement suppose évidemment que l'arbre généalogique soit exact. Monarca remarque qu'aucune erreur ne s'est glissée dans le reste de la reconstitution généalogique et que l'on peut s'y fier. Donc, en suivant le calcul de Monarca, Nifo naquit probablement en 1469. Enfin, si Nifo obtint une chaire extraordinaire à Padoue dès 1492, sous l'influence de l'évêque Barozzi, il est raisonnable de penser qu'il avait au moins vingt-trois ans, ce qui semble déjà très jeune. Mais il faut rester prudent, et cela d'autant plus qu'il existe un doute sur la date de la mort de Nifo.

En effet, les divers biographes sont divisés aussi sur ce point. Michaud propose l'année 1538, comme Monarca, mais l'*Enciclopedia cattolica* se contente de mentionner la période 1539-1546. Tuozzi, lui, avance l'année 1537. Naudé donne l'année 1545, suivi par Bayle et Niceron, car, en 1546, parut, avec une dédicace au pape Paul III datée de 1545, le *De historia, partibus et generatione animalium*. Mais, comme le remarque Tuozzi, il peut très bien s'agir d'une publication post-mortem dont la dédicace fut conservée.[74] Enfin, entre les années 1537, 1538 et 1539, il semble bien que l'on doive retenir l'année 1538 : Gaspare Fuscolillo[75] dit avoir été à Sessa quand mourut Agostino Nifo le 18 janvier 1538. C'est aussi l'avis d'Edward P. Mahoney[76], s'appuyant sur De Masi qui aurait consulté le testament fait par Nifo en faveur de ses fils devant le notaire Giovanni Floradasa le 12 janvier 1538[77]. Mais, dans une lettre à Pier Vettori, datée du 18 janvier 1537, Vincenzo Martelli relate la mort de Nifo ce jour-là[78]. Cette information vient contredire les autres sources, auxquelles s'ajoute une épitaphe de 1674 donnant aussi 1538 pour l'année de la mort du philosophe, consultée par Paul Oskar Kristeller[79] à Naples, à la bibliothèque de la fondation Benedetto Croce, et l'arbre

74. P. Tuozzi, 1903-1904, f. 82.
75. G. Fuscolillo, 1876, I, p. 538. Le chanoine Fuscolillo était contemporain de Nifo.
76. E. P. Mahoney, 1971, january, p. 125.
77. D'après G. Monarca, 1975, p. 91.
78. V. Martelli, 1564, ajouts p. 15.
79. P. O. Kristeller, 1992, p. 119.

généalogique consulté par Monarca. Martelli s'est probablement trompé, en ce début d'année, en datant sa lettre ; la lettre précédente, adressée au même destinataire est d'ailleurs datée d'octobre 1537. On peut donc supposer que celle-ci est en réalité de janvier 1538.

Concernant l'enfance et la première éducation du jeune Agostino Nifo, il semble admis qu'il bénéficia, après ce qui paraît avoir été l'équivalent de notre école élémentaire (même si elle n'était pas obligatoire, il était dans l'usage d'y aller), de l'enseignement privé d'un savant de Sessa, Antonio Calcidio[80]. Alors qu'il a quatorze ans, son père se remarie. Les uns, comme Monarca[81], à la suite de Barrio et de Bayle, pensent que le jeune Nifo fut victime de maltraitance et s'enfuit à Naples où il fut recueilli par une famille compatriote, ce qui lui permit de poursuivre ses études à Padoue. D'autres, comme Tuozzi[82], ne prêtent pas foi à cette version romanesque et supposent plus simplement qu'il fut envoyé par ses parents à l'Université de Padoue. En effet, nous ne possédons pas de témoignages sur cette époque de la vie du philosophe ; il est donc vain de soupçonner quelque événement tragique sur la lancée de Gabriele Barrio, surtout si Nifo a effectivement bénéficié de l'enseignement d'un professeur particulier à Sessa, ce qui est le signe d'une enfance et d'une éducation en tout point conformes à ce qui se faisait à cette époque.

La période padouane

L'Université de Padoue[83], fondée en 1222, devint faculté des arts et de médecine en 1300, avant l'introduction de la métaphysique et de la théologie, et doit sa célébrité au développement de l'école aristotélicienne et, plus particulièrement, de la pensée averroïste[84]. Plusieurs maîtres se succédèrent et imprimèrent leur marque, selon leurs interprétations et leurs

80. Tous affirment cela, et Tuozzi comme Monarca, les biographes les plus récents, le rapportent.

81. G. Monarca, 1975, p. 23.

82. P. Tuozzi, 1903-1904, f. 64.

83. Sur l'université de Padoue, voir P. F. Grendler, 2002, p. 4-40 et *passim.*

84. Voir le chapitre suivant « une œuvre polémique : débats et controverses ».

orientations. Ernest Renan[85] souligne l'aspect artificiel des débats et des disputes dont la célèbre université fut le théâtre : en effet, les débats publics où jeunes et anciens professeurs s'affrontent sans cesse, le principe des doubles chaires qui opposent deux maîtres, tenus en quelque sorte de défendre leurs thèses et de jouer le jeu de la *disputatio*, donnent à ces controverses un cadre convenu qui peut sembler artificiel et créent souvent des rivalités personnelles plutôt que philosophiques. Mais ce fut aussi le lieu, peut-être grâce à ces structures un peu rigides, où se sont élaborées de nouvelles théories, surtout au XVe siècle[86]. Paolo Nicoletti, dit Paul de Venise, auteur d'une *Summa naturalium* (1476), fut, du moins d'après Renan, le premier maître averroïste à la fin du XIVe siècle et au début du XVe siècle. Son successeur, Gaetano de Thiene, implanta fortement l'averroïsme à Padoue à la chaire de logique et de philosophie naturelle. Nicoletto Vernia enseigna à Padoue en 1465 et fut le maître de Pic de la Mirandole et de Nifo. Il observa d'abord un averroïsme sans concession, qui prône la séparation de l'intellect, unique et incorruptible, et mène à la négation du salut de l'âme individuelle, dans un *De diuisione philosophiae* (1482)[87]. Il faut noter déjà le rôle de Pietro Barozzi, évêque de Padoue, qui, en 1489, écrivit un *Contra disputantes de unitate intellectus* en opposition au *De Intellectu* de Vernia. Nifo suivit l'enseignement de Vernia et même l'approfondit jusqu'à écrire, alors qu'il était encore étudiant, le *De intellectu et daemonibus*. Dans ce traité, le jeune Nifo soutenait l'unité de l'intellect humain, c'est-à-dire l'existence d'un intellect agent, incorporel, séparé, et commun à tous. Diffusé sous forme manuscrite, il fit scandale à Padoue et souleva la fureur des thomistes. L'indignation fut telle que Nifo fut contraint, sous la protection, probablement aussi la pression, de Barozzi, de modifier son travail. En préface au nouveau texte, l'auteur renie ses

85. E. Renan, 1861 (1852), p. 325 et p. 356-363 (pour la controverse entre Nifo et Pomponazzi).

86. A. Poppi, 1970, p. 22-28 ; M. R. Hayoun et A. de Libera, 1991, p. 114-115.

87. B. Nardi, 1958, p. 95-114 ; M. R. Hayoun et A. de Libera, 1991, p. 115-116.

premières positions, remercie Barozzi, et déclare repousser toute idée qui offenserait la religion chrétienne[88]. L'ouvrage, ainsi corrigé, serait paru en 1492[89].

A la suite de cet acte d'obéissance, Barozzi lui-même conseilla à la République de Venise de confier à Nifo une chaire extraordinaire de philosophie, qu'il aurait obtenue dès 1492[90]. En 1495, il aurait occupé la chaire ordinaire de philosophie de Padoue, s'opposant ainsi à Pietro Pomponazzi qui exerçait déjà dans cette université, et il lui aurait succédé en 1496, devenant professeur ordinaire *primo loco*[91]. Durant cette période, malgré l'épisode du *De Intellectu* en 1491-1492, il semble bien que Nifo ait dispensé un enseignement encore marqué par l'averroïsme, même si, selon Ernest Renan, il ne s'agit plus, à ce moment-là, pour lui comme pour l'ensemble des averroïstes de Padoue que d'un averroïsme « mitigé »[92]. Bien que dans la *Destructio destructionum*, Nifo affiche prendre des distances avec la doctrine d'Averroès, ce pourrait n'être encore qu'une précaution car il continue de lier l'étude d'Aristote à celle du philosophe arabe[93].

88. On peut lire en effet en préface du *De intellectu* de 1503 : *ad Petrum Barotium episcopum patavinum, christianorum nostrae aetatis decus et splendorem, et cui non minus in fide quam in philosophia tribuo... Nihil delevi quod sit contra fidem catholicam.* (A. Nifo, 1503, f. 2).

89. Cette édition pourrait en réalité être celle de 1503, les lecteurs de Padoue n'ayant lu en 1492 qu'une version manuscrite que nous n'avons pas. A. Pattin pense que la première version de 1492 fut éditée car Nifo y renvoie son lecteur dans la *Destructio destructionum* (1497). Cf. A. Pattin, 1991, p. 796.

90. P. Tuozzi, 1903-1904, p. 65. Selon Tuozzi, Nifo obtint la chaire extraordinaire de philosophie en 1495, et la chaire ordinaire en 1498 seulement, en se fiant à J. Facciolati (cf. J. Facciolati, 1757, tome III, p. 109-111). Mais Facciolati ne semble pas être une source sûre, lui qui situe le lieu de naissance du philosophe en Calabre.

91. C. H. Lohr, 1979, p. 532. De plus, Vernia n'exerce plus dès 1495 et il est probable que Nifo ait pris sa succession. Cela peut être d'ailleurs une des raisons du départ de Pomponazzi pour Ferrare en 1496. Pomponazzi reviendra à Padoue en 1499 et y restera jusqu'en 1509. Cf. P. F. Grendler, 2002, p. 29.

92. E. Renan, 1861, p. 368. Il faut préciser que, pour Renan, l'averroïsme se définit essentiellement autour de la question sur l'immortalité de l'âme qui était, il est vrai, extrêmement débattue à la fin du XVe siècle. Ainsi, Renan considère que Pomponazzi, qui ne se veut pas averroïste, est plus averroïste que Nifo.

93. A. Nifo, 1497 (*Destructio destructionum*, disputatio prima), f. 23 : *Et debes scire quod est opinio Aristotelis et Averroys, et est error purus secundum nos christianos.* Cependant, cette assertion et d'autres du même genre dans l'ouvrage nous paraissent davantage

Durant cette période, Nifo fit plusieurs séjours à Sessa : en 1491, à la mort de son père ; en 1496, lorsqu'il épousa Angela Landi. En 1499, meurt Vernia, plus ou moins tombé en disgrâce depuis 1489 et l'incident avec Barozzi[94]. On sait que Nifo quitta Padoue en guerre avant 1500, célèbre et sollicité par de nombreuses universités. Mais à Sessa aussi les temps sont troublés : Louis XII et l'Espagnol Ferdinand s'affrontent[95] et, en 1503, la peste ravage la région. On ne sait exactement ce que fit le philosophe durant cette période mais, selon Monarca, il resta dans sa villa, aux environs de Sessa[96], travaillant probablement aux nombreux ouvrages qui parurent entre 1503 et 1505, tous imprimés à Venise[97].

Les universités

C'est en 1507, alors que la paix est rétablie, que le prince de Salerne, Roberto Sanseverino, demanda à Nifo d'enseigner dans son université[98]. De plus, le prince de Salerne chargea le philosophe, dont la réputation de commentateur aristotélicien était grande, d'éclaircir toutes les œuvres d'Aristote parallèlement à son enseignement. C'est alors que Nifo composa le commentaire *In libros Aristotelis metaphysicorum disputationes*, et deux traités sur Averroès : *Commentationes in librum Averrois de*

comme des mesures de prudence. Nifo continue à enseigner Averroès et, surtout, à le lier à l'étude d'Aristote en le considérant comme le principal commentateur, comme en témoignent certains de ses ouvrages sur Averroès écrits entre 1507 et 1510. Une rupture viendra éventuellement plus tard quand il aura appris le grec et qu'il pourra ainsi lire directement le texte d'Aristote. Cet accès direct au texte grec sera probablement une étape importante de son évolution sans marquer nécessairement, selon nous, une rupture radicale avec l'averroïsme.

94. En 1495, lorsque Nifo devint le contradicteur de Pomponazzi et que ce dernier accéda alors à la première chaire, Vernia s'est trouvé sans contradicteur. Ce qui peut paraître comme une marque d'honneur réservée à un grand professeur pourrait aussi bien être interprété comme une forme de retraite forcée.

95. F. Guicciardini, 1996, vol. I, livre VI, chap. VII, p. 442-451.

96. G. Monarca, 1975, p. 40-44.

97. Le *De diebus criticis* en 1500, le *De anima* en 1503, le *De infinitate primi motoris* et le *De interpretatione liber* imprimés en 1504, l'*Averroïs de mixtione defensio* en 1505.

98. Sur l'université de Salerne, voir P. F. Grendler, 2002, p. 119-121 et *passim.*

substantia orbis et *In duos libellos Averrois de animae beatitudine commentatio.* A partir de 1509-1510, il enseigna à l'Ateneo de Naples[99]. Mais l'université ferma un temps à la suite de la bataille de Ghiaradadda[100]. En fait, il est difficile de retracer l'itinéraire du philosophe[101]. Ce qui est sûr, c'est que durant cette période Nifo poursuivit ses commentaires aristotéliciens et enseigna à Rome à partir de 1514 avec 300 ducats de salaire.

Peut-être Nifo fut-il professeur à Rome dès les années 1510-1511, mais les archives du collège de la Sapienza, actuellement conservées en partie au Vatican, en partie aux archives d'Etat, ne possèdent des documents qu'à partir de l'année 1535, les *rotuli* relatifs aux années antérieures étant perdus. Cependant, ce qui concerne l'année 1514 fut recopié dans une lettre[102] où Nifo apparaît à la chaire ordinaire de philosophie avec ce salaire de 300 ducats qui paraît bien supérieur à la moyenne. A partir de 1519, il enseigna aussi à Pise qu'il quitta en 1521[103]. De 1519 à 1521, peut-être enseigna-t-il parallèlement dans les deux établissements. Grâce aux mérites qu'il s'était acquis auprès du pape Léon X à

99. L. Cassese, 1958, p. 4. Selon Tuozzi, il n'enseigna pas à Naples. Mais Monarca l'affirme en se référant à une histoire de Naples faite au XVIIIe siècle par Origlia (cf. G. Monarca, 1975, p. 46 et p. 109 note 6 du chapitre VIII). Ceci semble probable dans la mesure où en 1518 Nifo reçut la citoyenneté napolitaine et en 1531 le titre de noble, comme le signale Tuozzi (cf. P. Tuozzi, 1903-1904, f. 67).

100. Région frontalière entre le duché de Milan et le territoire vénitien. En conflit depuis 1498, les deux Etats s'affrontent à nouveau en 1509 quand les Vénitiens s'allient au Roi de France contre Milan. Vaincus en 1513, les Vénitiens récupéreront les ports qu'ils avaient dans le royaume de Naples en 1528.

101. Les biographes sont particulièrement flous sur cette période, qu'ils le reconnaissent, comme Tuozzi, ou qu'ils minimisent leurs incertitudes en mêlant sur le même plan des événements d'importance inégale sans préciser clairement leur durée, comme Monarca. Plus récemment, E. P. Mahoney et C. H. Lohr écrivent tous deux qu'il fut professeur ordinaire à l'université de Rome en 1514, mais sans donner leurs sources (cf. E. P. Mahoney, 1974, p. 122 et cf. C. H. Lohr, 1979, p. 532). Selon Michaud, s'il enseigna à Rome, ce ne fut pas à la Sapienza (cf. Michaud, 1854, p. 597-598). Carafa, qui fit des recherches sur les professeurs du collège de Rome, situe l'enseignement de Nifo à Rome en 1518, mais il est vrai qu'il travaille lui-même sur des sources de seconde main (cf. J. Carafa, 1751, tome II, p. 330).

102. V. Martelli (lettre du 26 juin 1537 à G. Muti Papazurri), 1564, appendice p. 14.

103. A. Fabroni, 1791, p. 393 : Nifo apparaît dans la liste des professeurs de l'Université de Pise selon les *rotuli* se rapportant aux années 1519, 1520, 1521. Les *rotuli* des années suivantes étaient déjà perdus quand A. Fabroni les a consultés.

la suite de la controverse avec Pomponazzi sur l'immortalité de l'âme en 1518, il reçut en 1520 le titre de comte palatin et Léon X lui octroya le droit d'user du nom de Medicis, privilège dont effectivement Nifo usa en tête de presque tous ses écrits, dont le *De Pulchro et Amore*. Quoi qu'il en soit, pour avoir une idée de sa renommée, il suffira de savoir qu'à Pise il percevait un salaire annuel de mille écus, ce qui était une somme exceptionnelle.

En 1521, Nifo revint à Sessa et enseigna de nouveau à Salerne jusqu'en 1531 où il tint la chaire ordinaire de philosophie. Selon Tuozzi[104], contrairement aux rumeurs diffusées par Niceron[105], il n'enseigna pas à Bologne malgré les offres des Bolonais. Une lettre de Bembo du 2 octobre 1525 fait part du refus de Nifo, retenu par le prince Sanseverino de Salerne[106]. C'est durant cette période qu'il fit partie de l'Académie pontanienne, qui se distinguait par un refus des thèses averroïstes (Nifo serait donc désormais très loin de ses premiers engagements sur la négation de l'immortalité de l'âme), sans pour autant adhérer aux thèses néo-platoniciennes de l'Académie de Florence. A cette époque se situe le *De Pulchro et Amore,* dont la rédaction fut achevée en 1529. Après une année d'enseignement à Naples en 1531-1532, où il fut professeur de philosophie et de médecine, il revint à Salerne.

Malgré ses nombreux déplacements de 1520 à 1535, il poursuivit ses propres études et édita un grand nombre de traités de philosophie naturelle, de logique, de traités moraux et politiques, et, toujours, de nombreux commentaires d'Aristote[107].

La vie de cour : prestige et reconnaissance

Il est évident que Nifo jouissait alors d'une grande renommée et d'un très grand prestige. Il fut apprécié des princes et reçut

104. P. Tuozzi, 1903-1904, f. 68.

105. J.-P. Niceron, 1727-1745, tome 18, p. 52-71.

106. P. Bembo, 1990, vol. II, p. 303-304 : dans cette lettre adressée à Marco Minio Consigliere, Bembo fait part du refus de Nifo et du refus également de Giovan l'Espagnol, vexé de n'avoir été choisi qu'en deuxième position avec une proposition de salaire moins intéressante.

107. Voir la bibliographie.

souvent leur protection. Le principal fut, nous l'avons vu, le prince Sanseverino de Salerne auquel Nifo resta longtemps attaché. Quant à Léon X, outre l'octroi du titre de comte palatin, que nous avons déjà mentionné, il lui attribua le droit de nommer bacheliers et lauréats en théologie, droit civil et canonique, et d'anoblir trois personnes. Nifo semble avoir, en effet, désiré séduire les grands de son temps et composa un libellus *De Principe* en 1521.

La vie de cour du philosophe prit sans doute toute son importance à partir de 1521. Glorifié et fortuné (sous la protection du prince de Salerne, il touchait aussi un salaire considérable), Nifo était, semble-t-il, une personnalité éminente et consciente de son importance. Niceron et Bayle rapportent des anecdotes qui, vraies ou fausses, accréditent cette réputation. Charles Quint, après la réfutation que fit Nifo des prophéties de Stöffler[108], aurait souhaité rencontrer personnellement le brillant philosophe à Sessa. Nifo l'aurait reçu dans son cabinet et, alors qu'il n'y avait qu'un seul siège, serait resté assis, laissant l'empereur et sa suite debout. Une autre fois, Nifo, se rendant au palais de l'empereur qui voulait lui exprimer ses sentiments amicaux, se serait assis, tête couverte, tandis que l'entourage de l'empereur se tenait debout et tête nue[109], déclarant qu'il était le roi des philosophes et que Charles Quint, s'il pouvait créer des princes et des seigneurs, ne ferait jamais un philosophe tel que lui[110]. Nifo avait donc la réputation d'un homme ayant une haute opinion de lui-même et suffisamment reconnu pour se permettre des attitudes audacieuses à l'égard des plus puissants. A sa gloire de philosophe s'ajoutait celle de médecin. Il aurait écrit, en effet, d'après Monarea, des traités de médecine sur l'hygiène et l'art de soigner.

Courtisan accompli, homme d'esprit, il séduisait par ses bons mots et savait se rendre agréable. Cependant, si l'on en croit

108. Voir la note 22.

109. Un tableau de Luigi Toro, qui se trouve dans le palais municipal de Sessa, représente cette scène : Nifo est assis en face de l'Empereur, avec son chapeau, alors que tous les hommes de la cour sont debout, tête nue. Le tableau est reproduit dans l'ouvrage de Monarca. Cf. G. Monarca, 1975, p. 90.

110. Voir, par exemple, P. Bayle, 1720, tome III, p. 3001-3002.

Niceron et d'autres, d'époque plus tardive et certainement plus puritaine que la société dans laquelle évoluait Nifo, son amour des femmes, très vif jusqu'à un âge avancé, le rendit souvent ridicule et les princes s'en amusaient. Il semble, en effet, qu'il soit allé au-delà de la simple galanterie alors qu'il était marié à Angela, restée fidèle, et avec laquelle il avait des enfants. Nifo, d'ailleurs, ne s'en cache pas, et rapporte lui-même avec humour, au chapitre CII du *De Amore,* comment sa femme, inquiète de le voir travailler sans relâche et craignant un accès de mélancolie, lui avait envoyé d'elle-même, connaissant son inclination, une belle jeune fille. Mais lui, trop absorbé pour se détourner de son ouvrage, refusa. Et encore, il dédia le *De re aulica* à Phausina Rhéa, une demoiselle de la cour de la princesse de Salerne, dont il tomba, de son propre aveu, amoureux. Dans la préface, il loue sa beauté, se perd en galanterie tout en soulignant explicitement leur irréductible différence d'âge. Il avoue aussi à Jeanne d'Aragon, dans le chapitre LXII du *De Amore,* une liaison avec une certaine Fulvie, dame de sa cour[111].

Les biographes antérieurs au XXe siècle, à la suite de Paul Jove, s'indignèrent de sa conduite tout en évoquant complaisamment des anecdotes où Nifo se serait rendu particulièrement ridicule. Ils ne se fondent sur aucune source et on serait tenté de voir dans cette entreprise de dénigrement un procédé assez courant : rabaisser le personnage dans le but de discréditer l'œuvre. Il est probable que la liberté de pensée dont sut faire preuve Nifo, ponctuellement, sur certains sujets, que ce soit sur la question de l'immortalité de l'âme ou sur la philosophie d'amour, ne lui fut pas pardonnée et lui valut des inimitiés qui suscitèrent des attaques personnelles entachant également son œuvre[112].

111. Il faut cependant rester prudent : tous ces exemples sont avant tout des ornements littéraires. Les biographes les rapportèrent avec malveillance à une époque où ce n'était pas moralement indifférent aux yeux des lecteurs.

112. Dans le second tome de l'*Histoire de la philosophie* (p. 110-111) de la Bibliothèque de la Pléiade, en 1973, on peut encore lire qu'au moment de la rédaction du *De Pulchro et Amore,* Nifo est « un amant comblé par une belle princesse » (Jeanne d'Aragon), qu'il la décrit fort en détail avec des relevés géométriques de tout son corps. L'ensemble de sa dédicace à Jeanne d'Aragon est qualifié de « mauvais goût presque burlesque », alors qu'il s'agit d'un ouvrage de commande avec un portrait réalisé dans les règles d'un art en tout point convenu.

L'effacement

Agostino Nifo mourut en 1538, d'une crise d'angine de poitrine semble-t-il[113], et on a longtemps ignoré où se trouvait sa dépouille. En fait, et c'est un des grands mérites de Monarca de l'avoir établi[114], elle se trouvait dans un couvent de Sessa qui fut peu à peu abandonné. Monarca se souvient que, dans son enfance, à Sessa, des vieillards du quartier San Domenico disaient qu'autrefois, dans le couvent alors en ruines, se trouvait le corps embaumé d'un saint, confondant la dépouille de Nifo avec celle de saint Dominique[115]. Selon Monarca, Pasquale Mattei, dans la première moitié du XIXe siècle, a vu le cercueil de Nifo, en bois avec des vitres. A l'intérieur, il a vu le corps, des os décharnés, recouvert d'un linceul blanc. Une toile, en très mauvais état, représentant Nifo était accrochée au cercueil, et il en fit un dessin au crayon. Le corps de Nifo fut transféré en septembre 1900 de l'église San Domenico à l'église San Agostino, elle aussi désaffectée. Une correspondance, consultée par Monarca[116], entre le secrétaire de la commission conservatrice des Beaux-arts (*Commissione conservatrice dei monumenti ed oggetti di Antichità e Belli Arti*) et le maire de Sessa de l'époque, témoigne de l'inauguration d'un monument dédié à Agostino Nifo en septembre 1900, mais, lors du transfert des ossements, le cercueil fut égaré. Nifo reste donc oublié, et sa tombe ignorée, dans une église qui, en 1975, n'était toujours pas consacrée.

Ainsi, on mesure combien l'itinéraire de Nifo, au sujet duquel certaines zones d'ombre demeurent, est surprenant, à la fois rectiligne, vers une reconnaissance de plus en plus grande, et sinueux, des universités aux cours des princes. Ses traités ne dessinent pas de frontière nette entre la scolastique et les nouveaux courants, laissant une œuvre fournie et complexe qui échappe aux classifications hâtives. Les débats et les controverses

113. G. Monarca, 1975, p. 93.

114. G. Monarca, 1975, p. 98-101.

115. Ce qui est, dans la tradition orale, un phénomène fréquent de transfert quand le premier personnage tend à être oublié.

116. G. Monarca, 1975, p. 114, note 10.

auxquels il participa révèlent, en effet, un penseur en prise directe avec son époque et ses mutations.

3. Une œuvre polémique : débats et controverses

Averroïsme et alexandrisme

Le débat qui éclata de 1516 à 1518 sur l'immortalité de l'âme opposa Nifo à Pietro Pomponazzi, et c'est principalement à ce sujet que les critiques modernes l'évoquent. Pomponazzi et Nifo se connaissaient déjà depuis longtemps, depuis le temps de l'université de Padoue. Les deux philosophes, comme nous l'avons vu, étaient donc déjà concurrents, opposés par l'attribution de leurs chaires respectives et les divergences de leurs positions aristotéliciennes : Pomponazzi se rangeait plutôt du côté des alexandristes, et Nifo plutôt du côté des averroïstes.

En effet, Averroès, dans son célèbre commentaire de l'œuvre d'Aristote, et particulièrement à partir du *Traité de l'âme*, reprend la distinction entre plusieurs intellects[117] : le premier est l'intellect en acte, intellect actif ou encore intellect agent. L'intellect actif est impersonnel, absolu, séparé des individus qui ne font qu'y participer. Eternel et divin, il est dans l'âme une substance à part, indépendante de l'individu comme l'éternel l'est du corruptible. Le second est l'intellect matériel qui est la puissance de penser. Il est lui aussi une substance séparée et incorruptible. Le troisième est l'intellect passif, mélangé à la matière, donc corruptible : il est la faculté imaginative humaine qui présente et prépare les formes imaginatives. L'intellect agent, uni au corps et à l'intellect matériel, permet à l'individu de penser les formes imaginatives que l'intellect passif présente. L'intellect matériel devient la chose pensée et n'est qu'une certaine aptitude à recevoir les idées. C'est dans cet intellect matériel que s'exprime l'individualité. On peut résumer en distinguant deux intellects, le corruptible, l'intellect passif, et l'incorruptible, l'intellect agent-intellect

117. Cf. A. Benmakhlouf, 2000, p. 134-139.

matériel[118]. On voit comment cette doctrine peut conduire à la négation de l'immortalité de l'âme et de toute forme de salut individuel[119].

Pomponazzi contestait surtout chez les averroïstes la doctrine d'un intellect agent, séparé, auquel et duquel participerait chaque intellect individuel pour soutenir l'existence d'un intellect individuel, uni au corps et voué à périr en même temps que lui[120]. Ainsi, bien avant la controverse sur l'immortalité de l'âme en 1518, Nifo, l'averroïste, et Pomponazzi, l'alexandriste, s'opposaient dans leurs chaires respectives à l'Université de Padoue. Ces deux écoles, dès la fin du XVe siècle, divergeaient sur l'interprétation des textes aristotéliciens et, plus précisément, sur la question de l'immortalité de l'âme : les averroïstes tentaient de concilier les dogmes catholiques avec les thèses averroïstes de l'intellect agent, les alexandristes soutenaient des thèses matérialistes induisant, de façon plus radicale encore, la négation de l'immortalité de l'âme. Leur opposition éclata vraiment au grand jour lors de la controverse sur l'immortalité de l'âme qui anima les années 1516 à 1518[121]. Mais, pour Nifo, la question s'était déjà posée auparavant.

L'immortalité de l'âme : Padoue, 1492

En fait, le débat sur l'immortalité de l'âme remonte bien avant la controverse avec Pomponazzi en 1518, et fut l'un des grands sujets de discussion qui anima l'Université de Padoue à la fin du XVe siècle. L'Université de Padoue était, nous l'avons vu, le centre de la réflexion aristotélicienne, et, plus précisément averroïste. Nifo était alors un averroïste convaincu et reprenait à son compte la distinction entre les deux intellects, l'intellect

118. Savoir s'il y a ou non une réelle distinction entre l'intellect agent et l'intellect matériel est une question difficile, exposée par Ali Benmakhlouf. Cf. A. Benmakhlouf, 2000, p. 139-145.

119. E. Renan, 1861, chap. I ; B. Nardi, 1958, p. 75-86.

120. Pour un exposé plus complet de la doctrine de Pomponazzi, voir P. O. Kristeller, 1975 (1964), p. 73-90, E. Weil, 1985, p. 17-23 et M. L. Pine, 1986, p. 5-123.

121. Tous les protagonistes et les péripéties de ce débat sont présentés dans l'ouvrage de M. L. Pine, 1986, chap. II, p. 124-134.

agent et l'intellect passif. Or cette thèse, développée par Nifo dans le *De intellectu* en 1492, était mise en cause non seulement par des religieux, qui la sentaient dangereuse car elle affirmait que seul l'intellect agent était immortel, ce qui revenait à nier le salut individuel, mais aussi au sein même de l'Université.

En effet, il est faux de dire que Nifo et Vernia, son maître, furent toujours très proches, et Edward P. Mahoney[122] a bien montré qu'au XVe siècle, à Padoue, ne régnait pas un groupe homogène de philosophes. Antonino Poppi[123] y souligne même l'existence d'un anti-averroïsme à la fin du XVe siècle. Vernia, qui, lui aussi, avait été un ardent défenseur de la doctrine averroïste, changea de position dans la dernière décennie du XVe siècle, probablement soumis lui aussi à certaines pressions après les thèses averroïstes qu'il soutint en 1489 dans un *De intellectu*. Ainsi, il écrivit, en 1492, un traité contre la doctrine averroïste de l'intellect agent. Ce traité fut approuvé par les ecclésiastiques en 1499, et publié seulement en 1504, après sa mort[124] : pour prouver que l'âme, selon Aristote, donne sa forme au corps, il s'appuie sur les anciens commentateurs, et particulièrement sur la réflexion d'Alexandre d'Aphrodise. Selon Vernia, Alexandre maintient non seulement l'éternité de l'intellect agent, mais aussi celle de l'intellect potentiel ou possible, ce qui permettrait d'affirmer l'immortalité de l'âme humaine et individuelle. Cette interprétation d'Alexandre d'Aphrodise est assez paradoxale. Et Mahoney[125] relève que Vernia se plaint alors d'être critiqué, lui et d'autres autorités, par de jeunes philosophes, non nommés, qui débutent en philosophie. Or Nifo était son étudiant et accédait tout juste, en 1492, à la chaire extraordinaire.

122. E. P. Mahoney, 1968, p. 268-296 et 1970, p. 387-409 sur l'immortalité de l'âme et la doctrine de l'intellect agent. Selon Mahoney, qui a étudié précisément ces questions, l'impact de Nifo sur la psychologie philosophique du XVIe siècle a été négligé. De plus, parallèlement à la question de l'intellect agent, on débattait beaucoup également de l'existence d'un sens agent. D'ailleurs, Nifo publia, en 1497, un *De sensu agente* (E. P. Mahoney, 1971, p. 119-142.).

123. A. Poppi, 1964, p. 102-124.

124. N. Vernia, *Contra perversam Averrois opinionem de unitate intellectus.*

125. E. P. Mahoney, 1968, p. 281.

Il apparaît, donc, que Nifo, durant ses années d'enseignement à Padoue, s'opposait non seulement à Pomponazzi mais aussi à Vernia qui, dès cette époque, se montra sévère envers son jeune collègue. D'ailleurs, à cette époque, Pomponazzi ne semble pas être intervenu dans ce débat, pourtant proche de ses préoccupations, où Nifo illustre bien les positions qu'il tiendra lui-même en 1516 avec l'appui du cardinal Bembo. En effet, dans le *De intellectu*, en cinq livres, Nifo soutient la séparabilité de l'Intellect, et il s'appuie, dans le premier livre, sur Alexandre pour montrer que l'âme individuelle est la forme du corps, qu'elle est inséparable et, donc, mortelle. Sans le nommer, il semble bien que Nifo s'attaque à la démonstration de Vernia en se plaçant sur le même plan. Quand Vernia soutient que, selon Alexandre, l'âme est dès le départ une faculté, Nifo réplique qu'elle n'est qu'une tablette vide, une privation et non une faculté, et il ajoute qu'Averroès a parfaitement compris Alexandre. Ils s'opposent donc sur l'interprétation de la conception de l'âme d'Alexandre. L'un, Vernia, s'appuie sur le *De intellectu* d'Alexandre, et l'autre, Nifo, sur le *De anima* d'Alexandre également[126]. Nifo sera contraint de se dédire, et dans l'édition de 1503, il soutient l'immortalité de l'âme et rejette les vues d'Averroès en s'appuyant sur les commentaires de Platon et de Plotin faits par Ficin[127].

Cependant, Nifo n'a pas abandonné réellement ses premières positions : dans la *Destructio destructionum*, paru en 1497, il poursuit l'étude et les enseignements d'Averroès, même s'il prend désormais des précautions. C'est également le cas dans le *De Anima*, paru en 1503, mais probablement rédigé antérieurement. C'est la même année que paraît l'édition corrigée du *De intellectu* où, au contraire, Nifo renie ses thèses averroïstes. Ainsi, paraissent la même année deux ouvrages contradictoires du même auteur. Nardi et Mahoney[128] n'ont pas manqué de soulever la question. Selon Nardi, Nifo aurait souhaité, grâce au *De anima* de 1503, réaffirmer

126. E. P. Mahoney, 1968, p. 295.
127. E. P. Mahoney, 1986, p. 520-523.
128. B. Nardi, 1958, p. 285-286 et E. P. Mahoney, 1970, p. 451-460.

son ancien averroïsme, désormais renié, parce qu'il n'avait pas vraiment désavoué ses anciennes positions sur le lien entre Aristote et Averroès[129]. Selon Mahoney, il aurait réellement modifié ses vues, et la réponse est donnée par Nifo lui-même dans le second *De anima* où il dit que le *De anima* de 1503 fut publié contre son accord[130]. Dans le *De beatitudine animae*[131], en 1508, Nifo dit qu'il a suivi Averroès jusqu'à ce qu'il apprenne enfin le grec et qu'il puisse ainsi avoir un accès direct aux textes d'Aristote, et, en effet, dans le *De immortalitate animae* en 1518, Nifo utilise directement le texte d'Aristote qu'il traduit. On peut situer cet apprentissage entre 1500 et 1508.

Donc, en 1518, lorsque Nifo réplique à Pomponazzi sur la question de l'immortalité de l'âme, il le fait en philosophe averti.

La controverse avec Pietro Pomponazzi : Rome, 1516-1518

En 1514, Pomponazzi avait tenté de rejoindre l'Université de Pise alors qu'il s'était déjà engagé auprès des Bolonais. Ceux-ci l'attaquèrent tout en essayant d'obtenir, sans succès, la venue de Nifo. Finalement, Pomponazzi vint à Bologne en 1515-16 et y resta jusqu'en 1519. Nifo, lui, était à Rome durant ces années-là. En 1516, année du *De immortalitate animae,* Pomponazzi enseigne donc à Bologne depuis un an, et les deux philosophes aristotéliciens sont en rivalité pour la seconde fois. Dans son *De immortalitate animae,* Pomponazzi affirme ouvertement et fermement que l'immortalité de l'âme ne saurait être prouvée par des arguments philosophiques[132]. Au XVIe siècle, outre la

129. B. Nardi, 1958, p. 286, note 13.

130. E. P. Mahoney, 1970, p. 458-459.

131. A. Nifo, 1524, I, comm. 16, f. 6 : *Ego plures rationes scripsi contra hoc in Libro de intellectu, licet antequam graecam linguam gustarem, crediderim illam non tantum fuisse positionem Averrois, sed Aristotelis, et ita scripsi pluribus locis. Nunc vero aliter sentire cogor et de mente Averrois et Aristotelis et omnium graecorum.* De plus, un peu plus haut, à propos de certains passages d'Aristote, il discute de questions de traduction et de compréhension avant de conclure : *haec ex graeco sic transtuli.* (I, comm. 10, p. 4).

132. Dans le quinzième et dernier chapitre du *De immortalitate animae,* Pomponazzi affirme : *Mihi namque videtur quod nullae rationes naturales adduci possunt cogentes animam esse immortalem, minusque probantes esse mortalem, sicut quamplures doctores tenentes eam immortalem declarant.* (P. Pomponazzi, 1516, p. 124). Giovani Di Napoli, dans

conviction de la foi chrétienne, la croyance en une vie après la mort est un élément important de la conception de la dignité humaine, car elle l'élève au-dessus des espèces animales et assure une relation avec Dieu. L'union de la philosophie et de la théologie fut éclatante par le biais du néo-platonisme et du plus brillant de ses représentants, Marsile Ficin. Malgré des réticences envers l'alexandrisme comme envers l'averroïsme[133], les temps étaient cléments et l'Eglise, dans son ensemble, se montrait conciliante et admettait même la profession de la double vérité, héritée de l'averroïsme de Siger de Brabant[134] : vérité philosophique (qui relève de la raison) d'une part et théologique (qui relève de la foi) d'autre part. Ainsi Pomponazzi, dans la lignée alexandriste, avança-t-il la thèse d'une âme liée au corps et vouée à périr en même temps que lui. Si l'ouvrage suscita contre Pomponazzi les critiques courtoises des savants, des réactions beaucoup plus violentes se produisirent,

L'Immortalità dell'anima nel Rinascimento, montre que pour Pomponazzi la question de l'immortalité de l'âme est un problème philosophiquement neutre car elle ne peut être prouvée par des raisons naturelles. Cf. G. Di Napoli, 1963, p. 256.

133. Même Ficin fut accusé de magie auprès du pape Innocent VIII, mais il fut disculpé sans peine. Cf. R. Aubenas et R. Ricard, 1951, p. 215-217.

134. L'étude de R. Imbach et F.-X. Putallaz (*Profession : philosophe. Siger de Brabant*, 1997) offre une analyse synthétique de la pensée et du parcours de Siger de Brabant. Siger de Brabant, au XIIIe siècle, représenta à Paris l'averroïsme radical avec ses *Quaestiones in tertium de anima* entre 1265 et 1270. Attaqué par le *De Unitate* de Thomas d'Aquin, qui s'opposait à l'averroïsme, il semble se rétracter dans le *De anima intellectiva* (1273) : son averroïsme paraît plus modéré sur le problème de la multiplication de l'âme intellective, il exprime des doutes sur l'interprétation à donner des textes d'Aristote et conclut que, dans le doute, il faut s'en tenir à la foi, supérieure à la raison humaine. Mais il reste convaincu que la recherche rationnelle conserve sa légitimité propre (voir l'analyse de R. Imbach et F.-X. Putallaz, 1997, p. 49-53). Selon certains extraits du *De Intellectu* de Nifo justement, il y aurait un autre texte de Siger, un *De Intellectu*, plus offensif, qu'il aurait écrit entre 1270 et 1271. Quoi qu'il en soit, Siger a modifié sa lecture du *De Anima* après l'attaque de Thomas. (Cf. A. de Libera, in Thomas d'Aquin, 1994, p. 33-65). Cependant, l'analyse de R. Imbach et de F.-X. Putallaz montre que ce « retour à l'orthodoxie » doit être interprété (en effet, l'évêque Tempier condamnera les thèses de Siger) : Siger utilise certes le texte de Thomas mais il inverse sa doctrine en refusant toute intervention divine directe dans la philosophie et en ne sacrifiant jamais sa démarche philosophique et méthodique (Cf. R. Imbach et F.-X. Putallaz, 1997, p. 159-168). En bien des points l'évolution de Nifo nous paraît comparable à celle de Siger, et surtout dans son propre « retour à l'orthodoxie ».

notamment la colère des frères de l'ordre des Minori Osservanti[135]. Ces derniers, particulièrement intolérants, obtinrent du Doge de Venise que le livre fut publiquement brûlé, et certains entreprirent un voyage à Rome pour demander au pape de mettre le livre au ban, de le condamner et de contraindre l'auteur à une confession publique. S'élevèrent aussi contre lui des Dominicains de Bologne, le théologien Silvestris de Prieras, de la cour de Léon X, ou encore Ambrogio Fiandino, évêque de Padoue, dans un sermon en 1517. A ce dernier, Pomponazzi demanda de préciser sa critique, mais la requête resta sans réponse. Pomponazzi bénéficia de la protection du cardinal Pietro Bembo et, dans une certaine mesure, de la bienveillance de Léon X[136]. Mais, en 1518, lorsque Pomponazzi poursuit le propos du *De immortalitate animae* dans une *Apologia,* les réactions sont vives. C'est alors qu'intervient Nifo, contacté par Fiandino : il semble avoir répondu sans enthousiasme à cette demande, et ce n'est qu'en 1518 que parut le *De immortalitate animae libellus adversus Petrum Pomponatium.* Pomponazzi répliqua par un *Defensorium* où, en attaquant vivement la théorie de la double nature de l'âme des averroïstes de l'époque (l'intellect agent, séparé, divin et unique pour tous les hommes d'une part, et, d'autre part, l'intellect passif, particulier à chaque individu)[137], il s'opposait ainsi à toute forme de spiritualité en ce qui concerne l'âme humaine[138]. Dans son *Defensorium,* Pomponazzi se place en exégète de la philosophie d'Aristote et atténue sa propre position en disant que, dans sa fonction intellective, l'âme est

135. P. Tuozzi, 1903-1904, f. 69.

136. Renan soupçonne même Léon X d'avoir secrètement encouragé ce débat et d'avoir pris plaisir à le poursuivre en commandant une réfutation à Nifo. Cf. E. Renan, 1861, p. 360-363.

137. L'ensemble de l'argumentation de Pomponazzi dans le *Defensorium* repose, selon lui, sur une lecture « vraie » d'Aristote en opposition aux interprétations des averroïstes plus modérés.

138. Déjà, la doctrine averroïste de l'intellect agent est une négation de toute forme de salut individuel de l'âme (ce qui inquiéta fortement l'Eglise dès le XIIIe siècle), mais, en 1518, elle est plus nuancée et, face aux positions radicales de Pomponazzi, elle permet de conserver une certaine spiritualité voire, avec quelques aménagements, de sauver l'immortalité de l'âme.

immortelle, et qu'elle est mortelle dans sa fonction végétative et sensitive. Mais, en maintenant le rôle des images (*fantasma*) dans cette fonction intellective, il continue à nier implicitement toute transcendance[139]. Il fut finalement contraint de publier en appendice dix preuves de l'immortalité de l'âme rédigées par le dominicain Javelli qui l'aida tout en exerçant probablement une certaine censure[140].

La réponse de Nifo est donc à replacer dans ce contexte et elle fut probablement commandée autant pour réfuter les thèses de Pomponazzi que pour apaiser les esprits. La lenteur avec laquelle il répondit aux exigences du pape montre une certaine réserve quant à son désir de s'opposer à Pomponazzi et à ses thèses. Nifo aurait probablement préféré rester à l'écart de ce débat, après avoir lui-même été victime dans sa jeunesse de telles attaques alors qu'il soutenait lui aussi la mortalité de l'âme humaine et qu'il fut contraint de se dédire, comme le sera Pomponazzi. En demandant une telle réfutation à un aristotélicien qui commit lui-même la même prétendue erreur, l'Eglise agissait stratégiquement et si, après la déconvenue de ses premières thèses et leur reniement, Nifo bénéficia de sa bienveillance, il n'est pas difficile d'imaginer qu'une telle protection devait sans doute s'accompagner aussi de certaines pressions. De plus, Nifo enseignait à Rome ces années-là, il était donc – cette fois-ci de son fait – particulièrement exposé et dépendant. D'ailleurs un des biographes les plus complets et les plus favorables à Nifo situe la date du début de son enseignement à Rome en 1518, comme une conséquence, voire une récompense accordée à celui-ci à la suite de sa controverse avec Pomponazzi[141]. Or c'est précisément cette année-là que Nifo quitte Rome pour Pise. La récompense serait plutôt d'avoir reçu le titre de comte palatin et le droit d'user du nom de Médicis. On peut se demander dans

139. Voir l'étude de G. Di Napoli, 1963, p. 314-317.

140. Pour un historique plus précis de cette controverse, voir G. Di Napoli, 1963, p. 203-318 et M. L. Pine, 1986, p. 124-234.

141. P. Tuozzi, 1903-1904, f. 69.

quelle mesure cet engagement forcé aux côtés de l'Eglise contre un philosophe, fut-il un concurrent, ne l'a pas déterminé à s'éloigner, la tâche accomplie, de ces contraintes.

Si le *De immortalitate animae* de Nifo paraît au premier abord assez désorganisé et rapidement rédigé, nous pouvons pourtant dégager une ligne directrice claire : il s'agit de montrer que Pomponazzi n'a pas compris Aristote[142] (c'est d'ailleurs sur ce point que répond Pomponazzi dans le *Defensorium*), et s'il n'a pas compris Aristote, il n'a compris aucun de ses illustres commentateurs (Averroès, aux chapitres IV et V entre autres, ou encore Thémistius, au chapitre V, Simplicius et Théophraste, au chapitre XIII). On peut tout de même dégager trois grandes étapes dans le traité de Nifo qui compte quatre-vingt cinq chapitres : les vingt-sept premiers chapitres ont pour but de montrer l'incompréhension des thèses péripatéticiennes par Pomponazzi pour aboutir, au chapitre XXVII, à la réfutation de l'opinion de Pomponazzi selon laquelle la connaissance humaine se fait grâce aux images uniquement. Tout en admettant l'importance des images dans la théorie de la connaissance d'après Aristote, Nifo soutient qu'un dépassement est possible par l'intellect et l'abstraction, capacité proprement humaine. Les chapitres XXVIII à LXVI, tout en continuant à réfuter les thèses de Pomponazzi, s'attachent davantage à montrer positivement que les anciens philosophes (Platon, aux chapitres XL et XLI, mais surtout Aristote tout au long), sans être chrétiens, ont cependant tendu à pressentir l'immortalité de l'âme. Le chapitre LXVI résume l'ensemble de la

142. L'un des passages les plus explicites sur la question se trouve au chapitre XXI consacré à l'interprétation d'Aristote : *Pro veritate Pomponatii debes scire Aristotelem hominum velle intellectivam animam post mortem remanere (...) : non quidem ut anima sed ut intellectus, vel ut intelligentia remanet.* (A. Nifo, 1518, f. 5). Ce n'est pas autrement que Siger de Brabant dans le *De anima intellectiva*, en 1273, répondit aux critiques sévères de Thomas : en déplaçant la question de l'immortalité de l'âme sur le problème de l'interprétation d'Aristote, c'est-à-dire en restant dans le domaine de la philosophie. Pour Siger, Thomas est un piètre commentateur d'Aristote et, alors, il s'agit moins pour lui d'être fidèle à Averroès que de bien comprendre Aristote. Voir R. Imbach et F.-X. Putallaz, 1997, p. 49.

démonstration et associe définitivement Pomponazzi à Lucrèce, et donc à Epicure, les seuls à avoir soutenu la matérialité de l'âme, et donc sa mortalité. Enfin, la troisième et dernière subdivision apparaît plus difficile à définir : l'auteur, en effet, se contente souvent de reprendre des arguments déjà vus (par exemple, le chapitre LIX répète la théorie de la connaissance par les images déjà abordée au chapitre XXVI). Cependant, on peut noter quelques développements nouveaux, notamment au sujet des conséquences de la thèse de Pomponazzi sur la philosophie morale, préoccupation péripatéticienne par excellence : si l'âme est mortelle, alors les vertus seraient à rechercher en elles-mêmes et pour elles-mêmes, comme une fin en soi qui se passerait de récompense et de châtiment, conception proche de la morale stoïcienne. Or, pour Nifo, la théorie de la vertu en soi est néfaste aussi bien pour la religion que pour la vertu, car la vertu s'accompagne souvent de nombreuses souffrances et nul ne serait vertueux sans fin. On voit se dessiner deux aristotélismes qui se nourrissent de sources multiples et qui s'orientent dans des voies différentes.

En effet, chacun choisit plusieurs autorités, souvent les mêmes, et les combine pour en dégager des interprétations et des solutions différentes. A Pomponazzi qui lie l'intellect à la matière de façon restrictive et indissoluble, Nifo oppose, par un averroïsme subtil, les deux natures de l'intellect en se fondant sur l'interprétation de Siger[143] : l'intellect est à la fois humain, ainsi est-il lié à la matière, et divin. Le but de cette conception est d'attribuer à l'homme son propre intellect. En plaçant l'intellect dans l'homme, Nifo sauve l'immortalité plus qu'il ne la prouve : modeste devant un mystère qu'il n'explique pas et qu'il ne prétend pas prouver, il se contente de montrer le bien-fondé d'une telle croyance pour l'accomplissement de l'homme et aussi l'incontournable constat de l'exception humaine. Pour Nifo, l'homme a la capacité de transcender sa condition

143. M. L. Pine, 1986, p. 154, et B. Nardi, 1958, p. 86.

matérielle : puisque tous les philosophes s'accordent à dire que la vérité éternelle est atteinte par l'intellect, c'est une indication de sa transcendance[144]. Il en résulte une conception qui donne à l'homme un statut à part dans la création, et, en cela, Nifo est proche de la vision de l'ensemble des hommes de la Renaissance. Pomponazzi prône, en réalité, un averroïsme teinté d'alexandrisme, qui est, en fait, à cette époque-là, plus radical que l'averroïsme enseigné à Padoue à la fin du XVe et au début du XVIe siècles. Nifo, lui, se fonde sur une interprétation plus modérée d'Averroès, que l'on attribue à Siger de Brabant, qui permet de concilier la doctrine de l'intellect agent, ou encore appelé intellect unique, avec celle de l'immortalité individuelle. Il n'hésite pas non plus à se nourrir ponctuellement de sources platoniciennes ou néo-platoniciennes[145]. Selon Renan[146], la nuance qui séparait les deux philosophes était en réalité infime : Pomponazzi avouait franchement les conséquences de sa doctrine ; Nifo, lui, les évitait grâce à des subtilités, et c'est ainsi que l'averroïsme devint paradoxalement le soutien de l'orthodoxie, car il maintenait une certaine spiritualité. Pourtant, Pomponazzi, parmi tous ses adversaires, ne prit la peine de répondre qu'à deux d'entre eux, Contarini, un de ses élèves, et surtout Nifo, c'est-à-dire à des philosophes[147]. Ainsi, le principal

144. A. Nifo, 1518, chap. XXVII, f. 7.

145. Voir le *De Immortalitate animae*, chapitres XLV et XLVI. Sur l'influence platonicienne dans le *De immortalitate*, voir E. P. Mahoney, 1986, p. 523 : Mahoney établit que Nifo s'appuie sur les traductions de Platon faites par Ficin. En raison de ces références, Eugenio Garin va jusqu'à penser que l'aristotélisme de Nifo dans le *De Immortalitate* est un retour sur ce qu'il y avait de platonicien dans Aristote lui-même. Le platonisme de Nifo hésiterait entre néoplatonisme et averroïsme : tout en admettant l'âme comme une substance séparée, Nifo n'aurait pas su se déterminer entre l'unité de l'intellect humain des averroïstes et la pluralité des âmes des platoniciens florentins. Ce jugement est sans-doute discutable mais il montre la variété des sources du philosophe. Cf. E. Garin, 1947, tome II, p. 24-25.

146. E. Renan, 1861, p. 357.

147. Dans le *prooemium* du *Defensorium* en 1518, Pomponazzi dit qu'il a beaucoup de détracteurs, qu'il ne nomme pas, et il ajoute : *Inter quos est celeberrimus philosophus Augustinus Niphus Suessanus qui quemdam singularem tractatum adversus nostrum composuit : mihi visum est ad tanti philosophi obiecta respondere* (P. Pomponazzi, 1525, f. 81).

intéressé semble avoir eu plus d'estime que ses successeurs pour ses détracteurs principaux, ou ceux qu'il a jugés tels ; c'est sans doute qu'ils méritent plus d'attention que celle, bien rapide, qu'on a bien voulu leur accorder.

Comme l'a très justement remarqué Martin L. Pine[148], le débat sur l'immortalité de l'âme à la Renaissance est autant une question métaphysique et morale sur la place de l'homme dans l'univers et sur la dignité humaine qu'une question théologique. L'interprétation des thèses des philosophes est souvent difficile et donne lieu à des avis parfois contradictoires. La conception, très austère, de Pomponazzi dégage l'exception humaine du fait que l'homme soit le seul être qui ait le pouvoir d'exercer la vertu par l'exercice libre de sa raison. Pour autant il ne semble pas que la vertu soit en notre pouvoir. En fait la seule liberté de l'homme revient à appréhender et redouter l'inévitable. Pour Giovanni Gentile[149], Pomponazzi représente le plus haut point de l'irréligion dans la tradition médiévale de l'averroïsme. Poppi[150], lui, pense qu'une telle doctrine implique la supériorité de la révélation. Même sur un auteur que tous tiennent en considération, les avis diffèrent sensiblement. Quant à Nifo, sa vision est plus douce car, pour lui, l'exception humaine est aussi et déjà dans la nature humaine elle-même et, en cela, Nifo peut effectivement sembler proche des platoniciens : l'homme a besoin d'un idéal à atteindre, Dieu dans ce traité, pour être vertueux, ce qui n'en fait pas pour autant l'égal de Dieu. Pomponazzi grossit l'argument lorsqu'il réfute l'affirmation selon laquelle l'homme serait divin en tant qu'il aurait une participation divine. Nifo n'affirme pas cela, et Pomponazzi, ici, répond davantage aux platoniciens qu'à Nifo lui-même en assimilant abusivement les deux. Il est probable, comme le montre Edward P. Mahoney[151], que Pomponazzi se souvint aussi de la seconde version du *De intellectu* où Nifo avait modifié ses

148. M. L. Pine, 1986, p. 57.
149. G. Gentile, préface à P. Pomponazzi, 1925, p. III.
150. A. Poppi, 1970 (a), p. 92.
151. E. P. Mahoney, 1986, p. 520-523.

positions en se ralliant aux thèses platoniciennes. Là où Renan ne voyait dans la réponse de Nifo qu'une tactique d'évitement, on peut créditer Nifo d'avoir su dégager de différents courants une pensée finalement originale, effectivement humble dans ce qu'elle prétend prouver en n'ayant pour finalité qu'une réponse morale et pratique. Dans ces débats dont il est difficile d'évaluer la part de liberté et la part d'obéissance à quelque commande, les deux philosophes ont su dépasser le cadre qui leur était imparti, révélant toute la richesse d'un aristotélisme varié ou plutôt de plusieurs aristotélismes. Loin d'être l'une des dernières manifestations d'un courant philosophique médiéval, et mourant, trouvant sa brillante et ultime expression grâce au discours et à l'attitude remarquables de Pomponazzi, la controverse sur l'immortalité de l'âme nous montre l'existence d'un aristotélisme vivant, à plusieurs facettes, celui de Pomponazzi ou celui de Nifo, qui se nourrit des pensées des Anciens, des universitaires héritiers du Moyen Âge, et des humanistes contemporains. Un des points principaux du heurt entre les deux philosophes est la théorie des images dans le processus de connaissance. Or la question n'est certainement pas réglée pour Nifo à la suite du débat avec Pomponazzi. En effet, dans le *De memoria et reminiscentia*, écrit en 1521, l'auteur s'interroge encore quant à l'interprétation à donner au texte d'Aristote sur ce point[152]. Le rôle de l'imagination dans la réflexion sur les processus de connaissance sera également un des points importants du *De Amore*[153]. Pomponazzi était déjà mort depuis 1524, mais le débat se poursuivit sans lui sous des formes moins spectaculaires mais qui montrent sans doute que cette controverse a profondément marqué Nifo.

Que la critique ait eu tendance à négliger la réponse de Nifo pour soutenir celui des deux protagonistes qui, face à la pensée commune et admise, se rebellait et osait affirmer ainsi sa position

152. *Sine enim phantasmate nequaquam intelligit anima. Aristoteles ergo absolutam memoriam solum ad sensualem partem attinere dicit, non tamen negat dependentem memoriam ad intellectum pertinere. Sed an haec positio sit peripatetica, non opus est nunc disputare, satis autem nobis sit apperuisse locum : est enim res haec non leuis.* in A. Nifo, 1550, f. 77.

153. Voir la notice du *De Amore* (à paraître dans la même collection).

individuelle avec fougue et courage est une juste reconnaissance, surtout lorsqu'on sait que Pomponazzi ne se remettra jamais tout à fait de ce désaveu bien qu'il ait profité d'un certain nombre d'appuis. Que Nifo, quel que soit le contenu de sa réponse, soit assimilé à l'ordre établi n'est pas non plus si choquant puisque c'est effectivement le rôle qu'il a, bon gré mal gré, accepté de jouer. Mais il est étonnant que la controverse de 1492 soit si souvent omise. Quant à la difficulté des uns et des autres à classer Nifo dans telle ou telle catégorie de la philosophie péripatéticienne, voire platonicienne, elle relève moins de la versatilité de Nifo – argument repris à Paul Jove et qui eut longue vie – que d'un défaut d'analyse systématique et véritable. Mahoney, pourtant, souligne, en ses nombreux articles, une cohérence et une évolution évidente dans la pensée d'un philosophe qui se situe à une période charnière de l'aristotélisme de la Renaissance, fort de son savoir scolastique et réceptif aux nouvelles tendances. Charles B. Schmitt, dans *Aristote et la Renaissance*[154], montre aussi les transformations de l'aristotélisme durant les années 1475-1525, et l'effort de synthèse de toute la philosophie qui s'y retrouve : si les humanistes, selon lui, ont dès le départ pris position contre l'averroïsme, les scolastiques, eux, se sont montrés ouverts aux nouveaux courants[155]. Nifo semble illustrer parfaitement ce nouvel aristotélisme[156].

Le Prince *de Machiavel et le* De regnandi peritia *de Nifo*

Le *De regnandi peritia*, paru en 1523, attira également l'attention des critiques. En effet, cet ouvrage valut à son auteur l'accusation de plagiat en raison d'un certain nombre de ressemblances avec *Le Prince* de Machiavel. Il est intéressant de noter que cette question ne fut pas soulevée du vivant des deux auteurs mais bien plus tard[157].

154. C. B. Schmitt, 1992.

155. C. B. Schmitt, 1992, p. 33.

156. C. B. Schmitt, 1992, p. 124. Schmitt va même jusqu'à supposer que l'aristotélisme de Nifo appartient presque autant au camp des platoniciens qu'à celui des aristotéliciens. Cette dernière proposition peut se discuter, il n'en demeure pas moins qu'avec Nifo la pensée aristotélicienne se transforme en ouvrant de nouvelles perspectives.

157. *L'Enciclopedia Italiana* (vol. XXIV, p. 811), nous l'avons vu, présente le *De regnandi peritia* comme une version latine dissimulée du *Prince* de Machiavel.

Le livre de Nifo fut terminé à Sessa en 1522 et imprimé à Naples en 1523, alors que celui de Machiavel fut imprimé *post mortem* à Florence en 1532. Cependant, il est établi que le manuscrit du *Prince* fut écrit en 1513, grâce à une lettre de Machiavel et à un certain nombre d'indications dans le corps même du texte (par exemple, au chapitre XXI, Ferdinand d'Aragon est mentionné comme vivant, ce qui implique que l'ouvrage est antérieur à 1516, année de sa mort). Il est donc fort possible que Nifo ait consulté le manuscrit de Machiavel. Il aurait pu le faire à Rome ou à Pise, où il enseigna, ou encore à la cour de Léon X[158]. En effet, les analogies entre les deux textes, qu'il s'agisse de la matière, des exemples, et même des titres de certains chapitres, laissent penser que l'un des deux auteurs au moins a eu connaissance du texte de l'autre, et la primeur semble bien devoir être attribuée à Machiavel. Cependant, Pasquale Tuozzi[159] remarque que Machiavel n'a pas pu ne pas avoir connaissance du traité de Nifo imprimé sept années avant sa mort, dédié à Charles Quint, et largement diffusé. Il s'étonne donc que Machiavel ne se soit pas insurgé contre ce qui serait un plagiat, surtout lorsque l'on sait qu'il passait pour être très jaloux de son œuvre. Ainsi, Machiavel aurait très bien pu remanier son manuscrit à son tour en réponse aux thèses de Nifo. Donc, sans aller, comme Tuozzi, jusqu'à supposer que ce soit Machiavel qui se soit inspiré du traité de Nifo, on peut au moins se demander s'il n'y a pas eu interaction entre les deux ouvrages, consultation de part et d'autre des thèses de chacun. Quoi qu'il en soit, tous ces raisonnements restent à base d'inductions, et même les dates, données incontestables s'il en est, peuvent impliquer des déductions très divergentes, voire opposées. Il est vrai que Tuozzi, chargé par l'Université de Pise, au début du siècle, de faire une notice sur Nifo pour la constitution des annales de l'Université, est porté à envisager

158. G. Valletta, 1951, p. 75. Le titre de l'article est d'ailleurs très clair : « A proposito di un plagio di Agostino Nifo ».
159. P. Tuozzi, 1903-1904, f. 72-74.

les choses sous l'angle le plus favorable à Nifo. Mais, lorsque Luigi Settembrini[160], en 1870, relève la ressemblance entre le *Prince* et le *De regnandi peritia*, se bornant à constater que le *Prince* fut publié ultérieurement et accordant donc la primeur à Nifo, en aucun cas l'idée ne lui vient d'accuser Machiavel de plagiat, remarquant, à juste titre, que l'essentiel de la matière est fourni par des sources antiques (Aristote, Isocrate) et que, même si Machiavel a emprunté cette matière à Nifo, les positions respectives des deux auteurs sont très différentes, Machiavel devant son idée, personnelle et originale, à son génie. L'accusation de plagiat est en réalité très récente. Giovanni Valletta, dans un article paru dans les *Annali della facoltà di lettere e filosofia*[161] (1951), est persuadé du plagiat de Nifo en raison des considérations chronologiques, nous l'avons vu, mais aussi au regard de la vie et de l'activité de Nifo (qui, à cette date, n'avaient pas vraiment donné lieu à des recherches très approfondies), sans compter que le style de Machiavel lui semble bien supérieur à celui de Nifo, ce qui ne paraît pas être un argument prouvant l'existence d'un plagiat. Il semble bien que l'accusation de plagiat vienne facilement lorsqu'il s'agit d'auteurs de moindre envergure ou du moins considérés comme tels. C'est ce qui frappe Simone Pernet-Beau et Paul Larivaille[162] qui soulignent, dans l'introduction à leur traduction du texte de Nifo, à quel point l'accusation de plagiat est arbitraire dans la mesure où, à cette époque, le procédé de reprise était fréquent et où Machiavel lui-même reproduit des passages entiers de Polybe ou de Tacite sans les citer.

Les deux ouvrages offrent de nombreuses références communes, et Nifo se réfère souvent aux sources de façon plus exacte que Machiavel. Surtout, les deux textes sont l'expression de pensées très différentes : la réflexion plus conventionnelle

160. L. Settembrini, 1870, vol. II, p. 170-171.

161. G. Valletta, 1951, p. 156.

162. S. Pernet-Beau et P. Larivaille, 1987, introduction au *De regnandi peritia*, p. V-VI.

et morale de Nifo, illustrant une pensée politique plus répandue à son époque, s'opposant aux conclusions nouvelles et plus déstabilisantes de Machiavel. Ainsi, Simone Pernet-Beau et Paul Larivaille analysent le débat de façon salutaire en étudiant les deux textes et en les replaçant dans le contexte de leur époque. Ils ne remettent pas en cause la primeur du *Prince* de Machiavel pensant qu'effectivement Nifo a pu être en possession du manuscrit entre 1519 et 1521, quand il enseignait à Pise. De là, plusieurs possibilités se présentent sans qu'on puisse rien assurer : les Médicis peuvent avoir fourni à Nifo un exemplaire du *Prince* pour que l'auteur du *Libellus de his quae ab optimis principibus agenda sunt*, publié en 1521, fasse un examen critique rassurant, car Nifo avait déjà écrit à ce sujet. Et, effectivement, Nifo opère une profonde révision idéologique. De plus, entre autres dissimilitudes, les traducteurs du *De regnandi peritia* relèvent une différence de méthode : là où Machiavel expose brutalement ses idées suivies de quelques exemples, Nifo observe une démarche péripatéticienne avec l'énoncé liminaire d'une question, l'exposé d'exemples contradictoires s'il y a lieu, et un jugement final. Il est fort possible que Machiavel, considérant cela comme une réfutation commandée de ses idées, ait préféré garder le silence. Quant à l'hypothèse, émise par Tuozzi, d'une interaction entre les deux textes, elle ne semble pas devoir être définitivement écartée.

En conclusion, les deux livres, si semblables et si dissemblables, n'ont pas connu le même sort. Celui de Nifo fut célébré à sa parution, mais réédité une seule fois par la suite (en 1645, par Gabriel Naudé, dans les *Opuscula moralia et politica*), pour tomber dans l'oubli d'abord, dans le mépris ensuite. Celui de Machiavel, mal accueilli au départ, connut ensuite une fortune considérable et concourut à renforcer chez les Italiens le sentiment de l'unité nationale.

Il ressort de cette approche, certes rapide, des ouvrages les plus célèbres de Nifo qu'il fut, à l'évidence, non seulement un reflet des mutations de son temps mais l'un de ses principaux acteurs. Ses contemporains, auxquels on reconnaît généralement un certain discernement, l'ont célébré et reconnu comme un grand philosophe. Il illustra incontestablement une page de l'histoire de la pensée au XVIe siècle : la fameuse controverse qui l'opposa à Pomponazzi montre que sa pensée est plus complexe qu'il n'y paraît, héritière d'un aristotélisme sensible et réceptif aux nouveaux courants.

De ces discussions, voire de ces conflits, philosophiques ont émergé les idées nouvelles et c'est également dans ce contexte d'émulation philosophique et intellectuelle que s'inscrit le *De Pulchro et Amore.* Le traité paraît en 1531, au moment où s'épanouit un nouveau genre philosophico-littéraire, le traité d'amour, favorisé par l'enthousiasme esthétique et platonicien de la Renaissance italienne.

II. Le *De Pulchro et Amore* : tradition et contestation au sein de la philosophie d'amour

1. Le contexte philosophique et littéraire : les traités d'amour du XVIe siècle italien

Le traité fondateur : le Commentaire sur le Banquet de Platon *ou* De Amore *(1469) de Marsile Ficin*

Le *De Pulchro et Amore* parut pour la première fois en 1531 et connut quatre rééditions ou émissions[163]. Il est l'un des derniers ouvrages de Nifo et s'inscrit dans la tradition, alors florissante en Italie au XVIe siècle, des traités d'amour.

163. Il fut réédité une fois au XVIe siècle, en 1549 à Lyon, et trois fois au XVIIe siècle, en 1641 à Leyde, en 1645 à Paris et à nouveau à Leyde en 1646. Pour une description plus précise, voir la note sur le texte.

Avec le *Commentaire sur le Banquet de Platon* ou *De Amore* de Marsile Ficin[164], en 1469, le thème de l'amour devint l'un des sujets de conversation favoris de la haute société du XVIe siècle italien. Pourtant le traité de Ficin, premier traité d'amour complet et systématique, s'il est centré autour d'un thème séduisant, n'en est pas moins un ouvrage de réflexion philosophique au cœur de la métaphysique élaborée par l'auteur. Ficin réalise le syncrétisme propre à la Renaissance et révèle Platon en même temps que le thème de l'amour en offrant une conception de la Beauté-Splendeur[165], héritée de la hantise néo-platonicienne de la lumière. Ouvrage attrayant par le choix même de son thème, l'amour, et par son traitement en sept discours, le *Commentaire* propose non seulement une relecture du *Banquet* originel de Platon, mais aussi une mise en perspective de toute la tradition platonicienne et néo-platonicienne à la lumière de la religion chrétienne pour offrir à ses contemporain une nouvelle *lectura Platonis* selon l'expression de Pierre Laurens[166]. L'habileté de la composition du *Commentaire* de Ficin ainsi que l'élégance de son écriture[167] ont certainement contribué à son succès. A l'origine de la redécouverte de Platon par ses contemporains, Ficin, par la puissance de sa propre vision de toute la tradition platonicienne et néo-platonicienne, a assurément impressionné et influencé les humanistes de son temps, même au-delà de

164. Le traité de Ficin est trop connu et la bibliographie qui s'y rapporte trop vaste pour que nous les présentions ici. Outre l'étude de Raymond Marcel (in M. Ficin, 1956, p. 11-113), nous signalons la nouvelle édition et traduction, annotée et précédée d'une introduction, du *Commentaire sur le Banquet de Platon* par Pierre Laurens aux Belles Lettres en 2002 ainsi que deux ouvrages collectifs récents : P. Magnard (éd.), *Marsile Ficin : les platonismes à la Renaissance*, Vrin, 2001 et S. Toussaint (éd.), *Marsile Ficin ou les mystères platoniciens*, Les Belles Lettres, 2002.

165. Voir l'article d'A. Michel, « *Pulchritudo Splendor Dei* : de Platon à Ficin », in P. Magnard (éd.), 2001, p. 93-100.

166. Voir l'introduction de P. Laurens, in M. Ficin, 2002, p. IX-LXIX ainsi que l'article, « *Platonicam aperiamus sententiam* : la « Lectura Platonis » dans le *Commentaire sur le Banquet* », in S. Toussaint, 2002, p. 17-28.

167. Voir P. Laurens, « *Stylus Platonis* : l'*oestrus* poétique dans le *De Amore* de Marsile Ficin », in P. Magnard (éd.), 2001, p. 139-51.

l'Italie[168], et séduit un public cultivé et raffiné, gagné par un regain d'intérêt pour la beauté, l'amour, et la culture antique. Cet enthousiasme se manifesta dans les cercles de courtisans et dans la production italienne autour des traités d'amour et des traités de cour tel *Le Courtisan* de Baldassare Castiglione en 1528[169].

Les premiers traités du début du XVIe siècle : Jean Pic de la Mirandole et Léon l'Hébreu

Les premiers échos au *Commentaire* de Ficin furent, au début du XVIe siècle, le *Commentaire sur une chanson d'amour* de Pic de la Mirandole, en 1500, et les *Dialoghi d'amore*[170] de Léon l'Hébreu, écrits entre 1501 et 1506 et publiés à Rome en 1535[171], deux tentatives réelles de pénétrer la pensée du philosophe. Ces deux réponses représentent en quelque sorte les deux pôles de la pensée platonicienne d'alors sur le thème de l'amour. En effet, Pic et Hébreu prolongent la réflexion philosophique de Ficin et s'engagent dans le débat métaphysique sur la place de l'homme dans l'univers.

En trois livres, Pic développe sa théorie de l'amour en prenant appui sur la *Canzone d'Amore* de Jérôme Benivieni. Dans le premier livre, Pic s'applique à définir les différents êtres et les différentes natures qui prennent place, au deuxième chapitre, dans un univers hiérarchisé : des minéraux et des végétaux, puis des animaux dénués de raison et des animaux raisonnables, jusqu'aux natures supérieures que sont les natures angéliques et, enfin, Dieu, source de tout. Dieu, unique, a créé une seule

168. Pour une vue d'ensemble de la philosophie de l'amour de Ficin et de son influence en France, un des ouvrages de référence reste celui de A. J. Festugière, *La Philosophie de l'amour de Marsile Ficin et son influence sur la littérature française au XVIe siècle*, 1941.

169. Voir T.-F. Crane, 1971, chap. IV.

170. L'orthographe est variable selon les éditions : *dialogi* ou *dialoghi.* Bien que la première édition écrive *dialogi*, celle que nous mentionnons en bibliographie écrit *dialoghi* (1595). Nous conservons donc l'orthographe de cette dernière.

171. Des exemplaires manuscrits circulaient dès la fin de la rédaction de l'ouvrage. Réédité onze fois entre 1536 et 1586, l'ouvrage de Léon l'Hébreu connut un grand succès.

créature incorporelle et intellectuelle, l'Esprit. Pic commence donc par dessiner sa vision du monde et de l'univers avant d'aborder, au deuxième livre, le thème de l'amour. C'est là qu'il se détourne nettement et ouvertement des thèses de Ficin. Le deuxième chapitre, consacré aux définitions, opère une distinction nette entre le bon et le beau, qui se « distingue du bien comme l'espèce de son genre et non comme l'extrinsèque de l'intrinsèque, pour citer Marsile »[172] et revient aux formules péripatéticiennes : la beauté est justesse des proportions et harmonie des contraires. De ce retour à la définition aristotélicienne de la beauté, comme justesse des proportions et harmonie des couleurs[173], découlent plusieurs divergences : il existe donc une beauté à proprement parler qui est celle des choses visibles et des choses audibles convenablement composées, ce qui exclut Dieu et toutes les choses simples. Comme les platoniciens, il distingue une beauté au sens général, comprenant l'harmonie musicale[174], et une beauté proprement dite, perçue uniquement par la vue[175], mais il détache totalement la beauté de l'éclat de la lumière. Il s'agit pour Pic de séparer Dieu de la matière, dévalorisante à ses yeux et dévalorisée ici, en séparant le beau du bon, sur les traces de saint Thomas qui avait déjà opéré cette distinction dans sa *Somme*[176]. Pic admet cependant, au chapitre VIII, l'existence d'une beauté intelligible qui suscite l'amour céleste. Ainsi, à l'issue du second livre, se distinguent trois amours, l'amour céleste, l'amour vulgaire bestial, qui est simple désir de coït, et l'amour vulgaire humain, qui est conscient que le corps n'est pas source de beauté[177]. Le second livre contient donc l'essentiel de la théorie de Pic. Suit un commentaire linéaire, vers à vers, du poème de Benivieni qui célèbre l'amour céleste.

172. J. Pic de la Mirandole, 1989, p. 110.
173. J. Pic de la Mirandole, 1989, chap. VI-X.
174. J. Pic de la Mirandole, 1989, p. 114.
175. J. Pic de la Mirandole, 1989, p. 116.
176. Thomas d'Aquin, *Somme*, I, XXXIX, art. 8.
177. J. Pic de la Mirandole, 1989, chap. XXIV, p. 74.

Il y a bien des points communs entre la vision de Pic et celle de Ficin, et la morale de l'amour qui en découle est sensiblement la même : il s'agit pour l'homme de s'éloigner des biens terrestres et illusoires pour s'unir à Dieu. Cependant, le monde de Ficin, plus voluptueux et plus lumineux, animé par la lumière divine qui irradie, de cercle en cercle, l'ensemble de la création, tisse des liens étroits entre les êtres inférieurs et les êtres supérieurs. L'univers de Pic est lui aussi hiérarchisé, mais atteindre Dieu nécessite une véritable ascèse, car il reste mystérieux et le gouffre entre l'être suprême et le reste des créatures demeure. Pour reprendre une formule de Stéphane Toussaint en introduction au texte de Pic[178], le monde de Ficin se construit autour de « la terreur des ténèbres », qu'il tente d'éclairer, celui de Pic reste soumis à « la séduction de l'ombre »[179], dont il faut respecter le mystère avec humilité. Cette divergence est particulièrement sensible dans la philosophie sur l'amour des deux philosophes, car Pic reste soucieux, comme le note Eugenio Garin[180], de tracer des lignes de démarcation nettes entre ce qui relève du raisonnement et ce qui relève plutôt de l'imagination. Dans ce souci, que l'on peut qualifier d'aristotélicien, Pic et Nifo se rejoignent, mais leurs conclusions seront bien différentes puisque Nifo tend, au contraire, à revaloriser la matière en elle-même.

Les idées de Pic ont été perçues comme une contestation de la pensée de Ficin. D'ailleurs, lorsque Jérôme Benivieni publia sa *Canzone d'Amore*, en 1500, avec le commentaire de Pic, il prit soin de supprimer les passages du texte où Ficin était directement attaqué. Le texte intégral parut dans l'édition de 1519, mais il est probable que des versions manuscrites circulaient avant cette date. De plus, les termes dans lesquels Ficin évoqua le *Commentaire* de Pic à la mort de ce dernier laissent penser qu'il en fut blessé et qu'il chercha à minimiser la critique

178. S. Toussaint, in Pic de la Mirandole, 1989, p. 15-69.
179. S. Toussaint, in Pic de la Mirandole, 1989, p. 58.
180. E. Garin, 1990 (1988), p. 194-195.

de cet autre grand penseur platonicien[181]. On sent dans la position de Pic l'influence, encore vive, de la philosophie péripatéticienne héritée de l'Université de Padoue où, comme Nifo, il fut étudiant.

Le traité de Léon l'Hébreu ne suscita pas de polémique ouverte : en effet, les thèses des *Dialoghi d'amore* ne remettent pas directement en cause celles de Ficin bien qu'elles s'en éloignent parfois. En trois dialogues, de plus en plus longs, entre Philone et Sophia, Léon l'Hébreu s'applique tout d'abord à définir l'amour et le désir, ensuite à exposer l'universalité de l'amour, et enfin la généalogie de l'amour. Le premier dialogue, consacré à l'amour et au désir, aboutit à la définition de l'amour comme désir de se convertir en la chose aimée[182]. Cette définition permet à Léon l'Hébreu de présenter la félicité comme l'union de l'être humain avec Dieu grâce à l'acte d'amour, mais elle le mène aussi, à la fin du premier dialogue, à envisager spécifiquement l'amour des hommes pour les femmes[183]. Si la hiérarchie des sens est conservée, si le goût et le toucher restent destinés à remplir un rôle matériel, à savoir la sustentation de la vie de l'homme et de l'espèce humaine, notamment en permettant la reproduction, il n'empêche que, selon Léon l'Hébreu, si l'on se garde de tout excès, l'acte charnel ne défait pas l'amour, car, tout comme les esprits désirent être unis en un, les corps aussi y aspirent afin qu'il ne demeure aucune diversité et que l'union soit parfaite en tout. La conception de l'amour est ici fusionnelle, de l'être humain vers Dieu[184], mais aussi de l'homme vers la femme. Ainsi Léon l'Hébreu reprend l'idée de désir de transformation de l'amant en l'aimée et ce désir s'accompagne du désir que l'aimée, elle

181. Pour le récit et l'analyse des réactions de Ficin à propos du *Commentaire sur une chanson d'amour* de Jean Pic de la Mirandole, voir R. Marcel, 1956, p. 117.

182. L. l'Hébreu, 1595 (1535), p. 97.

183. L. l'Hébreu, 1595, p. 104-121.

184. Pour l'union avec Dieu, Léon l'Hébreu parle aussi de « copulation ». Bien que, comme le remarque William Melczer, ce choix soit justifié par la Bible, l'aspect charnel ne doit pas échapper. Cf. W. Melczer, 1976, p. 298.

aussi, se transforme en l'amant. Une telle fusion, totale, implique l'union des esprits et des corps. L'amour de l'homme pour la femme est de deux sortes : le premier est engendré par le désir et l'appétition charnels, le second est le désir de l'union spirituelle et charnelle[185] avec la personne aimée. La conception de l'amour de Léon l'Hébreu pousse plus loin le sensualisme déjà présent chez Ficin, pour qui le désir des corps ne devait rester qu'une étape censée mener au désir d'une union spirituelle. Les références, revendiquées, de Léon l'Hébreu sont aussi bien platoniciennes qu'aristotéliciennes : le premier dialogue s'ouvre, dès les premières pages, sur la distinction des trois biens dans l'*Ethique à Nicomaque*, l'utile, l'agréable et l'honnête[186], et de ces distinctions découlent les autres définitions. Le second dialogue propose un élargissement de l'idée d'amour aux autres êtres, que ce soit les animaux ou même les éléments qui ont donné naissance à la matière, au premier arbre ou à la première pierre. L'amour anime ainsi la totalité du monde sensible dans le moindre de ses détails. L'amour, bien sûr, est également commun au monde intellectuel, et Léon l'Hébreu n'hésite pas, à ce moment de son traité, à faire référence à Aristote et aux philosophes arabes, plus précisément Averroès, selon lesquels la perfection de l'âme humaine gît en l'union divine, comme celle des autres intellects. Et l'homme, par un phénomène de reflet, est à l'image de tout l'univers, corporel et incorporel[187]. Cette vision poétique de l'univers se poursuit dans le troisième dialogue qui se clôt sur la définition de la beauté, grâce qui délecte l'esprit par la connaissance qu'il en a et qui le pousse à aimer. La connaissance, chez Léon l'Hébreu, est une condition nécessaire et préalable à l'amour, bien plus que chez Ficin où l'amour est en quelque sorte précédé d'une intuition. La beauté, communiquée par Dieu à la matière,

185. L. l'Hébreu, 1595, p. 110.

186 L. l'Hébreu, 1595, p. 12-14.

187. Certains critiques, comme Robb, n'ont pas manqué de voir dans cette vision panthéiste une pensée originale présentant des affinités avec la philosophie de Spinoza. Voir N. A. Robb, 1956, p. 198-201.

est le début, le milieu et la fin de l'amour, comme chez Ficin. Ainsi reste-t-elle intimement liée au sentiment d'amour et, si elle est formelle, son origine est spirituelle : Dieu n'est pas beau, mais il est l'origine de la beauté. Contrairement à Pic ou à Nifo, Léon l'Hébreu réfute la définition péripatéticienne de la beauté comme un harmonieux rapport de proportions, car elle ne serait que corporelle et les choses simples ne sauraient être belles. Dans le monde de Léon l'Hébreu, tous les corps sont beaux car ils sont formés par le monde supérieur même si tous ne sont pas également beaux[188].

Le monde de Léon l'Hébreu reste fortement marqué par l'univers dessiné par Ficin, totalement animé de la présence et de la lumière divine, mais il est plus sensuel encore. De plus, les sources de Léon l'Hébreu sont assurément platoniciennes mais, contrairement à Ficin qui souhaitait rompre avec la philosophie péripatéticienne, surtout celle des commentateurs arabes comme Averroès, il inclut leur pensée dans sa réflexion en voyant dans le monde intellectuel des averroïstes un principe non contradictoire avec l'idée d'une transcendance, et le *De Amore* s'en fera aussi l'écho. En revanche, la définition péripatéticienne de la beauté crée une séparation trop nette entre le monde corporel et incorporel pour s'accorder avec sa vision panthéiste et sensuelle de l'univers.

Ficin apparaît comme le moyen terme entre l'austérité de Pic et le sensualisme de Léon l'Hébreu. Ce dernier, plus encore que ses prédécesseurs, tente de concilier les différentes doctrines et philosophies en ne repoussant, a priori, aucune source. Nifo, en suivant Pic dans sa définition du beau tout en étant réceptif au sensualisme de Léon l'Hébreu, proposera un autre moyen terme en opposition au *De Amore* de Ficin. A ces premiers échos, qui forment un jeu dialectique permettant déjà de placer le *De Amore* de Nifo dans la ligne du débat soulevé par Ficin, s'ajoute le *Libro di natura d'amore* de Mario Equicola que

188. Voir l'étude de N. Ivanoff, « La beauté dans la philosophie de Marsile Ficin et de Léon l'Hébreu », *Humanisme et Renaissance*, III (1936), p. 12-21.

Nifo cite, outre Ficin, dans le premier chapitre du *De Amore*, aux côtés des sources anciennes et médiévales. Et il le fait de façon très élogieuse : *Verum temporibus nostris Marius Aequicola Oliuetanus amicissimus noster meo iudicio fertilissime de amore scripsit, et licet uulgari atque materno sermone, tamen nihil intentatum praeteriit*[189].

Le Libro di natura d'amore *de Mario Equicola*

Le *Libro di natura d'amore* de Mario Equicola, dont le premier manuscrit en 1507 était en latin, fut traduit en italien et ainsi publié en 1525 à Venise, année de la mort de l'auteur. Il fut réédité treize fois entre 1526 et 1607, et traduit en français par Gabriel Chapuis à Paris en 1584, et ensuite à Lyon en 1598[190]. La traduction de Chapuis fut rééditée dès 1589. L' ouvrage connut donc un succès réel au XVIe siècle. Pourtant, il est peu estimé par les critiques actuels, lassés par son aspect encyclopédique et son propos souvent qualifié de superficiel[191]. Pour Raymond Marcel[192], l'ouvrage d'Equicola « donne à penser que le débat va bientôt passer de l'Académie à la Cour ». Mario Equicola est ainsi relégué parmi les platoniciens mineurs, auteurs, au cours du XVIe siècle, de bien des traités d'amour tous ressemblants. Le débat passe, en effet, de l'Académie à la Cour, mais ce déplacement est porteur de sens et révèle les aspirations du temps. De plus, le *Libro di natura d'amore* s'éloigne souvent du néo-platonisme en avançant des propositions nouvelles. Contrairement à l'ensemble des traités du XVIe siècle, il ne se présente pas sous la forme plaisante d'un dialogue, mais sous celle d'un traité en six livres.

189. « Or de nos jours, notre ami Mario Equicola d'Alveto a écrit sur ce sujet de façon très riche à mon avis, et, bien que ce soit en langue vulgaire, sa langue maternelle, il n'a négligé aucune approche. »

190. Voir la notice du DBI, tome 43, 1993, p. 37-38 et D. Santoro, 1906, p. 167-187.

191. C'est l'opinion des principaux auteurs d'études sur les traités d'amour, comme Thomas Frederick Crane, John Charles Nelson, qui juge l'ensemble superficiel, ou encore Nesca A. Robb qui ne voit ni grâce ni originalité dans ce traitement un peu trivial, selon lui, du thème de l'amour. Voir T. F. Crane, p. 119 ; J. C. Nelson, 1963, p. 112 ; N. A. Robb, 1956, p. 189-190.

192. R. Marcel, in M. Ficin, 1956, p. 119. Voir aussi N. Ivanoff, 1936, p. 17.

Le *Libro di natura d'amore* offre, en effet, par la somme des connaissances exposées et la multiplicité des références, un aspect encyclopédique dont il est parfois difficile de dégager les positions personnelles de l'auteur. Le premier livre est un panorama, sans exposé critique, des différents auteurs qui ont écrit sur le thème de l'amour[193]. Le second livre, après une brève introduction générale, consacre son premier chapitre à une étude sur l'origine des affects et à l'exposé des divers noms de l'amour. A la fin de ce premier chapitre, Equicola affirme que l'amour de soi est le principe et l'origine de toutes les affections qui peuvent naître en nous[194], ce qui est un point de désaccord fondamental avec Nifo[195]. Equicola reprend cette thèse à la fin du second livre. Les différents amours, Vénus, Cupidon, l'amour naturel, sensitif, intellectuel, sont ensuite méthodiquement repris pour aboutir à une définition générale : l'amour est le désir de jouir de ce que nous croyons beau[196]. Suit, aux chapitres VII et VIII, une réflexion sur le désir et la beauté, les deux termes principaux de la définition de l'amour donnée précédemment. Le chapitre VII sur le désir permet déjà à Equicola d'introduire un certain hédonisme : pour lui, l'amour est le père du désir, ainsi toute volupté commence par l'amour, court au désir, se développe en l'espérance et trouve le repos dans la volupté[197]. Et, s'il est vrai que la possession met fin au désir et à l'amour, Equicola repousse cette objection en assurant qu'après l'acte charnel l'amour renaît[198]. Le troisième livre du *Libro di natura d'amore* est tout entier consacré à la louange de Dieu, seul exempt du sentiment de l'amour de soi, qu'il s'agisse d'envisager l'amour de Dieu, l'amour angélique, l'amour de l'homme envers Dieu,

193. M. Equicola, 1584, f. 6-76 : les auteurs cités sont G. Cavalcanti, Dante, Pétrarque, F. Barberino, J. de Meung et le *Roman de la rose*, Boccace, Ficin, Pic de la Mirandole, F. Cattani da Diacceto, B. Fregose, Alberti, Platina, Hedo, Bembo, B. Carmelita, G. Iacopo Calandra.

194. M. Equicola, 1584, livre II, chapitre I, f. 98.

195. A. Nifo, *De Amore*, chap. LXXII.

196. M. Equicola, 1584, livre II, chapitre VI, f. 129.

197. M. Equicola, 1584, f. 131.

198. M. Equicola, 1584, f. 132.

mais aussi l'amour de l'homme envers l'homme qui découle de la charité, déjà présente dans la conception aristotélicienne de l'amitié. Ainsi la prédominance de l'amour de soi comme principe d'explication des autres formes d'amour paraît être le fil directeur du traité d'Equicola dans les trois premiers livres et lui permet d'envisager d'un point de vue différent de celui des néo-platoniciens la question de l'amour entre l'homme et la femme.

C'est ainsi que le propos se déplace, au quatrième livre, sur l'amour humain et sensuel. Dès le premier chapitre, Equicola discute la question des sens et, s'il dégage l'excellence du sens de la vue sur les autres et rappelle que les sens sont communs aux hommes et aux bêtes, il affirme cependant l'utilité de chacun d'eux et engage chacun à jouir des plaisirs charnels avec modération afin qu'il n'y ait pas de lassitude. Suivent des chapitres consacrés à diverses questions qui seront caractéristiques des traités d'amour : de l'occasion qui incline à aimer une personne plus qu'une autre au chapitre II, des signes pour reconnaître ceux qui sont enclins à aimer au chapitre III, de la force et de la puissance de l'amour au chapitre IV, de la jalousie au chapitre V, de la cause des soupirs, de la pâleur et des larmes des amants au chapitre VI, des songes des amants et de la mélancolie au chapitre VII ; autant de thèmes qui seront également traités par Nifo. Les sources alors sont surtout les poètes et les philosophes de l'Antiquité tels que Virgile, Ovide et, parmi les philosophes, Platon, Aristote, Sénèque. Dans la continuité du précédent, le cinquième livre développe, dans le premier chapitre, l'étude des deux opposés, Amour et Haine, et prodigue longuement, dans le second chapitre, des conseils pour obtenir l'amitié d'autrui (être vertueux, savoir se tenir, s'habiller etc..). Le troisième et le quatrième chapitres célèbrent la façon dont les poètes ont su louer leurs bien-aimées. Ce cinquième livre est en fait une sorte de manuel sur l'art de capter la bienveillance.

Le sixième et dernier livre pose la question de la fin de l'amour, et il s'avère que pour les trois sortes de vies humaines

– la vie affective (Equicola ne reprend pas aux platoniciens le terme de bestial) dont la fin est l'utile, la vie vertueuse dont la fin est l'honneur, et la vie du sage dont la fin est la contemplation – la fin commune est le plaisir. La volupté est donc désirée pour elle-même[199]. En toute action, il faut avoir de la modération certes (et c'est ce qui distingue les hommes des bêtes[200]), mais celui qui aime, selon Equicola, aime le corps et l'esprit ensemble, car les sens désirent la volupté sensuelle et l'esprit désire être aimé. De plus, Aristote montre que l'action de l'esprit est conjointe à celle du corps, donc pourquoi le désir devrait-il s'arrêter aux sens de la vue et de l'ouïe ? Ainsi, ce dont nous voulons principalement jouir est la femme[201]. Les deux premiers chapitres[202] du sixième livre sont donc de véritables plaidoyers en faveur de l'amour humain et sensuel. Une telle défense s'accompagne au troisième chapitre d'un hommage aux femmes, véritablement dignes d'amour, et Equicola affirme cela en opposition à des citations misogynes d'Augustin et de Jérôme. Le quatrième et dernier chapitre poursuit cette réflexion et se termine, en conclusion à l'ensemble du traité, sur l'amour pour Dieu qu'il faut, en dernier lieu, placer au-dessus de tous les autres.

Le *Libro di natura d'amore* de Mario Equicola ne se contente donc pas de reprendre les opinions de ses prédécesseurs. Si certains chapitres laissent penser qu'il est proche des platoniciens, une lecture plus approfondie le démarque du néo-platonisme de son temps. Malgré des sources extrêmement variées et entre elles assemblées, les inclinations d'Equicola, par leur revalorisation de l'amour humain et sensuel, mettent sur le même plan les philosophes, les poètes, et les auteurs de l'amour courtois avec notamment la référence au *Roman de la Rose*.

199. M. Equicola, 1584, f. 313.
200. M. Equicola, 1584, f. 317.
201. M. Equicola, 1584, f. 324-325.
202. La répartition des chapitres n'est pas identique d'une édition à l'autre. Nous donnons ici les références dans l'édition française de 1584 dont les chapitres sont un peu différents de ceux de l'édition italienne de 1525. La répartition des six livres est identique.

La polémique avec Ficin n'est donc pas clairement revendiquée par Equicola, pourtant sa conception de l'amour humain, très sensualiste et marquée à deux reprises, au quatrième livre et au cinquième livre, par la discussion sur les sens, s'inscrit dans une lignée aristotélicienne. Par ailleurs, il est vrai que certains chapitres du *Libro di natura d'amore* le rapprochent des nombreux traités d'amour qui furent écrits tout au long du XVIe siècle en Italie et dans lesquels une part belle était faite aux questions plus pratiques, voire un peu triviales, sur l'amour et la séduction entre l'homme et la femme, questions héritées d'Ovide et du traitement de l'amour courtois au Moyen Âge. Mais on ne saurait réduire l'ouvrage d'Equicola à cet aspect, lui qui le premier osa clairement poser les prémisses d'une philosophie de l'amour humain sensualiste. Le traité de Léon l'Hébreu ouvrait la voie à une certaine sensualité, mais l'amour humain n'était cependant pas à ce point valorisé. Equicola, certes, n'ouvre pas sa réflexion sur une vision plus vaste du monde et de la place de l'homme, et il faut reconnaître que le *Libro di natura d'amore* n'a plus la dimension philosophique des ouvrages de Ficin, de Pic et de Hébreu. Il annonce la vogue, plus légère mais non insignifiante, des traités d'amour.

Les traités d'amour : diversité et ressemblance

Les traités d'amour qui s'inspirèrent du *Commentaire sur le Banquet de Platon* de Ficin furent extrêmement nombreux. La dimension métaphysique n'est plus, le ton adopté devient celui de la conversation dans un genre qui opte très souvent pour la forme dialoguée (comme les *Dialoghi d'amore*) ou pour des discours prononcés par divers interlocuteurs (comme le *Commentaire*). Entre philosophie et traités de cour, les traités d'amour[203] posent, plus ou moins volontairement, des questions révélatrices des mœurs et des préoccupations de leur

203. Pour une liste des traités d'amour du XVIe siècle italien, nous renvoyons à la bibliographie.

temps, telle que la question sur la place des femmes dans la société italienne du XVIe siècle. Ainsi sont-ils aussi un témoignage sur la société aristocratique de l'époque. Bien que les traités d'amour soient traditionnellement qualifiés de platoniciens en raison du lien qu'ils entretiennent tous, de façon plus ou moins rigoureuse, avec le *Commentaire* de Marsile Ficin, leur propos est en réalité plus varié et, pour la plupart d'entre eux, il est difficile de dégager une réelle inclination philosophique[204]. Il apparaît que les traités d'amour sont loin d'être exclusivement platonisants.

Le thème de l'amour, marqué à la fois par la poésie occitane, l'amour courtois comme le célèbre traité d'André le Chapelain, héritier de la tradition latine et, plus précisément, de l'élégie ovidienne, à travers le prisme du platonisme de Pétrarque, prend toute son ampleur en Italie jusqu'à la parution du *Commentaire sur le Banquet de Platon* de Ficin. Mais Ficin engageait un débat philosophique et théologique. Fermement poursuivie par Pic de la Mirandole, la discussion, rapidement, n'est plus manifeste et, dès les *Dialoghi d'amore* de Léon l'Hébreu, la tonalité polémique n'est plus de mise jusqu'au *De Pulchro et Amore* de Nifo. Pourtant, entre les ouvrages les plus fidèles à la tradition platonicienne, comme les *Tre libri d'Amore* (1561) de Francesco Cattani da Diacceto, et les traités plus légers, comme le *Della infinità di amore* (1547) de Tullia d'Aragona, il n'est pas impossible de lire, d'un lieu commun à un autre, des pointes d'ironie qui

204. Nous disposons de plusieurs études sur les traités d'amour. Voir M. Rosi, 1889, qui distingue les traités consacrés à l'amour dans son ensemble et les traités qui portent sur des questions précises ; M. Rosi, 1904, qui s'intéresse à la question féminine dans les traités d'amour ; P. Lorenzetti, 1917, qui relie l'analyse des traités les plus connus à la question du beau ; L. Tonelli, 1933, p. 249-310, qui distingue effectivement, avec Nifo et Equicola, une tendance aristotélicienne, une tendance épicurienne avec le *De Voluptate* de Valla, et une tendance platonicienne qui comprend Ficin, Pic, Diacceto et Léon l'Hébreu. Pour le reste, Luigi Tonelli les classe dans un genre léger, entre platonisme et influence pétrarquisante. Voir aussi G. Saitta, 1950, p. 71-156 et N. A. Robb, 1956, p. 176-211, qui analyse les principaux traités en montrant une tendance générale pour une réhabilitation du corps et de la nature ; J. C. Nelson, 1958, p. 67-162, qui présente dans l'ordre chronologique les principaux traités, ainsi que R. Marcel, in M. Ficin, 1956, p. 117-23.

inciteraient à une réévaluation du genre, et cela dès les *Asolani* (1515) de Pietro Bembo. Les jeux de références d'un traité à l'autre créent des échos ludiques : Bembo est devenu l'un des personnages de Castiglione, Varchi, platonicien pétrarquisant qui a beaucoup écrit sur l'amour, a largement la parole dans le traité de Tullia d'Aragona, et il cite lui aussi Bembo, Tullia est l'une des interlocutrices de Sperone Speroni, qui tourne en dérision le discours platonicien, Sansovino apparaît dans le dialogue de Giuseppe Betussi. Propos aimable et sérieux pour les uns, dérision et auto-dérision pour les autres, le genre des traités d'amour n'est finalement pas si aisé à définir. Toujours est-il que le traité de Ficin n'est pas discuté de front, que l'on ne recourt pas au discours philosophique pour élaborer une nouvelle philosophie d'amour. Tout au plus s'accommode-t-on ou se moque-t-on de difficiles compromis entre l'idéal platonicien et l'amour humain.

C'est surtout entre 1540 et 1590 que se développent les traités d'amour et on peut se demander si ce regain ne doit pas beaucoup aux traités d'Equicola et de Nifo qui, en libérant l'amour humain des doctrines platoniciennes, ont permis au genre d'exister en lui-même. Certes, les auteurs des différents traités ne les citent ni l'un ni l'autre, mais certaines questions, désormais emblématiques du genre, étaient déjà traitées par Equicola et par Nifo. Il est vrai que les *Asolani* de Bembo, plus portés vers l'amour humain, et même le *Commentaire sur le Banquet de Platon* de Ficin, avec, par exemple, des développements astrologiques pour expliquer les affinités, ouvraient, sur certains points, la voie à ce genre de développements. Cependant, d'autres types de questions, comme savoir si l'amour meurt avec la jouissance et le plaisir (une des préoccupations principales de Tullia d'Aragona), font l'objet d'un développement chez Nifo[205], ainsi que beaucoup d'autres sur la jalousie ou l'espoir, assortis de conseils qui rappellent *L'art*

205. A. Nifo, *De Amore*, chap. LXX : *Quod amor non cesset in fruitione cupidinea nec post.*

d'aimer et *Les remèdes à l'amour* d'Ovide[206], fort présent dans le *De Amore* de Nifo.

Héritiers du *Commentaire sur le Banquet de Platon* de Ficin, les traités d'amour, tout en diffusant ses thèses, furent aussi le lieu d'un appauvrissement de la réflexion platonicienne et, parfois, celui de sa contestation. En 1529, avec le *De Pulchro et Amore*, Nifo avait ravivé ouvertement la polémique, ouvert à nouveau la réflexion philosophique sur la question du beau et de l'amour, et son traité paraît donc comme un point d'articulation important au cœur de la tradition du traité d'amour.

2. Le *De Pulchro et Amore* : une réponse contestataire au *Commentaire* de Ficin

Le commanditaire et la destinataire

Lorsque Pompeo Colonna, auteur d'une *Apologia mulierum*, fait sa commande à Nifo, il semble bien qu'il ait voulu rester dans cet esprit courtois puisque le *De Pulchro et Amore* est destiné à une dame, Jeanne d'Aragon.

Né à Rome en 1479 de Girolamo di Antonio, prince de Salerne, et de Vittoria Conti, Pompeo Colonna fut placé, à la mort de son père, sous la protection de son oncle Prospero Colonna à Montecompatri. Il participa en 1498 à la bataille de Palombara et rejoignit ensuite la cour de Frédéric d'Aragon. C'est après la bataille de Carigliano qu'il embrassa, sous la pression de Prospero qui ne le trouvait pas très doué pour les armes, la carrière ecclésiastique. Mais, à Rome, il ne montra pas davantage d'attrait pour son nouveau statut, et la vie fastueuse qu'il menait, préférant évoluer dans le milieu des lettres, n'était pas celle qui sied à un religieux. En 1513, cependant, il bénéficia de l'indulgence de Léon X qui lui donna l'évêché de Rieti. Il devint cardinal en 1517. En 1519, il se trouvait à Rome pour la

206. A. Nifo, *De Amore*, chap. LXII-XCIX.

grande fête de l'investiture de Charles V et obtint, en 1521, l'administration du diocèse de Potenza avant d'être également, en 1523, l'administrateur de l'église de Catane. Jusqu'en 1524, année où il fut vice-chancelier de Clément VII, ses relations avec le pape sont assez bonnes, mais elles vont rapidement se dégrader au fur et à mesure que le pape s'éloigne de la politique impériale. De 1526 à 1528, Pompeo Colonna ne cesse d'essayer de soulever divers mouvements contre le pape qui cédera et finira, en 1528, par le faire gouverneur à vie de Tivoli. A partir de ce moment, il vit dans la région de Naples, près de Jeanne d'Aragon donc, et de Nifo[207].

L'hommage qu'il rend à Nifo dans l'adresse publiée dès la première édition le désigne comme le commanditaire du *De Pulchro et Amore* : il y insiste sur l'excellence de Jeanne d'Aragon, sensible, semble-t-il, à l'éloge de Nifo au chapitre V du *De Pulchro*, auquel il fait écho en reprenant à son compte les compliments exprimés par le philosophe : *Ioannamque Aragoniam refers, ut nulla prorsus ambiguitas relinquatur quin in Divis pulchrum, in hominibus principem locum obtineat* ; ce qui lui permet de la présenter comme parfaite d'âme et de corps telle que la décrit Nifo dans ce même chapitre[208]. Ainsi, le *De Pulchro et Amore* paraît bien être un ouvrage de commande confié à Nifo, considéré alors comme le plus brillant des philosophes de son temps (*Niphe philosophorum*

207. En 1530, il est nommé archevêque de Monreale par le pape et par l'empereur. En 1532, Colonna sollicite du prince Sanseverino, protecteur de Nifo, d'être nommé vice-roi du royaume de Naples, mais celui-ci lui préféra Pietro di Toledo, un Espagnol. Pompeo Colonna serait mort de ne pas avoir supporté ce rejet le 18 juin de cette même année. Pour une biographie plus détaillée de Pompeo Colonna, voir, dans le DBI, l'article de Franca Petrucci (F. Petrucci, 1982, tome 27, p. 407-412.)

208. P. Colonna, lettre d'ouverture au *De Pulchro et Amore* : *Animum praeterea singularibus, et dotibus et virtutibus insignivit, corpusque tam rara, tamque eleganti, aut divina potius compositione cum honestate coniunxit, ut in ea praeter immortalitatem nihil desiderari posse videatur, ea est frontis, orisque serenitas, is candor, is oculorum splendor ac rutilans iubar, ea denique totius corporis species gratia, Venus, ut vel ipsi mortui invitentur, allicianturque ad amorem, atque ad absoluti pulchri speculationem trahantur, tanta mox sanctitate, morumque suavitate, comitate, eloquentiaque coeteras antecellit, ut nata omnibus ad virtutem, honestatemque comparandam veluti speculum, sidusque fulgentissimum merito censeatur* (voir *infra*, p. 2.20-3.31).

praeclarissime) et, de plus, attaché à ce moment-là à la cour du prince de Salerne : deux bonnes raisons qui le recommandent pour cette tâche.

Le *De Pulchro et Amore* est donc dédié à Jeanne d'Aragon que Nifo célèbre et dont il loue la beauté au chapitre V du *De Pulchro* et, une nouvelle fois, plus rapidement, à la fin du *De Amore*, au chapitre CIX.

Jeanne d'Aragon naquit vraisemblablement en 1502 au château d'Ischia où s'étaient réfugiés ses parents durant l'occupation française de Naples. Sa mère était d'une famille noble, les Cardona, qui était venue à Naples à la suite du roi Alphonse d'Aragon. Son père, le duc de Montalto, était fils naturel de Ferdinand d'Aragon. Elle était donc espagnole des deux côtés, excepté sa grand-mère maternelle qui était napolitaine. Elle reçut une éducation parfaite selon l'usage de l'époque. Elle savait jouer de la musique, elle apprit plusieurs langues, le latin, le grec, le français, l'espagnol, et la littérature. Parée de toutes les qualités, elle savait mener une conversation, répondre avec esprit, improviser une poésie avec grâce et désinvolture[209]. Jeanne fut mariée le 5 juin 1521 à Ascanio Colonna qui avait hérité du duché de Tagliacozzo, donné à Federico Colonna, son père, par le roi Ferdinand d'Aragon. Mais rapidement les deux époux s'installèrent au château de Marino, en terre pontificale, sous Léon X. Peu après leur mariage, ils vivaient séparés. Ascanio Colonna, au service de l'empereur, mena contre le pape une guerre clandestine. Elle, désapprouvant les agissements de son mari qui, protégé par Charles Quint, participa à la conjuration de 1526 contre Clément VII, partit vivre dans les châteaux d'Ischia et dell'Ovo, à Naples, entourée de courtisans. Charles Quint tenta de réconcilier les époux, mais Jeanne ne céda pas, protégée par le cardinal Pompeo Colonna. Si nous comparons la chronologie de la vie de Nifo et celle de Jeanne d'Aragon, nous sommes amenés à supposer qu'ils se sont probablement

209. Pour la présentation de Jeanne d'Aragon, voir D. Chiomenti Vassali, 1987.

rencontrés à Naples (Nifo était alors assez près, à Salerne) entre 1526, date à laquelle elle quitta son mari pour s'installer dans cette région, et 1529, année où Nifo finit la rédaction du *De Pulchro et Amore.* Il a probablement fréquenté sa cour.

On reconnaîtra le talent et l'originalité de Nifo qui sut faire de cet ouvrage de commande, inscrit dans un cadre courtois, un traité philosophique qui s'appuie sur le genre du traité d'amour pour réactualiser le débat. Et c'est sûrement cette ambivalence qui a parfois pu être déroutante.

Le De Pulchro et Amore *: une approche singulière au sein des traités d'amour*

L'aspect courtois mêlé aux variations de tonalité d'un ensemble pourtant rigoureusement cohérent, l'abondance d'une prose latine aux accents scolastiques interrompue par des plaisanteries et des considérations légères, ont permis au *De Pulchro et Amore* d'être distingué tout en décourageant souvent les plus persévérants, qui auraient préféré tantôt un raisonnement plus bref et moins étranger aux façons de penser du moment, tantôt davantage de fantaisie et de légèreté dans le style. Discours continu composé en deux livres et en langue latine, contrairement aux traités platonisants, le plus souvent sous forme dialoguée en langue vernaculaire, le *De Pulchro et Amore* est une réponse aux thèses néo-platoniciennes de son temps qui s'élabore à partir de la multiplicité des traditions précédentes sur le thème de l'amour : la tradition philosophique platonicienne et néo-platonicienne avant tout, mais aussi les lieux communs de la poésie élégiaque ou de la *fin'amor* médiévale popularisés – pas seulement mais principalement – par l'œuvre de Pétrarque. Ainsi naît une union inattendue, mais peu à peu fascinante, entre deux écritures, mondaine et philosophique : des chapitres à l'expression philosophique techniquement rigoureuse, scolastique, côtoient ainsi des passages en apparence futiles, visiblement inpirés de tous les « arts d'aimer » ovidiens ou courtois. Le thème de l'amour et la thèse de Nifo sur l'amour, humain et sensuel, si proche de tous et si lointain dans le traitement philosophique des platoniciens contemporains, autorisent ces étranges assemblages. N'est-ce-pas ainsi que procédait Platon lui-même grâce à la diversité des orateurs de son *Banquet* ? Paradoxalement, Nifo opère un retour sur la façon de philosopher originellement platonicienne – c'est-à-dire une philosophie qui était aussi réceptive aux opinions communes – mais par le biais d'une voix unique, celle du philosophe, la sienne. Aux premiers étonnements succède vite une lecture sensible aux pointes humoristiques et ironiques, laquelle, patiemment conduite d'un rappel philosophique à un autre, d'une idée reçue à sa variation, verra émerger des idées nouvelles dont la portée polémique et philosophique se poursuit et s'amplifie du *De Pulchro* au *De Amore.*

Car les deux ouvrages sont bien le volet d'une seule et même réflexion. Pourtant, des deux traités, c'est le *De Pulchro,* visiblement, qui a davantage inspiré les critiques, et particulièrement la fameuse description de Jeanne d'Aragon au chapitre V. Cette séparation des deux traités a profité au *De Pulchro,* plus concis que le *De Amore.* On peut cependant se demander si cette préférence n'en a pas faussé les interprétations. Benedetto Croce, délaissant donc le *De Amore,* porte une attention particulière au *De Pulchro* dans son *Poeti e scrittori del Rinascimento*[210], en 1952. La réflexion de Nifo sur le beau lui paraît originale par rapport aux autres ouvrages du XVIe siècle sur ce thème parce qu'elle rompt avec la tradition platonicienne qui associe le beau au bon et qu'elle assigne au beau un domaine précis, celui de la *natura rerum,* supprimant ainsi, selon Croce, toute transcendance. Particulièrement frappé par la description de Jeanne d'Aragon au chapitre V et par l'utilisation qu'en fait Nifo dans son argumentation, Croce, relayé par Serge Trottein dans deux articles[211], voit dans le *De Pulchro* les prémisses

210. B. Croce, *Poeti e scrittori del pieno e del tardo Rinascimento,* III, Bari, 1952, 101-110.

211. S. Trottein, « L'humanisme esthétique d'Agostino Nifo », dans *La dignité de l'homme* (*Actes du colloque Sorbonne-paris IV, novembre 1992*), éd. P. Magnard, Paris, 1995, p. 225-238 et « Nifo et les paradoxes du beau », dans *Fine Follie ou la catastrophe humaniste. Etudes sur les transcendantaux à la Renaissance,* éd. B. Pinchard, Paris, 1995, p. 239-259.

de l'esthétique moderne, tout en regrettant que le philosophe ne tire pas alors de sa réflexion toutes les possibilités pour constituer une véritable philosophie esthétique, puisqu'il exclut l'art du champ de la beauté[212]. Eugenio Battisti, en 1960, constate lui aussi cette rupture dans une étude consacrée à la peinture vénitienne[213] mais il voit dans le traité de Nifo le fondement philosophique de cette école, issu du naturalisme padouan. Un tel intérêt remonte à la fin du XIXe siècle avec Jacques Houdoy qui, dans son livre consacré à la perception de la beauté féminine du XIIe au XVIe siècle, paru en 1876, avait relevé la divergence du *De Pulchro et Amore* de Nifo avec la théorie néo-platonicienne. Séduit par la description de Jeanne d'Aragon, Houdoy résumait en appendice le traité de Nifo, qui lui paraissait vraiment original[214], et il caractérisait déjà le *De Pulchro* comme un traité d'esthétique : « Il nous a semblé qu'il serait intéressant de donner une analyse développée de ce travail, afin de faire connaître le premier traité d'Esthétique qui ait été composé dans les temps modernes et qui, croyons-nous, n'a jamais été traduit »[215].

Ces interprétations esthétisantes[216], plus ou moins déçues, sont toutes sensibles à la rupture opérée par le *De Pulchro* avec le contexte néo-platonisant des traités d'amour, dessinant dans la *natura rerum* le lieu propre à la beauté et offrant ainsi au sensible une légitimité séparée de l'intelligible. Mais la beauté, chez Nifo, reste intimement liée au sentiment amoureux, et cela dès le *De Pulchro.* En effet, même les passages consacrés précisément à la question du beau et qui ont, à ce titre, attiré l'attention de ces commentateurs (c'est-à-dire surtout les chapitres XV à XXV et le portrait de Jeanne d'Aragon au chapitre V), s'appréhendent dans leur rapport au tout qu'est le *De Pulchro*

212. B. Croce, *op. cit.*, vol. III, p. 103.

213. E. Battisti, *Rinascimento e Barocco*, Torino, 1960, p. 163-174, et p. 164-165.

214. J. Houdoy, *La Beauté des femmes dans la littérature et dans l'art du XIIe au XVIe siècle*, Paris, A. Aubry, 1876, p. 141-182.

214. J. Houdoy, *op. cit.*, p. 149.

216. Nous avons discuté cet aspect du *De Pulchro* dans « L'idée de beau chez Marsile Ficin et Agostino Nifo », *Les Cahiers de l'humanisme*, 3 (2003), à paraître.

et amore, au sein du débat que Nifo a réactualisé en livrant une lecture critique du *Commentaire sur le Banquet de Platon* ou *De Amore* de Ficin. Benedetto Croce et, après lui, Eugenio Battisti ont relevé finalement chez Nifo les affinités de sa définition du beau avec la notion plus moderne de « *sex-appeal* »[217]. Dans une vision plus synthétique, Giuseppe Saitta[218] s'attache à considérer le *De Pulchro et Amore* dans son ensemble et le distingue des autres traités d'amour en raison de son aristotélisme et de la réhabilitation du corps qui s'ensuit. De même, Alain Michel, dans *La Parole et la beauté*[219], inscrit le *De Pulchro et Amore* dans la tradition des traités de Ficin et de Bembo, et montre que Nifo, en glorifiant la grâce de Jeanne d'Aragon, tente de réconcilier le sensible et l'idéal en reprochant à Ficin de ne s'en tenir qu'au second.

Le De Pulchro et Amore *: pour une réhabilitation de l'amour humain*

Le *De Pulchro* et le *De Amore*, datés ensemble à la fin du second traité, sont les deux versants d'une même réflexion, et cela est évident si l'on observe la disposition matérielle de l'ouvrage : l'ensemble du texte des deux traités est encadré par la dédicace à Jeanne d'Aragon, au début du *De Pulchro*, et par le dernier hommage, au dernier chapitre du *De Amore*. Cependant, chacun des deux traités possède son autonomie et peut être lu de façon indépendante. Ceci est favorisé par la présentation des premières éditions : dans l'édition de 1531, par Antonius Bladus, le *De Pulchro*, avec le titre *Augustini Niphi Medicis ad illustrissimam Ioannam Aragoniam Tragliacocii principem De Pulchro liber*, se trouve du folio IIII au folio LI, et le *De Amore*, avec le titre *Augustini Niphi Medicis ad illustrissimam Ioannam Aragoniam Tagliacocii principem De Amore liber II*, se trouve du folio LII au folio CLVIII.

217. E. Battisti, 1960, p. 167. L'expression de *sex-appeal* est de Croce. Cf. B. Croce, 1952, p. 105.

218. G. Saitta, 1950, p. 114-115.

219. A. Michel, 1994 (1982), p. 253-254.

Les chapitres de chaque traité suivent également une numérotation indépendante, reproduite dans toutes les éditions : soixante-dix chapitres pour le *De Pulchro* et cent neuf pour le *De Amore.* Chacun des deux traités forme donc un tout cohérent, l'un centré sur l'idée de beau, l'autre sur le thème de l'amour.

Pourtant, il est difficile d'ignorer le lien que l'auteur a voulu explicitement tisser entre les deux parties en terminant le *De Pulchro* sur ces mots : *Post haec de amore per se disserendum est ; nam quae de eo hucusque diximus, obiter ea ratione diximus qua de pulchro ipso pertractauimus : non enim de pulchro quispiam dicere poterit nisi de ipso amore dixerit quippe cum amor et pulchrum, ut inquit Socrates, correlatiua sint quorum eadem scientia. Quare de amore disserendum nunc per se, nam et de pulchro diximus, licet nonnulla obiter de ipso sint adhuc dicenda.* Il est donc évident que, pour Nifo, la question n'est pas entièrement traitée à l'issue du *De Pulchro,* même si le lien étroit des deux thèmes n'a pu éviter l'évocation du thème de l'amour dès la rédaction du premier livre.

En effet, certaines pages du *De Pulchro* anticipent déjà sur le *De Amore* ; ainsi quelques chapitres du premier traité pourraient figurer dans le *De Amore* en traitant de questions pratiques sur le sentiment amoureux et sur les amants[220]. Ce type de problèmes est caractéristique des traités d'amour du XVIe siècle, et on retrouve ces questions dans le *De Amore,* au chapitre LXXI par exemple, intitulé *Quaestiones amatoriae.* De plus, certains développements sur le beau obligent souvent l'auteur à opérer des distinctions entre les multiples amours dès le *De Pulchro.* On le voit au chapitre LII intitulé *Pulchri fruendi desiderium diutius permanere eo ferino amore qui est utendi* ou encore au chapitre LIII, *Amorem perfectum non esse plurium simul.* De même, le *De Amore* revient parfois sur les conclusions du *De Pulchro* afin de faciliter

220. Par exemple les chapitres LIIII (*Amari ei puellae iucundum esse quae amatur*), LV (*Puellam longe magis gaudere quia amatur quam quia amat*), LVI (*Non posse puellam amari quin amet potissimum cum a laudatis uiris se amari nouerit*), LVII (*Desiretne puella deformis amari magis an pulchra*).

la compréhension du lecteur : c'est le cas au chapitre XV qui est une réfutation des trois amours déterminés par Ficin, amour divin, amour humain et amour bestial, et exposés au chapitre XIV[221]. Nifo rappelle alors que le désir de jouir de la beauté ne se limite pas aux seuls sens de la vue et de l'ouïe, mais que la beauté doit être saisie par tous les sens[222], ce qui est démontré dans le *De Pulchro* aux chapitres XXXVIII, XXXIX et XL[223].

Les échos textuels entre le *De Pulchro* et le *De Amore* sont nombreux, et il est donc évident que la pensée de Nifo se poursuit de l'un à l'autre et ses intentions également : chacun des deux traités s'ouvre sur un rappel des philosophies antérieures, l'un sur le beau, l'autre sur l'amour. La part belle revient évidemment aux platoniciens, les plus prolixes sur ces thèmes. L'exposé de leurs thèses est dans les deux cas suivi d'une réfutation, point de départ des thèses plus personnelles de l'auteur : le beau est une certaine grâce qui ravit l'âme des amants, par tous les sens ou par plusieurs, et l'incite à l'amour que les poètes appellent Cupidon et qui est l'affect de l'appétit sensuel. Tous les sens (et c'est un point-clé de la définition) sont aptes à saisir cette beauté qui est humaine et uniquement humaine puisqu'elle est l'objet des sens humains uniquement et que seul l'être humain réunit un harmonieux rapport de proportions (ou symétrie) entre ses parties. La conception sensualiste de l'amour et la volonté de revaloriser la nature corporelle a une origine épicurienne. Le *De Voluptate* de Valla tentait de résoudre dès 1431 le conflit entre *uoluptas* et *honestas*, entre la philosophie épicurienne et la religion chrétienne[224]. En

221. Chapitres respectivement intitulés *Opinio quorundam Platonicorum de amore* et *Refutatio huius opinionis*.

222. *De Amore*, chapitre XV : *Sed haec opinio (pace tantorum uirorum dixerim) multifariam absurda est, primo quia dato quod hic moralis amor medius sit possibile non uidetur desiderium fruendae pulchritudinis per solum uisum, uel auditum, uel utrunque, sed per omnes ; nam per quot sensus pulchri species ad imaginariam animam fertur, per tot amor desiderium fruendae pulchritudinis esse debet.*

223. Chapitres respectivement intitulés *De ea praeparatione quae est uocum harmonia, De ea praeparatione quae est in odore suauitas, De ea praeparatione quae est in carne lenitas.*

224. Voir P. O. Kristeller, 1975 (1964), p. 27-42 ; G. Gentile, 1969, p. 195-214 ; A. Michel, REL, 52 (1974), p. 356-383.

rapprochant *amor* et *uoluptas*, Nifo est sensible aussi à une conception rationaliste de la nature et de l'homme qui veut prendre en compte une approche physique et corporelle. Celle-ci est débattue à Bologne au XVIe siècle, notamment par Giovan Battista Pio, comme le montre Valerio del Nero dans son article « La sessualità nel commento di Giovan Battista Pio a Lucrezio »[225] : Pio s'appuie sur les naturalistes (Lucrèce, Pline) pour se livrer à une interprétation biologico-vitaliste de la *uoluptas* où le coït n'a plus simplement pour valeur la transmission de la vie mais aussi le plaisir qui domine tous les êtres[226]. Nifo, lui, magnifie cette idée, grâce au platonisme, en faisant de l'objet de ce plaisir la beauté. Et cette beauté est une beauté sensible et vivante, en accord avec les épicuriens : aussi *amor* et *uoluptas* se rejoignent-ils dans la notion de *cupido*, l'amour-désir.

Parties du *De Pulchro* et du retour aux formulations péripatéticiennes du beau comme symétrie[227], les notions de beau et d'amour restent intimement liées, comme elles l'étaient chez Platon et chez Ficin, pour aboutir, dans le *De Amore*, à une réhabilitation du plaisir. Le premier enjeu du *De Pulchro et Amore* est un enjeu moral qui maintient la réflexion sur les thèmes du beau et de l'amour dans la sphère de la philosophie morale. Ainsi émerge une définition nouvelle, qui tranche avec celle des platoniciens de son temps, mais la beauté et l'amour restent un couple indissociable, comme le sont le *De Pulchro* et le *De Amore*. Par la réfutation nette et assumée de la beauté-splendeur néo-platonicienne et la remise en cause de la hiérarchie des sens et des amours et de leurs définitions, l'ouvrage de Nifo se distingue de l'ensemble des traités d'amour du XVIe siècle. Les critiques du néo-platonisme de Ficin situent le philosophe, qui s'en réclame ouvertement, dans la secte des péripatéticiens. La pensée de Nifo est bien ancrée dans les mœurs de son époque, et il a

225. V. del Nero, *Rinascimento*, 2e s., XXVI (1986), p. 277-295.

226. G. B. Pio, s. d., f. IV-V (commentaire des deux premiers vers du *De natura rerum*).

227. Aristote, *Poétique* 7, 1450b 35-1451a 6 et *Métaphysique*, M3, 1078a 35-b6. Cette définition est aussi celle des stoïciens. Cf. Cicéron, *Tusculanes*, IV, 31.

su donner aux traités d'amour un fondement et une légitimation philosophiques et moraux aristotéliciens, qui ont cependant profondément intégré les apports et le traitement platoniciens du thème de l'amour.

La question féminine

A la fin du XVe siècle, on observe une tendance à la réhabilitation des femmes, que ce soit de leur image ou de leur rang dans la société. Les auteurs de ce mouvement s'expriment dans des traités souvent mondains, traités d'amour ou traités de cour. Conor Fahy, dans un article paru en 1956, « Three early Renaissance treatises on women »[228], rappelle que le thème de l'égalité, voire de la supériorité, de la femme n'est pas une invention de la Renaissance, mais remonte au Moyen Age. Avec le *De nobilitate et praecellentia foeminei sexus* de Cornelius Agrippa, les positions féministes se radicalisent et s'expriment dans des traités spécifiquement consacrés aux femmes. Edité la première fois à Anvers en 1529, il fut composé en 1509, alors que son auteur n'avait que vingt-trois ans. Agrippa vise vraiment à transformer l'image de la femme et son statut social. S'opposant à toutes les thèses misogynes, Agrippa affirme que non seulement la femme est l'égale de l'homme, mais qu'elle lui est même supérieure sur certains points : son origine est plus noble puisqu'elle fut façonnée avec les anges[229], elle surpasse l'homme en beauté[230], elle est vertueuse et honore la pudeur[231]. A la fin de l'ouvrage, l'auteur s'indigne que les femmes soient maintenues dans l'ignorance et qu'elles occupent une place subalterne dans la société : « Mais l'excessive tyrannie des hommes prévalant sur le droit divin et les lois de la nature, la liberté qui fut accordée aux femmes leur est de nos jours interdite par des lois injustes, supprimée par la coutume et l'usage, réduite

228. C. Fahy, *Italian studies*, XI, p. 30-55.
229. C. Agrippa, 1990, p. 54-55.
230. C. Agrippa, 1990, p. 55-59.
231. C. Agrippa, 1990, p. 59.

à néant par l'éducation. »[232]. D'autres ouvrages, par la suite, se consacrèrent à la défense de l'image, du rôle et du statut des femmes, comme celui de Mario Equicola qui, au sixième livre du *Libro di natura d'amore*, prend vivement la défense des femmes sans vouloir cependant s'attarder sur un thème dont il a déjà parlé dans un *Peri Ginecon*[233]. Effectivement, en 1501 à Mantoue, il a fait paraître un *De Mulieribus* qui s'inscrit dans la lignée de Cornelius Agrippa[234]. Pompeo Colonna, commanditaire du *De Pulchro et Amore*, écrit les *Apologiae mulierum libri duo*, rédigés après février 1525[235] et avant 1534 puisque Nifo s'y réfère dans la préface du *De re aulica*. Le premier livre[236] de l'*Apologia mulierum* est consacré à la réfutation des arguments misogynes : il s'agit de montrer que la femme n'est pas un animal inachevé (*Mulierem non esse animal imperfectum*[237]). Colonna rejette aussi bien les arguments physiologiques sur la prétendue insatiabilité de la libido féminine que les accusations d'irréligiosité. Le second livre[238] exalte les grandes vertus (*fortitudo, magnanimitas, constantia, liberalitas, temperantia, continentia, sapientia*) et l'ensemble est illustré par l'éloge de femmes célèbres à la façon de Boccace.

Nifo, dans le *De re aulica*, se fait l'écho des thèses de Pompeo Colonna, aussi bien dans la composition – c'est la première fois que, dans ce type de traités sur la cour, une partie entière est exclusivement consacrée aux femmes (*liber primus De viro aulico, liber secundus De muliere aulica*) – que dans le propos de détail. Ainsi, au début du second livre, Nifo affirme que Platon et Aristote ont affirmé que « les femmes étaient capables de toutes les vertus » (*omnium uirtutum mulieres capaces esse aiunt*), cepen-

232. C. Agrippa, 1990, p. 87 : *Sed uirorum nimia tyrannide contra diuinum ius naturaeque leges praeualente, data mulieribus libertas iam iniquis legibus interdicitur consuetudine usuque aboletur, educatione extinuitur.*

233. M. Equicola, 1584, f. 330.

234. Nous n'avons pas pu pour l'instant consulter cet ouvrage, très difficile d'accès, et nous nous fions donc à des sources de seconde main : P. Cherchi, in DBI, 1993, volume 43, p. 34.

235. Voir G. Zappacosta, 1972, p. 163.

236. P. Colonna, in G. Zappacosta, 1972, p. 201-219.

237. G. Zappacosta, 1972, p. 219-246.

238. P. Colonna, in G. Zappacosta, 1972, p. 219-246.

dant certaines vertus sont le propre des femmes de cour comme l'affabilité (*affabilitas*) et elles doivent toujours conserver une certaine pudeur (si elle parlent de l'amour, elles le feront plutôt en présence d'hommes âgés[239]). Dans la préface du livre, adressée à une jeune femme, Phausina Rhéa, Nifo affirme clairement l'égalité des femmes et des hommes en référence à l'*Apologia mulierum* de Pompeo Colonna qui l'aurait convaincu de l'excellence des femmes, si bien, ajoute-t-il à l'attention de Phausina, qu'il préférerait être une femme plutôt qu'un homme[240].

Dans le *De Pulchro et Amore*, la défense des femmes est déjà présente, notamment dans une certaine modération du discours médical. En effet, la science médicale fut sans doute un des lieux de diffusion des thèses les plus misogynes[241] : la femme est un animal imparfait, c'est-à-dire inachevé. La thèse connut une belle postérité et quand Avicenne, au XIe siècle, en s'appuyant sur Galien, affirme l'existence d'une semence féminine, cela amplifie encore les accusations contre la libido féminine. S'il y eut des controverses entre les tenants d'Aristote, pour qui la femme n'est que le réceptacle passif de l'embryon, et les héritiers d'Hippocrate, pour qui le corps de la femme est doublement actif, par sa semence et par la nourriture formatrice de l'embryon, les ouvrages de médecine apportent le plus souvent une image négative de la femme qui est toujours définie en référence au corps masculin. Il en résulte une conception du corps féminin qui se résume à la faiblesse, mais sexuellement insatiable : soit, en suivant Galien, elle est plus froide, mais elle a plus de plaisir que l'homme puisque son plaisir

239. A. Nifo, *De re aulica*, 1534, livre II, chapitre VII (sans pagination).

240. A. Nifo, *De re aulica*, 1534, préface : *Pompeius Colonna principum splendor illustrissimus in eo libello quem Apologiam mulierum nuncupauit adeo mihi mulierum praestantiam persuasit ut non modo nostro libello te mulierem dignam putem, sed ut mulier quam uir esse malim.*

241. Voir V. L. Bullough, « Medieval medical and scientific sciences of women », 1973 ; E. Berriot-Salvadore, « Le discours de la médecine et de la science », 1991 ; D. Jacquart et C. Thomasset, *Sexualité et savoir médical au Moyen Âge*, 1985, p. 109-116.

est double, en émettant sa propre semence et en recevant la semence masculine, soit, en suivant Aristote, son excès d'humidité est cause de sa démesure et de sa passivité naturelles[242]. C'est une discussion importante, car cette longue fidélité du Moyen Âge et de la Renaissance à la vision du plaisir féminin fut un argument utilisé pour accréditer la misogynie ambiante. On voit que Nifo, lui aussi médecin, tempère cette affirmation bien qu'il se fasse parfois l'écho de la conception aristotélicienne, par exemple au chapitre LXXXVII du *De Amore*, sur la faiblesse physique et intellectuelle des femmes, ainsi dépendantes des hommes, mais ce passage s'insère dans le chapitre (« Les plaintes des amants ») consacré aux devoirs que se doivent mutuellement l'homme et la femme et non dans un réquisitoire contre les femmes. Par ailleurs, Nifo modère souvent les assertions de type médical et physiologique. Ainsi, au chapitre LXI du *De Amore*, les femmes apparaissent insatiables à l'adolescence, mais ce n'est qu'une période précise et elles deviennent plus modérées ensuite. L'exposé de leurs qualités morales (pudeur, innocence, naïveté) en fait plutôt les victimes de l'habileté et des mensonges des hommes. Sur la question du plaisir féminin, au chapitre XLII, Nifo reste prudent et cette prudence, qui incline plutôt à montrer, contre Galien, que les femmes éprouvent un plaisir sexuel moins intense que les hommes, est une façon de rejeter l'accusation de luxure pour affirmer plus clairement, au chapitre LXXI, que les femmes sont plus continentes que les hommes : « Et encore lorsqu'on demande qui est le plus continent, personne ne doute que la femme soit plus continente par nature : en effet, elle est plus froide, de semence moins abondante, et, de plus, son incontinence s'échappe de manière assez importante par le sang menstruel ». Ici, les arguments aristotéliciens (le tempérament froid et faible de la femme) sont retournés pour montrer la tempérance féminine. Il agit de même avec les Pères de l'Eglise

242. Aristote, *De animalium generatione*, IV 5, 774 a 1-6.

dont il retourne la méfiance envers la beauté des femmes, au chapitre XVI du *De Amore*, pour montrer à quel point le désir est naturel et puissant, et non pour le diaboliser. Nifo, sans vraiment attaquer de front les arguments misogynes de la médecine et en disséminant son propos en plusieurs endroits, se désolidarise cependant des opinions répandues par le discours médical. L'image de la femme que propose le *De Amore* est néanmoins assez conservatrice : la femme est un être faible, souvent victime des ruses masculines, qui doit être protégé mais, à l'image d'une femme libidineuse, il substitue le portrait d'une femme fragile dont la vertu principale reste la pudeur. Un tel discours, bien qu'il comporte ses propres limites, s'inscrit dans la tradition des traités de défense des femmes. Mais c'est surtout dans sa façon d'envisager le point de vue féminin dans la relation amoureuse que Nifo fait preuve de la plus grande originalité.

Le *De Pulchro* s'ouvre sur une dédicace à Jeanne d'Aragon et sur son portrait au chapitre V et le *De Amore* se clôt sur un éloge : la beauté de Jeanne y est chantée et magnifiée. La grâce habite son corps jusque dans la moindre de ses parties, elle est aussi beauté de l'âme. Ici, se retrouve la touche courtoise des traités d'amour. Mais Nifo ne limite pas sa vision des femmes à cette célébration. Il fait de la femme l'égale de l'homme face au beau et au sentiment amoureux et elle est doublement valorisée, en tant qu'objet de l'amour, mais aussi en tant que sujet susceptible d'éprouver un sentiment amoureux. En réhabilitant les sens et l'amour sensuel, en les débarrassant d'un certain nombre de préjugés moraux, Nifo réhabilite aussi la femme et le corps féminin. En effet, la femme devient pour l'homme le seul objet de l'amour, car elle est la seule à recevoir cette fameuse grâce qui est la beauté et dont la jouissance ne saurait se limiter à la finalité de reproduction (il s'agirait alors seulement d'user, *uti*, de la femme aimée et non d'en jouir, *frui*). Enfin et surtout, la femme est aussi sujet : tout comme l'homme, elle peut être « l'amant » (*amans*). Bien que Nifo soit un homme et qu'il parle en tant que tel, le point de vue féminin n'est pas oublié : souvent, dans le *De Amore*, Nifo parle de l'aimé ou de l'aimée (*amatus* ou *amata*). Au chapitre XLIX, Nifo exprime clairement ce point de vue lorsqu'il complète sa définition de l'amour-désir : « Disons donc que cette définition, si elle est donnée au sujet de l'amour-désir, doit être rectifiée de sorte que nous disions qu'il est le désir naturel d'engendrer le beau dans le beau ou à partir du beau. En effet, les femmes engendrent en elles-mêmes le beau à partir du beau, alors que les hommes engendrent dans le beau ». Si Nifo n'aborde pas la question sociale, en revanche, en envisageant ainsi régulièrement le point de vue féminin, il place l'homme et la femme sur un pied d'égalité devant la beauté et le sentiment amoureux, tous deux spécifiquement humains. Au sein des traités d'amour cette position est unique bien que, par rapport au *Commentaire sur le Banquet de Platon* de Marsile Ficin, les traités d'amour accordent aux femmes une place de plus en plus importante.

En effet, chez Ficin, comme dans le *Banquet* de Platon, la femme est quasiment absente de la réflexion sur l'amour. Lorsqu'elle est évoquée, les sentiments qu'elle inspire sont relatifs à l'amour vulgaire, sensuel, auquel Pausanias opposait l'amour céleste. Par ailleurs, dans le discours de Diotime, bien que le désir d'immortalité soit en partie réalisé par la reproduction, la femme n'est pas évoquée, ni comme objet du désir, ni comme sujet du sentiment amoureux. En revanche, l'amour des jeunes garçons, qui est censé rester chaste, peut conduire plus aisément à l'amour des biens supérieurs. Cependant, lorsque les traités d'amour parlent de l'amour humain, auquel ils accordent une place de plus en plus importante, ils entendent par là l'amour de l'homme pour la femme. Un telle revalorisation est due sans doute à des préoccupations d'ordre moral, car l'homosexualité est réprouvée : la femme devient le seul objet de l'amour des hommes et l'inclination pour les garçons est rejetée du côté des anomalies. Se trouve donc écarté l'amour philopédique platonicien. Les traités du XVIe siècle sont soucieux de s'en détacher, et cela est visible chez Tullia d'Aragona par exemple. Mais les femmes sont aussi, et surtout, valorisées pour leur beauté, et pas seulement pour leur aptitude à perpétuer l'espèce. Cette orientation est sensible dès les *Asolani* de Bembo, dans les deux premiers livres. Si la femme n'est pas la fin suprême de l'amour, elle est néanmoins célébrée sur terre comme un digne objet du désir. Les portraits de la beauté idéale, conforme aux canons esthétiques du moment, se multiplient. La femme parfaite est ainsi décrite par Gismondo dans les *Asolani* : « une chevelure d'or, un front poli, un teint de neige, symbole de pureté, des sourcils fins d'ébène, des yeux, noirs ou clairs, toujours étincelants comme des étoiles, des joues rondes et délicates, blanches comme du lait ou comparées à la fraîcheur vermeille des roses du matin, la bouche, petite, semblable à un rubis »[243]. L'influence du modèle littéraire est évidente dans ce portrait, qu'il s'agisse des beautés d'Ovide ou des descriptions féminines de Pétrarque, comme le portrait de Sophonisbe dans l'*Africa.* Presque tous les traités d'amour, à un moment ou à un autre, se livrent à une description physique de la beauté féminine. Le traité d'Agnolo Firenzuola, *Delle bellezze delle donne,* en 1541, s'applique tout entier à déterminer les critères de cette beauté idéale en détaillant le visage et le corps partie par partie[244]. L'ouvrage de Federico Luigini, *Della bella donna,* en 1554, porte également sur la beauté de la femme propre à susciter l'amour : le premier livre recense une série d'exemples célèbres empruntés à la littérature et où figure naturellement la Laure de Pétrarque[245], le second livre répertorie ces critères de beauté physique, et le dernier livre parle de la beauté intérieure en se référant à Bembo[246]. De même, en 1524, Giovan Giorgio Trissino avec ses *Ritratti,* un court traité sur la beauté des femmes[247], commence par évoquer les exemples des plus grandes beautés de son temps sur des critères physiques pour élaborer, tel Zeuxis, un portrait idéal en prenant à chacune

243. P. Bembo, 1555 (1505), p. 109-112.
244. Voir A. Firenzuola, 1578 (1541).
245. F. Luigini, 1554, p. 20.
246. F. Luigini, 1554, p. 101.
247. G. G. Trissino, 1981, p. 19-28.

la plus belle partie, et célébrer longuement la beauté inégalée d'Isabelle d'Este dont il loue essentiellement les qualités intellectuelles et morales, caractéristiques de la belle âme, c'est-à-dire de la véritable beauté.

Plus les traités d'amour se centrent sur la femme, plus ils semblent proches des traités de cour et sont marqués par la poésie amoureuse, surtout celle de Pétrarque. Ainsi la femme prend-elle sa place dans la réflexion amoureuse au fur et à mesure que les exigences philosophiques s'effacent au profit d'une littérature plus légère, en général des dialogues dont l'un des interlocuteurs est presque toujours une femme. C'est également le reflet d'un fait de société dans les milieux aristocratiques et cultivés où de nombreuses femmes tiennent salon et accueillent les écrivains, poètes ou philosophes. Léon l'Hébreu fut le premier à donner la parole à une femme dans ses *Dialoghi* entre Philone et Sophia. Au personnage féminin revient souvent le rôle de l'élève qui questionne et écoute la parole d'un maître (Tullia et Varchi en sont le meilleur exemple). Parfois elle est l'inspiratrice, un peu à la manière des Muses pour les poètes, ou mieux de Socrate avec Diotime (Tarquinia Molza et Patrizi). Mais jamais la femme n'est réellement envisagée, comme chez Nifo, comme l'égale de l'homme face au désir de beauté et encore moins comme sujet du sentiment amoureux, et son rôle redevient, dans la seconde moitié du XVIe siècle, plus conventionnel. Parallèlement, les traités exclusivement consacrés à la question féminine sont également moins revendicatifs. Parmi les derniers traités qui conservent un discours politique, se distingue le *Dialogue de la dignité des femmes* (1542) de Sperone Speroni qui non seulement défend les femmes mais qui, comme Agrippa, les valorise par rapport aux hommes en déplorant qu'elles doivent renoncer à tous leurs désirs pour se soumettre à un mari[248]. Les *Difese delle donne* de Domenico Bruni, en 1552, à Florence, semblent aussi fortement influencées par le texte

248. S. Speroni, 1551, f. 59.

de Cornelius Agrippa dans les deux derniers livres (III et IV) : non seulement la femme est l'égale de l'homme, mais elle lui est supérieure en bien des points et son statut légal serait donc à réviser. Cependant, en suivant Michele Rosi dans *Scienza d'amore*[249], les effets de la Réforme catholique, notamment sur les mœurs et le mariage[250], sont sensibles dans la seconde moitié du XVIe siècle. Les traités d'amour qui se contentent surtout d'exploiter un thème agréable et léger, entre amour courtois et morale chrétienne, n'abordent pas vraiment la question, bien qu'il soit évident que les femmes apparaissent sous un jour positif, mais très littéraire. On constate que les partisans d'un amour sensuel revalorisé (Equicola, Nifo, Speroni), qui ont rédigé leurs ouvrages durant la première moitié du XVIe siècle, sont aussi, en général, ceux qui reconnaissent aux femmes une dignité égale à celle des hommes.

3. Influence du *De Pulchro et Amore* dans les traités du XVIe siècle

Les thèses sensualistes du *De Amore* de Nifo ont trouvé un écho dans les traités d'amour postérieurs. Il n'est certes pas toujours aisé de distinguer ce qui est dû à une évolution naturelle du genre, de plus en plus enclin, depuis les *Asolani* de Bembo, à s'intéresser à la question de l'amour humain, et ce qui est emprunté directement au *De Amore*, car Nifo n'est presque jamais explicitement cité par ses successeurs. On peut cependant déceler, dans certains traités, grâce à l'importance accordée à certains thèmes et grâce aux formulations, une influence directe de Nifo, et cela non seulement dans les traités dont les auteurs sont connus pour leur orientation péripatéticienne mais aussi chez ceux qui se veulent platoniciens.

249. M. Rosi, 1904, p. 11-12, 59-60, 95-96.

250. Le Concile de Trente, sous Pie IV, adopta un décret de réforme sur le mariage qui s'inscrivait dans l'intention plus vaste de réformer les mœurs. Voir L. Cristiani, 1948, p. 214.

Dans les traités d'amour à tendance péripatéticienne

Dans le *Trattato dell'Amore Humano* (1567) de Flaminio Nobili, l'influence de Nifo est sensible dans sa démarche même puisqu'il part de la définition péripatéticienne de la beauté pour définir un amour proprement humain qui se porte essentiellement sur la femme et qui nécessite le concours de tous les sens. L'ouvrage de Flaminio Nobili se fait largement l'écho des thèses du *De Amore* de Nifo, même si certains raisonnements sont différents, notamment en ce qui concerne le domaine de la beauté qui n'est pas exclusivement limité à la beauté des corps, comme dans le *De Pulchro*, ou encore dans la façon dont Nobili montre la nécessité du concours de tous les sens (en effet, ce n'est que lorsque l'amour sera défini comme le désir de jouir du beau pour engendrer le beau dans le beau, en suivant Diotime dans le *Banquet*, qu'il apparaîtra nécessaire à Nobili d'intégrer alors les autres sens, pour mener à bien l'acte de reproduction). Comme Nifo, Nobili rappelle souvent que l'amour dont il se préoccupe principalement est l'amour humain, ce qui est confirmé d'ailleurs par le titre du traité. Ainsi, après avoir fait une digression sur l'amour divin exposé par l'ermite dans le dialogue de Bembo, la discussion est immédiatement ramenée à l'amour humain à la page suivante. Est révélateur également le soin avec lequel Nobili s'emploie à distinguer l'amour humain et l'amour bestial en plusieurs endroits, préoccupation récurrente de Nifo au long du *De Pulchro et Amore*. Ainsi, la première distinction s'applique à montrer que l'amour sensuel – Nifo aurait dit *cupido* – est différent de l'amour naturel – l'amour bestial, *ferinus* selon Nifo – car, à la différence de l'homme, les bêtes sont sans connaissance en général, sans connaissance du beau en particulier : le premier est donc le propre de l'homme[251]. Nous sommes très près des définitions du *De Amore*[252]. Ce souci constant de distinguer l'homme de l'animal revient après avoir

251. F. Nobili, 1588, f. 37.
252. A. Nifo, *De Amore*, chap. XV.

montré que l'amour humain s'accomplissait par l'esprit et par les sens[253], car Nobili éprouve, comme Nifo au chapitre XV du *De Amore*[254], le besoin de réaffirmer, à ce moment-là, la loi morale qui règle l'amour humain : si l'esprit succombe aux sens, l'amour humain rétrograde au niveau de l'amour bestial[255]. L'autorité d'Aristote est alors sollicitée pour montrer que le but principal de l'amour reste l'union des esprits mais que celle des corps est aussi requise puisqu'ils sont les domiciles, en quelque sorte, des âmes. L'union des corps ne répugne donc pas à l'amour humain si elle n'enfreint pas la loi (si jamais on s'éprend d'une femme déjà mariée, il faudra se contenter de la jouissance de la vue, de l'ouïe et de l'esprit[256]). Enfin, lorsque Nobili expose la fin de l'amour, il nous paraît très inspiré par le chapitre XLIX du *De Amore* : en effet, la beauté a pour première fonction, naturelle, de provoquer le désir afin de permettre la reproduction des espèces mais, ajoute Nobili, le but de notre amour est le plus souvent le désir de jouir de la beauté tout simplement et non celui d'engendrer[257]. Le *Trattato dell'Amore Humano* est fortement influencé par les thèses sensualistes, et plus précisément par celles du *De Amore* de Nifo. Cette filiation est confirmée par l'intérêt que le Tasse a porté au traité de Nobili et qui est visible dans l'apostille autographe que l'on trouve, entre autres, dans l'édition de 1885 à Rome du *Trattato dell'Amore Humano.* Or le Tasse s'est révélé un grand admirateur de Nifo dans le dialogue *Il Nifo, ovvero del piacere*, en 1582, qui met en scène le philosophe et Cesare Gonzaga dans une conversation sur le plaisir.

253. F. Nobili, 1588, f. 40.

254. Nifo conclut le chapitre XV du *De Amore* sur la distinction entre l'amour humain sensuel et le désir bestial, après avoir montré la nécessité du concours de tous les sens dans la jouissance de l'amour-désir.

255. F. Nobili, 1588, f. 40.

256. F. Nobili, 1588, f. 46 et A. Nifo, *De Amore*, chap. XLI.

257. F. Nobili, 1588, f. 53, et A. Nifo, *De Amore*, chap. XLIX : lorsqu'il est naturel, l'amour-désir est désir d'engendrer le beau dans le beau, mais lorsqu'il est volontaire, il est désir de jouir du beau pour le plaisir charnel. Il est aussi précisé, au cours de ce chapitre, que bien souvent les amants recourent à l'avortement, ce qui montre que l'amour n'est pas toujours désir d'engendrer.

Dans *La Molza ovvero dell'Amore* (1585) du Tasse, très marqué par la morale aristotélicienne, l'influence de Nifo est sensible à la fin de l'ouvrage lorsque le Tasse reprend la définition de la jouissance qui est celle de Nifo au chapitre XXXVI du *De Amore* : la fin du plaisir, la jouissance, est le repos dans l'objet aimé, après le mouvement imprimé par le désir. *Il Nifo, ovvero del piacere* (1582) reprend plus longuement les thèses de Nifo sur le plaisir, et plus particulièrement la réflexion des chapitres XXXII et XXXVI du *De Amore*, qui forment un véritable petit traité du plaisir au sein de l'ouvrage et dont le Tasse offre une sorte de commentaire. Très proche du livre X de *l'Ethique à Nicomaque*, la définition du plaisir que donne Nifo présente toutefois une divergence de vue avec Aristote. En effet, pour Nifo, le fait qu'il existe des plaisirs plus ou moins grands semble impliquer la notion de mouvement. S'ensuit, au chapitre XXXII, la présentation de deux types de générations : l'une avec mouvement, qui exige une suite de nombreuses autres générations ; et l'autre, sans mouvement, qui se suffit à elle-même pour achever sa génération. L'absence d'étapes intermédiaires entraîne donc l'absence de mouvement. Le traité du Tasse se fait le reflet de l'hésitation de Nifo.

Les deux interlocuteurs du dialogue du Tasse, Agostino Nifo et Cesare Gonzaga, devisent en se promenant et commentent des discours adressés par Martello et le Tasse au Prince de Salerne. La discussion glisse assez naturellement sur les thèmes de l'utilité et de l'honneur, les problèmes du prince et de la cité, les qualités du bon et du mauvais prince (Nifo, en effet, a écrit un *De Principe* et le *De regnandi peritia*), la médecine, les conflits, et la question de savoir s'il faut servir le roi ou la patrie. Ce n'est que dans la seconde partie du traité[258] que les deux promeneurs abordent la question du plaisir : Cesare répond à Nifo, qui savoure la grâce des jardins, qu'aucun plaisir ne pourrait être comparé au plaisir qu'il a pris à la conversation du philosophe. De là, s'engage une réflexion sur les différentes formes de plaisir

258. T. Tasso, 1724, p. 503-508.

et leur intensité. Cesare avoue qu'il prend le plus grand plaisir en compagnie de sa dame. Mais il est malaisé de faire une comparaison entre toutes choses. Visiblement, certains plaisirs s'accompagnent du mouvement (comme le plaisir pris à écouter le discours du Tasse) et d'autres (le plaisir pris à écouter la conversation de Nifo) sont dépourvus de tout mouvement, et apportent la joie et l'apaisement. Le moins puissant des deux ne peut être celui qui a la vertu d'apaisement. Pourtant, Cesare reconnaît ne pas vouloir renoncer aux douces émotions et au mouvement qu'il ressent en compagnie de sa dame. Nifo s'étonne de ce qu'il n'aspire pas au repos. Après ces réflexions, il s'impose d'essayer de déterminer la nature du plaisir, dit Nifo. Il se dégage de l'échange suivant deux grands types de plaisirs : l'un qui est mouvement et qui est la satisfaction d'un vide ou d'un manque (comme le plaisir de boire, de manger...), ce mouvement est alors un retour vers l'état naturel ; l'autre qui ne s'accompagne d'aucun mouvement et d'aucune perturbation, comme le plaisir que l'on prend à contempler de beaux paysages ou à entendre des chants harmonieux. Ce second plaisir est soumis à deux conditions : l'activité des facultés ne doit souffrir aucun empêchement (un œil irrité par exemple) et leurs objets se doivent d'être agréables.

Si Nifo est très proche d'Aristote dans le *De Amore*, c'est qu'il adhère à la revalorisation du plaisir totalement déprécié par les néo-platoniciens de son temps et Aristote a raison, selon lui, de voir dans les plaisirs une satisfaction sans mouvement, l'accomplissement et la perfection de l'action. Mais, en ce qui concerne les plaisirs naturels et nécessaires, l'analyse de Platon est juste : ces plaisirs sont mouvements qui visent à rendre à la nature son intégrité en comblant un manque. Nifo opère ici un savant syncrétisme des deux philosophies majeures de l'Antiquité. La conclusion du traité du Tasse sur le *Philèbe* souligne l'importance qu'accorde aussi Nifo à Platon. Il faut noter, cependant, que placer la science et les vertus au-dessus du plaisir, comme le font les propos prêtés à Nifo et à Gonzaga par le Tasse dans la suite du dialogue, ne contredit pas la pensée d'Aristote non plus que l'image finale des deux fontaines de la vertu et du plaisir[259]. Enfin, la conclusion du Tasse revient sur le plaisir amoureux : lorsque Cesare et Nifo avaient distingué les deux sortes de plaisir, le plaisir que l'on éprouve en compagnie de la personne aimée prenait bien évidemment place parmi ceux qui sont mouvements, pourtant, ce plaisir n'est pas simple retour à l'état naturel mais ravit l'âme et l'élève au-dessus d'elle-même[260]. Le plaisir amoureux est donc une exception, à la fois mouvement et repos. Le Tasse, dans ce dialogue, revendique ouvertement l'influence de Nifo sur la question du plaisir.

Le *Dialogo d'amore* de Sperone Speroni, publié en 1542 et traduit en français dès 1551 par Claude Gruget sous le titre *Dialogue traittant d'Amour et Jalousie*, adopte une tonalité assez légère. Les thèses soutenues sur l'amour humain nous semblent proches de celles du *De Amore* de Nifo. Les trois protagonistes sont Tullia (d'Aragona), Bernardo Tasso, et Nicola Gratia auxquels il faut ajouter un quatrième personnage, absent, Molza, un platonicien dont le discours est rapporté par Tullia. Le traité suit le fil de la conversation entre les trois personnages et quelques idées-forces structurent l'ouvrage où la question de la jalousie (Bernardo Tasso annonce à Tullia qu'il doit partir, ce qui provoque chez celle-ci une réaction de jalousie) n'est qu'un point de départ vers d'autres développements. Ainsi, dès la cinquième page, il est précisé que l'espérance nourrit le désir, lequel mérite le nom d'amour. Donc, ce que Nifo aurait appelé en latin *cupido* est ici aussi admis dans le genre de l'amour. Et, en effet, c'est bien de l'amour humain dont il sera essentiellement question tout au long de l'ouvrage, ce qui ne dépare plus au sein des traités d'amour mais qui, ainsi exprimé sous le nom de désir, se

259. T. Tasso, 1724, p. 507 : Cesare, comme exemple de vertu supérieure au plaisir, prend l'héroïsme supérieur aux plaisirs lâches. Nifo lui donne raison, néanmoins, ajoute-t-il, la force est plus désirable si le plaisir l'accompagne. En effet, si elle ne suffit pas en elle-même, assez heureux celui qui y mêle le plaisir ; car la nature humaine n'est pas simple mais composite. Ainsi, à la fontaine d'eau pure, il faut mêler, autant que possible, la fontaine de miel.

260. T. Tasso, 1724, p. 504.

rapproche de la terminologie de Nifo. De fait, la prochaine étape-clé est celle qui consiste à rattacher cet amour à la raison : lorsque Tullia demande comment ne pas céder à la jalousie, Gratia, le maître du dialogue, répond que l'amour raisonnable, contrairement à l'amour passionné, ne cherche pas à satisfaire tous les appétits et n'y cède pas[261]. Enfin, la troisième étape est l'approfondissement par Gratia de l'alliance de l'amour et de la raison, notamment au sujet de l'amour sensuel. Tullia, en platonicienne respectueuse, accepte l'amour sensuel pour la perpétuation de l'espèce et, pour le reste, cet acte, sans lequel il ne saurait y avoir de véritable plaisir amoureux, est commun aussi aux bêtes[262]. La réaction de Gratia est alors très vive, car il ne peut supporter une telle assimilation de l'homme à l'animal et ses arguments paraissent très proches de ceux de Nifo dans le *De Amore* : bien que l'amour soit une affection humaine et non une force du ciel, les sens n'excluent pas la raison. Or les humains, en plus de ce que possèdent les autres animaux, possèdent la raison qui, chez eux, s'unit à l'amour. L'homme est ainsi défini comme un mélange de raison et d'affect[263]. La prise en compte de la double dimension de la nature humaine est l'argument de Nifo pour distinguer l'amour-désir de la concupiscence bestiale. De plus, chez Nifo, le but de la reproduction n'est pas la seule raison donnée pour légitimer l'acte sexuel, mais la jouissance du beau dont seuls les hommes ont la faculté. Or Gratia, à la fin du dialogue, insiste sur cette spécificité humaine en disant que la beauté du corps est le propre objet de nos yeux et qu'elle est perçue par nous seuls entre tous les animaux. Ce dernier argument, qui fait du sens de la beauté le propre de l'homme et qui justifie l'amour sensuel, paraît directement hérité des thèses de Nifo.

Le dialogue de Sperone Speroni est incontestablement influencé par les positions péripatéticiennes de son temps, et sans

261. S. Speroni, 1551, f. 5-6.
262. S. Speroni, 1551, f. 24.
263. S. Speroni, 1551, f. 25-26.

doute précisément par certains aspects du *De Amore*, mais il ne les présente pas comme telles et surtout ne réfute jamais directement les positions des platoniciens. En revanche, si l'on suit l'analyse de Pierre Martin en introduction à l'édition de 1998[264], une certaine ironie envers les platoniciens s'exprime à travers le personnage de Molza et parcourt tout l'ouvrage : il s'agit d'un dialogue à trois personnages dont le véritable enjeu est de juger la crédibilité à accorder au discours d'un quatrième. Or Molza, auteur mythologiste, apparaît comme l'exemple type du platonicien qui recourt sans cesse à la fable et à l'allégorie. Il est évident que Speroni, pas plus que Nifo, n'adhère à ce principe d'explication. Cela est renforcé par le fait que Gratia explique le développement du sentiment amoureux par l'opération des sens, des pensées (c'est-à-dire l'imagination), et affirme le rôle de la raison dans la modération de l'appétit sensuel. La mémoire a également un rôle : elle permet, lorsque la personne aimée est absente, d'apporter une certaine satisfaction que les sens ne peuvent plus fournir. Chez Speroni comme chez Nifo, il y a une contestation des processus cognitifs platoniciens qui se limiteraient aux opérations de la mémoire et de l'intellect.

Il semble que Speroni ait préféré la dérision et la légèreté plutôt qu'une opposition nette aux thèses de Ficin. Cependant, ce traité, rédigé entre 1530 et 1542 (donc après le *De Amore* de Nifo) et publié à l'insu de l'auteur en 1542 par Daniele Barbaro, sera reproché à Speroni en 1574, quand il reviendra à Rome pour briguer un poste important. Speroni en fera une seconde version en 1575 où la fable dite par Tullia est interrompue[265]. Comme le dit Pierre Martin, la remise en cause des processus de connaissance peut poser, dans le traité de Speroni, la question de l'immortalité de l'âme, surtout chez cet ancien disciple de Pomponazzi. Mais le *Dialogo d'Amore* ne permet pas de répondre à cette question[266]. Cela

264. P. Martin, in S. Speroni, 1998, p. 21-68.
265. P. Martin, in S. Speroni, 1998, p. 48-49.
266. Substituer, comme le fait P. Martin, à l'immortalité de l'âme l'immortalité de l'œuvre ne répond pas davantage à la question. Cf. P. Martin, in S. Speroni, 1998, p. 46-47.

laisse entendre qu'il n'était pas facile, durant la seconde moitié du XVIe siècle de contester ouvertement les thèses platoniciennes. Pourtant ces thèses sont soumises à un constant affaiblissement même dans les traités qui se revendiquent platoniciens.

Dans les traités d'amour à tendance platonicienne

Le *Della infinità di amore* (1547) de Tullia d'Aragona observe un grand respect à l'égard des thèses néo-platoniciennes, notamment en ce qui concerne la hiérarchie des trois amours, humain, divin et bestial. On ne peut trouver dans ce traité de concession faite aux thèses sensualistes, cependant la hantise du bestial qui se manifeste dans les propos de Tullia est significative : en effet, alors que le propos est plus mondain que philosophique, cette préoccupation dénote un intérêt latent pour la question de l'amour sensuel et aussi, peut-être, le besoin de réaffirmer la nécessité de la chasteté.

Une des grandes questions qui tourmentent Tullia, celle qui donne son titre à l'ouvrage, est de savoir si l'amour est infini ou non et, plus précisément, s'il cesse avec la satisfaction du désir : dans un premier temps, Tullia était restée réservée quant à la réponse de Varchi qui soutenait qu'aimer n'avait pas de fin[267]. Dans un second temps, les deux protagonistes s'accordent à dire que l'amour est infini en puissance mais pas en acte[268]. En effet, Tullia redoute que la satisfaction charnelle des désirs de l'amant entraîne la fin de son amour[269] ; ce qui aboutit enfin à une mise au point avec Varchi : l'amour est équivoque, il existe un amour vulgaire et un amour honnête et vertueux[270]. On retrouve, sans critique d'aucune sorte, la théorie platonicienne, mais il se pourrait bien qu'ici Tullia d'Aragona réagisse aux propos de Nifo ou d'Equicola. En effet, au chapitre LXX du *De Amore, Quod amor non cesset in fruitione cupidinea nec post,* Nifo précise bien qu'il est possible de désirer une même femme dont on a déjà

267. T. d'Aragona, 1547, f. 33.
268. T. d'Aragona, 1547, f. 42.
269. T. d'Aragona, 1547, f. 49.
270. T. d'Aragona, 1547, f. 50.

joui, car la semence se forme à nouveau. Ainsi l'acte sexuel et la jouissance qui s'ensuit ne marquent-ils pas la fin du désir amoureux et de l'amour tout simplement. Cette affirmation était déjà présente chez Equicola au second livre *De la nature d'amour*[271]. Ainsi, Tullia d'Aragona ne souscrit nullement aux thèses sensualistes, mais elle les combat avec une telle ténacité qu'on peut en déduire que celles-ci (dans ce cas il est difficile d'identifier leur origine précisément entre Equicola ou Nifo) sont présentes.

Le *Dialogo amoroso* et *Il Ravertà* de Giuseppe Betussi sont très proches dans le temps (le *Dialogo amoroso* parut en 1543 et *Il Ravertà* en 1544), dans la forme (ce sont tous deux des dialogues) et dans le fond. Ils mêlent habilement la théorie platonicienne de l'amour et une tonalité légère. *Il Ravertà nel quale si ragiona d'Amore et degli effetti suoi* expose plus longuement les positions platoniciennes, en procédant progressivement : d'abord, Ravertà livre sa définition générale de l'amour qui est un affect volontaire de participer à la chose connue et estimée belle[272] ; ensuite suit la définition du beau comme don de Dieu, splendeur divine que l'on peut connaître dans les âmes grâce à l'esprit, et qui est la véritable beauté contrairement à la beauté des corps, simple rapport de proportions, qui n'est qu'une ombre[273] ; enfin, suit la reprise de la hiérarchie des trois amours selon Ficin (l'amour humain, l'amour divin et l'amour bestial)[274]. La vue et l'ouïe restent les deux seuls sens autorisés[275] et le corps est présenté comme la prison de l'âme[276]. Ainsi, le traité demeure conventionnel.

Mais Betussi connaît, à l'évidence, les thèses sensualistes : au début de *Il Ravertà*, il cite Léon l'Hébreu et Sperone Speroni[277]

271. M. Equicola, 1584, livre II, chapitre VII, f. 131-132.
272. G. Betussi, 1544, f. 18.
273. G. Betussi, 1544, f. 22-24.
274. G. Betussi, 1544, f. 32.
275. G. Betussi, 1544, f. 33 et p. 51.
276. G. Betussi, 1544, f. 51.
277. G. Betussi, 1544, f. 12.

et, au début du *Dialogo amoroso*, Léon l'Hébreu, Sperone Speroni et Mario Equicola, à côté du *divinissimo* Bembo[278]. D'ailleurs, une grande partie de *Il Ravertà* est consacrée à l'examen de ces questions amoureuses, qui ne concernent que l'amour entre l'homme et la femme, dont sont friands les traités d'amour. Or les questions qu'expose Betussi dans ses deux traités – ce sont, dans les deux traités, exactement les mêmes – sont visiblement reprises de Nifo au chapitre LXXI du *De Amore* (intitulé *quaestiones amatoriae*)[279]. Il paraît évident que Betussi connaît le *De Amore*. Nifo n'est pas, dans ces traités, une source revendiquée, de même que n'est pas assumée une remise en cause des théories de Ficin sur la hiérarchie des sens et des amours, transmises par Bembo. A ce dernier sont surtout repris d'ailleurs les développements sur l'amour humain des deux premiers livres des *Asolani*.

Enfin, un dernier traité mérite d'être ici signalé. Il s'agit du *Dialogo della bellezza*, suivi du *Dialogo d'amore, secondo la mente di Platone*, de Nicolo Vito di Gozze (Nikola Vitov Gučetić)[280] en 1581. L'auteur,

278. G. Betussi, 1543, f. 18.

279. Les questions semblent, en effet, traduites du latin en italien : « Qual sia maggior difficultà fingere Amore non amando, o amando dissimulare di non amare ? » (*primum sitne cupidinem simulare difficilius an dissimulare*) ; « Qual sia maggior potenza d'Amore se fa l'huomo di savio pazzo, o di pazzo savio ? » (*deinde sitne cupidinis uirtus maior quae sapientem ad insipientiam, an qua insipientem ad sapientiam uertit*) ; « Se uno amante può morire per troppo amore ? » (*insuper contingatne quempiam prae nimio cupidine mori, an permanere*) ; « Se il mondo staria meglio o peggio si non vi fusse Amore ? » (*postea sitne rerum uniuersitati utilius cupidinem esse an non esse*) ; « Si huomo di donna e donna di huomo per fama si può inamorare ? » (*adhuc possitne quispiam aliquam puellam sola nominis celebritate deperire, an aspectus sit necessarius*) ; « Qual sia maggior stimolo a virtù, desio d'honore o di piacer all'amata ? » (*Rursum cum honor concitet nos ad uirtutem, obsequium autem puellam amatam ad redamandum, quae maior concitatio*) ; « Chi più merita d'esser amata, una donna timida o una ardita ? » (*Deinceps quae amantior timida an audax*) ; « Qual sia maggior difficultà acquistare la gratia dell'amata o in quella mantenersi ? » (*Praeterea quae maior difficultas est lucrari an seruare amatae gratiam*) ; « Chi più si persuade esser amato, l'huomo o la donna ? » (*Postea quis facilius sibi amari persuadet, uir an mulier*) ; « Qual sia maggior segno a una donna di esser amata oltra la perseveranza ? » (*Insuper excepta perseuerantia, ex signis quonam magis certificetur puella quod ametur*) ; « Qual sia più possente passione, Amore o odio ? » (*Deinde quae nam affectio maior, odiumne an cupido*) ; « Se è possibile ch'uno avaro ami ? » (*Postremo fierine possit ut auarus amet an non*).

280. Nous savons très peu de choses de cet auteur croate, dont le traité sur le beau et l'amour vient d'être récemment traduit de l'italien en croate : *Dialogo della bellezza secondo* et *Dialogo d'amore secondo la mente di Platone* (1581), Zagreb, The Croatian Writers' Association, 1995. Je remercie le professeur Chouki El-Hamel de m'avoir procuré ce texte.

dont la biographie est mal connue, a, comme Nifo, traité du beau et de l'amour séparément bien qu'il s'agisse pour lui aussi d'un seul ensemble. Bien que Vito di Gozze revendique manifestement son platonisme dans le titre de l'ouvrage et qu'il ait opté pour la forme dialoguée, sa pensée est en réalité plus complexe, opérant lui aussi un véritable syncrétisme entre aristotélisme et platonisme. Il ne reprend pas à Nifo son sensualisme puisque les deux seuls sens jugés aptes à saisir la beauté demeurent ceux de la vue et de l'ouïe, mais en bien des points son propos semble inspiré de celui de Nifo, que ce soit pour abonder dans son sens (sur la vertu des femmes, la pudeur) ou que ce soit pour s'en démarquer (sur la question de l'amour comme affect de l'appétit sensitif). Les thèses de Vito di Gozze sont bien plus conventionnelles que celles de Nifo sur le beau et sur l'amour, mais le *De Pulchro et Amore* apparaît comme une source importante, bien qu'il ne soit pas nommé, à partir de laquelle s'élabore en partie le propos de cet auteur qui mériterait assurément une étude approfondie notamment pour caractériser son syncrétisme philosophique. D'ailleurs, il est fort probable que l'influence de Nifo sur Vito di Gozze ne se limite pas à son traité d'amour puisqu'il a également écrit, comme Nifo, un *De immortalitate intellectus possibilis contra Alexandrum Aphrodisaeum* en faveur de l'averroïsme, qu'il intègre à son aristotélisme, ou encore des *Commentaria in sermonem Averrois de substantia orbis et in propositiones de causis.*

Le genre des traités d'amour est incontestablement nourri des réflexions des successeurs de Ficin, même des plus contestataires comme Nifo, mais cette dimension critique n'est pas affichée. C'est la raison pour laquelle il faut faire une place particulière à la pensée, tout à fait singulière, de Francesco Patrizi sur l'amour.

*L'*Amorosa filosofia *et* Il Delfino ovvero del bacio *de Francesco Patrizi*

Les études de John Charles Nelson[281] ont dégagé l'originalité de la pensée de Patrizi sur la philosophie d'amour dans *L'Amorosa*

281. J. C. Nelson, « L'amorosa filosofia di Francesco Patrizi », *Rinascimento,* p. 89-106, 1962 et l'introduction à l'édition de *L'Amorosa filosofia,* in F. Patrizi, 1963, p. V-XVI.

filosofia, écrit en 1577. En effet, dans ce traité, Patrizi se distingue de l'ensemble des traités d'amour en se dégageant des thèses platoniciennes de son temps, ce qui est d'autant plus frappant que Francesco Patrizi a toujours revendiqué son platonisme. Le traité *Du Baiser*[282], œuvre de jeunesse de Patrizi, dans laquelle il développe une théorie nettement plus sensualiste, s'éloigne également du platonisme affiché par l'auteur, opérant même, selon la formulation de Pierre Laurens[283], une « petite révolution » au sein de la lecture néo-platonicienne dominante.

L'Amorosa filosofia est assez comparable formellement à la majorité des traités d'amour puisqu'il se présente comme un ensemble de quatre dialogues avec de nombreux personnages dont se distinguent Tarquinia Molza et l'auteur lui-même. Comme dans de nombreux traités, est à signaler la présence d'un auteur de traité d'amour, ici Sperone Speroni, référence étonnante chez un ficinien avoué. La présence d'une femme, Tarquinia, est aussi désormais classique dans les traités d'amour. D'ailleurs, le premier dialogue[284] est tout entier consacré à l'éloge de Tarquinia Molza par les hommes qui l'entourent et qui célèbrent son raffinement et sa culture. Francesco Patrizi la présente comme la nouvelle Diotime, ce qui laisse entendre, comme l'a relevé John Charles Nelson[285], qu'il serait, lui, le nouveau Socrate. Et, en effet, la discussion sur l'amour, qui commence réellement au second dialogue[286], ne reprend pas comme acquises les propositions de Ficin, mais cherche à élaborer, au fur et à mesure, une définition de l'amour qui se fait en divisant le thème en quinze catégories : *benevoglienza, dilettione, affettione, inclinatione, cupidità, cupidigia, cupido, concupiscenza, appetito, charità, amicitia, desiderio, voglia, talento, brama.* A ces termes s'ajoutent ceux d'*amor ruris*, d'*amore della*

282. F. Patrizi, *Du baiser*, traduction française et notes de S. Laurens-Aubry, introduction de P. Laurens, préface de Ch. Melman, Les Belles Lettres, 2002.
283. P. Laurens, in F. Patrizi, 2002, p. 25.
284. F. Patrizi, 1963, p. 3-75.
285. J. C. Nelson, 1962, p. 99 et 1963, p. x.
286. F. Patrizi, 1963, p. 77-97.

patria, del padre, della moglie, della virtù. Dans le troisième dialogue[287] ces termes sont ramenés à quatre : l'*amore naturale, parentesco, compagnevole* et *venereo.* Et, surtout, Patrizi introduit alors la notion de *philautia,* l'amour de soi, comme origine de toutes les autres affections. Ainsi, sans contredire explicitement le platonisme, Patrizi préfère une explication plus naturaliste et psychologique pour expliquer la cause première de tout amour. Cette thèse s'appuie sur le commentaire par Tarquinia du *Diliges proximum tuum sicut te ipsum*[288] qui montrerait que la charité doit d'abord se porter sur soi-même[289]. A cela s'ajoute une référence à *l'Ethique à Nicomaque* d'Aristote, selon laquelle l'ami est en premier lieu attiré par l'utile et l'agréable avant l'honnête[290]. Ainsi, l'égoïsme apparaît, comme chez Equicola, comme le moteur premier. Le quatrième et dernier dialogue[291] illustre cette thèse par une série d'exemples.

Ce qui est remarquable dans ce traité d'un auteur qui se veut platonicien, c'est l'absence totale de références, explicites ou implicites, à Ficin, Léon l'Hébreu ou tout autre auteur platonicien. La théorie des amours et la hiérarchie des sens qui l'accompagne sont simplement omises. De même, l'interprétation allégorique est délaissée pour des raisonnements empruntés à la philosophie naturaliste. Une source très probable de Patrizi est ici le *Libro di natura d'amore* de Mario Equicola qui, dès le second livre, faisait de la *philautia* le principe de toutes les autres affections en s'appuyant sur les arguments des philosophes dits naturalistes, comme Eudoxe (qui n'est pas cité), tels que l'instinct de survie[292]. Equicola fait également référence à Aristote sur ce sujet, mais il reconnaît qu'Aristote ne va pas aussi loin que lui sur la question de l'amour de soi[293]. Mais Patrizi pousse plus avant qu'Equicola

287. F. Patrizi, 1963, p. 99-132.
288. Matt. XXII, 39.
289. F. Patrizi, 1963, p. 113-114.
290. Aristote, *Ethique à Nicomaque,* VIII 3, 1156 a 10-24.
291. F. Patrizi, 1963, p. 133-145.
292. M. Equicola, 1584, livre II, chap. I, f. 79.
293. M. Equicola, 1584, livre II, chap. I, f. 90.

la doctrine de la *philautia* puisque ce dernier, au livre III, faisait une exception pour Dieu qui seul aime en retour de façon sûre[294], alors que pour Patrizi le principe de l'amour de soi est aussi en Dieu qui s'aime lui-même en aimant l'homme. Ainsi l'*Amorosa filosofia* se détache-t-il très nettement des autres traités d'amour par ses thèses sur l'amour de soi, certes, mais aussi par l'absence des fameuses questions sur l'amour humain qui caractérisent le genre habituellement. Mais il est vrai que l'ouvrage de Patrizi est inachevé, aussi faut-il rester prudent quant aux conclusions que nous pouvons en tirer[295]. Cependant, il n'y a pas trace ici d'un intérêt pour l'amour particulier de l'homme pour la femme, ni, par conséquent, de considérations d'ordre sensualiste. C'est dans le traité *Du baiser*, écrit probablement bien avant l'*Amorosa filosofia*, que Patrizi abordait ce thème.

Il Delfino ovvero del bacio (Delfino ou du baiser), également composé sous forme de dialogue entre Patrizi, le maître, et Delfino, le néophyte, est profondément original puisque c'est la première fois qu'un ouvrage philosophique se consacrait à ce thème habituellement réservé à la poésie. Le thème du baiser permet à Patrizi de développer une réflexion globale sur l'amour. Après un bref préambule, Patrizi, en éliminant certains types de baisers (comme le baiser entre parents ou entre amis, ou le baiser sur le front ou la joue), ramène peu à peu son sujet au seul baiser sur la bouche, donné ou reçu par la femme aimée. Ainsi, très rapidement, le thème du baiser est directement rattaché au thème de l'amour qui est à l'origine d'un si grand plaisir[296]. Suit une énumération soigneuse des différentes parties à embrasser (les mains, la poitrine, le cou, la joue, les yeux et la bouche), des différentes manières d'embrasser (en joignant les lèvres, en suçant les lèvres, en donnant la langue et en la recevant) pour conclure que le baiser le plus agréable est le baiser

294. M. Equicola, 1584, livre III, chap. II, f. 154-158.
295. C. Vasoli, « L'Amorosa filosofia : dall' Amore platonico all'universale philautia », in *Francesco Patrizi da Cherso*, 1989, p. 181-204.
296. F. Patrizi, 1986-1987, p. 80.

sur la bouche avec la langue. L'origine d'un si grand plaisir est l'amour, mais aussi la circulation des esprits de l'aimée. C'est pourquoi le second mouvement du traité s'attache à définir l'origine de l'amour lui-même, à distinguer l'amour humain de l'amour bestial et à mettre en exergue le rôle des yeux grâce auxquels les esprits de l'aimée sont transportés jusqu'au cœur de l'amant. Dans cette partie, Patrizi reste proche des idées de Ficin, notamment sur le rôle des yeux et des esprits, médiateurs entre le corps et l'âme. Le plus significatif dans cette partie est le soin que prend Patrizi à distinguer l'amour humain, qui est bien au cœur de ce traité, et l'amour bestial : l'amour bestial ne vise qu'à assouvir des appétits grossiers alors que l'amour humain réside dans le plaisir de la conversation et naît de la beauté et de la ressemblance (selon la théorie de l'influence astrale et des affinités électives reprise aussi à Ficin). Cet argument reste authentiquement platonicien.

C'est en fait dans le troisième mouvement que Patrizi se détache de Ficin en utilisant ses arguments et en les retournant. Ainsi, le développement sur les esprits vitaux, que Ficin emprunte à la physiologie de Galien, notamment pour expliquer le rôle des yeux dans l'acheminement des esprits de l'aimée jusqu'à l'âme de l'amant (théorie réfutée par Nifo), va être repris par Patrizi et appliqué au baiser : la bouche et l'ensemble du corps, par les pores de la peau, sont dotés par Patrizi du même pouvoir que les rayons lumineux des yeux qui transportaient les esprits de l'aimée jusqu'aux yeux et au cœur de l'amant. Les pores de la peau, par l'intermédiaire des artères, transmettent au cœur les esprits. Et Patrizi réhabilite ainsi le sens du toucher, le sens le plus bas dans la hiérarchie platonicienne, assimilé à l'amour bestial. La réhabilitation du sens du toucher entraîne une acceptation et valorisation de l'étreinte sensuelle de deux corps, et pas seulement du baiser. *Il bacio* est un traité qui développe une véritable philosophie d'amour très éloignée, au résultat, des thèses ficiniennes. Il conserve d'une part un certain nombre des arguments platoniciens, développe d'autre part les théories matérialistes des médecins plutôt associés à la philosophie péripatéticienne, et, en quelque sorte, utilise la faille entrouverte par Ficin, qui lui aussi utilise en partie ces arguments, pour retourner tout le système platonicien[297].

Les influences subies par Patrizi sont variées et il en offre une synthèse originale. Patrizi, avec ces deux traités en apparence si différents sur l'amour, ne se contredit pas pour autant. En effet, si par la suite, dans l'*Amorosa filosofia*, il n'aborde pas la question de l'amour humain et de la sensualité, il ne les dévalorise pas non plus. De plus, dans les deux ouvrages, on identifie clairement parmi les sources de Patrizi, les médecins et les philosophes matérialistes ou naturalistes. Il est presque sûr que Patrizi a lu Equicola, dont le livre était largement diffusé. En revanche, l'influence du *De Pulchro et Amore* sur *Le baiser* n'est pas évidente, car les arguments utilisés pour réhabiliter le sens du toucher sont différents dans l'un et l'autre ouvrage.

L'influence et la portée des thèses sensualistes dans les traités d'amour sont certaines, et cela aussi bien dans les traités à tendance péripatéticienne (par la réhabilitation des sens qui invite à considérer l'homme dans sa double nature, corporelle et spirituelle et, parfois, par la discussion sur les processus de connaissance) que dans les traités à tendance néo-platonicienne qui peinent à observer la droite ligne de l'amour platonique et des thèses ficiniennes. La position de Patrizi est en soi très étonnante : cet auteur qui se revendique platonicien soutient des thèses, celle de l'amour sensuel et celle de l'amour de soi, que l'on trouve plutôt dans les traités aristotéliciens, et précisément réunies chez un même auteur, Equicola. Il est vrai que les démonstrations de Patrizi sont originales, personnelles, notamment pour la réhabilitation des sens. Et cela apparaît moins comme une adaptation du platonisme que comme un véritable retournement. On constate, avec Maria Muccillo dans son article « Marsilio Ficino e Francesco

297. Voir l'article de F. Vuilleumier Laurens, « Les *Basia* de Jean Segond et la tradition philosophique de Marsile Ficin à Francesco Patrizi », *Les Cahiers de l'humanisme – Série*, I (2000), p. 25-38.

Patrizi da Cherso »[298], que les théories platoniciennes, au départ fermées aux autres courants, ont été de plus en plus influencées par des inspirations très diverses, épicuriennes et aristotéliciennes.

III. Une pensée originale : de l'aristotélisme comme nouveau syncrétisme

1. L'aristotélisme du *De Pulchro* et *Amore*

L'absence de textes aristotéliciens sur les thèmes du beau et de l'amour

Dans le *De Amore*, Nifo se présente dès le premier chapitre comme un philosophe de la famille des péripatéticiens dont il s'engage à exposer les thèses. Or Aristote, présenté comme le plus grand des philosophes, n'a pas écrit sur les thèmes du beau et de l'amour, du moins pas sous forme de traités exclusivement consacrés à ces sujets, contrairement à Platon et à la tradition néo-platonicienne. Il s'agit donc pour Nifo, à partir des textes divers d'Aristote et des péripatéticiens, de déduire en quelque sorte ce que serait la pensée aristotélicienne sur ces thèmes.

Cela est visible dans la forme même adoptée par le *De Amore* qui, contrairement à la grande majorité des traités d'amour, ne se présente pas sous forme de dialogue, composition de préférence platonicienne, mais sous la forme d'un traité continu organisé en chapitres. Le refus de la forme dialoguée est significatif de l'intention de l'auteur de se démarquer des traités, traités d'amour ou traités de cour, qui affectionnaient particulièrement la variété et l'aspect ludique que permet ce type de composition. D'ailleurs, parmi les traités d'amour, ceux qui maintenaient quelque ambition philosophique, mis à part les *Dialoghi d'amore* de Léon l'Hébreu, ne choisissaient pas, en général, la forme du dialogue. Le *Commento* de Pic en est une

298. M. Muccillo, 1986, p. 615-679.

illustration ou les *Tre libri d'amore* de Francesco Cattani da Diacceto. Nifo opte pour une composition plus rigoureuse avec souvent l'énoncé d'une question, d'un problème préliminaire, la présentation des opinions antérieures, et enfin l'exposé de sa réponse. Cette méthode, péripatéticienne, est appliquée soit à l'intérieur d'un même chapitre (le chapitre XVI du *De Amore* par exemple, qui se propose de savoir si l'amour humain peut exister sans désir), soit sur un ensemble de chapitres (les chapitres II à XV du *De Amore* qui s'organisent en binôme selon le schéma exposition-réfutation ou encore les chapitres XXVIII à LXVI, consacrés à la question du plaisir, avec l'exposé des autres positions suivies de celle de l'auteur en un passage assez long dans ce cas). Précurseur péripatéticien sur les thèmes du beau et de l'amour, Nifo suit alors la démarche de Socrate dans l'*Hippias majeur* : il s'agit de faire le point des connaissances et de les examiner avant de présenter une définition nouvelle. L'absence de traités aristotéliciens sur le beau et l'amour n'empêche cependant pas Nifo de se référer souvent à la philosophie d'Aristote dont il essaie de dégager, à travers plusieurs thèmes afférents, la ligne directrice qu'il peut donner à sa réflexion sur le beau et sur l'amour.

L'utilisation des principaux textes aristotéliciens pour la réflexion sur le beau et sur l'amour

Dans le *De Pulchro*, la définition du beau est lointainement issue de la *Métaphysique* d'Aristote. Dans la *Métaphysique*[299], Aristote distingue les espèces majeures du beau que sont l'ordre, la symétrie (l'harmonie des proportions) et la mesure. La *Poétique*[300] propose une définition très proche de celle de la *Métaphysique*.

Dans le *De Amore*, l'ouvrage de référence par excellence est l'*Ethique à Nicomaque*, évoqué au premier chapitre, dont l'amitié est l'un des principaux sujets. La parenté des sentiments

299. Aristote, *Métaphysique*, M 3, 1078 a 35 - b 6.
300. Aristote, *Poétique* 7, 1450 b 35 - 1451 a 3.

de l'amitié et de l'amour permet déjà de poser un certain nombre de critères et de définitions, aussi bien par rapprochement que par différenciation. C'est sensible tout au long du *De Amore*, dans les différentes étapes de la réflexion, et plus particulièrement aux chapitres XVII à XLII du second mouvement et au quatrième mouvement, des chapitres CIII à CVIII, où les distinctions de l'*Ethique à Nicomaque*[301] sont étonnamment reprises pour parler de la charité. En outre, Nifo n'hésite pas non plus à recourir à la *Rhétorique*, pour établir un art d'aimer au sein du *De Amore*, et à la *Métaphysique*, pour quelques principes généraux. A cela s'ajoutent des ouvrages de moindre importance comme les développements physiognomoniques alors attribués à Aristote.

Outre les thèmes précis de la beauté et de l'amour, la question des sens est le troisième thème important car il permet de faire le lien entre les deux notions et elle est le nœud du désaccord avec la définition platonicienne dont il conserve les termes principaux (le beau est une certaine grâce qui ravit l'âme de l'amant et l'incite à aimer) tout en les redéfinissant pour défendre une beauté et un amour sensuels. Nifo, au chapitre XL du *De Pulchro*, insiste sur les qualités du toucher et de l'odorat qui permettent eux aussi la perception du beau. Quant au goût, s'il ne distingue pas vraiment la beauté, il joue tout de même un rôle dans la mesure où il entre en action en même temps que le sens du toucher dans le baiser. Ces thèses sont reprises dans le *De Amore* et parfaitement illustrées par la paraphrase qui suit la citation des vers d'Ovide sur la beauté de Galatée au chapitre XV. Pour justifier ses positions, Nifo se place souvent sous l'autorité d'Aristote. Evidemment, l'*Ethique à Nicomaque* reste la source la plus citée par Nifo puisqu'il est clair que les plaisirs, qu'ils viennent de l'odorat, du goût ou du toucher, sont moralement indifférents si l'on en jouit avec modération. Le plaisir est également justifié par Aristote dans la *Rhétorique* : « Le plaisir aussi est un bien ; tous les êtres vivants en ont

301. *L'Éthique à Nicomaque* est déjà une source importante dans le *De Pulchro*.

naturellement le désir : les choses agréables et les choses belles sont donc nécessairement des biens ; les premières sont productrices de plaisir ; parmi les secondes, les unes sont agréables, les autres préférables en elles-mêmes »[302]. La théorie des sens de Nifo est conforme aux thèses d'Aristote. A partir de ces passages sur le beau, sur l'amitié, sur les sens et le plaisir, Nifo élabore sa théorie de l'amour-désir. Il s'appuie aussi sur d'autres sources péripatéticiennes.

Les autres sources péripatéticiennes

Les autres péripatéticiens sont les philosophes arabes, Avicenne et Averroès. Si leur présence est discrète, elle n'en est pas moins significative puisque Averroès, depuis le concile de Latran, était honni et Avicenne sérieusement critiqué au XVIe siècle dans son interprétation de Galien. Les garder en référence montre chez Nifo non seulement la trace de sa première formation averroïste à l'Université de Padoue mais la volonté de conserver cet héritage contesté, voire condamné. Avicenne est sollicité pour les théories médicales, surtout dans le troisième mouvement, et Averroès, assez rarement cité, est bien présent cependant à des moments-clés, où on ne l'attend pas, comme au chapitre CVIII du *De Amore* sur l'amour de Dieu et de l'homme ou au chapitre XXVIII du *De Pulchro* sur la question des sens. Si leur philosophie n'est pas directement impliquée dans le traitement du beau et de l'amour, elle permet cependant à Nifo, sur des points qui peuvent sembler secondaires à une première lecture, d'esquisser une orientation péripatéticienne rattachée à la philosophie médiévale.

L'autre auteur péripatéticien, un contemporain, le plus directement concerné par la beauté et l'amour, très présent dans le *De Amore* particulièrement, est Mario Equicola. Nifo s'y réfère de plusieurs façons. Il reprend parfois quelques développements secondaires (comme l'histoire des Cupidon jumeaux au

302. Aristote, *Rhétorique*, I 6, 1362 b 5-9 (Traduction de M. Dufour, Les Belles Lettres, 1967, p. 95-96).

chapitre XIX) qu'il expose de façon plus succincte et en les insérant mieux dans le propos d'ensemble (les digressions d'Equicola sont nombreuses et, souvent, coupent le raisonnement qui n'est pas toujours très suivi). Dans ce cas, il reprend souvent aussi les références et les citations d'auteurs, qu'il rectifie éventuellement. Il s'inspire aussi pour ses propres thèses de celles d'Equicola, notamment sur la réhabilitation des sens et la valorisation de l'amour charnel. Mais, dans ce cas, Nifo approfondit nettement la réflexion et l'argumentation philosophiques, et lie tous les raisonnements dans une vision d'ensemble là où Equicola se contente en général de développements juxtaposés les uns aux autres dans un ensemble encyclopédique où il n'est pas toujours aisé de dégager la position personnelle de l'auteur. Enfin, Nifo s'oppose nettement à Equicola sur la théorie de l'amour de soi.

La réfutation de la beauté-splendeur néo-platonicienne et la remise en cause de la hiérarchie des amours et de leurs définitions inscrivent le *De Pulchro et Amore* dans une tradition qui se réclame de l'école péripatéticienne. Cependant la rupture avec Platon n'est pas radicale, notamment dans la mesure où le lien entre l'amour et la beauté reste intact. Le *De Amore* est singulier dans la tradition des traités d'amour : il a replacé le thème de l'amour au sein du débat philosophique et a affronté les thèses ficiniennes avec lesquelles on ne cessait de biaiser. La volonté de Nifo, qu'il ne cesse de répéter, est de suivre toujours, selon lui, les dogmes péripatéticiens et il sollicite souvent les sources pour opérer une synthèse originale et complète, en réalité très personnelle, où les textes aristotéliciens sont pris comme arguments, comme autorités, pour soutenir une pensée qui s'élabore en opposition aux thèses de Ficin. Ainsi, le *Commentaire sur le Banquet de Platon,* traité d'amour fondateur et néo-platonicien par excellence, demeure sans doute l'autre source principale de Nifo qui en a saisi tous les ressorts et toutes les conséquences. La contestation des thèses de Ficin passe par une contestation de la méthode platonicienne et de ses implications sur les processus de connaissance.

2. La portée polémique du *De Amore* de Ficin

La structure apparente du *Commentaire* de Ficin suit celle du *Banquet* dont il reprend, en ordre, les discours et les thèmes. En adoptant cette forme, Ficin rend compte, par l'intermédiaire de divers orateurs, de la richesse et de la diversité du traité de Platon sous une forme aussi ludique que celle de son modèle. Il souligne ainsi la fidélité à la tradition platonicienne et affirme la volonté d'une filiation. Mais de cette polyphonie naît une harmonie qui invite à voir derrière cette exégèse du texte de Platon une vision complète qui est l'expression de la pensée originale de Ficin, une pensée engagée dans les débats de son temps.

De la polyphonie des points de vue à l'unité d'une nouvelle cosmologie

Ficin, dans ce commentaire, se nourrit de sources multiples : la relecture du *Banquet* à la lumière de toute la tradition néo-platonicienne de Plotin, Jamblique et Porphyre est manifeste et c'est le premier principe d'unité. Mais les sources sont encore plus nombreuses et, dans cet effort de syncrétisme, Ficin n'a pas oublié Aristote et ses développements sur l'amitié et sa nécessaire réciprocité, Galien et la théorie des esprits ou saint Augustin qui fut le premier à élaborer le concept de la volonté comme inclination de l'esprit vers Dieu. La variété des sources de la philosophie de Ficin et leur combinaison sont éclairées par Paul Oskar Kristeller dans *The philosophy of Marsilio Ficino*[303] et Cesare Vasoli dans *Filosofia e religione nella cultura del Rinascimento*[304]. Mais, dès les premières pages, comme le signale Cesare Vasoli[305], le lecteur est pris dans une atmosphère initiatique qui enveloppe tout l'ouvrage et le premier discours pose l'idée de l'harmonie du monde, idée opérante à travers tous les discours. Dans ce premier discours du *Commentaire sur*

303. P. O. Kristeller, 1943, p. 256-288.
304. C. Vasoli, 1988, p. 75-80.
305. C. Vasoli, 1988, p. 81-85.

le Banquet de Platon, sont déjà abordés tous les thèmes que développeront les discours suivants.

De la multiplicité naît donc un propos continu. L'articulation de chaque discours au précédent, malgré la diversité des points de vue des orateurs du *Banquet* de Platon, est maîtrisée par Ficin : alors que, dans le *Banquet* de Platon, Pausanias, au début de son discours, reprochait à Phèdre de ne pas avoir distingué les deux amours, les deux Vénus, et annonçait ainsi une rupture avec le propos précédent, Ficin, lui, poursuit dans ce second discours, prononcé par Giovanni Cavalcanti (le même orateur donc, puisque c'est lui qui avait ouvert ce nouveau banquet), les développements du premier en enrichissant la cosmologie déjà mise en place grâce aux images du soleil et des cercles concentriques et en y intégrant les idées de Bien et de Beau. Dès lors, le troisième discours précise la puissance et le rôle de l'amour dans cet univers hiérarchisé comme grand principe de création et d'harmonie. Le quatrième, qui dans le *Banquet* accordait une belle place à l'amour humain, reste chez Ficin dans l'optique chrétienne : avant l'intellect, c'est l'amour, uni à la volonté, qui mène à la béatitude. Par l'amour, l'âme peut tenter de rejoindre son état premier avant la chute originelle. Le cinquième discours enchaîne logiquement sur le précédent : si l'amour permet la béatitude, on ne peut se contenter de définir la beauté comme étant d'essence matérielle. L'amour est désir de beauté et la beauté des corps est l'image de Dieu, ce qui confirme les propos du quatrième discours. Le sixième discours permet de poursuivre l'exposé en montrant que la fin de l'amour est l'immortalité, et en établissant la hiérarchie des êtres et des différentes espèces du vivant. La cosmologie du premier discours, poursuivie par les suivants, est complétée par les développements sur la nature démonique, héritée de Platon et de toute la tradition platonicienne qui, sur ce point, rencontre aisément les notions chrétiennes. Le septième discours rappelle à chacun de ne pas s'égarer dans les affres de l'amour des corps, premier degré de la hiérarchie précédemment exposée. Ce premier amour est présenté alors comme une véritable pathologie, source d'errance et de souffrance, opposé à l'amour supérieur et inspiré.

Si chaque discours présente l'avantage de pouvoir être lu indépendamment des autres parce qu'il possède son unité, il prend cependant place dans un ensemble progressif et organisé, tout en évitant les lourdeurs propres aux commentaires philosophiques en général. Ficin, en revisitant le *Banquet* de Platon, opère une véritable révolution dans le genre des commentaires tels qu'ils étaient conçus alors par les professeurs des universités du XVᵉ siècle. La structure ne suit pas le schéma d'exposition-discussion alors pratiqué dans la pure tradition aristotélicienne. De plus, le style, extrêmement travaillé, invite à voir dans cet ouvrage bien plus qu'un commentaire, une œuvre originale et personnelle : derrière le *Commentaire sur le Banquet de Platon* se révèle le *De Amore* de Ficin.

Or le *De Amore* est, au-delà de la redécouverte de Platon, un projet qui s'inscrit dans les préoccupations de son temps. De cette élaboration néo-platonicienne de l'univers naît une cosmologie dont l'amour est le moteur universel et particulier puisqu'il est, pour l'homme, une préparation à l'amour de Dieu, cause et fin de toute chose.

Le De Amore *de Marsile Ficin : les fondements d'une théologie platonicienne*

Les nombreuses études du *Commentaire* de Ficin montrent l'ampleur de l'analyse philosophique et aussi l'ambition du projet : en posant l'amour comme le principe et la fin du monde, le traité de Ficin veut donner une réponse à la question de la condition humaine, de la place de l'homme vis-à-vis de Dieu et de son rôle dans l'univers. Ainsi, il s'agit pour Ficin, comme l'affirme Raymond Marcel, « de traduire l'œuvre des Platoniciens et de tirer de leurs écrits une nouvelle théologie »[306]. Philosophie et théologie se mêlent et ne forment plus qu'une seule et même discipline dans le « but de nous démontrer que l'homme n'est vraiment homme que dans la mesure où ses actes témoignent de la divinité de sa nature »[307]. Pour Ficin, la grandeur

306. R. Marcel, in M. Ficin, 1956, p. 109.
307. R. Marcel, in M. Ficin, 1956, p. 109.

de l'homme réside dans son essence divine. C'est au quatrième discours que cette définition est le plus clairement affirmée, alors qu'il commence son interprétation du mythe raconté par Aristophane sur la forme primitive de l'homme : *Homines, id est, hominum anime*[308]. L'homme est ainsi entièrement ramené, dans son essence, à son âme, comme le faisait déjà Socrate dans le *Premier Alcibiade*[309]. Eugenio Garin, dans « Images et symboles chez Marsile Ficin », voit dans cette affirmation le thème central de la philosophie de Ficin[310]. Ainsi, après un engouement pour Lucrèce dans ses jeunes années, Ficin se serait totalement détourné du système épicurien, par trop déprimant, pour tenter de comprendre la signification de la vie en libérant l'homme de l'angoisse de sa condition de mortel. Or Epicure, en se limitant au monde visible, physique, condamne l'homme à une situation dépourvue de sens[311]. Si nous insistons ici sur cet aspect, c'est qu'il sera un des points de divergence fondamentaux avec Nifo. Et il n'est pas étonnant que le système platonicien qu'adopte Ficin évince de la théorie de la connaissance certains processus pourtant très importants chez Aristote. En effet, en suivant Paul Oskar Kristeller[312], on peut résumer ainsi les étapes de la connaissance chez les péripatéticiens : les cinq sens, le sens interne, c'est-à-dire l'imagination, la phantasie qui est le jugement sur les images reçues par les sens et unies par l'imagination, et la pensée qui est la vraie connaissance des objets empiriques. Chez les platoniciens, et en particulier Ficin dans le *De Amore*, trois des cinq sens (le goût, l'odorat et le toucher) sont évincés de la connaissance du beau. Si certains éléments de la philosophie naturelle aristotélicienne, notamment la théorie des esprits, occupent une place assez importante dans le *De Amore* de Ficin, ils sont intégrés dans un programme entièrement

308. Quatrième discours, chapitre II.

309. Platon, *Premier Alcibiade*, 130 C. Voir aussi l'étude de P. Boyancé, « Cicéron et le *Premier Alcibiade* », REL, 41 (1963), p. 210-229.

310. E. Garin, 1989 (1954), p. 231. Voir aussi C. Trinkaus, 1986, p. 198-199.

311. E. Garin, 1989, p. 221-224.

312. P. O. Kristeller, 1943, p. 231-255.

platonicien[313]. Quant aux images, il n'en est pas besoin car l'âme porte en elle le souvenir de l'Idée autrefois contemplée avant sa chute dans le corps. La connaissance empirique conserve certes une part dans l'ascension de l'âme au sein de l'univers ficinien, qui n'est pas totalement désincarné, mais par la suite cette vision du monde sera elle-même schématisée par les auteurs des traités d'amour et la question de l'homme, âme ou corps, sera ressentie comme une dualité difficile à résoudre. De plus, Nifo, en valorisant, quant à lui, le monde sensible, radicalisera les positions de Ficin pour mieux s'en démarquer sur certains points.

Ces développements métaphysiques sont aussi des tentatives de réponse aux problèmes concrets que posent les questions religieuses et morales. Ficin, selon Garin, élabore ainsi un idéal de tolérance religieuse et de paix entre les peuples[314]. En effet, la question centrale qu'il pose, si l'on suit Pierre Magnard[315], reprenant et commentant la formule de Pascal, est de savoir, puis de montrer comment Platon peut « disposer au christianisme » dans un vaste projet d'herméneutique réciproque : ce rapport du platonisme au christianisme est un rapport d'interprétation, mais de qui par qui ? La philosophie est-elle déjà une religion, la religion est-elle une philosophie ? La question est difficile à dénouer, mais toujours est-il que le platonisme, pour Ficin, nécessite une interprétation, ce qui fut l'œuvre des néo-platoniciens Proclus, Jamblique et Porphyre. Dans le contexte de conflits et de guerres de religions qui s'annonce à la fin du XVe siècle, le platonisme permet de réguler le divers en prenant en considération toutes les orthodoxies[316]. La religion a besoin de la philosophie.

313. Voir l'article de F. Purnell Jr., 1986, p. 397-415.

314. E. Garin, 1989, p. 233.

315. P. Magnard, « Platon pour disposer au christianisme », in P. Magnard (éd.), 2001, p. 195-203.

316. Sur ce point, voir P. Magnard, art. cit., et aussi E. Garin, 1986, p. 5-6.

Le De Amore *de Ficin contre la philosophie péripatéticienne des Universités*

Mais (et, dans l'optique de Ficin, ce n'est pas contradictoire) le *Commentaire sur le Banquet de Platon* se situe aussi dans une discussion polémique avec la philosophie aristotélicienne pratiquée et enseignée à la fin du XVe siècle. En effet, la philosophie et l'enseignement de la philosophie étaient alors très marqués par l'héritage médiéval imprégné de la pensée d'Aristote. A cela s'ajoute la grande spécificité de l'Italie selon Paul Oskar Kristeller[317], à savoir que la philosophie aristotélicienne était étudiée à l'école de médecine. L'influence des philosophes arabes médiévaux, eux-mêmes médecins, sur les études péripatéticiennes fut très importante, en particulier les commentaires d'Avicenne et d'Averroès, encore cités par Nifo dans le *De Amore*. C'est à Padoue que se poursuivit jusqu'au début du XVIe siècle la tradition averroïste, mais ce n'était pas la seule doctrine enseignée. D'ailleurs, de façon plus générale, une très grande variété caractérise la philosophie du Moyen Age et de la Renaissance, plus complexe et plus vaste que les grandes catégories habituelles, comme le thomisme, le scotisme, l'averroïsme ou l'alexandrisme. Le jeu des influences et des rivalités entre les différentes écoles philosophiques rend compte de cet éclectisme et, à la fin du XVe siècle, l'averroïsme, tel que l'avaient enseigné Vernia et Nifo à ses débuts, est attaqué de toutes parts : par l'humanisme, représenté par Ficin, qui rejette l'aristotélisme marqué par la tradition des commentaires arabes, par la scolastique, qui perdure mais qui se sent en danger, et par l'alexandrisme incarné par Pomponazzi, alors plus radical que l'averroïsme de la fin du XVe siècle et du début du XVIe siècle[318]. La tradition aristotélicienne, comme le montre Kristeller, fut très riche et présenta de multiples aspects, car elle a su évoluer et on peut voir ses connections avec d'autres mouvements.

317. P. O. Kristeller, 1962, p. 18.
318. Voir aussi sur ce point M. R. Hayoun et A. de Libera, 1991, p. 117-118.

Ainsi, pour Ficin, la domination de la tradition aristotélicienne paraissait dangereuse, car la division entre les alexandristes et les averroïstes semblait donner le ton à toute réflexion philosophique, et Ficin les combat ensemble. En effet, ces deux courants, malgré leurs divergences, en niant l'immortalité de l'âme pour les alexandristes, ou en niant la possibilité du salut individuel pour les averroïstes, portaient des atteintes graves aux fondements de la religion chrétienne. D'ailleurs, bien que les deux doctrines se soient violemment opposées, elles ont été toutes les deux condamnées par le cinquième concile de Latran, tenu sous les papes Jules II et Léon X du 10 mai 1512 au 16 mars 1517. D'après l'analyse de Raymond Marcel[319], au moment où Ficin se consacre à la philosophie de Platon, les valeurs spirituelles apparaissaient fragilisées même si, à la fin du XVe siècle, il était difficile de s'attaquer ouvertement aux dogmes de la religion chrétienne. La philosophie scolastique eut elle aussi conscience du danger mais, quelque peu affaiblie déjà, elle ne semblait pas pouvoir fournir les réponses nécessaires au besoin d'affirmation des droits de la personne humaine en face des droits divins qu'elle défendait. Redéfinir la place de l'homme dans l'univers et par rapport à Dieu semble bien être le projet de Ficin à travers sa vaste entreprise de traduction et de commentaire de l'œuvre de Platon. Et la doctrine de l'amour occupe une place centrale dans ce projet puisque, dans l'union avec Dieu, à côté de la volonté et de la connaissance, l'amour se présente comme une force prééminente.

Le *Commentaire sur le Banquet de Platon*, ou *De Amore*, ouvre donc un débat qui, au moins au début de la vogue des traités d'amour, trouvera dans ce genre son lieu d'expression. Il s'agit pour Ficin de proposer une alternative aux philosophies et aux théologies déjà en place : « Toute la terre est occupée par les Péripatéticiens qui se partagent en deux sectes : les Alexandristes et les Averroïstes. Ceux-là estiment notre intellect mortel, tandis

319. R. Marcel, 1978, p. 109.

que ceux-ci le veulent unique, et les uns et les autres ruinent toute religion de fond en comble, car ils semblent nier la Providence. »[320]. Et cet aspect fut retenu par les hommes du XVe et du XVIe siècles comme le montrent les propos de Francesco Giorgio Venneto, cités par Cesare Vasoli[321], qui oppose la pieuse philosophie de Ficin à celle, impie, de ce « chien d'Averroès ». Dans la *Théologie platonicienne de l'immortalité des âmes*, publiée la première fois en 1482, Ficin poursuit ce combat : c'est sensible notamment au livre III, quand l'auteur tente d'expliquer comment l'âme est unie au corps, comment elle est à la fois divisible et indivisible[322]. De tels développements prennent tout leur sens quand on sait que c'est sur ces questions, et l'interprétation que les divers commentateurs ont donnée du traité *De l'âme* d'Aristote, que se sont élaborés l'averroïsme et l'alexandrisme.

3. La réponse péripatéticienne du *De Pulchro et Amore* de Nifo

Contre la méthode allégorique des néo-platoniciens

Nifo affiche une réelle circonspection envers les modes de raisonnement et de pensée des platoniciens, séduits par les mythes et portés à l'interprétation allégorique. Pourtant Nifo procède ainsi une fois dans le *De Amore* : au chapitre XIX, à propos du mythe de la naissance de Cupidon rapporté par Thémistius. Cette histoire était déjà racontée par Equicola. Les deux Cupidon symbolisent l'amour et l'amour réciproque qui ne peuvent se développer et s'épanouir l'un sans l'autre. Mais Nifo entoure cette exception de bien des mises en garde : en effet, Thémistius est un philosophe sérieux qui ne se contente pas d'exposer un mythe, mais qui en donne l'explication. A

320. M. Ficin, *Opera*, II, 1537. Cité par R. Marcel, 1956, p. 108.

321. C. Vasoli, 1988, p. 243. Article repris du Colloque *Marsilio Ficino e il ritorno di Platone*, 1986, II, p. 532-554.

322. M. Ficin, 1964, tome I, livre III, chapitre II, p. 137-143.

l'appui, Nifo fait référence à la *Rhétorique*[323] où Aristote précise les limites dans lesquelles doit s'inscrire le recours aux mythes comme principe d'explication : la fable peut être inventée et utilisée par le philosophe car celui-ci est capable d'en dévoiler le sens secret. Ainsi, se trouve justifié cet emploi exceptionnel de la fable chez Nifo.

Pourtant Platon et Ficin sont des philosophes, donc Nifo ne devrait pas leur reprocher cette inclination pour l'interprétation allégorique. En fait, il apparaît que, pour Nifo, l'usage que les platoniciens font des fables n'est pas rigoureux et il les assimile aux développements poétiques. En plusieurs endroits, en effet, il reproche aux platoniciens de s'exprimer de façon métaphorique (notamment dans la définition du beau comme bon). Plutôt que d'adresser ses reproches directement à Platon, Nifo, au premier chapitre du *De Amore*, vise les interlocuteurs du *Banquet* dont seul Socrate sort épargné : en effet, il regrette que Socrate ne se soit pas exprimé plus longuement, ce qui laisse entendre qu'il n'admet pas que Socrate ait fait siennes les positions de Diotime. On peut y voir, en revanche, une critique implicite envers Platon. Quant à Ficin, cité parmi les principaux auteurs dès ce premier chapitre, sa lecture de Platon est immédiatement identifiée (*allegorizando*). Allégorie d'une allégorie, la méthode philosophique néo-platonicienne est bien éloignée, selon Nifo, de la rigueur digne des philosophes et plus proche de l'imagination fertile et trompeuse des poètes, souvent visés dans le *De Amore*. En effet, les fables qu'ils racontent nécessitent ensuite d'être interprétées et non comprises telles qu'elles sont racontées par les poètes eux-mêmes qui n'ont pas la compétence nécessaire pour les expliquer (par exemple, c'est le cas au chapitre VII avec Lucrèce et le thème de la transformation de l'amant en l'aimée qui, littéralement, ne veut rien dire, et qui, interprétée selon la philosophie épicurienne, est

323. Aristote, *Rhétorique*, II 20, 1394 a 2-5. Averroès, dans le *Discours décisif*, montre la même circonspection à l'égard de toute démarche interprétative qui n'est pas démonstrative, rationnelle, même si les images et la poétique touchent l'émotivité et sont un moyen d'atteindre la vérité. Cf. Averroès, *Discours décisif*, § 16-17 (1996, p. 117-119).

une invitation à la concupiscence bestiale). De plus, parce que les poètes inventent, ils ne doivent pas être pris comme arguments dignes d'un propos sérieux (par exemple, au chapitre LXXIII, il est rappelé que les poètes ne disent que mensonges, en s'appuyant cette fois sur la *Métaphysique*). Enfin, au chapitre CII, même lorsque les propos des poètes sont vraisemblables, on ne doit pas pour autant les prendre en compte, parce que ce sont des propos de poètes. La fable, le mythe, la métaphore sont des outils poétiques et non philosophiques, ils n'ont pas de pertinence dans la recherche de la vérité selon Nifo.

Ainsi, le rôle que Nicolò Franco faisait tenir à Nifo dans son dialogue sur la primauté de la poésie ou de la philosophie ne paraît pas contredire les positions de Nifo. A la fin de l'ouvrage, les hérauts des deux disciplines se réconcilient, chacun admettant l'importance de l'autre. Or il est vrai que dans le *De Amore*, malgré les critiques de Nifo, les poètes sont très présents. Mais ils sont rarement utilisés comme argument d'une démonstration ; les citations poétiques ont un rôle illustratif des comportements amoureux par exemple. Ainsi, Pétrarque est-il sollicité pour évoquer ces « suaves pensées » qui hantent l'esprit des amants (chapitre LVI). Cependant Ovide a une place et un rôle bien plus important, nous semble-t-il, dans le *De Amore* : d'une part, il est l'inspirateur des chapitres sur l'art d'aimer, bien que Nifo le dénigre, d'autre part, au chapitre XV du *De Amore*, la description de Galatée, bien plus qu'une illustration, est un véritable argument pour montrer le concours de tous les sens dans la jouissance du beau. Que Nifo ne reconnaisse pas sa dette envers Ovide est significatif de sa défiance pour la poésie comme outil d'argumentation bien qu'il l'utilise lui aussi. Il recourt, en effet, extrêmement rarement au mythe et à l'allégorie pour exposer sa pensée[324]. Le premier principe de connaissance, dans le *De Pulchro et Amore*, reste la méthode empirique.

324. Nous avons traité ces questions dans « La lecture d'Ovide dans le *De Amore* d'Agostino Nifo. Des liens ambigus de la poésie et de la philosophie », communication au Congrès de la S.F.E.N.L (Société Française des Etudes Néo-Latines), *La lecture des Classiques par les humanistes*, au C.E.S.R. de Tours (19 et 20 janvier 2001), Actes à paraître dans les Cahiers de l'humanisme Série-4.

La méthode empirique : les sens et l'observation comme premiers instruments de la connaissance

Chez Ficin[325], les opérations de l'intellect et de la mémoire prédominent et prévalent pour atteindre à la connaissance et à la satisfaction. En effet, comme le montre Thierry Gontier[326], les facultés sensitives que sont la mémoire et l'imagination dépendent surtout de l'intelligence elle-même, dont elles apparaissent comme des prolongements. Les images perçues par les sens n'ont un rôle que très secondaire. Nifo oppose à Ficin la primeur et la primauté de la connaissance qui nous est transmise par les sens. L'opération des sens est le premier principe de connaissance.

Ainsi, au chapitre V du *De Pulchro*, l'existence de la beauté dans la *natura rerum* est-elle affirmée par le constat de l'existence de la beauté de Jeanne d'Aragon : « Que le beau existe tout simplement dans la nature est ici prouvé par la beauté de l'illustrissime Jeanne ». Nifo donne à sa description, qui se veut fidèle à la réalité, la valeur d'un argument irréfutable, d'une preuve de l'existence de la beauté dans la nature. Et lui-même, à la fin du chapitre, va plus loin que ne l'annonce le titre puisqu'il ajoute qu'il faut dire « non seulement que le beau existe en soi dans la nature mais encore que rien ne peut être dit beau en dehors de l'humanité ». Donc Nifo considère que la seule existence de la beauté de Jeanne suffit à démontrer la justesse de sa définition du beau. Dès le chapitre V, nous avons déjà le contenu du *De Pulchro* et ses positions. Le philosophe, en face d'une telle beauté, abandonne tout raisonnement spéculatif devant la lumineuse constatation de la réalité sensible : pour Nifo le monde sensible contient en lui-même la beauté et la matière n'est un obstacle ni à l'étude ni à l'émerveillement. De

325. De nombreuses études ont été consacrées à la question des processus de connaissance chez Ficin. L'article récent de Thierry Gontier éclaire la question : Ficin spiritualise, en quelque sorte, même la sensation qui devient une pure activité de l'esprit capable de constituer par elle-même l'objet sensible. Voir T. Gontier, « Un platonisme sans cosmos ? La sagesse de Marcile Ficin », in P. Magnard (éd.), *Marsile Ficin : les platonismes à la Renaissance*, 2001, p. 69-89.

326. T. Gontier, art. cit., 2001, p. 76-77.

même, le commentaire de la description de Galatée au chapitre XV part de cette constatation : la beauté est transmise par tous les sens, la vue évidemment, mais aussi l'ouïe, l'odorat, le goût et le toucher, car il est évident que tous ces sens sont sollicités pour jouir pleinement de la beauté.

Le chapitre XV du *De Amore*, sur la question des sens, est fondamental car, ici, la démonstration est double : en effet, non seulement le philosophe qui se pose en observateur applique, comme au chapitre V, la position du phénoménologue face au métaphysicien qu'est Ficin mais, en outre, sa position sous-tend le fond de la démonstration qui consiste à montrer que la beauté est transmise par tous les sens à l'âme imaginative. Se pose donc aussi la question des processus de connaissance : les sens et la faculté imaginative précèdent donc la mémoire et l'intellect des platoniciens. Et c'est par l'imagination, ou *fantasia* (« les suaves pensées » de Pétrarque), que se forme l'image de la femme aimée, que se cristallise le sentiment amoureux. La contamination du sang par les esprits qui y circulent, comme le soutient Ficin[327] en adaptant les thèses physiologiques de Galien, est une fantaisie. Quant à la mémoire, son rôle est important, mais elle ne fait que conserver l'image de l'aimée et non l'Idée autrefois aperçue par l'âme avant sa chute dans le monde sensible. C'est l'intellect qui, ensuite, « travaillera » à partir des données transmises par les sens, l'imagination et la mémoire. La théorie des esprits permet effectivement de comprendre la naissance du sentiment amoureux, qui est d'abord affect de l'appétit sensible, mais sûrement pas le mouvement de réciprocité, comme s'il s'agissait d'une maladie contagieuse.

On voit combien la question de l'amour est liée à celle de la connaissance, et à quel point Nifo s'oppose à Ficin qui, tout en exaltant la mémoire et l'intellect comme principes premiers

327. Ficin, *Commentaire sur le Banquet de Platon*, septième discours, chapitre VI. Réfutation de Nifo au chapitre LXVI du *De Amore*.

de connaissance, s'en remet à des fables pour ses démonstrations. La critique vise Ficin, bien plus encore que Platon que Nifo apprécie sans doute dans ce qu'il a de plus socratique.

Contre le déterminisme ficinien

Le chapitre LXIX du *De Amore* (*De causis cur eadem puella non ab omnibus aequo cupidine ametur*) éclaire la question de la connaissance et de l'élection amoureuses. Comme à son habitude, Nifo suit la démarche péripatéticienne qui consiste à exposer et à réfuter les opinions préexistantes avant de proposer une autre vision. Les auteurs convoqués ici sont Platon et Ficin. En fait, Nifo ne nomme pas précisément Platon mais, plus prudemment, les noms des interlocuteurs du *Banquet*, Pausanias et Aristophane, souvent repris par les néo-platoniciens de son temps. Selon Pausanias, il n'y a pas réellement de choix amoureux : on s'unit à une jeune femme en vue de la reproduction et l'union avec telle ou telle personne relève du hasard. Une telle position, selon Nifo, nie la dignité du sentiment amoureux tout simplement. Aristophane, au contraire, avec le mythe des hommes-sphères dont l'intégrité a été brisée par la colère de Zeus, fait du sentiment amoureux de chacun une quête de sa moitié, c'est-à-dire quasiment une quête de soi-même : il y a choix de la personne aimée, mais ce choix n'est pas l'expression d'une liberté mais plutôt d'un déterminisme auquel on ne peut échapper. Nifo renvoie dos à dos les contraires, entre les tenants d'un matérialisme stérile et ceux d'un idéalisme reposant sur l'absence totale de rationalité et tout aussi stérile. C'est la thèse du déterminisme qu'ont conservée les néo-platoniciens en interprétant ce mythe, symbole de la chute originelle, et en identifiant différents degrés de déterminisme : tout d'abord, il y aurait complémentarité des êtres selon leur nature ou leur complexion (les sanguins avec les sanguins par exemple), ensuite un second critère serait le génie ou le démon platonicien de chacun qui chercherait son double, en troisième lieu vient l'idée imprimée dans l'âme de la Beauté véritable autrefois aperçue dans le ciel avant que l'âme ne soit prisonnière du corps, et enfin les interprétations astrologiques.

Ces différentes raisons qui tentent d'expliquer l'inclination éprouvée pour une personne précise étaient déjà répertoriées par Mario Equicola, mais il les décrivait sans exposé critique, ce que fait Nifo en optant, quant à lui, pour la position qu'Equicola attribue aux « moraux »[328].

Toutes ces propositions sont d'abord réfutées par le constat de la simple observation. Pour ce qui est de la cause naturelle, il est clair que le semblable n'attire pas toujours le semblable et que les contraires, aussi, peuvent éprouver de l'amour l'un pour l'autre. De plus, cela supposerait que l'accord entre deux personnes se fasse dès la naissance et jusqu'à la mort puisqu'on ne change pas de complexion, or les amours changent. Pour ce qui est de l'existence de génies individuels eux-mêmes complémentaires, elle ne résiste pas non plus au simple constat : en effet, on voit souvent des amitiés se briser et même se tourner en hostilité. Quant à la thèse d'une réminiscence de la beauté divine qui éveillerait en l'homme le sentiment amoureux, elle est balayée comme un pur mensonge, une invention, une image métaphorique, et elle ne tient pas non plus lorsqu'on observe que souvent les amants finissent par cesser de s'aimer alors que la cause supposée, elle, est immuable. La cause céleste, c'est-à-dire le déterminisme astrologique, est la première à être réfutée par Nifo dans ce chapitre tant elle lui paraît peu sérieuse : en partant du présupposé que les astres sous lesquels l'individu naît influencent son caractère, sa nature et ses caractéristiques seraient alors définitivement fixées ; or le sentiment amoureux évolue. En fait, toutes ces thèses sont réfutées de la même manière, en opposant l'évidence de la réalité à leurs principes, réfutation motivées par un rejet catégorique de toute entrave à la liberté de choix.

L'explication que propose Nifo en cette fin de chapitre LXIX pour comprendre la naissance du sentiment amoureux pour telle ou telle personne relève davantage de la psychologie, bien que

328. M. Equicola, 1584, livre IV, chap. II, f. 202 v - 203 r.

le mot ne soit évidemment pas employé. En effet, Nifo parle d'une « loi individuelle » par laquelle nous tombons amoureux de la personne qui convient à notre nature particulière et individuelle, laquelle est soumise à variation. C'est la similitude des mœurs, des goûts, bref les affinités particulières qui favorisent la naissance du sentiment amoureux. Ainsi, à la place d'un déterminisme préétabli dans le choix amoureux, Nifo substitue une interprétation plus rationnelle, et plus souple en même temps, qui laisse à l'individu un espace de liberté. De plus, il accorde aux amants une part active car l'amour se cultive grâce à une fréquentation régulière.

On voit combien la réflexion sur l'amour induit des prises de position très nettes et fondamentales sur la place de l'homme vis-à-vis de Dieu et son rôle dans l'univers. Nifo entend rigoureusement conserver à l'homme sa liberté, que ce soit face à l'ordre cosmique voulu par l'astrologie, ou face à Dieu, qui n'est pas à l'origine de chacun de nos choix. L'homme garde la possibilité de se construire et aussi de changer. Ce chapitre sur le début du processus du sentiment amoureux est particulièrement important car il induit aussi un examen des processus de connaissance.

Cependant, le *De Amore* ne renie pas pour autant la supériorité de l'intellect et la possibilité d'une transcendance. Il tient aussi à présenter une autre voie que le courant matérialiste opposé à celui des platoniciens.

4. Indépendance et démarcation face au courant épicurien et matérialiste

L'accusation d'hédonisme

Dans le *De Pulchro et Amore*, la philosophie épicurienne est rejetée de façon brutale, car elle est assimilée à un hédonisme amoral, voire immoral. Deux philosophes l'incarnent particulièrement : Eudoxe et Epicure.

La présentation de la pensée d'Eudoxe, au chapitre XXIX du *De Amore*, est inspirée de celle d'Aristote dans l'*Ethique à*

Nicomaque. Dans un premier temps, la définition d'Eudoxe, à savoir que le plaisir est un bien, est acceptée par Nifo, puisqu'elle lui permet de contredire les platoniciens dans cet ensemble de chapitres sur le plaisir. C'est au chapitre XXX que commence la réfutation : Eudoxe et Epicure affirment non seulement que le plaisir est un bien, mais qu'il est le souverain bien. Epicure est alors montré comme un démagogue, exhortant les foules et invitant chacun à suivre la pente de son inclination naturelle sans aucun principe moral universel. Reprenant une tendance qui existe déjà, et qui suit les reproches que Cicéron[329] adressait à la philosophie épicurienne, prônant des principes, selon lui, immoraux, Nifo force le trait et se livre ici à une véritable caricature d'Epicure lui-même et de sa philosophie. Le chapitre XXXI revient à des raisonnements plus dignes de la philosophie en montrant que les plaisirs ne sont pas bons en eux-mêmes, mais selon les activités qu'ils accompagnent et parachèvent, conformément à la morale aristotélicienne.

Nifo tient visiblement ici à se démarquer de la philosophie hédoniste et ignore pour cela, dans le *De Amore*, la division des plaisirs épicuriens. Déjà, dans le *De Pulchro*, il occultait la source épicurienne de sa définition, qui fait de l'humain le critère de la beauté et qui doit beaucoup aux formulations de Velléius dans le *De natura deorum* de Cicéron[330]. Il paraît évident que Nifo simplifie et déforme la position épicurienne afin de la montrer comme la tendance opposée à celle des platoniciens : le chapitre XXXVIII le confirme en renvoyant dos-à-dos Eudoxe, Aristippe et Epicure d'une part, Platon d'autre part. Au chapitre XL, Epicure est à nouveau critiqué. Il s'agit pour Nifo, et c'est une des préoccupations constantes du *De Amore*, de soustraire sa thèse à l'accusation d'hédonisme et de l'inscrire dans la morale péripatéticienne.

329. Voir, par exemple, les *Tusculanes*, livre II, § 28 où Cicéron reproche à Epicure de faire de la douleur un mal plus grand que le déshonneur.

330. Voir la notice du *De Pulchro*, première partie (« la tentation épicurienne »).

Le rejet du matérialisme

De même, Nifo se démarque des positions matérialistes. Le souci n'est plus alors vraiment d'ordre moral : il s'agit plutôt de compléter sans ambiguïté sa conception de l'homme et sa théorie de la connaissance. Nifo s'oppose aux platoniciens, qui font de l'intellect et de la mémoire les premiers principes de connaissance, en réaffirmant l'importance des sens. Il ne s'agit pas pour autant d'une conception purement matérialiste de l'homme. Autrement dit, si l'homme ne peut être uniquement défini par sa nature intellectuelle, il ne se réduit pas non plus à sa nature corporelle, ou encore animale.

Les représentants, selon Nifo, de cette tendance matérialiste ne sont pas des philosophes mais les poètes Lucrèce et Virgile. Au chapitre VI du *De Amore* est exposé ce qui est censé être l'opinion de Lucrèce sur l'amour : la transformation de l'amant en l'aimée se fait par l'émission de la semence. Cette présentation de la pensée de Lucrèce est d'ailleurs reprise du chapitre VI du septième discours du *De Amore* de Ficin. Pour Ficin, Lucrèce est un philosophe épicurien (*philosophus epicureus*) ; Nifo, lui, ne précise pas cette appartenance. Mais il va reprendre, au chapitre VII, la réfutation de Ficin : la transformation de l'amant en l'aimée ne peut se réduire à l'acte d'accouplement. Nifo ajoute qu'user (*uti* et non *frui*) ainsi de la femelle de son espèce pour engendrer en elle son semblable relève de la concupiscence bestiale et non de l'amour. Cette position est également attribuée à Virgile.

Le chapitre XII et sa réfutation au chapitre XIII reprennent donc les chapitres VI et VII, si ce n'est que Nifo ajoute que la recherche et la connaissance du beau sont ce qui différencie la concupiscence bestiale de l'amour-désir. Dès lors, il existe un principe supérieur, la recherche du beau, propre à l'homme, qui n'est pas la recherche de l'immortalité par l'acte de reproduction, en vertu duquel l'amant cherche à s'unir et à jouir de la femme aimée. Au chapitre LIX, en revenant sur le thème de la transformation de l'amant en l'aimée, Nifo rejette à la fois les platoniciens, et la théorie de la réminiscence, et Lucrèce et sa conception, qualifiée de bestiale, de la nature humaine. C'est par l'affect, selon Aristote, que l'on peut comprendre une telle transformation : l'amant adopte le mode de vie, la façon d'être, les goûts, les mœurs de l'aimée ; il s'agit d'une forme de mimétisme amoureux.

L'homme est aussi une créature intellectuelle

En se démarquant des platoniciens, pour lesquels l'homme ne doit être que son âme, Nifo craignait visiblement d'être assimilé aux matérialistes et aux épicuriens. Il s'agit d'affirmer, après la perception sensorielle et le rôle de l'imagination, la primauté de la raison et de l'intellect et de définir l'homme comme l'union d'un corps et d'une âme. Il existe une possibilité de transcendance car l'homme est capable de connaître et d'aimer le beau. L'exception humaine existe bien chez Nifo, non parce que l'âme aurait gardé le souvenir du Beau suprême mais parce que l'âme humaine est dotée d'une faculté supérieure, l'intellect, que les animaux n'ont pas, et qui lui permet d'avoir accès à des biens supérieurs, dont le beau fait partie. Et le beau a une valeur en soi, sans être la manifestation sensible du Bien, comme le pensent les platoniciens. C'est pourquoi les sens jouent un rôle essentiel dans la connaissance du beau en soi, même si c'est en vertu de sa nature intellectuelle que l'homme, contrairement aux autres animaux, est capable d'être sensible à la beauté. Ainsi les derniers chapitres du *De Amore*, explorant l'amour de Dieu, ne sont-ils pas pure convention mais permettent de souligner le lien privilégié de l'homme avec Dieu et de définir l'homme aussi en tant que créature intellectuelle.

Or ce qui est remarquable, c'est que cette faculté supérieure est montrée par l'intermédiaire d'Aristote et d'Averroès. Dans le *De Amore*, Nifo ne développe pas comment cette faculté est donnée à l'homme, il n'expose pas sa théorie de l'âme, qui lui a déjà causé un certain nombre de soucis, mais il semble évident qu'il n'a pas renoncé à associer Averroès à cette théorie, même si les allusions sont très discrètes. Par exemple, au chapitre XX qui traite du vocabulaire de l'acte amoureux (*uenus*), alors que sont exposées les multiples interprétations de la double Vénus, céleste et vulgaire, à partir du mythe de Pausanias dans le *Banquet*, Nifo souligne à quel point les platoniciens sont eux-mêmes en désaccord et, à propos de la Vénus humaine, il recourt à une interprétation inspirée d'Averroès : « Mais la Vénus humaine est double ; l'une est la force d'intelligence, qui est l'esprit ou l'intellect, grâce à laquelle nous pouvons comprendre les choses divines et tous les intelligibles : sa semence est la forme de la chose que l'on comprend, et peut-être l'image d'après Averroès. L'autre est la faculté d'engendrer, qui encore est double comme est double la semence, ainsi que le dit Platon dans le *Banquet*. » Dans ce passage, l'existence d'un intellect supérieur est affirmée et Averroès est introduit dans la doctrine platonicienne ainsi que sa théorie de la connaissance par les images mise en regard, voire en équivalence, avec l'interprétation platonicienne[331]. Et dans la suite du *De Amore*, l'imagination tient un rôle important dans la progression du sentiment amoureux. Cela paraît en accord avec l'averroïsme de Nifo dans sa réponse à Pomponazzi lors de la controverse sur l'immortalité de l'âme[332] : Nifo, tout en admettant l'importance des images aux côtés des sens dans le processus de connaissance, reprochait à Pomponazzi d'en faire les deux seuls moyens de connaissance. Ici, Nifo reprend la théorie des images, mais il est évident qu'une autre faculté permet de parfaire la connaissance. C'est ce qui est suggéré dans les deux autres allusions, très rapides, à Averroès au chapitre LXVIII et au chapitre CVIII : « En effet, aimer, c'est-à-dire désirer une femelle de son espèce pour, en elle, engendrer son semblable, est œuvre de la nature qui est réglée par la providence divine elle-même, et en ce sens ce peut être une œuvre vraiment divine ; de là vient aussi ce que Thémistius a dit, que l'œuvre de la nature est œuvre de l'intelligence de celui qui ne faillit pas, c'est-à-dire de Dieu,

331. Averroès, *L'intelligence et la pensée, Sur le De Anima*, III, comm. 30 (commentaire du traité *De l'âme* d'Aristote, III 7, 431 a 14 - 17).

332. Voir la première partie, troisième chapitre.

comme l'a exposé Averroès[333] : aimer, c'est-à-dire être captivé par telle ou telle belle femme pour que se créé le beau dans le beau, n'est l'œuvre ni de la nature, ni de Dieu, si l'on outrepasse la loi et les règles de la raison, mais si l'on se conforme à la loi et à la raison, c'est une œuvre à la fois naturelle, divine et humaine » (LXVIII) et « Donc Il nous aime : Aristote et Averroès ont prouvé cela en affirmant que Dieu, dans son intention première, pour utiliser leur langage, s'aime lui-même, et ensuite il nous aime. Et puisqu'il nous aime, il aime nécessairement par charité : nous sommes, en effet, avec lui, ensemble, dans la communion de la félicité, nous sommes comme lui aussi des êtres intellectuels, nous sommes son image[334] » (CVIII). Comment se fait ce lien entre l'homme et Dieu dans l'âme ? Nifo ne le précise pas dans le *De Amore*, car il ne revient pas sur la question du lien entre l'intellect agent et l'intellect possible, mais il est évident que la réflexion sur l'amour conduit à la réflexion sur la nature de l'âme humaine et sur ses facultés et, par-là même, pose implicitement le problème de l'immortalité de l'âme. Il y a, pour Nifo, un élément divin dans l'âme humaine et l'insistance, dans les derniers chapitres du *De Amore* (chapitres CIII à CVIII), sur la notion de béatitude suprême suppose la possibilité d'une vie pour l'âme après la mort, en accord avec les affirmations du *De Immortalitate animae*. En cela il paraît suivre l'évolution de Siger[335] : comme Siger après la

333. Nous n'avons pas trouvé à quel passage précis d'Averroès se réfère Nifo, mais ce qui est intéressant c'est que Nifo associe son nom à l'idée de Dieu et de création. Une telle affirmation n'est peut-être pas en soi contraire à la philosophie d'Averroès, mais Averroès n'était pas perçu comme une référence sur ces sujets. Cependant, sans doute Nifo se réfère-t-il (ce que semble indiquer la référence interne à Thémistius) au commentaire d'Averroès sur le traité de l'âme d'Aristote (comm. III, 36). Voir la note suivante.

334. Cette dernière affirmation se trouve dans le commentaire d'Averroès sur le traité *De l'âme* d'Aristote où Averroès s'appuie d'ailleurs sur Thémistius. Cf. Averroès, *L'intelligence et la pensée. Sur le De Anima*, comm. III, 36 : « Selon ce mode, l'homme est donc, comme le dit Thémistius, semblable à Dieu, car il est d'une certaine manière tous les êtres et il les connaît tous en quelque manière ; en effet, les êtres ne sont rien d'autre que sa science, et la cause des êtres n'est rien d'autre que sa science. Que cet ordre est admirable ! Que ce mode d'être est extraordinaire ! » (traduction d'A. de Libera, 1998, p. 167-168).

335. Voir R. Imbach et F.-X. Putallaz, 1997, pp. 84-88.

critique de Thomas, Nifo, sur un certain nombre de questions théologiques, laisse souvent le soin d'en discuter aux théologiens, parce que certaines considérations ne lui semblent pas être du ressort de la philosophie (par exemple, au chapitre CVIII, Nifo renonce à définir l'amour de Dieu pour lui-même et laisse aux théologiens le soin de déterminer s'il s'agit ou non de la charité). Il est cependant assez difficile de savoir si ce renoncement est une marque de déférence ou, au contraire, une certaine indifférence. De toute façon, après les premières positions de Nifo sur l'immortalité de l'âme et son reniement forcé, il sera toujours difficile de savoir, et peut-être vain de chercher à savoir, si sa foi est sincère ou non. Toujours est-il qu'il y a une cohérence certaine entre le *De Immortalitate animae* et le *De Amore*, et que Nifo semble surtout discuter des questions religieuses quand celles-ci aident à définir la nature humaine et la morale qui doit s'ensuivre. Aristote et Averroès présentent donc, selon Nifo, une philosophie compatible avec la religion chrétienne, et avec Platon si l'on prend en considération la première de ces citations.

Ainsi, derrière les matérialistes Lucrèce et Virgile, est-on tenté de lire le nom de Pomponazzi, qui serait l'opposé de l'idéalisme de Ficin. Et Nifo opérerait une synthèse des deux courants. L'opposition aux uns et aux autres aboutit en réalité à une nouvelle pensée. Ce syncrétisme apparaît dans l'examen des moyens et des processus de connaissance qui articulent la perception sensorielle, le rôle de l'imagination et la faculté intellectuelle, notamment par le biais d'Averroès. Le *De Sensu agente*, publié à Venise en 1497, apporte certains principes d'explication qu'Edward P. Mahoney expose clairement dans son article « Agostino Nifo's De Sensu agente »[336]. La question du sens agent fut débattue au Moyen Age et à la Renaissance : soit les sens, passifs, suffisent à causer la sensation, soit il faut postuler un sens agent. Il apparaît que Nifo subordonne le sensible à Dieu dans le processus de la sensation, et si le sensible

336. E. P. Mahoney, *Archiv für Geschichte der Philosophie*, 53 (1971), p. 119-142.

en lui-même suffit pour produire la sensation, il n'est pas suffisant en tant que cause de l'acte de connaissance. Une certaine spiritualité est donc engagée dans la sensation et elle est causée par un agent séparé. Une telle conception, élaborée plus de vingt-cinq ans avant le *De Pulchro et Amore*, est en parfaite harmonie avec les thèses que soutient Nifo en 1529, au moment de sa rédaction. Il semble que Nifo ait adopté très tôt une métaphysique de la participation qui tire son origine d'un certain averroïsme permettant ponctuellement un accord avec les thèses platoniciennes. Dès lors, les termes de la controverse avec Pomponazzi bénéficient également d'un nouvel éclairage : dans un premier temps contraint de se dédire, Nifo aurait intégré le platonisme dans son aristotélisme, transformant aussi sa conception averroïste sans l'abandonner, mais en faisant apparaître ce qui, chez Averroès, permet une philosophie de la participation et, donc, une certaine transcendance. Une telle synthèse se veut péripatéticienne : l'aristotélisme de Nifo est un aristotélisme conciliateur qui s'efforce, sous l'adjectif de « péripatéticien », d'offrir une synthèse et un principe d'explication de toute la philosophie[337].

Conclusion : vers un néo-aristotélisme

Le *De Amore*, tout en présentant des enjeux qui dépassent largement le cadre des traités d'amour, a joué un rôle non

337. Cette orientation de l'aristotélisme au XVIe siècle est analysée par Charles B. Schmitt, dans son ouvrage *Aristote et la Renaissance* (*Aristotle and the Renaissance*, 1992) : il montre combien, entre 1475 et 1525, les aristotéliciens diffèrent les uns des autres. Pomponazzi, Nifo, Achillini, Zimara, ont marqué une transition. Tous adoptent une manière éclectique d'interpréter Aristote, et Nifo lui apparaît comme le plus éclectique. Charles B. Schmitt va même jusqu'à situer Nifo autant dans le camp des platoniciens que dans celui des aristotéliciens. Nous restons plus réservée sur ce dernier point, car la critique du platonisme de Ficin nous paraît trop nette dans le *De Amore* pour affirmer cela : les points de divergence sont, nous semble-t-il, suffisamment déterminants, plus en tout cas que les références platoniciennes utilisées par l'auteur, pour faire de l'aristotélisme de Nifo une simple forme du platonisme, du moins dans le *De Amore*. De plus, Nifo tient fermement à l'appartenance à l'école péripatéticienne. Cf. C. B. Schmitt, 1992 (p. 33 et 120-123).

négligeable sur leur évolution. L'ouvrage se situe à un carrefour entre philosophie et littérature. Les thèses soutenues par Nifo ont relancé le débat avec Ficin et, en élargissant le débat, avec Pomponazzi, sans négliger les implications pratiques de ses positions sur l'amour.

Le De Amore *: proposition d'une métaphysique aristotélicienne*

Dans le *De Amore*, Nifo poursuit une recherche métaphysique qui puise ses racines dans le *De Amore* de Ficin. Le *Commentaire sur le Banquet de Platon* n'est pas à l'origine de l'interrogation philosophique sur l'âme et la place de l'homme dans l'univers, mais en présentant des thèses platoniciennes qui opéraient un véritable bouleversement dans la tonalité des multiples controverses déjà existantes, il les a replacées dans un nouveau débat, remettant en cause toute une partie de la philosophie aristotélicienne telle qu'elle existait à la fin du XVe siècle, universitaire et scolastique dans sa forme, et toujours prompte, dans son propos, à entamer les fondements de la religion par la contestation de certains de ses principes (l'immortalité individuelle par exemple)[338]. L'autorité de cette philosophie aristotélicienne ainsi contestée subit également la pression des autorités religieuses. Dans la première version du *De Intellectu*, Nifo, fortement marqué par l'école padouane, est un exemple de ces averroïstes qu'attaquait Ficin. Quand, en 1516, Pomponazzi écrivit son *De Immortalitate animae*, il connaissait évidemment l'ouvrage de Ficin et la seconde version du *De Intellectu* où Nifo emprunte des arguments aux platoniciens, ce qui lui permettait d'assimiler les positions de Nifo à celles des platoniciens. Outre les rivalités qui existaient entre les deux protagonistes depuis leur passage à l'Université de Padoue, Pomponazzi signifiait aussi à Nifo qu'il faisait le jeu de cette nouvelle philosophie théologique qui les réfutait tous les deux et mettait

338. Hélène Védrine analyse le problème de l'incroyance moins comme l'affirmation de l'athéisme (qui est alors un terme polémique : on est toujours l'athée de quelqu'un semble-t-il) que comme la remise en cause de certains principes et la critique de la religion à travers celles des formes extérieures de la foi (culte des saints, respect des reliques, excès des moines etc...). Voir H. Védrine, 1971, p. 110-115.

hautement en cause leur légitimité philosophique et universitaire. Le *De Amore*, une dizaine d'années plus tard, nie être platonicien, du moins comme on peut l'être au XVIe siècle, et, dans le souci constant, tout au long du texte, de s'opposer au platonisme de Ficin tout en se démarquant des thèses matérialistes, Nifo paraît vouloir opérer une mise au point : certes, les thèses de la période padouane ne sont plus les siennes, mais il propose une autre métaphysique, péripatéticienne, où Averroès figure aux côtés d'Aristote et peut-être comme lien avec Platon. Au-delà de la provocation[339], la présence d'Averroès invite à voir se dessiner ici un nouvel aristotélisme, conciliateur, qui ne se propose plus de contester les fondements de la religion mais qui, en harmonisant platonisme et aristotélisme, défend une philosophie qui, tout en préservant les dogmes de la religion catholique et en réservant respectueusement leur domaine aux théologiens, entend bien rester indépendante[340] de la théologie et maîtresse des explications du monde terrestre, sensible et humain[341]. Au moment où Nifo rédige le *De Pulchro et Amore*, la Réforme impose à l'Europe une remise en question sur ce thème avec une extrême sévérité, la Contre-Réforme suivra et le concile de Trente sera la conséquence d'un retour rigoureux du moralisme religieux. Le problème religieux est peut-être moins alors celui de l'incroyance que celui de la liberté. Or il est un impératif moral qui semble orienter

339. Protégé par le prince de Salerne, Nifo a probablement retrouvé une liberté d'expression plus grande quand il écrit, en 1529, le *De Pulchro et Amore*. Voir le chapitre biographique.

340. Cette préoccupation est à la fois implicite et récurrente chez Nifo. Par exemple, elle nous semble sous-tendre le traité sur la solitude (*De iis qui in solitudine apte uiuere possunt*), qu'il écrivit en 1531, réponse au *De uita solitaria* de Pétrarque, qui remettait en cause, environ deux siècles plus tôt, les péripatéticiens et universitaires de son temps. Le débat est réactualisé au XVIe siècle.

341. Ici pourrait se poser à nouveau la question de la double vérité, et de la suprématie implicite de la philosophie sur la religion telle qu'elle s'est posée pour Siger de Brabant. Cette séparation des domaines de la religion et de la philosophie est-elle respectueuse pour la théologie ? Voir P. Magnard, 1992, p. 123-136 (« La philosophie servante ou maîtresse ? »). Il nous semble que Nifo adopte une position proche de celle que défendit Siger : si sur certains points la philosophie doit s'incliner devant la révélation, la Vérité, elle ne doit par pour autant sacrifier sa démarche méthodique. Voir R. Imbach et F.-X. Putallaz, 1997, p. 167-168.

souvent les choix de Nifo, avant même peut-être son engagement auprès de telle ou telle doctrine philosophique, il s'agit de la question du choix et de la liberté : dans la jouissance du beau, l'homme est libre et responsable de ses choix et, éventuellement, de ses excès, alors condamnés ; il peut agir conformément à la morale ou non, s'élever à la contemplation ou non.

Nifo poursuit donc le débat et si, entre 1518 et 1529, les enjeux se sont un peu déplacés, il semble qu'il y ait une continuité entre les positions du *De Immortalitate animae* de 1518 et le *De Amore*. Dans les deux ouvrages, la question centrale est celle des processus de connaissance sur laquelle repose aussi la contestation des thèses de Ficin. Et c'est peut-être en centrant sur cette question une analyse de l'ensemble de l'œuvre de Nifo qu'on pourrait tenter de dégager une évolution et une cohérence. Il serait intéressant de changer de perspective, et de considérer la pensée de Nifo non pas comme une philosophie, averroïste, ancrée en lui dès ses jeunes années puis reniée et hésitante, obéissant à des injonctions extérieures, mais comme une pensée en mouvement, réceptive aux nouveaux courants, tâtonnante peut-être, avec des périodes et des ouvrages plus ou moins marquants qui dessineraient une évolution. En effet, Charles B. Schmitt, dans son ouvrage *Aristote et la Renaissance*[342], rappelle, après Garin[343] et Kristeller[344], la diversité de l'aristotélisme à cette période et, en s'appuyant sur Randall et Nardi, souligne dans l'aristotélisme la vigueur de la philosophie logique, de la philosophie de la nature et de la psychologie, notamment à travers les figures de Pietro Pomponazzi et de Jacopo Zabarella. Des études ont montré les apports de Nifo dans le domaine de la philosophie logique et scientifique[345]. En accord avec Charles

342. C. B. Schmitt, 1992, p. 17.

343. E. Garin, 1947, p. 3-60.

344. P. O. Kristeller, 1962.

345. J. H. Randall, 1961, p. 42-57 ; A. Poppi, 1966, p. 222-236 et 1970, p. 39-42 ; A. Wallace, 1972, p. 139-144 ; E. J. Ashworth, 1976, p. 355-374 ; N. Jardine, 1976, p. 277-318 ; L. Jardine, 1981, p. 253-270 ; C. B. Schmitt, 1984, p. 297-336.

B. Schmitt[346] pour supposer l'influence continue et répandue d'Aristote à la Renaissance sur presque toutes les activités intellectuelles, et notamment dans le domaine de la métaphysique, moins étudiée sous cet angle, cela nous amènerait sûrement à étudier l'emploi et les transformations de la doctrine aristotélicienne influencée par d'autres courants, dont le platonisme avec la lecture déterminante de Ficin. Ainsi réaliserait-on que l'étude de l'aristotélisme ne se limite pas à un phénomène universitaire en marge du changement. Et malgré la multiplicité des interprétations aristotéliciennes, on constate une ressemblance de famille. Dans cette perspective, Nifo apparaîtrait sûrement comme un des acteurs fondamentaux de cette évolution et prendre la mesure d'une telle mutation permettrait en retour de mettre en lumière également les lignes directrices de sa philosophie, ses points d'ancrage et les éléments qui constituent sa cohérence. A la question de Charles B. Schmitt[347] de savoir si les discussions du XVIe siècle sur l'aristotélisme mêlé, selon les cas, d'atomisme, de platonisme et d'autres théories, ont produit des résultats dignes d'intérêt, l'exemple du *De Pulchro et Amore* invite à répondre par l'affirmative.

L'originalité du De Pulchro et Amore

Avec le *De Pulchro et Amore,* Nifo a su donner une expression philosophique aux aspirations sensuelles des traités du XVIe siècle. Le Tasse fut sensible à cette tentative de synthèse des doctrines de Platon et d'Aristote sur la question du plaisir et il s'en fait l'écho dans son traité. Mais nul autre ne s'en réclame, du moins ouvertement. Pourtant l'influence de Nifo est parfois manifeste. En effet, le *De Pulchro et Amore,* rédigé en 1529 et édité en 1531, paraît à un moment-charnière : après la première vague du début du XVIe siècle, les traités d'amour se raréfient entre 1520 et 1530 et ne sont déjà plus vraiment le lieu de la philosophie néo-

346. C. B. Schmitt, 1992, p. 140-141.
347. C. B. Schmitt, 1992, p. 141.

platonicienne issue de Ficin. Ils vont ensuite tendre de plus en plus vers ces traités légers, philosophico-littéraires, qui s'intéressent surtout à l'amour humain, et sont particulièrement abondants entre 1540 et 1590. Le traité de Nifo a été publié entre les deux phases de cette évolution. Par ses critiques claires et fermes des thèses de Ficin, et par la place qu'il accorde lui-même à ses fameuses « questions », qui occuperont une place de plus en plus importante dans les traités d'amour, Nifo reprend un débat évité depuis un certain temps, ranimé par Equicola certes, mais implicitement seulement. Le *De Pulchro et Amore* propose une nouvelle façon d'appréhender l'amour humain et renoue avec les ambitions philosophiques des premiers traités. Ce faisant, en accordant à l'amour humain un véritable statut et en rendant à l'amour sensuel sa dignité, il permettra aux traités d'amour d'exister légitimement sous leur forme la plus légère. Speroni ou Patrizi, s'ils ne soutiennent pas précisément les thèses de Nifo, semblent cependant le rejoindre dans un même souci de revalorisation de l'amour humain et sensuel. D'ailleurs cette préoccupation, plus ou moins avouée, est présente chez de nombreux auteurs, comme Flaminio Nobili, mais aussi dans tous les traités d'amour que l'on peut qualifier de mondains et qui rejoignent souvent les traités de cour. On peut entendre alors une voix rebelle à l'idéalisme d'un Ficin, ou plutôt à la façon dont sa théorie était perçue. Les conceptions sensualistes de Nifo, directement ou indirectement, ont inspiré un certain nombre d'auteurs, si ce n'est dans l'ensemble de leurs thèses philosophiques, du moins dans les *quaestiones* qui sont de plus en plus fréquentes à partir de 1540 environ.

Le *De Pulchro et Amore* est unique dans la tradition des traités d'amour : revivifiant le débat philosophique suscité par Ficin, il offre une philosophie personnelle où s'opère un syncrétisme original qui ne se définit pas seulement en fonction de Platon, d'Aristote ou de Ficin. Il dépasse aussi le simple témoignage sur les aspirations, revendiquées ou inavouées, d'une époque, bien qu'il s'en fasse l'écho et qu'on puisse trouver, dans le *De Pulchro et Amore*, des développements qui paraissent convenus. Certes, le sensualisme de Nifo puise dans l'hédonisme d'Equicola, s'érige en opposition à Ficin, et peut-être doit-il au *De Voluptate* de Valla et à la conception vitaliste de la *uoluptas* que défend Giovan Battista Pio, tout en réhabilitant les médecins arabes. Mais ces influences ne suffisent pas à expliquer la profonde nouveauté d'un sensualisme qui n'est ni platonicien, ni aristotélicien, ni épicurien. Toutes les sources s'y retrouvent synthétisées en une définition qui est autre : c'est la sensualité en elle-même qui donne raison au monde sensible en prouvant sa valeur et en témoignant de la possibilité d'une transcendance. L'expérience amoureuse, lieu de l'exception humaine, réalise pleinement l'union du corps et de l'esprit en dévoilant l'unité de cette double condition. La beauté sensuelle et vivante du *De Pulchro et Amore* est une invitation au plaisir, à la fois mouvement et perfection, qui nous permet de jouir pleinement de ce que nous avons et nous transporte parfois au-dessus de nous-mêmes. Expression philosophique du sentiment amoureux de la poésie d'Ovide et des poètes occitans que Pétrarque avait sublimés grâce au souffle platonicien, cette conception définit pour l'homme un nouvel espace qui a ses propres aspirations et ses propres références.

NOTICE

I. Parcours de lecture du *De Pulchro*

Ouvrage composé de deux traités (*liber in duo dissectus*), le *De Pulchro et Amore* se distingue des nombreux traités d'amour du XVIe siècle. Si le genre de la discussion est respecté par certaines des questions abordées et par le mélange des tonalités, que Nifo pratique avec aisance, la forme adoptée n'est cependant pas celle du dialogue ou d'une succession de discours prononcés par plusieurs orateurs, mais bien celle d'un discours unique où le philosophe s'octroie d'un bout à l'autre la parole, dans les soixante et onze chapitres du *De Pulchro* et dans les cent neuf chapitres du *De Amore.* Le traité de Nifo se démarque aussi par le choix de la langue latine alors que tous, quelle que soit la forme adoptée, sont désormais écrits en italien. En effet, si quelques auteurs de traités d'amour ont parfois choisi la forme du discours plutôt que celle du dialogue, montrant ainsi une ambition philosophique, comme Francesco de' Vieri, dans son *Ragionamento d'Amore*[1], ou Francesco Cattani da Diacceto et ses *Tre libri d'amore*[2], l'effet de mode avait probablement imposé l'italien comme langue de diffusion du thème de l'amour

1. *Il secondo ragionamento d'amore* in *Discorsi*, Firenze, Giorgio Marescotti, 1587 (p. 93-123).

2. Ils furent publiés en 1561 à Venise avec un *Panegirico dell'Amore* qui avait été publié séparément dès 1526. Dans les deux cas, il s'agit de publications posthumes puisque l'auteur est mort en 1522.

(d'ailleurs Ficin lui-même avait proposé une version italienne de son *De Amore*). Ce passage du latin à l'italien est significatif, en général, d'une simplification de la philosophie platonicienne en même temps que de sa vulgarisation. Maintenir le latin signifie pour Nifo inscrire le *De Pulchro et Amore*, comme le reste de son œuvre, dans la tradition philosophique. Or le *De Pulchro et Amore* opère une rupture avec la pensée platonicienne sur le beau et sur l'amour incarnée par un philosophe comme Ficin. C'est une rupture aussi avec la position moyenne choisie par la plupart des traités d'amour qui, tout en respectant, en principe, l'idéal platonicien, ne cessaient de trouver des compromis possibles avec la vie humaine et les mœurs de leur époque sans pour cela oser rompre et proposer de nouvelles conceptions. Au XVIe siècle, le débat philosophique engagé par Pic de la Mirandole dans son *Commento* n'avait plus lieu.

Le *De Pulchro* s'ouvre, des chapitres I à V, sur l'exposé d'une question préliminaire – condition nécessaire aux développements suivants – qui pose l'existence du beau dans la *natura rerum*. Ce préambule, qui se clôt sur le célèbre portrait de Jeanne d'Aragon, n'a pas pour seule fonction d'introduire et d'affirmer la pertinence du *De Pulchro*, mais énonce déjà ce qui sera la thèse du traité : le beau, harmonie des proportions jointe à la douceur des couleurs, non seulement existe dans la nature mais réside exclusivement dans le genre humain. Les soixante-six chapitres suivants seront consacrés à démontrer philosophiquement ce que nous enseigne la réalité et son observation et à en tirer les conséquences. Trois mouvements structurent l'exposé : les chapitres VI à XXV retracent, de façon chronologique, l'histoire et l'évolution de l'idée de beau de l'*Hippias majeur* jusqu'aux platoniciens de son temps, les chapitres XXVI à LIII développent les positions de l'auteur, et les chapitres LIV à LXXI, entre *quaestiones* à la manière péripatéticienne et exposé des lieux communs des traités d'amour, abordent des aspects plus légers. Le début du *De Pulchro* s'attache donc à reprendre la discussion sur le beau dès l'origine ; ainsi ne prend-il pas pour point de départ, contrairement à beaucoup de traités d'amour de façon implicite, le *Commentaire sur le Banquet de Platon* de Marsile Ficin, mais il l'inscrit dans la lignée de la réflexion platonicienne et néo-platonicienne sur le beau, de l'*Hippias* au XVe siècle. En lui consacrant cependant les chapitres XV à XXV de son exposé, le *De Pulchro* accorde au traité de son prédécesseur une place importante.

1. Examen de la question préliminaire : le beau existe-t-il dans la *natura rerum* ? (chapitres I à V)

Exposé de la question et réfutation des opinions adverses (chapitres I-IV)

Avant même d'aborder l'*Hippias majeur*, premier traité nommément consacré au beau, Nifo se demande si le beau existe ou non dans la nature. En effet, ce dialogue socratique, n'établissant pas encore la hiérarchie qui sera exposée dans le *Phèdre* et le *Banquet*, ne traite que du beau saisissable tel qu'il se présente dans le monde pour finir sur une aporie. La question que pose Nifo apparaît donc – et il le dit – comme une question première et nécessaire à toute enquête et suit le schéma énoncé-exposition-réfutation cher à la philosophie péripatéticienne. Sans doute convient-il particulièrement d'examiner si le beau existe ou non dans la nature car on en débat comme d'une évidence sensible tout en affirmant que la véritable beauté est intelligible, ce qui sera exposé plus précisément dans les chapitres XII à XXIV à propos des platoniciens.

Deux types de positions nient l'existence de la beauté en soi dans la *natura rerum* : la première, exposée dans le premier chapitre, nie l'existence objective du beau, quel qu'il soit, pour le ramener à la subjectivité de chaque individu ; la seconde, au chapitre II, établit l'existence d'une beauté en soi, mais une beauté supra-naturelle. Représentant de la première conception, Protagoras, sans avoir parlé particulièrement du beau – Nifo ramène à son sujet, le beau, un énoncé plus général – a prétendu que l'homme était la mesure, le critère, de toute chose, supprimant ainsi toutes réalités objectives. Nifo peut donc affirmer que Protagoras niait l'existence du beau. A l'exemple de Protagoras, il ajoute celui d'Aristote qui, dans l'*Ethique à Nicomaque*, juge que le beau moral et le juste sont si variés et soumis à de telles divergences d'interprétations qu'ils semblent relatifs, pure convention. Dans l'opposition entre ψύσις et νόμος, le beau, subordonné au second terme, n'aurait pas d'existence objective dans la nature. Le beau est *quo amans frui desiderat*, dépendant des passions de l'individu. Les deux chapitres suivants sont consacrés à illustrer l'autre thèse qui, tout en affirmant l'existence du beau, l'exclut du monde sensible avec non seulement la philosophie stoïcienne, annoncée dans l'intitulé du chapitre II, selon laquelle la beauté réside dans la sagesse, mais aussi les pythagoriciens (nommés sous le terme d'« arithméticiens ») et la théorie du nombre comme principe du mouvement et de l'harmonie universelle, les platoniciens et néo-platoniciens comme Denys l'Aréopagite en passant par Socrate, Platon et Plotin. Il ne s'agit pas ici pour l'auteur d'exposer toutes ces philosophies dans leurs particularités mais plutôt d'accentuer leur point commun, malgré les variations, autour d'une beauté qui, pour tous, est supra-naturelle. Aux définitions philosophiques s'ajoutent, au troisième chapitre, les *exempla* artistiques, et notamment celui de Zeuxis : sélectionnant, parmi cinq jeunes filles de Crotone, les plus beaux détails de chacune afin de dégager de cet assemblage la divine beauté d'Hélène, Zeuxis corrige l'imperfection de la nature et s'appuie sur l'expérience sensible, sur les individus, pour s'élever à l'idée. De l'exemple de Lucien on tire les mêmes conclusions : la nature, imparfaite, ne peut abriter la beauté véritable.

Les deux chapitres suivants offrent une réfutation de ces thèses, présentent des contre-arguments visant à établir l'existence du beau dans la *natura rerum*. La première étape est d'établir l'existence du beau en soi et ainsi d'écarter la définition purement subjective en s'appuyant sur l'*Hippias majeur*, pour la première fois évoqué : le beau en soi, grâce auquel tout ce qui est beau est beau, existe. La seconde étape est de montrer qu'il existe dans la nature en se fondant sur un argument emprunté non pas à la philosophie du beau mais au traité *Du ciel* d'Aristote dont Nifo dégage une « règle topique » selon laquelle si l'un de deux contraires existe dans la nature, l'autre s'y trouve nécessairement aussi. Or personne ne conteste l'existence du laid, donc le beau aussi existe dans la nature. L'observation et la constatation de la réalité telle qu'elle est sont les fondements de sa démonstration. Ainsi l'observation des amants est-elle également probante : l'amour existe incontestablement donc l'objet de l'amour existe bien lui aussi. Or l'amour, selon la définition platonicienne à laquelle Nifo adhère, n'est autre que le désir de jouir du beau. Dans ce quatrième chapitre, il articule les apports d'Aristote et de Platon et les utilise à sa convenance comme outils démonstratifs, mais c'est la description de Jeanne d'Aragon et le dévoilement de sa lumineuse beauté qui constituent pour lui non seulement une illustration de sa réfutation mais le lieu même de sa propre définition en opposant à la beauté supra-naturelle des platoniciens l'expérience de la réalité sensible.

Affirmation de la thèse : le beau en soi existe dans la nature (chapitre V)

Procédant de façon très ordonnée, Nifo suit de très près la technique descriptive héritée du Moyen Age[3], selon laquelle la beauté physique des femmes consiste en l'élégance des formes unie à l'agrément du teint, ce qui sera la définition péripatéticienne de la beauté exposée plus loin par Nifo. Le choix de Nifo ne paraît donc pas totalement artificiel : le modèle rhétorique qu'il adopte pour la description de Jeanne d'Aragon correspond à la définition philosophique de la beauté qu'il donnera ensuite. Le portrait s'organise donc en deux temps :

3. Edmond Faral, dans *Les arts poétiques du XIIe et XIIIe siècle*, analyse les données de la description principalement à partir des textes de Matthieu de Vendôme et de Geoffroy de Vinsauf. Deux sources sont à la base de la doctrine médiévale : le *De l'invention* de Cicéron (I, 24-25) et l'*Art poétique* d'Horace (v. 114-127 et 153-178). Cela donne chez les poètes du Moyen Age un ensemble de règles strictes et bien définies que Nifo applique à son tour.

une description physique et une description morale. Si les règles de la description physique étaient très strictes, elles étaient très lâches pour la description morale souvent négligée par les écrivains médiévaux. C'est le cas ici aussi où la beauté de l'âme est certes célébrée, au début et à la fin du chapitre V, mais sans développements.

La description physique suit les grandes étapes traditionnelles : un éloge général de la personne décrite, sa physionomie et enfin son corps. Après avoir comparé Jeanne à une héroïne puis à l'Hélène de Zeuxis, *exemplar* par excellence de l'idéal de la beauté féminine, Nifo passe en revue verticalement, de haut en bas, tous les détails corporels de cette beauté. Pour le visage, sont d'habitude successivement évoqués la chevelure, le front, les sourcils, les yeux, les joues et le teint, puis le nez, la bouche et les dents et enfin le menton. Il suit le modèle rhétorique sauf pour les joues qui ici sont décrites en dernier. Le principe est le même pour la description du corps : d'abord le cou et la nuque, puis les épaules, les bras, les mains, la poitrine, la taille, le ventre, les jambes et les pieds. C'est bien ainsi que Nifo dévoile les charmes de Jeanne d'Aragon avec une légère variation puisqu'il parle des mains avant les seins. Comme les poètes qui, arrivés au ventre, se permettaient quelque pointe licencieuse, il fait correspondre aux hanches « les parties plus secrètes ». Le portrait de Sophonisbe, au cinquième livre de l'*Africa* de Pétrarque, pourrait bien être, tant sur le plan rhétorique que sur le plan esthétique, le modèle de celui de Jeanne d'Aragon moins l'évocation licencieuse que Pétrarque ne s'autorise pas. A cela s'ajoute l'utilisation d'un procédé courant chez les poètes, que l'on retrouve chez Pétrarque comme chez Nifo, qui est le procédé d'amplification consistant à nier le contraire de l'idée afin de mieux affirmer l'idée elle-même, un genre de litote. Par exemple, Jeanne d'Aragon est « de teint non pâle mais (*sed*) tirant au rosé et au blanc » et sa voix a « l'accent non d'une mortelle mais (*sed*) d'une déesse ». Au modèle rhétorique, Nifo superpose le modèle de la beauté féminine selon les canons esthétiques de son époque.

La beauté de Jeanne d'Aragon telle que la décrit Nifo est, en effet, en tout point conforme aux canons esthétiques de son temps. Pour ce qui est du visage, les critères, à quelques variantes près, sont d'ailleurs proches de ceux que l'on trouve dans la littérature du Moyen Age, eux-mêmes assez proches de ceux des Anciens comme la Psyché d'Apulée : les cheveux sont blonds, souvent comparés à l'or, les yeux lumineux, les sourcils étroits et délicats, en arc de cercle, le teint blanc et rosé sans pâleur, les lèvres petites et roses, les dents blanches et régulières, les mains délicates. Mais, au Moyen Age, on appréciait en outre le front bombé et la fossette sur un menton un peu proéminent. Ces caractéristiques n'ont plus cours à la Renaissance. On voit néanmoins la constance du canon que l'on trouve aussi dans le portrait de Sophonisbe de Pétrarque et qui correspond à ceux décrits par Equicola et Firenzuola[4]. Les proportions, héritées du canon antique de Vitruve, sont scrupuleusement respectées par Nifo qui parle souvent de « parfaites proportions », de « proportion convenable » ou « divine », adoucissant la géométrie rigoureuse de Vitruve par l'emprunt d'images poétiques probablement reprises à Pétrarque.

On s'est demandé si cette description renvoyait au portrait de Raphaël, exposé au Louvre, dont on a longtemps identifié le modèle comme étant Jeanne d'Aragon. Elle était, en effet, d'une grande beauté et le cardinal Bibbiena, envoyé comme légat du pape auprès du roi de France François Ier, aurait commandé son portrait à Raphaël[5] en 1517, à cette occasion. Mais, l'identification

4. Equicola écrit, au livre I de *La nature d'Amour*, un portrait inspiré par les poètes et, au livre II, les normes sur les proportions du corps (M. Equicola, 1589, p. 153-155). Le *De la beauté des dames* de Firenzuola s'attarde particulièrement sur la beauté physique des femmes dans le premier discours (A. Firenzuola, 1578, p. 12-52). A la Renaissance, on apprécie aussi les femmes brunes au teint mat et aux yeux noirs, critères que Nifo signale au chapitre XXXVI, qui fait écho au chapitre V en présentant, en quelque sorte, la théorie esthétique dont la description de Jeanne est l'application.

5. Par ailleurs, on doute que Raphaël ait lui-même réalisé entièrement le tableau. Au Louvre, il est attribué à Jules Romain, que Raphaël aurait envoyé à Naples faire une esquisse : Raphaël aurait peut-être peint le visage et Jules Romain le reste du tableau.

de Jeanne d'Aragon comme modèle semble reposer sur une erreur d'interprétation d'un passage de Brantôme qui, dans *son Recueil des dames galantes*[6], à la fin du XVIe siècle, décrit un portrait de la collection royale à Fontainebleau, sans doute celui-ci, en parlant de Jeanne, reine de Naples, protectrice de Pétrarque et de Boccace. Il s'agissait alors, dans son esprit, de Jeanne d'Anjou qui vécut au XIVe siècle. Mais Giorgio Vasari[7] pense, lui, qu'il s'agit d'un modèle contemporain. Brantôme se serait donc trompé. Quoi qu'il en soit, on conserva le prénom du modèle auquel pensait Brantôme tout en l'attribuant à une contemporaine de la création du tableau ; ainsi ce célèbre portrait fut-il appelé portrait de Jeanne d'Aragon. Une étude récente de Michaël P. Fritz[8], qui retrace l'historique de cette erreur dans l'identification du modèle, propose comme modèle véritable Isabel de Requesens, vice-reine de Naples à cette période-là. De plus, Fritz ajoute à sa démonstration l'argument que Nifo, dans le *De Pulchro*, ne fait aucune allusion à l'existence de ce portrait alors qu'il affirme que Zeuxis n'aurait pas eu à multiplier les modèles pour réaliser le portrait d'Hélène s'il avait connu la magnifique Jeanne. Or Raphaël était souvent comparé à Zeuxis, et Nifo aurait sûrement évoqué ce portrait, tant la référence à Raphaël était élogieuse.

Assez conventionnel dans la superposition du modèle rhétorique et du modèle esthétique, le propos de l'auteur est sans doute plus personnel en ce qu'il ne se contente pas d'offrir au lecteur un portrait qui serait une simple illustration mais qu'il présente déjà sa thèse. Et c'est à juste titre que Benedetto Croce[9] est frappé par la description de Jeanne d'Aragon, au chapitre V, dont le portrait, loin d'être un simple ornement, prend valeur d'argument, comme l'indique le titre *Quod simpliciter pulchrum*

6. Brantôme, in *Recueil des Dames. Poésies et Tombeaux*, Gallimard, 1991, p. 213.

7. G. Vasari, *Les vies des meilleurs peintres, sculpteurs et architectes* (dir. André Chastel), Paris, Berger-Levrault, 1984, vol. VII, p. 171.

8. M. P. Fritz, *Giulio Romano et Raphaël. La vice-reine de Naples*, traduit de l'allemand par Claire Nydegger (conférence du 3 juin 1994), Paris, Service culturel du musée du Louvre, diffusion Seuil, s. d., p. 4-6.

9. B. Croce, 1952, p. 105.

sit in rerum natura e illustrissimae Joannae pulchritudine hic probatur (« Que le beau en soi existe dans la nature est ici prouvé par la beauté de l'illustrissime Jeanne »). Le portrait de Jeanne, en effet, illustre parfaitement l'idée d'une beauté corporelle, fondée sur la symétrie jointe à la douceur des couleurs, qui sollicite la participation – et donc la réhabilitation - de tous les sens, y compris ceux de l'odorat, du goût et du toucher, pour saisir une beauté humaine, vivante et sensuelle. Outre le sens de la vue, que ravissent la douce blancheur rosée du teint et des joues, le vert lumineux des yeux et les lèvres de corail, et de l'ouïe, charmée par l'harmonie de la voix, l'odorat est évoqué par l'admirable douceur de son souffle et le parfum suavissime de ses seins fruités. La comparaison aux fruits appelle la sensation du goût et la chair « pleine de suc » celle du toucher en même temps que celle du goût, à nouveau mêlés dans les baisers donnés à des lèvres de miel. Tout le texte est animé de sensualité.

Ainsi, au terme du chapitre V, non seulement est affirmé que le beau existe et qu'il existe dans la nature, en réponse à la question liminaire et aux thèses précédemment exposées, mais c'est même le beau en soi qui existe dans la nature, non pas la nature tout entière, mais plus précisément le corps humain : « il faut dire non seulement que le beau en soi existe dans la nature mais encore que rien ne peut être dit beau en dehors de l'humain ». On comprend mieux la pertinence du chapitre III, consacré aux opinions qui niaient au corps féminin la possibilité d'être parfaitement beau, antithèse du chapitre V. Il ne saurait cependant plus être question de l'expression d'un sentiment subjectif car la beauté de Jeanne est conforme à tous les critères de beauté : elle est donc universellement admirée.

Mais, en ramenant la définition du beau non seulement au domaine de la *natura rerum* mais encore exclusivement au corps humain, la définition ici proposée laisse perplexe en ce qu'elle paraît très restrictive et limite considérablement le champ de la beauté en verrouillant le domaine d'investigation de l'esthétique qui deviendrait une théorie du beau humain conçu comme harmonie du multiple. Ouvert par la réhabilitation du sensible, le champ de l'esthétique est aussitôt fermé pour laisser place à un autre espace qui est celui de la sensualité. Le *De Pulchro* est déjà, ou encore, un traité d'amour, mais l'amour dont il se fait ici le héraut est celui qui, jusqu'alors, n'avait pas reçu de légitimité philosophique. Pour cela, il faudra réfuter les définitions de ses prédécesseurs, c'est-à-dire les platoniciens et les néo-platoniciens – ce qui est l'objet des chapitres suivants – mais d'ores et déjà le traité de Nifo est concentré, comme l'essence d'un parfum, dans ce chapitre où le philosophe subordonne le raisonnement spéculatif à la lumineuse constatation de la réalité. Cela ne remplace pas le raisonnement mais l'oriente et le soumet plutôt que de le laisser s'emparer de la belle réalité pour l'assujettir à des idéaux tyranniques. C'est l'opposition du phénoménologue à l'idéaliste. Sans doute est-ce déjà cette attitude qu'il faut lire derrière l'éloge de circonstance à Jeanne d'Aragon qui ouvrait le *De Pulchro et Amore* : « En effet, bien que le divin Platon écrive avec le plus grand soin sur ces sujets, j'ai cependant entrepris cet ouvrage parce qu'au début, au milieu et à la fin du livre, ta beauté s'est toujours offerte à moi : rien que par sa vision et son dévoilement minutieux, ce livre est rendu non seulement beau mais digne d'admiration. Et, bien que mon talent soit bien incapable de former des louanges égales à ta beauté, cependant, ce que ma plume n'atteindra pas par les paroles, ta beauté, révélée aux yeux de tous, le montrera et rendra ce livre si illustre qu'il surpassera facilement, je l'espère, tous ceux qui courent le monde jusqu'à s'envoler vers les étoiles. »

La tentation épicurienne

La description de Jeanne d'Aragon oppose à toute beauté supranaturelle la définition d'un beau humain et exclusivement humain. Le canon de Polyclète, transmis par Vitruve et Pline, a connu à la Renaissance un retentissement fort dans la composition de nombreuses œuvres, héritières aussi du pythagorisme platonicien. Luca Pacioli développe la théorie des proportions pour les arts plastiques dans son *De diuina proportione* (1509). Mais Nifo revient à la définition stricte du canon : Polyclète a posé l'homme comme mesure du beau et, comme l'analyse Jackie Pigeaud dans *L'Art et le vivant*[10], cela subsiste dans la tradition avec Epicure et Galien. Le *De natura deorum*[11] de Cicéron est sans doute la référence cachée de ces premiers chapitres du *De Pulchro* et derrière les « stoïciens » du chapitre II, sans doute faut-il voir ceux que réfutait Velléius, l'épicurien du dialogue cicéronien. Celui-ci rejetait aussi les thèses platoniciennes qui « veulent qu'un être animé, immortel et en même temps bienheureux soit sphérique parce que, selon Platon, il n'est pas de forme plus belle »[12]. Velléius, en attribuant aux dieux la forme humaine, faisait de l'humain la beauté[13]. Nifo, au chapitre V, en comparant Jeanne à une déesse, serait, en quelque sorte, le Velléius inavoué des premières pages du *De Pulchro.* Nous avons vu à quel point Nifo se défend d'être épicurien[14]. La violence de son rejet, assortie d'une évidente mauvaise foi, révèle aussi la puissance d'une tentation dont il connaît le danger. Comme l'a montré Jackie Pigeaud[15], la thèse de Velléius implique que les dieux épicuriens, si similaires à l'homme, sont eux aussi composés d'atomes et soumis à un perpétuel renouvellement. Ainsi l'épicurisme ne peut-il soutenir « un statut ontologique d'une divinité qui existât a priori »[16]. On voit les conséquences théologiques[17] d'une telle affirmation.

10. J. Pigeaud, *L'art et le vivant,* 1995, p. 29-44 (sur le canon de Polyclète), p. 79-92 (sur les dieux d'Epicure), p. 139-153 (sur l'esthétique de Galien).

11. Cicéron, *De natura deorum,* livres I et II.

12. Cicéron, *Ibid.*, I, 24 (thèse présentée par Velléius, traduction de C. Auvray-Assayas, Paris, Les Belles Lettres, 2002, p. 12) et II, 46-47 (thèse reprise par le stoïcien Balbus). La forme ronde est effectivement un modèle de perfection chez les platoniciens comme le suggère le mythe de l'androgyne d'Aristophane dans le *Banquet* : les hommes-sphères sont, par nature, plus proches des dieux.

13. Cicéron, *Ibid.*, I, 47 : *Nam cum praestantissumam naturam, uel quia beata est uel quia sempiterna, conuenire uideatur eandem esse pulcherrimam ; quae compositio membrorum, quae conformatio liniamentorum, quae figura, quae species humana potest esse pulchrior ?* (« Il semble, en effet, cohérent qu'un être éminent entre tous, en vertu de sa félicité et de son éternité, soit aussi le plus beau ; or quelle disposition des membres, quelle conformation des traits quel aspect, quelle forme peut être plus belle que celle de l'homme ? », traduction de C. Auvray-Assayas, 2002, p. 22).

14. Voir l'introduction, troisième partie.

15. J. Pigeaud, 1995, p. 80-84.

16. J. Pigeaud, 1995, p. 83.

17. Au début du livre III du *De natura deorum* (§ 1-4), Cotta formule d'ailleurs le soupçon de l'athéisme dissimulé des épicuriens.

De plus, ces dieux auraient des membres inutiles, sans finalité. C'est contre cette dernière affirmation que s'élèvent l'académicien Cotta et tous les autres courants philosophiques[18]. Galien[19], en médecin, fera coïncider la théorie esthétique des proportions avec celle de la meilleure complexion, qui veut, selon Nifo[20], que la beauté d'une partie dépende de son utilité, de ce en vue de quoi elle est. Nifo critique, au chapitre XXXIV, la définition de la *forma* de Galien. Cependant il ne le fait pas en critiquant la notion d'utilité, mais en regrettant que cette *forma* se limite à la plastique corporelle et à l'utilité des membres et parties en laissant de côté le parfum, la voix, la douceur et la saveur, célébrés dans le portrait de Jeanne d'Aragon. La fin de de la beauté chez Nifo ne sera pas purement anatomique et physiologique, mais surtout amoureuse. La question du plaisir, au cœur du *De Amore*, introduira sinon une rupture radicale avec l'utilité, du moins l'affirmation d'une certaine gratuité du beau et du sentiment qu'il inspire. C'est davantage dans le lien, ou la rupture, du beau avec la notion d'utilité que peut s'élaborer une lecture esthétisante du *De Pulchro et Amore* que dans sa rupture avec le bon, qui ne saurait suffire. En effet, Pic avait déjà réalisé cette séparation sans ouvrir le champ d'une esthétique.

Ainsi Nifo allie-t-il la définition objective et naturaliste des péripatéticiens à la définition subjective et amoureuse de Platon dans le *Banquet* en partant de la définition épicurienne du beau humain. L'épicurisme fournit à Nifo les prémisses d'une pensée esthétique qui s'épanouira, chez lui, dans la philosophie d'amour. Comme cette articulation est platonicienne et que l'amour qu'il défend ne l'est pas, il n'est pas étonnant qu'à partir du chapitre VI, l'auteur examine tout particulièrement la philosophie platonicienne de l'*Hippias majeur* au *Commentaire sur le Banquet* de Ficin.

18. Cicéron, *De natura deorum*, I, 92.
19. Voir l'analyse de J. Pigeaud, 1995, p. 149-153.
20. Voir le chapitre XXXIV.

2. Exposé et réfutation de la tradition platonicienne (chapitres VI à XXV)

*Analyse de l'*Hippias majeur *(chapitres VI à XI)*

Du chapitre VI au chapitre XI, Nifo examine systématiquement les diverses définitions du beau proposées dans l'*Hippias majeur* et rapporte les réfutations de Socrate. Socrate cherche à définir ce qu'est le beau en soi, notion qu'Hippias a, semble-t-il, des difficultés à concevoir. Socrate cherche moins à définir positivement le beau qu'à détruire toutes les opinions antérieures ou communément admises à ce sujet en ridiculisant le sophiste.

Dans les trois premiers chapitres, VI à IX, sont rapportées les définitions d'Hippias : le beau est une belle jeune fille, le beau est l'or et enfin une vie humaine heureuse et accomplie. C'est avec plaisir que Socrate va s'amuser à détruire ces définitions les unes après les autres puisqu'elles n'abordent en rien le beau en soi par lequel toutes les autres choses sont belles. En effet, que doivent à la beauté d'une jeune fille une belle jument, une belle lyre ou encore une marmite ? Socrate se plait à choisir des exemples triviaux. L'or n'est pas le seul ornement à conférer la beauté. Quant à la félicité, il s'agit d'un attribut qui ne convient qu'à l'homme et il résulterait de cette définition que les dieux, immortels, ne sont pas beaux. Hippias ne donne que des définitions particulières qui n'intéressent en rien le général. Hippias énonce moins des définitions du beau que des illustrations. C'est alors que Socrate se décide à porter secours à sa victime et à proposer des définitions plus générales. C'est l'objet des trois chapitres suivants du *De Pulchro.* En revenant sur l'exemple de l'or, Socrate donne en premier lieu pour définition du beau la convenance. Avant même d'exposer la réfutation de Socrate lui-même, Nifo oppose à cette définition un argument purement logique tiré sans doute de la *Métaphysique*[21] d'Aristote : une définition est le résultat du

21. *Mét.*, Z 12, 1037 b 10-27.

genre et de la différence. Or, on ne retrouve pas ces liens entre la convenance et le beau. Quant à Socrate, il rejette la convenance au nom de la vérité qui ne saurait se réduire à une apparence : la convenance peut donner l'apparence de la beauté à ce qui n'est pas véritablement beau. Alors, en second lieu, le beau est peut-être l'utile, une notion incorporelle et commune à de nombreuses choses, contrairement aux propositions d'Hippias. Nifo réfute cette définition comme il l'avait fait pour le convenable. Socrate, lui, ne peut admettre que le beau puisse être cause du mal : l'utile est ce qui a la capacité de produire une chose, bonne ou mauvaise. En vertu de la *kalokagathie* socratique le beau n'est pas l'utile ; enfin, peut-être est-il ce qui porte au bien, l'avantageux. Socrate, grâce à un raisonnement par l'absurde, montre que, selon la définition de l'avantageux, le beau deviendrait cause du bien. L'un étant la cause et l'autre l'effet, il résulterait que beau et bon sont deux choses différentes, ce que Socrate ne saurait non plus admettre, en vertu du même principe que celui de la réfutation précédente. C'est à cette troisième définition-réfutation socratique que Nifo arrête son analyse de l'*Hippias majeur.*

Il est cependant, dans l'*Hippias majeur,* une quatrième définition proposée par Socrate et dont Nifo ne parle pas ici : le beau est le plaisir qui vient de la vue et de l'ouïe. En fait, la vue et l'ouïe, selon Socrate dans l'*Hippias majeur,* procurent le plaisir qui vient du beau mais ne sont pas la cause du beau. Ainsi l'*Hippias majeur* reste-t-il sans réponse mais a fait table rase des opinions antérieures au sujet du beau[22] : avec les exemples de la belle jeune femme et de l'or, est détruite la thèse du beau externe que l'on trouve chez les épiques (la belle vierge d'Hésiode, l'or et le brillant d'Homère) ; avec les définitions de la convenance et de l'utilité, c'est l'esthétique socratique même qui est remise en question car l'utile assimile le beau à la finalité, ce qui est socratique, mais cette définition est rejetée

22. Voir R. Bayer, 1961, p. 34-35

au nom de l'assimilation, elle aussi socratique, du beau et du bien ; quant à la convenance, elle est rejetée au nom d'une esthétique socratique du contenu contre les apparences. La thèse des plaisirs de la vue et de l'ouïe annonce certains aspects de ce que sera l'esthétique platonicienne : la vue et l'ouïe sont les deux seuls sens mesurés. La discussion sur les sens sera très importante à la Renaissance et tient une grande place dans la pensée de Nifo sur le beau et l'amour. A l'issue de l'*Hippias majeur*, se dégagent les liens des notions de beau et de bien que Platon développera liés à la dialectique de l'amour.

De l'analyse que propose Nifo de l'*Hippias majeur*, l'omission de la quatrième définition de Socrate est frappante car l'auteur, de façon ordonnée et synthétique, a présenté l'ensemble du dialogue. En fait, il développera largement la question des sens, tout comme Platon reviendra sur ce thème dans sa philosophie d'amour. Nifo a donc lu qu'à ce point de l'*Hippias majeur* commençait à s'élaborer la définition platonicienne, et non plus la définition socratique. En effet, c'est aux chapitres suivants, consacrés à la définition platonicienne et néo-platonicienne, qu'il l'abordera, d'autant plus qu'il s'agit là d'un des points forts de sa réfutation. Les chapitres XII à XXV s'attachent donc à poursuivre le panorama des philosophies antérieures, panorama qui se résume à l'exposé des platoniciens de Proclus à Ficin en revenant quelquefois sur Platon. Mais Socrate et Platon sont intégrés dans un programme entièrement néo-platonicien. En réalité, l'ensemble de l'exposé est tout entier orienté vers la théorie ficinienne, qui fait l'objet des chapitres XV à XXV et, plus précisément, le cinquième discours du *Commentaire sur le Banquet de Platon.*

Exposé de l'esthétique platonicienne de la Beauté-Splendeur et réfutation (chapitres XII à XVIII)

L'exposé de la philosophie platonicienne du beau commence avec les néo-platoniciens de l'Antiquité tardive que sont Proclus (chapitre XII) et Jamblique (chapitre XIII) sans marquer l'étape du *Phèdre* et du *Banquet* de Platon, qui seront cependant ponctuellement évoqués plus tard. Selon Nifo, implicitement, les néo-platoniciens ont interprété Platon dans une continuité logique. Le *Phèdre*, second dialogue de Platon consacré à la beauté lie le beau à la dialectique de l'amour. L'âme, comme l'illustre le mythe du chariot ailé, à la vue de la beauté, a la réminiscence de l'Idée autrefois contemplée avant sa chute dans le corps. Ses pores se dilatent, lui poussent des ailes, elle devient belle et c'est au tour de l'aimé de devenir amant. Amour et beauté sont liés dans un jeu de réciprocité. La beauté du *Phèdre* est beauté de l'âme, seule véritable beauté qui, grâce à l'amour, s'est libérée de ses entraves sensibles. Le *Banquet* présente une synthèse de l'*Hippias Majeur* et du *Phèdre*[23], du point de vue dialectique et négatif du premier et du point de vue constructif du second. Et, par-delà le désir du beau, le discours de Diotime précise qu'amour est moins amour de la beauté qu'amour de la possession éternelle du bon[24]. C'est bien ainsi que l'a compris Ficin en définissant le beau comme la « splendeur du visage divin »[25]. L'amour est désir de l'immortalité. Le *Banquet* unit l'*Hippias* et le *Phèdre* : la beauté sensible et la beauté de l'âme sont hiérarchisées dans l'ascension de l'amant qui doit s'élever de l'amour de la beauté des corps à l'amour de la beauté de l'âme, puis à l'amour de la beauté des sciences, et ainsi dépasser le beau individuel. C'est alors qu'apparaîtra, lors de l'étape suprême de l'initié, la beauté en soi, éternelle. Grâce au délire et à l'enthousiasme du *Phèdre*, l'amant parvient à l'essence : l'Amour pallie l'impuissance de la logique et sert de guide. Plotin a écrit deux traités sur le beau dans les *Ennéades* : Le traité du beau (I, 6) et le traité du beau

23. R. Bayer, 1961, p. 34-35, pour l'analyse des liens entre les trois traités de Platon. Cela est d'autant plus pertinent que, pour Ficin, le *Banquet* prolonge le *Phèdre* si bien que Ficin lui accorde, dans son *Commentaire*, une importance et une profondeur sans doute bien plus grandes que chez Platon, sensible à la tradition qui fait de Phèdre l'ami de Platon. Voir P. Laurens, in P. Magnard, 2001, p. 150-1.

24. L. Robin, 1964, p.14-15.

25. Ficin, *Commentaire*, Discours V, chapitre IV : *Pulchritudo est splendor diuini uultus*.

intelligible (V, 8). Dans le premier, Plotin reste proche de Platon : de la beauté perçue par la vue et par l'ouïe on s'élève à la beauté intellectuelle des sciences et des vertus. Il critique d'entrée la définition péripatéticienne de la symétrie (la beauté comme harmonie des proportions). Plotin, comme Diotime dans le *Banquet*, effectue une hiérarchie du beau : la beauté des corps n'est que la venue dans la matière de la forme, « raison venue des Dieux ». L'âme doit donc chercher le principe qui a donné la forme, et pour cela, se purifier, s'affranchir du sensible et ne faire qu'un avec Dieu qui est toute beauté. Ainsi s'achève l'ascension vers le bien héritée du *Banquet*. Mais là où Platon est dialectique, Plotin devient mystique : le Bien est au-delà du monde des idées, au-delà du Beau qui est encore engagé dans les formes, le Bien est l'Un-Totalité. C'est dans le second traité, du Beau intelligible, que la philosophie de Plotin prend toute son originalité. La beauté sensible devient, comme l'écrit Krakowski dans *L'esthétique de Plotin et son influence*, « l'essence réalisée dans la forme »[26] : le beau est différent d'un modèle immobile que les objets imitent et c'est la théorie de la réminiscence du *Phèdre* qui nous invite à trouver une vérité tout intérieure. La découverte du beau rend l'âme belle et c'est en nous qu'il faut trouver la beauté et non dans les beaux corps. La beauté sensible alors n'est plus qu'irréelle : il faut entrer en extase, écarter les formes pour accéder, dans la contemplation, à la lumière. La beauté devient informe, grâce lumineuse. La philosophie du beau délaisse le sensible pour élaborer une métaphysique du beau, une véritable esthétique du Bien, splendeur au-dessus de toute forme.

Proclus et Jamblique – c'est ici que Nifo commence son exposé – à la suite de Plotin, ont inspiré la Renaissance de leurs réflexions sur la beauté, et Nifo, dans les chapitres XII et XIII, s'efforce de les présenter de façon complète et synthétique en insistant sur l'immatérialité du beau par la

26. E. Krakowski, 1929, p. 140.

métaphore, caractéristique des néo-platoniciens, du soleil et de ses rayons : le beau serait un acte du bon et de même qu'un rayon de soleil illumine les quatre éléments, de même un rayon de Dieu illumine l'intelligence, l'âme, la nature et la matière, et en chacune est présente la splendeur divine qui est Beauté. Nifo met ainsi en évidence l'esthétique néo-platonicienne de la lumière par le lexique de la vision (*inscipit, aspicit, intuendam, contemplatur, intuetur*) et de l'éclat (*radium, radius, solis radius, illustrat, Dei radius, illuminat, lumen, solis lucem, Dei fulgorem, splendorem, clare, clarius, clarissime*), qui court aussi tout au long du chapitre IV du *Commentaire* de Ficin : *Pulchritudo est splendor diuini uultus* (« La beauté est la splendeur de la face de Dieu »). Le chapitre XIV conclut cette propédeutique à la philosophie de Ficin en explicitant ce que de tels développements impliquent concrètement : les platoniciens estiment donc beaux les discours, les corps ou encore les objets inanimés.

A partir du chapitre XV, la présentation néo-platonicienne de la philosophie du beau se confond avec celle de Ficin dans Le *Commentaire sur le Banquet de Platon.* Bien que Ficin ne soit explicitement nommé qu'une seule fois, il n'est pas difficile de lire son nom derrière le terme de « platoniciens ». La source est évidente, et précisément le troisième chapitre du cinquième discours du *Commentaire*, intitulé *Pulchrum est aliquid incorporeum* (« La beauté est chose incorporelle »), qui est le nœud du débat et que Nifo « décompose » en plusieurs développements. Les titres des chapitres du *De Pulchro* qui s'y rapportent sont clairs : les chapitres XV et XVI, respectivement intitulés *Rationem pulchritudinis non esse corpus secundum platonicos* (« La raison de la beauté n'est pas le corps selon les platoniciens ») et *Rationem pulchritudinis non esse quantitatem secundum platonicos* (« La raison de la beauté n'est pas la quantité selon les platoniciens »), le chapitre XVII, *Pulchritudinem non esse speciem incorpoream quae a re quae placet multiplicatur in anima amantis* (« La beauté n'est pas une forme idéelle incorporelle qui, à partir de ce qui nous plaît, se diffuse dans l'âme de l'amant »), le chapitre XVIII, *Quomodo pulchritudo sit corporea, quomodo ue sit incorporea* (« Comment la beauté est corporelle ou incorporelle »). Les deux chapitres XV et XVI sont donc consacrés aux définitions négatives platoniciennes énoncées par Ficin au cinquième discours de son *Commentaire* : la cause de la beauté n'est pas le corps, la cause de la beauté n'est pas la quantité. La beauté ne saurait être matérielle car, si elle était corps, elle ne pourrait convenir aux vertus de l'âme qui sont incorporelles. De plus, la matière se modifie, donc la quantité non plus ne détermine pas la beauté. Ce qui plait, pour les platoniciens, est davantage la vue d'une chose que la chose elle-même.

Le chapitre XVII constitue le premier point de la réfutation de Nifo (« La beauté n'est pas une forme idéelle incorporelle qui, à partir de ce qui nous plaît, se diffuse dans l'âme de l'amant ») : « Le très docte Ficin, ne faisant pas de différence entre *ce par quoi* (pour parler ainsi) et *ce qui*, affirme que la beauté est la forme idéelle d'une chose qui, à partir de cette chose, atteint l'âme elle-même. Mais ceci est absolument faux puisque la beauté ne serait pas réelle (pour utiliser la terminologie des philosophes) mais intentionnelle. Or l'image intentionnelle ne plaît pas, en revanche elle est ce par quoi plaît à l'âme ce dont elle est l'image. »[27]. Pour Nifo, Ficin opérerait une confusion entre le sujet (*id quod*) et le moyen (*id quo*)[28]. La thèse de Ficin, présentée par Nifo[29], fait de la beauté la *species* de la chose qui n'est pas seulement une image du sensible (qui serait lui-même une image de l'intelligible), mais sa raison même, son « idée ». La beauté est donc, dans le sensible, l'émanation manifeste de l'intelligible. La matière, le corps, n'est qu'un réceptacle. Mais Nifo traduit Ficin

27. A. Nifo, *De Pulchro*, chap. XVII : *Ficinus uir doctissimus, non discernens inter id quo (ut ita loquar) et id quod, speciem rei quae a re proficiscitur ad ipsam animam asserit esse pulchritudinem. Quod quidem falsum est quoniam pulchritudo non esset realis (ut philosophorum uerbis utar), sed intentionalis. At intentionale simulachrum non placet, sed est quo placet animae id cuius est simulachrum.* [...]

28. Pic de la Mirandole avait déjà critiqué Ficin en ces termes dans son *Commento*. Voir *infra*, p. LV.

29. Nifo reprend la définition que Ficin donne au chapitre III du cinquième discours : *Placet animo personae alicuius speties, non prout in exteriori iacet materia, sed prout eius imago per uisum ab animo capitur uel concipitur.*

en termes péripatéticiens (la *forma*, qui peut être soit «réelle», soit «intentionnelle») et, ainsi, refuse de penser en termes d'émanation. Or la *forma* n'est pas séparable, si ce n'est logiquement, de la matière, *res.* Et l'image, *simulachrum*, est en effet chez Nifo un simple instrument dans la théorie de la connaissance. Donc, dans cette réécriture, la confusion de Ficin, selon lui, est d'attribuer à l'image (*simulachrum*) ce qui est le propre de la chose (*res*). Cela repose, plus généralement, sur une représentation du réel chez Ficin, qui implique aussi, selon Nifo, une confusion dans le terme de *species* entre la réalité et les images. Dans la réalité, pour Nifo, il n'existe que la chose, *res*, et son image, *simulachrum.* Pour lui, « ce qui plaît » est la *res* en tant que belle, la *forma realis.* Si la beauté et la matière ne sont pas identifiables, elles sont inséparables. « La forme intentionnelle », qui renvoie à la *species* de Ficin, est la *forma* envisagée séparément d'un point de vue logique mais qui ne correspond à aucune réalité chez Nifo alors qu'elle renvoie à une réalité (voire la réalité qui n'est pas *res*) chez Ficin. Ce passage est le point fondamental d'une théorie du beau destinée à valoriser le sensible.

C'est alors, au chapitre XVIII, que Nifo tente d'expliquer comment la beauté est corporelle et incorporelle. Comme il l'avait fait au chapitre V, il va s'opposer aux idéalistes en développant une thèse qui se fonde principalement sur l'expérience et l'observation. D'après lui, la beauté n'est spirituelle qu'au tout début de l'amour, puis elle devient corporelle. C'est une proposition originale qui établit une distinction d'abord chronologique. Dans un premier temps, la beauté est incorporelle car elle est le fruit de l'esprit de l'amant qui la projette, selon les cas, sur tel ou tel détail de l'aimée, ensuite, elle devient corporelle car tout le corps devient aimable à l'amant et non plus telle ou telle partie qui l'a initialement séduit. Nifo ne caractérise pas exactement ce moment – peut-être est-ce au moment de la fusion charnelle dans un amour réciproque – mais il tente ici de concilier la théorie de la beauté et de l'amour de Platon avec l'existence physique. Il y a toujours ce jeu de réciprocité platonicien entre amour et beauté mais

Nifo, par la nature même de sa démonstration, ne cède pas et même se refuse aux abstractions idéalistes des platoniciens. En ce chapitre XVIII, cependant, nous n'en sommes pas encore à l'affirmation de sa propre définition et ici il s'agit d'une parenthèse dans l'exposé de la pensée platonicienne, mais elle laisse présager l'orientation qu'adoptera Nifo.

La hiérarchie platonicienne des sens et de l'amour : exposé et réfutation (chapitres XIX à XXV)

Si le *De Pulchro et Amore* se propose, par sa répartition en deux traités, d'aborder les deux thèmes l'un après l'autre, le projet n'est pas rigoureusement observable : en effet, la définition du beau, chez les platoniciens qui l'assimilent donc au bon, est étroitement dépendante de celle de l'amour. Il faut donc dès maintenant parler de l'amour. D'ailleurs, Nifo lui-même conserve ce lien puisque le cadre de la définition platonicienne (la beauté est une certaine grâce qui ravit et incite l'âme de l'amant à aimer) est repris bien que les termes qui le constituent soient soumis, eux, à des variations.

Le *De Pulchro* reprend donc au chapitre XIX (« La beauté n'est pas une proportion déterminée des membres ni une symétrie jointes à une certaine douceur des couleurs, selon les platoniciens ») le cours de l'exposé platonicien. En effet, Ficin se livrait lui aussi à une réfutation, celle de la définition péripatéticienne du beau comme symétrie, ou harmonieux rapport de proportion entre les parties, unie à une certaine douceur des couleurs : *commensurationem et proportionem eum quadam colorum suavitate esse pulchritudinem opinentur.* Héritée de la *Métaphysique*[30] d'Aristote et reformulée par Cicéron au livre IV des *Tusculanes*[31], une telle définition exclut donc du champ de la beauté les choses simples, ce que Ficin, à la suite de Plotin[32], ne saurait accepter, soucieux d'appliquer ce terme aux

30. Aristote, *Mét.*, M 3, 1078 a 35-b6.
31. Cicéron, *Tusc.*, IV, 31.
32. Plotin, *Enn.*, I 6 [1], 1.

intelligibles que sont Dieu et les anges. Ficin insiste donc, et Nifo l'a montré, sur l'idée que la beauté est séparée de la matière. Or, selon la définition péripatéticienne, ne pourraient être belles que les choses complexes, composées de multiples parties d'où puisse naître un harmonieux rapport de proportions. Ficin (V, 3), à la suite de Plotin (I, 6), oppose plusieurs arguments. Il est, selon lui, absurde que l'occurrence de choses simples et laides puisse donner une belle chose composée. Enfin, sans que les proportions changent, un corps peut cesser de nous plaire et d'être beau, ne serait-ce qu'avec la vieillesse. Il en est de même des couleurs, second point de la définition péripatéticienne du beau : beaucoup de choses belles n'ont pas de couleur. Quant aux sciences, assurément belles pour les platoniciens, elles n'ont ni couleur ni forme.

Le chapitre XX enchaîne sur le précédent en ajoutant un élément nouveau : les sens de la vue et de l'ouïe qui complètent la définition du beau. La beauté est une grâce qui émeut l'âme de l'amant par l'intellect, la vue et l'ouïe, qui la ravit et l'incite à l'aimer et à en jouir. Revenant à Platon, Nifo cite alors l'*Hippias majeur*, le *Phèdre* et le *Banquet*. On peut aussi se rapporter à Ficin (V, 2). Il est donc naturel que les deux chapitres suivants (XXI et XXII) développent particulièrement la question des sens dans la théorie platonicienne de l'amour. C'est une question d'importance pour Nifo qu'il se contente pour l'instant d'exposer simplement : selon Socrate et Platon, il y a deux mouvements ou moyens d'action dont le premier est celui de la connaissance, par laquelle les choses sont portées à l'âme, et le second est celui de l'âme qui est portée par l'amour vers l'objet aimé. Le beau est donc véhiculé par l'intellect et par la vue et l'ouïe, sens spirituels. Les autres sens, les sens inférieurs, le goût, l'odorat et le toucher, trop matériels, ne sauraient procurer un plaisir mesuré. Au chapitre XXII, nous voyons le débat se déplacer du plan esthétique au plan moral. En effet, de la hiérarchie des sens découle la distinction platonicienne, et plus précisément ficinienne, des trois amours. L'homme contemplatif s'élève de la vue de la forme corporelle à la forme spirituelle. Son amour est divin (*divinus*). L'homme voluptueux s'abaisse de la vue de la forme corporelle au plaisir du toucher. Son amour est bestial (*ferinus*). L'homme actif et moral demeure dans une région intermédiaire, en reste au sensible en se satisfaisant des seuls agréments de la vue et de la conversation. Son amour est humain (*humanus*). S'ensuit la distinction entre trois beaux : le beau intellectuel qui ravit l'âme par l'intellect, le beau de l'âme (*pulchrum animale*) qui ravit l'âme soit par la vue, soit par l'ouïe, soit par les deux, et le beau corporel qui ravit l'âme par tous les sens. Ces trois beaux sont hiérarchisés ainsi que les formes d'amour qui s'y rapportent et les chapitres XXIII et XXIV s'appliquent à déterminer l'origine de la grâce selon les platoniciens et à expliquer comment les corps sont préparés à la recevoir : la grâce reste une émanation du Bien diffuse de façon inégale dans les choses. La préparation du corps requiert trois critères que sont l'ordre (intervalle ou arrangement régulier des parties qui inclut donc la symétrie), la mesure (la quantité convenable) et l'aspect (occurrence des lignes et des couleurs). L'âme, quant à elle, immatérielle, est bien plus apte à recevoir cet éclat divin et sera d'autant plus belle qu'elle se libérera des entraves sensibles. Ainsi s'achève, au chapitre XXIV, l'exposé de la pensée platonicienne dominé par les thèses de Ficin telles qu'elles sont exposées au cinquième discours du *Commentaire sur le Banquet de Platon.* A l'exposé de la thèse adverse succède donc, suivant la démarche péripatéticienne, la réfutation globale de l'auteur au chapitre XXV.

Le chapitre XXV rompt brutalement avec l'exposé précédent de la doctrine platonicienne : d'entrée, Nifo formule son incrédulité vis à vis des arguments platoniciens qui se révèlent, d'après lui, « davantage rhétoriques que vrais », reprenant à son compte, sans la citer, la critique générale qu'opposait Aristote à Platon dans la *Métaphysique* : « Quant à dire que les Idées sont des paradigmes et que les autres choses en participent, c'est prononcer des mots vides et faire des métaphores poétiques »[33].

33. Aristote, *Mét.*, A 9, 991 a 20 - 22. Traduction de J. Tricot, Paris, Vrin, 1991.

Ensuite il opère une réfutation en trois points, trois critiques qui annoncent en même temps la matière des chapitres suivants et sa propre conception du beau. La première de ces critiques vise l'incorporéité du beau en soi selon les platoniciens, qu'il a exposée des chapitres XV à XIX. Or, de l'avis des platoniciens eux-mêmes, le beau est ce qui ravit nos âmes et les incite à l'amour. Sa définition dépend donc de celle de l'amour que Nifo définit en recourant à la définition péripatéticienne : l'amour est affect de l'appétit sensitif. Donc, seul le sensible pourra ravir nos âmes. C'est en s'appuyant sur la définition aristotélicienne des émotions que Nifo réfute la définition platonicienne du beau : il conserve le lien entre beauté et amour des platoniciens, il garde les cadres donnés par les termes de cette définition mais il les charge de nouvelles significations, empruntées à la terminologie aristotélicienne. Ainsi élague-t-il la conception platonicienne et ramène-t-il l'idée de beau à la *natura rerum* : le beau ne peut être que sensible. D'où la distinction entre deux amours. En effet, le chapitre XXV complète les assertions du chapitre XVII : puisque la symétrie est la définition du beau, le beau est donc corporel et l'assimilation platonicienne du beau et du bon est donc abusive. Si le beau est corporel, l'amour qu'il suscite est un affect de l'appétit sensitif qui est « l'amour à proprement parler » (*amor proprius* ou *cupido*, « amour-désir »), et il n'est pas l'objet de l'appétit intellectuel, ou volonté, qui lui se porte sur le bon et que Nifo consent à appeler « amour métaphorique » (*amor metaphoricus*). Nifo opère donc une distinction entre beau et bon et casse l'assimilation platonicienne. Cette première rupture est fondamentale et les autres critiques en sont les conséquences. En effet, puisque le beau est sensible et corporel, les platoniciens n'ont pas alors suffisamment développé la beauté de l'âme et des corps et, plus particulièrement, leurs préparations ou dispositions à la beauté, et en quoi elles consistent (Nifo, lui, les développera des chapitres XXXIV à XLV). Enfin, si l'amour est affect de l'appétit sensitif, alors la restriction aux seuls sens de la vue et de l'ouïe des moyens grâce auxquels le beau ravit nos âmes n'est plus justifiée. Tous les sens doivent être réhabilités car tous concourent à la connaissance du beau véritable. Ces trois points, à savoir la définition du beau ou, plus exactement la définition du champ de la beauté, l'exposé des préparations à la beauté et la question des sens sont ceux sur lesquels s'élabore, dans les chapitres suivants, la thèse de l'auteur.

Nifo, au terme du chapitre XXV, a exposé les thèses de ses prédécesseurs et annoncé les principaux points de rupture qu'il va à présent longuement développer. La composition interne du *De Pulchro* révèle à quel point l'analyse de Nifo s'élabore sur – ou plutôt contre – les fondements mis en place par Ficin. Et si Nifo prend soin de rappeler et d'exposer ainsi les thèses néo-platoniciennes et particulièrement les formulations ficiniennes, c'est qu'à son tour il entend les réfuter et opposer à la conception si répandue à la Renaissance de la beauté-splendeur et de l'amour divin une autre définition qui, s'appuyant sur la symétrie péripatéticienne, substituera à l'éclat du visage divin la perfection de la figure humaine.

3. Exposé de la thèse : définition du beau et de l'amour « selon les péripatéticiens » (chapitres XXVI à LIII)

Définition du beau : la beauté est perfection de la figure et du corps humains (chapitres XXVI à XXXIII)

Les chapitres XXVI et XXVII, XXVIII, XXIX, XXX (*Quod nulla res simplex sit pulchra* ; *Pulchra, quae propria ratione pulchra sunt, secundum Peripateticos, non esse in rebus nisi quae sensibus obijciuntur* ; *Pulchrum, quod proprie pulchrum est, non esse nisi in rebus quae solis humanis sensibus offeruntur* ; *Desiderium animalium mutorum, quo mouentur ad uenerem, non esse amorem* ; *De motu quo pulchrum mouet animos nostros*) s'attachent à préciser le domaine du beau, déjà ramené dans le chapitre XXV à la *natura rerum*, à partir des deux termes qui composent sa définition générale, à savoir une certaine grâce qui ravit l'âme et l'incite à l'amour, c'est-à-dire à partir de cette grâce conçue comme un harmonieux rapport de proportions entre des parties multiples (chapitre XXVI), d'une part, et à partir de la définition de l'amour, affect de l'appétit sensitif, dont elle l'objet du désir (chapitre XXVII à XXX), d'autre part. En effet, après avoir écarté de la définition du beau à proprement parler les essences séparées de la matière, Nifo, dans le chapitre XXVI, en vertu de la même définition, élimine du champ de la beauté, la gracieuse composition de parties dissemblables et de formes différentes, les natures simples comme le ciel, le monde, les objets inanimés ou artistiques, les métaux, les végétaux et les animaux : aucun ne présente suffisamment de dissemblances entre ses parties (quand plusieurs parties il y a) pour réaliser la convenance requise des parties au tout selon un harmonieux rapport de proportions. Quant aux objets inanimés ou créations artistiques, on ne peut les dire beaux si ce n'est par comparaison à la nature qu'ils imitent. La définition platonicienne de la beauté-splendeur unie à la *concinnitas,* autant pythagoricienne que péripatéticienne, d'un Alberti eut un retentissement fort sur les conceptions artistiques de la Renaissance. Ficin, en quelques lignes au chapitre cinq du cinquième discours, la formule clairement : « Que si l'on se demande comment il se peut que la forme d'un corps ressemble à la forme et à la raison de l'âme et de l'intelligence, considérons, je vous prie, l'ouvrage d'un architecte. Tout d'abord l'architecte conçoit en esprit la raison et idée pour ainsi dire de son édifice. Puis, comme il l'a imaginé, il le réalise dans la mesure de ses moyens. Qui niera que la maison soit un corps et qu'en même temps elle soit semblable à l'idée incorporelle de l'architecte, à la ressemblance de laquelle il l'a réalisée ? Je dirais plus : selon un ordre incorporel et non selon la matière, on doit la juger semblable à l'architecte lui-même. »[34]. Le beau est donc la manifestation sensible de l'Idée. A cela Nifo répond par la théorie de la *mimesis,* développée au chapitre XLVI par exemple : « L'art, en effet, est la beauté de l'artiste, en tant que forme de l'ouvrage ; d'où il est absurde et absolument irrecevable, dit-il[35], de penser

34. M. Ficin, 2002, p. 104.
35. Aristote, *Les parties des animaux,* I 1, 639 b 11-26 et I 5, 645 a 11-23.

que si nous contemplons les images des choses de la nature avec un certain plaisir parce que nous considérons en même temps le talent qui les a créées, c'est-à-dire l'art de peindre ou de sculpter, alors nous ne rechercherions et nous ne vénérerions pas davantage la contemplation des choses elles-mêmes qui existent par le génie et l'admirable habileté de la nature, pourvu que nous soyons capables d'en connaître les causes. »[36]. L'art est donc une imitation de la nature et le modèle l'emporte sur sa représentation.

Le second terme constitutif de la définition du beau, l'amour, affect de l'appétit sensitif, comme il est rappelé au chapitre XXVII, vient en confirmation de ces restrictions et même les précise davantage. Dans les chapitres XXVIII, XXIX et XXX, Nifo s'applique à présent à limiter le domaine de l'amour. Le beau est appréhendé par les sens. Or les sens humains sont motivés non seulement par la nécessité, comme les animaux qui doivent obéir à l'impératif de la reproduction, mais aussi par la volupté. La volupté que les platoniciens placent dans l'amour bestial est ici le propre de l'homme. La distinction des trois amours, divin, humain et bestial selon les platoniciens, est anéantie. Seuls les sens humains peuvent appréhender le beau. Cependant cette recherche de volupté doit rester morale : elle doit être motivée par le désir de beau. Sinon, destinée à combler le besoin réclamé par les sens, cette volupté rétrograde au désir bestial. Ainsi le beau ne peut qu'appartenir au domaine du sensible et l'amour n'est qu'humain : c'est l'affect de l'appétit sensitif qui ravit l'âme par tous les sens ou par plusieurs.

Les chapitres XXXI, XXXII et XXXIII effectuent une synthèse des raisonnements précédents et en déduisent la

36. A. Nifo, *De Pulchro*, chap. XLVI : *Est enim ars artificis pulchritudo, ceu forma operis ; unde inquit : absurdum enim nullaque ratione probandum est si imagines quidem rerum naturalium non sine delectatione propterea inspectemus quod ingenium una contemplemur, quod illas condiderit, id est artem pingendi aut fingendi, rerum autem ipsarum naturae ingenio miraque solertia constitutarum contemplationem non magis prosequamur atque exosculemur, modo causas perspicere ualeamus.* Voir *infra*, p. 49-50.

conclusion qui s'impose au chapitre XXXIII : le beau, grâce qui ravit l'âme de l'amant pour l'amour que les poètes appellent Cupidon et qui est affect de l'appétit sensitif, n'existe que dans le genre humain. Cette grâce réside soit dans le rapport de la belle chose à l'amant (cette définition prend en compte la subjectivité des individus et de leurs sentiments), soit dans la belle chose elle-même (ce qui est la définition objective de la symétrie). Ceci explique la distinction faite au chapitre XVIII où la beauté, au début de l'émotion amoureuse, était définie comme incorporelle, puis devenait corporelle. Dans le *De Pulchro*, c'est la beauté corporelle qui intéresse surtout Nifo, il abordera la subjectivité des amants que, selon lui, Socrate n'a pas explorée (chapitre XXV), surtout dans le *De Amore*. Tous les sens sont aptes à saisir cette beauté corporelle qui, d'une part, parce qu'elle est l'objet des sens humains uniquement, d'autre part, parce que seul l'être humain réunit un harmonieux rapport de proportions entre ses parties, est exclusivement humaine. Puisque, chez Nifo, seul le corps humain réalise pleinement l'harmonie des parties au tout, le corps humain sera donc non seulement beau mais constituera le *criterium* de la beauté. On comprend que Benedetto Croce[37] ait été déçu par de tels développements ; c'est que voir dans le *De Pulchro*, qui délimite le domaine du sensible, une intuition pré-kantienne était attribuer une dimension esthétisante à ce qui n'était, pour ainsi dire, que l'application du procédé général qu'Aristote emploie pour critiquer les définitions platoniciennes, consistant à délimiter des domaines précis, si précis, ici, que le beau, selon Nifo, rejoint paradoxalement la définition du *Phèdre* et du *Banquet* qui en fait l'objet du sentiment amoureux (c'est même sa définition), bien loin d'un sentiment proprement esthétique et désintéressé.

Nifo rappelle régulièrement qu'il suit les préceptes des péripatéticiens sur le beau, notamment aux chapitres XXVII et XXXIII. Or la pensée d'Aristote, dans la mesure où celui-ci ne

37. B. Croce, 1952, p. 103.

nous a pas laissé de traité sur le beau ou sur l'amour, contrairement à la longue tradition platonicienne, ne nous est pas connue. Nifo la reconstitue donc et propose en réalité ce que serait, d'après lui, la pensée d'Aristote sur le beau.

Si Aristote ne traite pas systématiquement du beau, il aborde ponctuellement le sujet, de façon limitée. Karel Svoboda dans *L'esthétique d'Aristote*[38] étudie les différentes occurrences du mot dans son œuvre, et souvent le beau recouvre un sens éthique : c'est la plus haute qualité morale et, en cela, le beau s'oppose à l'agréable, à l'utile et au profit personnel. Mais il ne s'agit pas du beau esthétique. La distinction entre les deux beaux est brièvement faite dans la *Métaphysique*[39] où Aristote distingue deux biens : l'un consiste dans l'action, et l'autre, le beau, dans les choses immuables. Les plus grandes espèces du beau sont l'ordre, la symétrie et la mesure. La *Poétique* est proche de la *Métaphysique* : « De plus, puisque le bel animal et toute belle chose composée de parties supposent non seulement de l'ordre dans les parties mais encore une étendue qui n'est pas n'importe laquelle, car la beauté réside dans l'étendue et dans l'ordre et c'est pour cela qu'un bel animal ne peut être ni extrêmement petit (car la vue est confuse quand elle ne dure qu'un moment presque imperceptible), ni extrêmement grand (car dans ce cas on ne l'embrasse pas du regard, mais au contraire l'unité et la totalité échappent à la vue du spectateur ; qu'on imagine par exemple un animal qui aurait des milliers de stades de longueur). »[40] La définition aristotélicienne est donc très proche, en effet, du critère platonicien de l'harmonie et de la mesure mais, là où Platon voyait dans le beau en soi un principe transcendant au monde, Aristote rejette tout idéal extra-humain. Nifo, qui se réfère souvent à la *Métaphysique*, est en cela très proche d'Aristote. Dans la tradition péripatéticienne, Thomas d'Aquin, dans la *Somme*[41], avait opéré la distinction du beau et du bon, reprise par

38. K. Svoboda, 1972, chap. II.

39. Aristote, *Mét.*, M 3, 1078 a 31-b6.

40. Aristote, *Poét.* 7, 1450 b 34-1451 a 3. (Traduction de J. Hardy, Les Belles Lettres, 1969, p. 40).

41. Thomas d'Aquin, *Somme*, I, xxxix, art. 8.

Pic de la Mirandole dans son *Commento.* Pic, comme nous l'avons vu, est sans doute ici le point d'appui de Nifo pour sa propre réfutation. Mais leurs intentions sont bien différentes, et c'est la raison pour laquelle, tout en rejetant l'idéalisme des platoniciens, il garde cependant de ces derniers le lien entre beauté et amour qu'il emploie dans leurs sens aristotéliciens. Ainsi, il parvient à une définition du beau originale et opère une synthèse des grands courants philosophiques : la beauté n'est qu'humaine et tous les sens, grâce à l'analyse naturaliste d'Aristote, sont réhabilités à condition d'obéir à une certaine modération. La définition de Nifo est bien d'inspiration péripatéticienne mais il la complète grâce aux intuitions de Platon, ou encore on pourrait dire que c'est une définition platonicienne dont chacun des termes est corrigé par Aristote. La définition finale que donne Nifo n'est sans doute pas plus péripatéticienne que platonicienne, et c'est peut-être du côté des épicuriens qu'il faudrait chercher des conceptions qui permettent de s'en approcher davantage. Mais cette filiation philosophique n'est jamais revendiquée par Nifo, elle est même, dans le *De Amore*, fermement écartée[42].

Ainsi, nous voyons comment, en détruisant l'esthétique platonicienne de la splendeur qui jouissait alors d'un grand succès et en reprochant aux platoniciens principalement leur idéalisme suivant une méthode moins rigoureuse que poétique et rhétorique, le *De Pulchro* fait figure d'*Hippias majeur* aristotélicien en discutant et rectifiant la définition de chaque terme et en s'appliquant à passer en revue les opinions de ses prédécesseurs selon la méthode exposée par Aristote dans la *Métaphysique*[43].

Exposé des préparations à la beauté : De la réhabilitation du sensible à la célébration de la sensualité (XXXIV-LIII)

En gardant le lien entre beauté et amour, en faisant de Platon et Aristote ses références principales, Nifo perpétue la tradition

42. Voir la dernière partie de l'introduction générale et à la première partie de cette notice.

43. Aristote, *Mét.*, M 1, 1067 a 8-16.

d'une philosophie du beau inscrite dans la philosophie morale où la question de l'excellence des sens devient centrale et inscrit finalement la réhabilitation du sensible opérée par le *De Pulchro*, malgré ses intuitions esthétiques, dans le cadre de la philosophie morale.

Nifo consacre aux préparations à la beauté les chapitres XXXIV à XLIV. Le chapitre XXXIV, en critiquant la visée étroitement anatomique du beau-utile des médecins, étend l'idée de « préparation » à tous les aspects de la beauté. Il y a deux grands types de préparations qui correspondent aux deux beautés humaines : beauté de l'âme et beauté du corps. La préparation à la beauté corporelle se divise en cinq « sous-préparations » : celle du corps proprement dit, celle de la voix, celle de l'odeur, celle de la peau et celle qui correspond au goût, ou autrement dit, comme dans le chapitre XXXV, la forme, l'harmonie, le parfum, la douceur, la saveur. Chacune d'elles correspond à l'un des cinq sens qui tous interviennent donc dans la perception de la beauté. Nifo traite de la forme en un long chapitre, le chapitre XXXVI, exposé théorique des critères qui furent mis en œuvre au chapitre V lors du portrait de Jeanne d'Aragon : la beauté qui est forme consiste dans l'ordre, la mesure et l'aspect. Il y expose le canon esthétique de la Renaissance qui repose, en ce qui concerne le corps, sur un calcul précis de proportions. Ces normes sont celles de Vitruve au livre III de l'*Architecture* et nous les retrouvons dans nombre d'ouvrages de la Renaissance comme le technique *De statua* d'Alberti ou *La divine proportion* de Luca Paccioli. Equicola les rapportait également au livre II de *La natura d'amore*[44]. Quant à l'aspect, lignes et couleurs, le canon est très proche de celui des poètes du Moyen Age comme nous l'avons vu à propos du portrait de Jeanne d'Aragon. En ce qui concerne les autres préparations, Nifo se fonde surtout sur l'observation : nous trouvons du déplaisir et une cause du laid dans une voix désagréable, dans une haleine fétide, dans une peau rugueuse, c'est qu'il existe donc une cause

44. Pour les références précises, voir les notes de la traduction.

de la beauté dans l'harmonie, le parfum, la douceur et la saveur (qui sont liées). En outre, le soin qu'apportent les femmes à ces préparations est preuve de leur importance. Nifo traite de la beauté de l'âme des chapitres XLII à XLIV, insuffisamment examinée, a-t-il dit (chapitre XXIV), par Socrate. Lui-même en parle assez rapidement : la préparation à la grâce de l'âme réside dans les vertus et plus particulièrement dans la chasteté et la pudeur. Conforme à la morale péripatéticienne, en l'occurrence communément admise, la pensée de Nifo ici n'expose rien d'original. Il revient vite au nœud du débat dans les chapitres suivants (XLV-LIII), consacrés à la réhabilitation de la jouissance sensuelle.

L'importance qu'attache Nifo aux préparations du corps est directement liée à la question des sens. Il s'agit du point central du *De Pulchro et Amore* car cela semble bien être la raison principale de son désaccord avec Platon et Ficin. Le *De Pulchro* se présente comme un traité ouvertement sensualiste. Les chapitres XLV et XLVI confrontent à nouveau les positions platoniciennes et les positions aristotéliciennes en rappelant que les premiers excluent les sens du toucher, du goût et de l'odorat, revenant donc sur la dernière proposition de l'*Hippias majeur* que Nifo avait momentanément occultée, sans doute pour lui accorder la place qu'elle mérite à ce moment du *De Pulchro*. Ficin suit les traces de Platon ainsi que tous les philosophes platoniciens quelle que soit leur définition de la beauté comme Pic de la Mirandole. La discussion sur l'excellence des sens, à la Renaissance, est un des sujets de conversation favoris avec la hiérarchie des arts. Si dans l'ensemble on s'accorde avec la conception platonicienne, dans les traités d'amour, cependant, on ne cesse d'adopter des compromis. En effet, il semble que l'intérêt et l'enthousiasme portés à la beauté humaine et à l'amour qu'elle inspire, par exemple chez Bembo, incitent les auteurs à plus de souplesse jusqu'à quitter la voie pure du platonisme. Equicola, l'un des plus audacieux, place le sens du toucher à côté de ceux de la vue et de l'ouïe. Castiglione admire l'idéal platonicien mais il lui semble inaccessible : ainsi, dans le discours qu'il prête à Bembo, les élans passionnels des jeunes gens sous l'empire des sens sont excusés. On voit que les mœurs du temps s'accordent mal des restrictions platoniciennes. Et c'est dans ce contexte qu'il faut placer la critique de Nifo. Celui-ci, dès le chapitre XXV, n'admet pas les propositions de Platon et de Ficin et particulièrement en ce qui concerne les sens. Au chapitre XL, il insiste sur les qualités du toucher et de l'odorat par le biais des préparations en montrant que ces sens permettent aussi la perception du beau. Quant au goût, s'il ne distingue pas véritablement la beauté, il joue tout de même un rôle dans la mesure où il entre en action en même temps que le sens du toucher dans les baisers. Dans l'ensemble, pour justifier ses positions, Nifo se place sous l'autorité d'Aristote, qu'il rappelle en ce chapitre XLVI et qu'il oppose au mépris des platoniciens pour le sensible en affirmant qu'il y a « trois jouissances du beau dans la même jouissance corporelle : la jouissance intellectuelle par laquelle nous jouissons du beau divin lui-même qui est dans la chose elle-même, la jouissance de l'âme (puisqu'elle précède nécessairement la jouissance corporelle par la conversation) et la jouissance du corps ». Après la réhabilitation des sens inférieurs, le plaisir corporel, procuré par la beauté, se voit conférer une dignité inédite : non seulement il est légitime en lui-même, mais il totalise l'ensemble des jouissances humainement possibles. L'enjeu est moral car il s'agit, des chapitres XLVII à LIII, de libérer l'amour humain selon Nifo, c'est-à-dire *cupido*, « l'amour désir », de l'accusation de bestialité qu'implique la hiérarchie ficinienne des trois amours, divin, humain (sans jouissance charnelle) et bestial (avec jouissance charnelle). Ainsi, ces passages sont-ils entièrement consacrés à la distinction entre l'humain et le bestial et il apparaît que la dignité humaine réside dans cette beauté, privilège de l'être humain et objet d'un amour sensuel spécifiquement humain qui ne se confond pas avec les pulsions animales et dont la finalité n'est pas la reproduction mais la jouissance du beau. Plus loin, le chapitre LXII résumera cette thèse : l'homme est un animal dans la mesure où il est poussé par les sens à combler les besoins de la nécessité, comme tout être vivant, mais il est aussi humain, ou plutôt c'est là que réside son humanité, en ce que ses sens poursuivent en outre le désir de jouir de la beauté. Nifo, au chapitre L, met déjà en exergue l'excellence des plaisirs dus à la jouissance du beau : ils sont les meilleurs car, non seulement ils procurent du plaisir et comblent, comme remèdes, un désir naturel, mais en outre ils doivent être recherchés pour eux-mêmes. Les rappels de la modération aristotélicienne sont fréquents et sans doute nécessaires pour soutenir un raisonnement qui, en définitive, retourne complètement les règles morales non seulement platoniciennes mais aussi religieuses et sociales. La proposition est audacieuse et elle sera au cœur du *De Amore.*

4. *Quaestiones* et *exempla* : une autre façon de philosopher (chapitres LIV à LXX)

Les quaestiones (chapitres LIV à LXVI)

Le *De Pulchro* se clôt sur un ensemble de chapitres qui abordent le thème de la beauté et de l'amour sous un angle différent : à la confrontation des traditions philosophiques et des différentes thèses se substitue une autre façon de penser, moins technique, moins abstraite. Il s'agit de poser des questions en adoptant le point de vue du commun et de répondre à des préoccupations qui se portent sur des aspects concrets et suivant une formulation plus familière : une jeune fille préfère-t-elle aimer ou être aimée ? Une jeune fille laide désire-t-elle davantage être aimée qu'une belle jeune fille ? Autant d'interrogations qui peuvent parfois prêter à sourire et dont la présence surprend au sein d'un ouvrage aux ambitions philosophiques revendiquées.

La cause la plus évidente de ce changement de ton est sans doute due à la tradition même dans laquelle s'inscrit le *De Pulchro et Amore* : en effet, la philosophie d'amour, depuis le début du XVIe siècle, est véhiculée dans des traités dont nous avons vu la couleur mondaine. Ce type de questions, à la faveur d'un personnage qui a souvent le rôle du naïf, est devenu un *topos* du genre. Un auteur comme Bembo semble prendre plaisir à cette légèreté. En effet, c'est surtout dans le mélange des tonalités que se manifeste la diversité, et Nifo le manie lui aussi avec aisance. D'ailleurs, il n'est pas besoin d'attendre ces derniers chapitres pour relever, çà et là, des ruptures de ton. Le chapitre XLIX, par exemple, qui aborde le thème des affinités et du choix amoureux (qui sera davantage développé dans le *De Amore*) en opposition à la thèse platonicienne de la réminiscence, se clôt sur une célébration de Jeanne d'Aragon. Le chapitre XVIII interrompt le cours de la démonstration pour l'illustrer grâce à des exemples non seulement puisés dans la poésie amoureuse mais aussi dans l'expérience personnelle de l'auteur, qui place ainsi sa passion (réelle ou fictive) pour une certaine Fulvie sur le même plan que celle de Pétrarque et Laure. Mais les traités d'amour n'ont fait, en réalité, qu'accentuer un aspect déjà présent dans le *Commentaire* de Ficin, notamment au septième discours où sont discutées les questions de la passion, des méfaits de l'amour ou encore de l'utilité des amants[45]. Le *Banquet* de Platon lui-même est à la fois le lieu d'expression de la *doxa* et de la philosophie. La polyphonie du *Banquet* originel est en quelque sorte conservée bien que, dans les traités de la Renaissance, le propos tende à l'harmonisation des différentes opinions, ce qui est patent chez Ficin. Or les thèses de Nifo, qui prétendent embrasser la réalité de l'amour tel qu'il est, se prêtent sans doute, pour cette raison, d'autant plus aisément à des considérations volontairement pratiques, voire triviales.

Mais, au-delà de la spécificité du thème de l'amour et des genres, philosophiques ou littéraires, qui y sont associés, ce qui est mis en œuvre ici ne saurait se réduire à la seule raison de

45. M. Ficin, *Comm.*, VII. Voir, par exemple les chapitres 6 (*De miro quodam effectu uulgaris amoris*), 9 (*A quibus precipue irretiamur*), 12 (*Quam noxius uulgaris amor*), ou 16 (*Quam utilis uerus amator*).

la légèreté et du divertissement. Chez Ficin, ces questions sont sérieuses. Chez Platon, toutes les opinions recèlent une part de vérité, plus ou moins bien comprise, et cette démarche n'est d'ailleurs pas propre au *Banquet*. Chez Nifo aussi, le jeu est peut-être sérieux. La principale visée est sans doute didactique car ces chapitres bien souvent, se contentent de répéter, en les mettant en situation, des préceptes évoqués précédemment : le chapitre LXIII, par exemple, consacré à l'examen de l'obsession amoureuse, permet de parler à nouveau de la hiérarchie des plaisirs ; le chapitre LXIV s'applique à nouveau à distinguer l'homme des autres animaux. L'intérêt didactique peut aussi consister dans l'anticipation de thèmes qui seront traités plus longuement dans le *De Amore* : au chapitre LXI, par exemple, consacré à la question de la naissance du sentiment amoureux (la vue de l'objet du désir est-elle nécessaire à la naissance du sentiment amoureux), est amorcé, par la critique rapide de la théorie de la réminiscence, l'exposé des processus de connaissance qui seront de nouveau analysés dans le *De Amore*. Ce dernier exemple permet d'esquisser une autre conception de la façon de philosopher : en effet, en utilisant des *topoi* philosophiques et littéraires, souvent rattachés à un auteur ou à une tradition, ces chapitres, qui peuvent parfois sembler de pure convention, recèlent des éléments d'une contestation[46].

Les exempla *(chapitres LXVII à LXXI)*

Les *exempla* qui occupent les cinq derniers chapitres du *De Pulchro* offrent une conclusion. Ici, il n'est plus vraiment question de philosophie, mais, outre l'aspect ornemental, on peut s'interroger sur la valeur à accorder à ces catalogues. Les exemples ici présentés ont pour sources principales, semble-t-il, Valère Maxime et Hygin, mais aussi probablement des souvenirs mythologiques et des traités plus récents comme le *De claris mulieribus* de Boccace par exemple. Mais, malgré la variété

46. Ce sera le cas, dans *le De Amore*, de l'exposé sur les processus de connaissance, aux chapitres LXII et suivants.

des *exempla*, au chapitre LXX, Nifo les présente de la façon suivante : « Après ces exemples, venons-en aux hommes distingués par les Anciens pour leur beauté remarquable et dont certains furent chantés par les poètes et, pour cette raison, représentent une allégorie. Mais parce que de tels exemples expriment la puissance et le pouvoir de l'amour, ils seraient racontés de façon plus frappante si on pensait qu'ils étaient des récits historiques plutôt que des paroles allégoriques : relatons donc ces exemples comme s'ils étaient des faits historiques ». Ce passage nous éclaire sur la fonction de l'exemple et sur sa valeur. Sa fonction, au-delà de l'illustration, est démonstrative : l'exemple offre à la philosophie le spectacle du réel et permet de l'y confronter. Le portrait de Jeanne, au chapitre V, avait exactement la même valeur. Aussi comprend-on mieux la hiérarchie établie entre l'exemple historique et l'exemple littéraire car le premier est un témoignage de la réalité là où le second n'est qu'imagination et donc interprétation. L'histoire permet la mise à l'épreuve de la philosophie par l'exemple qui, dans un livre, serait le reflet le plus proche de la réalité.

Conclusion

Ce rapide parcours du *De Pulchro* permet de mesurer l'originalité de cette définition, synthèse de plusieurs traditions, épicurienne et péripatéticienne certes, mais aussi platonicienne car les notions de beau et d'amour restent intimement liées. Ce lien est si étroit que la définition du beau, pour être claire et complète, ne peut faire l'économie d'une incursion dans la définition du sentiment amoureux. On peut même se demander dans quelle mesure le *De Pulchro* n'a pas été écrit en vue du *De Amore*. En effet, la définition du beau qui consiste, à force d'éliminations successives, à ramener la beauté non seulement au domaine de la *natura rerum*, mais encore exclusivement au corps humain, laisse perplexe en ce qu'elle paraît très restrictive et limite considérablement le champ de la beauté. Or une telle définition du beau prend tout son intérêt si l'on considère le type d'amour et de plaisir qu'elle suscite et justifie, et combien cette conception de l'amour modifie les thèses de Marsile Ficin dans son *Commentaire sur le Banquet de Platon.* La définition du beau humain permet au *De Pulchro et Amore* d'explorer une autre voie, originale parmi les traités d'amour du XVIe siècle, qui célèbre et légitime l'amour sensuel. Mais, en même temps, il ne saurait se réduire à n'être qu'un reflet des mœurs de son temps car il offre à la philosophie d'amour une contribution qui, en tranchant nettement avec les thèses néo-platoniciennes d'un Ficin, oriente le péripatétisme de la Renaissance vers un néo-aristotélisme dont les enjeux se dévoilent dans le *De Amore.*

II. Note sur le texte

1. Chronologie des éditions[47]

Le *De Pulchro* et le *De Amore* forment un seul et même ouvrage et ont toujours été édités ensemble. Nifo les a conçus comme un tout, comme l'atteste la dédicace à Jeanne d'Aragon au début de l'ouvrage, et la date de la fin de la rédaction, le 3 novembre 1529, n'apparaît qu'à la fin du *De Amore,* c'est-à-dire à la fin du livre. De même, l'hommage rendu à Nifo par Pompeo Colonna, qui se trouve au début de l'ouvrage, mentionne bien les deux traités comme un tout (*opus tuum de pulchro et amore liber*). Les deux traités sont donc les deux volets d'une même réflexion, et la lecture de l'un et de l'autre révèle, sans surprise, un lien étroit entre les deux thèmes, le beau et l'amour, associés depuis le *Phèdre* et le *Banquet* de Platon.

Le *De Pulchro et Amore* fut édité en 1531, à Rome, par Antonius Bladus. Se trouve à la Bibliothèque Apostolique du Vatican un

47. Voir dans la bibliographie la présentation des éditions du *De Pulchro et Amore.*

exemplaire de l'ouvrage, probablement du même éditeur, à Rome, daté de 1530. Le doute persiste cependant sur la valeur de cette date : en effet, exceptée une note à la fin du texte qui est datée du 7 décembre 1530, mais que l'on trouve aussi à la fin de l'édition de 1531, le volume ne comporte aucune mention particulière concernant la date d'édition. L'édition de 1531 comporte, à la fin, l'ajout de la date : *Romae apud Antonium Bladum Anno D M D XXXI,* ce qui n'apparaît pas dans l'autre édition. Il semble bien qu'il s'agisse de deux tirages différents d'une même édition puisque l'erreur de pagination constatée au feuillet CLVIII (indiqué CVIII) dans le premier texte est rectifiée dans l'édition datée de 1531. Ainsi, le *De Pulchro et Amore,* dont la rédaction fut achevée en novembre 1529, pourrait avoir été édité une première fois en 1530, et l'édition de 1531 en serait une émission, ou issue. L'exemplaire de 1530, par ailleurs, présente quelques corrections entre les lignes, mais elles sont très rares, et ne permettent pas d'assurer qu'elles sont de la main de l'auteur. Ces corrections n'ont pas été prises en compte dans le texte paru en 1531.

L'ouvrage fut réédité quatre fois, une fois au XVIe et trois fois au XVIIe siècles : en 1549, à Lyon (*apud G. et M. Beringos fratres*) ; en 1641, à Leyde (*apud D. Lopes de Haro*), en 1645, à Paris, par les soins de Gabriel Naudé chez R. Leduc, avec d'autres traités du philosophe regroupés dans des *Opuscula moralia et politica,* et, enfin, en 1646 de nouveau à Leyde avec un ouvrage de Platina (*apud D. Lopes de Haro*) sous le titre *Veneres et Cupidines venales Augustini Niphi Itali. Accedit Baptista Platina De remedio amoris.* En fait, cette dernière édition n'est qu'une seconde émission de celle de 1641 par le même éditeur : les deux textes sont en tous points identiques et la page de garde du *De Pulchro* et celle du *De Amore* sont datées de 1641, date de la première édition de Leyde.

L'édition de 1549, tout en restant fidèle au texte de la première édition, opère un certain nombre de rectifications, bien qu'elle ajoute aussi quelques fautes. Cette édition semble d'ailleurs avoir été consultée en 1645 par Gabriel Naudé qui s'en écarte parfois pour effectuer à son tour quelques corrections. Il connaissait aussi les éditions romaines. L'édition de 1641 – et donc celle de 1646 – opère de nombreuses modifications à partir du texte des éditions initiales, semble-t-il, et propose de nombreuses variantes, souvent motivées par un souci de normalisation de la langue.

En 1990 a paru, dans une édition de poche des Presses de l'Université de Séville, une traduction espagnole, *Sobre la Belleza y el Amor*, du *De Pulchro et Amore* par Francisco Socas, qui malheureusement ne propose pas de texte latin en regard de la traduction. Le traducteur s'appuie uniquement sur l'édition de Lyon de 1549 et apporte au texte quelques corrections signalées avant la traduction[48] : outre les rectifications portant sur les noms propres, trois concernent le *De Pulchro* et vingt-cinq le *De Amore*. Elles sont signalées dans l'apparat critique.

Cette traduction espagnole est sans doute le signe d'un regain d'intérêt pour l'œuvre de Nifo[49].

2. Principes d'édition

Les orthographica

Conformément à l'usage, l'édition de référence est celle de 1531, publiée du vivant de l'auteur ; cependant il ne semble pas que Nifo l'ait relue. Chacun des éditeurs successifs l'a visiblement consultée. Cette première édition présente cependant un certain nombre d'hésitations orthographiques :

– la ponctuation est très différente de la nôtre et rend parfois difficile la compréhension de la phrase.

– l'emploi des majuscules, excepté en début de phrase, ne semble pas obéir à une règle fixe : les noms propres (d'auteurs, de dieux ...) ne sont pas systématiquement écrits avec une majuscule et les termes de *cupido* et *uenus*, employés en noms communs, prennent parfois une majuscule ; *deus* au singulier,

48. A. Nifo, 1990, p. 47.

49. Pour une analyse plus complète de cette étude, voir la recension que j'ai faite pour les *Cahiers de l'humanisme*, 1 (2000), p. 276-278.

quand il désigne le Dieu des Chrétiens, n'a pas non plus systématiquement une majuscule ; *poeta, philosophi, platonici, peripatetici, medicus* prennent souvent une majuscule, mais pas toujours. D'autres mots prennent aussi ponctuellement une majuscule sans raison apparente.

– les mots grecs sont transcrits en alphabet latin. Parfois le texte montre des lacunes en laissant un espace à l'emplacement de ces mots (au chapitre LXXVIII du *De Amore* par exemple), espace probablement destiné à être comblé mais qui ne le fut pas.

– les nombres apparaissent tantôt en chiffres, tantôt en lettres.

– les diphtongues ont tendance à être marquées, mais elles ne le sont pas toujours.

– on note une hésitation dans l'emploi du *i* et du *y* (*Symposium* le plus souvent, mais aussi *in Simposio* au chapitre II du *De Amore* par exemple), du *s* et du *x* (*Zeusis* plutôt que *Zeuxis,* mais *paraphraxis* plutôt que *paraphrasis* au chapitre XXVIII du *De Pulchro*), du *c* et du *t* (en général *ocium* plutôt que *otium, tristicia* ou *tristitia* au chapitre LXXIII du *De Amore* par exemple) du *qu* et du *c* (notamment dans l'emploi de *cum* ou de *quum*).

– l'emploi de la consonne *h* est très fluctuant : en début de mot, le *h* est tantôt omis (*allucinatus, a, um* le plus souvent ; *Oratius* au dernier chapitre du *De Amore* par exemple) tantôt marqué (*Horatius* le plus souvent). Il en est de même à l'intérieur de certains mots : *simulacrum* ou *simulachrum* (les deux sont employée au sein même du chapitre LXXIII du *De Amore*) ; *Chrotoniatum* (au chapitre III du *De Pulchro*) ou *Crotoniatas* (au chapitre V du *De Pulchro*) ; *charitas* mais aussi *caritas* ; *autor* ou *author.* En revanche, *abhominatio* est toujours écrit avec un *h.*

– l'usage des doubles consonnes n'obéit pas non plus à des règles fixes : *literas* ou *litteras, titillans* ou *titilans* (la liste n'est pas exhaustive). Mais Averroès est toujours orthographié *Aueroes.*

– l'enclitique *–ue* est souvent détaché du mot auquel il est associé, mais pas toujours. L'usage des enclitiques est en général assez flou.

– les préfixes des verbes sont parfois détachés du radical, mais ce n'est pas systématique.

– certains mots sont dissociés en leurs diverses composantes sans que cela, une fois encore, revête un caractère systématique (*haudquaquam* ou *haud quaquam*). En revanche *sin autem* est toujours écrit en deux mots ainsi que *etsi* toujours orthographié *et si.*

– les noms *beneuolentia* et *maleuolentia* sont, à de rares exceptions près, orthographiés *beniuolentia* et *maliuolentia.*

Cette première édition semble avoir opté pour une normalisation de l'orthographe qui fut, cependant, imparfaitement menée. Certaines coquilles ou erreurs invitent à penser que Nifo ne marquait probablement pas les diphtongues (c'est ainsi qu'au chapitre VI du *De Pulchro aequa* est fautivement rétabli pour *equa*), détachait enclitiques et préfixes (d'où, au chapitre LVII du *De Pulchro,* un *quae* qui est probablement à l'origine un *–que* de liaison) et devait pratiquer couramment les abréviations (par exemple, au chapitre XVIII du *De Pulchro, pesequar* est laissé pour *persequar*).

Cependant, ne pouvant ni postuler un original, ni rallier une normalisation postérieure, l'édition que nous proposons suivra, par précaution, l'orthographe fluctuante de 1531 dans la mesure où elle ne gêne pas la compréhension du texte. Mais, par souci de lisibilité pour le lecteur non-spécialiste, quand ces hésitations orthographiques créent une ambiguïté, notamment en ce qui concerne l'emploi des diphtongues (au sein de certains mots qui deviennent homographes, comme pour l'exemple d'*equa* précédemment cité), l'orthographe est clarifiée tout en étant signalée dans l'apparat critique. De même, à l'aide des éditions suivantes, les lacunes correspondant aux mots destinés à apparaître en grec sont comblées, mais font l'objet d'une note dans l'apparat critique.

Afin de ne pas surcharger l'apparat critique, ne sont pas signalées :

– les corrections portant sur l'emploi des majuscules qui est harmonisé selon notre usage (les noms en début de phrase, les noms propres de pays, de peuples, de personnes, de dieux, *Deus* lorsqu'il désigne le Dieu des chrétiens, les titres des œuvres).

– la modification de la ponctuation, très différente de la nôtre, qui est adaptée à l'usage moderne, en veillant cependant, grâce aux mots de liaison, à conserver le rythme de la phrase, qui correspond souvent à l'enchaînement des idées (si une modification plus importante intervient, elle est alors signalée dans l'apparat critique).

– les coquilles qui ne créent aucune homographie et qui n'ont pas d'incidence sur la réception des éditions suivantes : chap. II, ligne 9, *Ariopagita* (corrigé en *Areopagita*) ; XVII, 9, *repesentat* (*representat*) ; XXII, 9, *woralem* (*moralem*) ; XXIIII, 3, *nel* (*uel*) ; XXV, 30, *rntellectui* (*intellectiui*) ; XXVI, 3-4, *constituttonem* (*constitutionem*), 54, *qaoniam* (*quoniam*) ; XXVIII, 8, *sensunm* (*sensuum*) ; XXIX, 9, *qnare* (*quare*), 15, *runt* (*ruunt*) ; XXXIII, 6, *speies* (*species*), 14, *etiaw* (*etiam*) ; XXXIIII, 14, *temperaiio* (*temperatio*) ; XXXVII, 32, *nt* (*ut*) ; XXXVIII, 14, *pisturam* (*picturam*), 16, *hastenus* (*hactenus*) ; XLVI, 1, *peripaietici* (*peripatetici*), 3, *iu* (*in*) ; XLIX, 45, *uatura* (*natura*) ; L, 52, *faerinus* (*ferinus*), 64, *pulchrai psa* (*pulchra ipsa*), 65, *estp raeparatio* (*est praeparatio*) ; LI, 29, *uolptates* (*uoluptates*) ; LIX, 1, *naura* (*natura*) ; LXI, 31, *aspestum* (*aspectum*) ; LXVI, 15, *prefundi* (*perfundi*), 37, *nt* (*ut*) ; LXVII, 21, *coelanda* (*celanda*).

Enfin, au chapitre LXI du *De Amore*, particulièrement long, des paragraphes, absents du texte initial et de toutes les éditions suivantes, ont été créés afin d'en faciliter la lecture.

La numérotation des chapitres du *De Pulchro*, fautive, est rectifiée : le *De Pulchro* présente deux chapitres numérotés XLV (*Quae platonici de intellectuali fruitione* et *Quae peripatetici de intellectuali fruitione*). La numérotation reprend normalement au chapitre XLVI (*Pulchrum non semper actu animum mouere ad sui triplicem fruitionem*) jusqu'au chapitre LII, également doublé (*Pulchri fruendi desiderium diutius permanere eo ferino amore qui est utendi* et *Amorem perfectum non esse plurium simul*). La numérotation reprend normalement au chapitre LIII (*Amari ei puellae iucundum esse quae amatur*). Enfin, il n'y a pas de chapitre numéroté LXIIII entre les chapitres LXIII (*Perfectam pulchrae puellae fruitionem absque tactu, gustu atque olfactu non esse*) et LXV

(*De pudore in quo animi pulchritudo pro magna sui parte habetur in puellis quae omnino atque simpliciter pulchrae sunt*).

Les –*m* ou –*n* indiqués par des tildes ainsi que les abréviations (de –*que* par exemple) ont été restitués.

L'apparat critique

Toutes les éditions ont été collationnées pour constituer un apparat critique positif. La date de 1531 étant la seule attestée pour la première édition, c'est elle qui est notée dans l'apparat critique (*1531*). Elle est aussi le dernier état du texte du vivant de l'auteur. Les éditions suivantes sont indiquées *1549*, *1641* et *1645*. Le texte de 1646, ajouté à l'édition de Platina, n'apparaît pas puisqu'il est l'exacte reproduction de celui de 1641. Sont également indiquées les modifications signalées par Francisco Socas (*Socas*) et nos propres corrections (*nos*), si aucune des leçons proposées par les éditions ne semble convenir. Enfin, en ce qui concerne les quelques corrections manuscrites qui apparaissent dans le *De amore* du texte daté de 1530, elles sont notées dans l'apparat critique (*1530 inter lineas*).

Les divergences dues aux particularités typographiques et orthographiques des éditions postérieures ne sont pas indiquées dans l'apparat critique sauf si elles créent une hésitation pouvant entraîner une modification éventuelle du sens.

Quelques particularités linguistiques et problèmes de traduction

Nous notons aussi quelques particularités de langue que nous retrouvons dans chaque édition et qui semblent être propres à l'auteur (que nous avons donc conservées) :

– pour indiquer une référence, Nifo emploie indifféremment *libro*... ou *in libro*....

– deux fois nous trouvons *postquam* suivi du subjonctif dans la tournure *postquam Lesbia nupta esset* aux chapitres XIX et LXXXV du *De Amore*.

– souvent on trouve la conjonction de coordination *et* suivie de *non*.

– les verbes *dico, describo, demonstro, pespicuum est* sont construits tantôt avec la proposition infinitive (cas le plus fréquent), tantôt avec *quod* suivi du subjonctif.

– Nifo crée le comparatif *latiniores*, dans le *De Amore* pour désigner probablement les auteurs classiques.

– l'emploi des modes indicatif et subjonctif, notamment au chapitre LXXX du *De Amore*, est parfois non conforme à la grammaire actuelle du latin, mais semble, par son insistance, propre à l'auteur, du moins dans certains chapitres.

– Les nuances sont parfois difficiles à rendre d'une langue à l'autre. Par exemple, des chapitres LXVI à LXVIII du *De Pulchro*, les termes de *pudor*, *verecundia*, *reverentia*, *pudicitia*, n'ont pas toujours un équivalent unique en français, mais nous tentons de rester fidèle au latin en conservant, le plus souvent possible, une même traduction pour chacun de ces termes.

– En ce qui concerne la terminologie amoureuse et ses nuances, c'est surtout dans le *De Amore* qu'elles apparaissent dans toute leur variété. Mais certains termes sont employés dès le *De Pulchro* (notamment *cupido*) et sont déjà traduits en fonction de leur sens sur l'ensemble de l'ouvrage. En effet, la réhabilitation de l'amour humain, du désir amoureux et du plaisir sensuel se fait à travers la redéfinition de la notion de *cupido*. Le désir amoureux éprouvé par le commun des mortels est fortement dénigré par Ficin qui le considère comme une maladie de l'âme dans son *Commentaire sur le Banquet de Platon* au chapitre IV du septième discours : *Amoris uulgaris est fascinatio quedam*. Le chapitre LXVI du *De Amore* de Nifo, *Cupidinem non esse fascinationem*, est une réfutation évidente de ce passage de Ficin qui, en s'appuyant sur les thèses naturalistes des esprits vitaux, héritées de Galien, montre que l'amour qui n'est pas intellectuel est un « ensorcellement » (*fascinatio*), contagieux comme une maladie. Pour Nifo, un tel l'amour n'est pas, par nature, une maladie, il peut éventuellement devenir une folie passionnelle par excès. Le rapprochement des deux textes montre que Nifo répond à Ficin sans aucun doute, mais la terminologie n'est plus la même : là où Ficin utilisait le terme péjoratif d'« amour vulgaire » (*amoris uulgaris*), Nifo utilise celui de « désir amoureux » (*cupido*). C'est bien dans la notion de *cupido* que se trouve le cœur de la pensée de Nifo sur le désir et l'amour, et la traduction la plus juste ici est « l'amour-désir » : en effet, *cupido* dans le *De Amore* ne peut se traduire par « désir » ou « concupiscence » (exprimés par *desiderium* et *concupiscentia*). Chez Nifo, *cupido* vient du dieu Amour, *Cupido*, et exprime simplement l'amour humain, mais le terme d'« amour humain » (*amor humanus*) est celui de Ficin pour parler de l'amour dont la jouissance se limite à celle de la vue, de l'ouïe et de l'esprit. On ne peut non plus traduire *cupido* par « amour » qui correspond dans le texte à *amor*, catégorie beaucoup plus vaste ; *cupido* est le sentiment amoureux qui naît du désir, mais il ne se réduit pas au désir. Nous avons donc opté pour la traduction « amour-désir » par souci de clarté. De plus, dans le *De Amore*, l'emploi du génitif permettra d'exprimer ce type de nuances : par exemple l'amour-charité (*charitatis amor*) au chapitre CIII, l'amour-bienveillance (*amor beneuolentiae*) ou l'amour-amitié (*amor amicitiae*) au chapitre LXXI. Pour cerner cette notion, Nifo procède à un certain nombre de distinctions en définissant l'objet de l'amour en général, *amor*, en distingant amour et amitié, *amicitia*, en cernant la notion de plaisir charnel, *uenus*, en distingant amour et désir amoureux, *cupido*. Les références au livre VIII de *L'Ethique à Nicomaque* sont alors fort nombreuses.

3. Abréviations

1530	édition romaine
1549	édition lyonnaise
1641	édition de Leyde
1645	édition parisienne de Gabriel Naudé
edd.	accord des éditions
Socas	leçon proposée par Francisco Socas, auteur de la traduction espagnole
nos	leçon proposée par nous
add.	*addidit* ou *addiderunt*
omis.	*omisit* ou *omiserunt*
pos.	*posuit* ou *posuerunt*

BIBLIOGRAPHIE

I. Œuvres d'Agostino Nifo

De Pulchro et Amore

– *Ad illustrissimam Joannam Aragoniam, Tagliacocii principem, De Pulchro liber et De Amore liber,* [fol. II r-v : Pompeius Cardinalis Columna SRE Vicecancell. Augustino Nipho SPD ; fol. III r : Augustini Niphi ad Joannam Aragoniam ; f. IIII-LI : *De Pulchro* ; f. LII-CVIII : *De Amore*], in 4°, Romae, 1530 (158 f., 108 f. num. par erreur).

[Bibliothèque Vaticane : Barberini Cr. Tass. 15]

– *Ad illustrissimam Joannam Aragoniam, Tagliacocii principem, De Pulchro liber et De Amore liber,* [fol. II r-v : Pompeius Cardinalis Columna SRE Vicecancell. Augustino Nipho SPD ; fol. III r : Augustini Niphi ad Joannam Aragoniam ; f. IIII-LI : *De Pulchro* ; f. LII-CLVIII : *De Amore*], in 4°, Romae, apud Antonium Bladum, 1531 (158 f. : manquent les fol. CXIIII et CXXV-CXXVI, les fol. CXV-CXVI et CXVII-CXVIII sont inversés, suivis d'un second fol. numéroté CXVIII).

[Bibliothèque Vaticane : Cicognara IV. 1067 ; Bibliothèque Nationale de France : R-300]

– *Libri duo De Pulchro primus, De Amore secundus,* [p. 2-3 : cum epistola Pompeii Columnae ; p. 4 : Augustini Niphi ad Joannam Aragoniam ; p. 5-89 : *De Pulchro* ; p. 90-277 : *De Amore*], in 8°,

Lugduni, apud Godifredum et Marcellum Beringos fratres, 1549 (278 p., vignettes en page de garde « Bona fide » et à la fin du livre « Sine fraude »).

[Bibliothèque Vaticane : R. G. Filosofia V 358 et Cigognara III 1067 ; Bibliothèque Angelica (Rome) : SS 6 10 ; et Bibliothèque Nationale de France : R-18136]

– *De Pulchro et Amore libri,* [pagination indépendante pour chaque traité avec page de garde respective indépendante ; p. 1-160 : *De Pulchro* ; p. 1-338 : *De Amore* ; préface de 10 p. non numérotées de Marcus Sverius Boxhornius avant le *De Pulchro* ; index des chapitres du *De Pulchro* de 7 p. non numérotées à la fin du *De Pulchro* ; la lettre-préface de Pompeo Colonna de 4 p. non numérotées et la dédicace de Nifo à Jeanne d'Aragon de 2 p. non numérotées se situent avant le *De Amore* ; index des chapitres du *De Amore* de 8 p. non numérotées à la fin du *De Amore*], in 12°, Lugduni Batavorum, apud D. Lopes de Haro, 1641 (529 p., la p. 223 numérotée par erreur 322).

[Bibliothèque Nationale de France : R-18134 et R-18135]

– *De Pulchro liber Opusculorum moralium partis sextae liber I* et *De Amore liber Opusculorum moralium partis sextae liber II,* [p. 205-207 : lettre-préface de Pompeo Colonna ; p. 208 : dédicace à Jeanne d'Aragon ; p. 209-283 : *De Pulchro* ; p. 284-442 : *De Amore*], dans *Opuscula moralia et politica, cum Gabrielis Naudaei de eodem auctore iudicio,* cum priuilegio regis, liber I, in 4°, Parisiis, Roleti Le Duc, 1645 (236 p. : la numérotation des pages est erronée à partir de la p. 304, numérotée 308, et rectifiée à partir de la p. 357, numérotée 353).

[Bibliothèque Vaticane : Barberini L.VIII.8 ; Bibliothèque Angelica (Rome) : XX, 14, 17 ; Bibliothèque Nationale de France : R-5935]

– *Veneres et Cupidines venales Augustini Niphi Itali. Accedit Baptista Platina De remedio amoris* [pagination indépendante pour chaque traité avec page de garde respective indépendante, chacune datée de 1641 ; p. 1-160 : *De Pulchro* ; p. 1-342 : *De Amore* ; préface de 6 p. non numérotées de Marcus Severius Boxhornius avant le *De Pulchro* ; index de 5 p. non numérotées à la fin du *De Pulchro* ; la lettre-préface de Pompeo Colonna de 2 p. non numérotées et la dédicace de Nifo à Jeanne d'Aragon de 1 p. non numérotée se situent avant le *De Amore* ; 4 p. de préface sont insérées par erreur entre les p. 338-339 du *De Amore* ; 4 p. d'index non numérotées à la fin du *De Amore*], in 12°, Lugduni Batavorum, ex officina D. Lopez de Haro, 1646 (520 p., la p. 223 numérotée par erreur 322).

[Bibliothèque Angelica (Rome) : XX 9 73]

– Traduction espagnole à partir de l'édition de 1549 : *Sobre la belleza y el amor*, trad. Francisco Socas, Sevilla, Universidad de Sevilla, 1990 (477 p.).

Autres œuvres

(catalogue chronologique des œuvres publiées d'A. Nifo établi d'après le fichier de la Bibliothèque Apostolique du Vatican, le fichier URBS des bibliothèques romaines, le fichier de la Bibliothèque Nationale de France, la liste établie par G. Naudé et la liste établie par J.-P. Nicéron)

– *Augustini Niphi Liber de intellectu*, suivi du *Liber de demonibus*, Patavii[1], 1492 / Venetiis, impressum per Petrum de Querengis [sic], 1503 / Venetiis, apud Octavianum Scotum, 1527 / Venetiis, apud H. Scotum, 1553 / 1554.

– *De daemonibus*. Cf. *supra* : *Augustini Niphi Liber de intellectu*.

– *Augustini Niphi in librum Destructio destructionum Averrois commentarii* [...] *eiusdem Augustini codicillus de sensu agente*, Venetiis, apud Octavianum Scotum, 1495 (avec *Physica Aristotelis cum Averrois commentario*) / Venetiis, apud Octavianum Scotum, 1497

1. Cette édition a disparu. Pour une chronologie des éditions du *De Intellectu*, de la *Destructio destructionum* et du *De animae beatitudine*, voir M. Geoffroy et C. Steel dans Averroès, *La béatitude de l'âme*, 2001, p. 94-102.

/ 1508 / 1517 / Papie impressum per Jacobum de Burgofrancho, 1521 / Lugduni, apud Scipionem de Gabiano, 1529 / Lugduni, apud Jacobum Giunctam, 1542.

– *De sensu agente.* Cf. *Augustini Niphi in librum Destructio destructionum Averrois commentarii.*

– *Physica Aristotelis cum Averrois commentario*, Venetiis, apud Octavianum Scotum, 1495.

– *Augustini Niphi Suessani medici ac astrologi excellentissimi De diebus criticis seu decretoriis aureus liber ad Vincentium Quirinum patritium Venetum*, Venetiis, 1500 / Venetiis, studio et aere Alexandri Calcedonii per Jacobum Pentium de Leucho, 1504 / Venetiis, apud Octavianum Scotum, 1519 / Argentorati, per Henricum Sybold., s. d. (1528-1530 ?) / avec le *De Auguriis libri II*, Marpurgi, typis Pauli Egenolphi, 1614.

– *Augustini Niphi* [...] *Expositio super tres libros De anima*, Venetiis, impressum per Petrum de Quarengiis [sic], impensis Domini Alexandri Calcidonii [sic], 1503 / Venetiis, apud Octavianum Scotum, 1508 / 1522 / Venetiis, mandato et expensis Antonii de Giunta Florentini, 1523 / 1549 / Venetiis, apud Juntas, 1544 / Venetiis, apud Hieronymum Scotum, 1553 / 1559.

– *Aristotelis Peri hermenias hoc est De interpretatione liber, Augustino Nipho Philotheo Suessano interprete et expositore ad Joannem Franciscum Areneum excellentissimum*, Venetiis, apud Octavianum Scotum, 1504 / 1507 / 1537 / Parisiis, apud C. Wechelum, 1540 / Paris, apud Joannem Roigny, 1551 / Venetiis, apud Hieronymum Scotum, 1559 / 1560.

– *De infinitate primi Motoris quaestio*, [Venetiis], 1504 / avec les *Interpretationes atque commentaria librorum Aristotelis De generatione et corruptione*, Venetiis, apud Octavianum Scotum, 1526 / 1543 / Venetiis, apud Hieronymum Scotum, 1550 / 1557.

– *Augustini Niphi Philothei Suessani De nostrarum calamitatum causis liber ad Oliverium Carafam cardinalium maximum*, Venetiis, apud Octavianum Scotum, 1505.

– *Augustini Niphi Philothei Suessani Averroys De mixtione defensio ad* [...] *episcopum Jacobum de Petruciis*, Venetiis, apud Octavianum Scotum, 1505.

– *Augustini Niphi Philothei Suessani Expositiones in commentariolum duodecimi libri Aristotelis metaphysices et Averrois ad Antonium Justinianum*, Venetiis, aere Alexandri Calcedonii, 1505 / *Metaphysicarum disputationum dilucidarium ad* [...] *comitem Severitanum Andream Carapham*, Neapoli, impressum per Sigismundum Meyr Alemanum, 1511 / Venetiis, apud Octavianum Scotum, 1519 / 1521 / 1526 / Venetiis, apud Hieronymum Scotum, 1547 / 1559 / Frankfurt/Main, Minerva, 1967.

– *Augustini Niphi philosophi Suessani Interpretationes atque commentaria librorum Aristotelis De generatione et corruptione*, Venetiis, apud Octavianum Scotum, 1506 / dans *Aristotelis Stagyritae De coelo IIII Argiropilo [interprete] ; libri de generatione II Nypho interprete ; [libri] meteorum IIII Beotio [interprete]/adiectis Eckii commentariis*, [Augsburg] in officina Sigismundi Grim[m] medicinae doctoris et Marci Wyrsung August[ae] Vindelico[rum], 1519 / suivi de la *Quaestio de infinitate primi motoris*, Venetiis, apud Octavianum Scotum, 1526 / 1543 / Venetiis, apud Hieronymum Scotum, 1550 / 1557.

– *Augustini Niphi Philothei Suessani Commentationes in librum Averrois de substantia orbis ad* [...] *Robertum Secundum Sanxeverinum*, Venetiis, apud Octavianum Scotum, 1508 / 1519 / Venetiis, apud Hieronymum Scotum D. Amadei, 1546 / Venetiis, apud H. Scotum, 1559.

– *Augustini Niphi Philothei Suessani in Averroys de animae beatitudine commentatio ad* [...] *sanctum Maurum patritium venetum*, Venetiis, apud Octavianum Scotum, 1508 / 1524.

– *Ad Sylvium Pandonium Boviani episcopum Augustini Niphi Suessani ad Apotelesmata Ptolemaei eruditiones*, Neapoli, impressum per Petrum Mariam de Richis Papiensem, 1513.

– *Augustini Niphi in Aristotelis libros De coelo et mundo commentaria*, Neapoli, 1517 / Venetiis, 1525 / Venetiis, apud Hieronymum Scotum, 1540 / 1549 / 1553 / Venetiis, apud Juntas, 1553 / Venetiis, apud H. Scotum, 1554 / 1567.

– *Augustini Niphi philosophi De immortalitate humanae animae libellus adversus Petrum Pomponacium Mantuanum ad Leonem Xm pontificem maximum*, Venetiis, apud Octavianum Scotum, 1518 / 1521 / 1524.

– *Augustini Niphi* [...] *De falsa diluvii prognosticatione quae ex conventu omnium planetarum qui in piscibus continget anno 1524 divulgata est libri tres, ad Karolum primum*, Neapoli, Bibliotheca Ioan. Pasquet de Sallo, 1519 / Bononiae, impressum a Hieronymo de Benedictis Bononiensi, 1520 / Florentiae, per haeredes Philippi Juntae, 1520.

– *Augustini Niphi* [...] *Expositio super octo Aristotelis Stagiritae libros de physico auditu, cum duplici textus translatione* [...] *Averrois etiam Cordubensis in eosdem libros prooemium ac commentaria cum ipsius Augustini Suessani refertissima expositione, annotationibus, ac postremis in omnes libros recognitionibus, castigatissima conspiciuntur*, Venetiis, 1519 / Venetiis, 1525 / Venetiis, apud Hieronymum Scotum, 1540 / Venetiis, apud Octavianum Scotum, 1543 / 1552 / Venetiis, apud Juntas, 1552 / Venetiis, apud H. Scotum, 1559 / 1569.

– *Augustini Niphi Medices* [...] *De figuris stellarum helionoricis*, Neapoli, 1520 / *Libri doi* [sic] *de Augustino Nipho de Medici Suessano de le figure de le stelle helionorice alla illustrissima Maria Sanseverina princepessa de Nola*, Neapoli, impressi per honestum virum Joan. Pasq. et Dominicum Pasquetum Parthenopeum in aedibus suis prope templum Angelicae salutationis, 1526.

– *Augustini Niphi Medices philosophi Suessani Dialectica ludicra*, Venetiis, impressa per Alexandrum de Bindonis, 1521.

– *Augustini Niphi Medices philosophi Suessani Epitomata Rhetorica ludicra ad Balthasarum Turinum pontificium datarium integerrimum*, Venetiis, a P. Pincio Mantuano impressum, 1521 / 1537.

– *Libellus de his quae ab optimis principibus agenda sunt*, Florentiae, per haeredes Philippi Juntae, 1521 / sous-titré *De Principe* dans les *Opuscula politica*, ed. G. Naudé, Parisiis, Roleti Le Duc, 1645.

– *Parva naturalia Augustini Niphi* [...] *videlicet Physiognomicorum libri tres, De Animalium motu liber unus, De longitudine et brevitate vitae liber unus, De juventute et senectute liber unus, De respiratione liber unus,*

De morte et vita liber unus, De memoria et reminiscentia liber unus, De somno et vigilia liber unus, De insomniis liber unus, De divinatione naturali, artificiosa, et de prophetia liber unus, Venetiis, apud Octavianum Scotum, 1523 / Venetiis, apud Hieronymum Scotum, 1550 / 1559.

– *De regnandi peritia,* Neapoli, 1523 / dans les *Opuscula politica,* ed. G. Naudé, Parisiis, Roleti Le Duc, 1645 / trad. Simone Pernet-Beau et Paul Larivaille, dans *Une réécriture du Prince de Machiavel : le De regnandi peritia d'Agostino Nifo,* Paris, Université de Paris X-Nanterre, 1987.

– *De Rege et Tyranno libellus,* Neapoli, impressum per M. Evangelistam Papiensem, 1526 / 1534 / dans les *Opuscula politica,* ed. G. Naudé, Parisiis, Roleti Le Duc, 1645.

– *De armorum literarumque comparatione commentariolus,* Neapoli, impressum per Evangelistam Papiensem, 1526.

– *Augustini Niphi Commentaria in libros priorum Analyticorum Aristotelis,* Neapoli, 1526 / Venetiis, apud Octavianum Scotum, 1543 / Venetiis, apud Hieronymum Scotum, 1549 / Venetiis, apud Juntas, 1553 / Venetiis, apud H. Scotum, 1569.

– *Augustini Niphi Commentaria in libros posteriorum Analyticorum Aristotelis,* Venetiis, apud Octavianum Scotum, 1526 / Parisiis, apud C. Wechelum, 1540 / Venetiis, apud O. Scotum, 1553 / Venetiis, apud Hieronymum Scotum, 1554 / 1563 (1565 ?).

– *Augustini Niphi in libros Aristotelis Meteorologicorum et in librum de mistis commentaria,* Venetiis, apud Octavianum Scotum, 1531 / Venetiis, in praelo B. et O. Scoti fratrum, 1540 / Venetiis, apud O. Scotum D. Amadei, 1547 / Venetiis, apud Hieronymum Scotum, 1551 / 1560.

– *Augustini Niphi De auguriis libri,* Bononiae, apud haeredes H. Benedictis, 1531 / Basileae, apud Johannem Heruagium, 1534 / avec le *De diebus criticis liber,* Marpurgi, typis Pauli Egenolphi, 1614 / *Des augures ou divinations,* traduict par maistre Antoine Du Moulin Masconnois, dans Artemidorus, *Les jugements astronomiques des songes, augmenté par Auguste Niphe sur les Augures. Et un traicté fait sur les Divinations par Antoine D.*, Lyon, Jean de Tournes, 1546 / Troyes, N. Oudot, 1634 / Rouen, D. Du Chesne, 1664 / s. l., 1696.

– *Expositiones* [...] *in libros Aristotelis de sophisticis Elenchis*, Venetiis, apud Octavianum Scotum, 1534 / 1542 / Parisiis, apud Joannem Roigny, 1540 / Venetiis, apud Hieronymum Scotum, 1567.

– *De Re aulica ad Phausinam libri duo*, Neapoli, apud Joannem Antonium Caneti, 1534 / *Il Cortegiano del Sessa* (traduction italienne), Genova, A. Belloni, 1560 / dans les *Opuscula politica*, ed. G. Naudé, Parisiis, Roleti Le Duc, 1645.

– *Prima pars opusculorum* [...] *Augustini Niphi* [...] *in quinque libris divisa* (*De Vera vivendi libertate libri duo, De divitiis liber unus, De his qui in solitudine apte vivere possunt liber unus, De Sanctitate et Prophanitate libri duo, De Misericordia liber unus*), Venetiis, apud Octavianum Scotum, 1535 / dans les *Opuscula moralia*, ed. G. Naudé, Parisiis, Roleti Le Duc, 1645.

– *Aristotelis Stagiritae Topica inventio in octo secta libros a magno Augustino Nipho Medice, philosopho Suessano, interpretata atque exposita* [...], Venetiis, apud Octavianum Scotum, 1535 / Parisiis, apud Joannem Roigny, 1540 / Venetiis, apud O. Scotum, 1542 / Parisiis, apud Oudinium, 1542 / Venetiis, apud O. Scotum 1553 / 1555 / Venetiis, apud Hieronymum Scotum, 1557 / 1569.

– *Magni philosophi Augustini Niphi Medicis Suessani expositio atque interpretatio lucida in libros artis rhetoricae Aristotelis, noviter ab ipso authore in lucem edita* [...], Venetiis, apud Octavianum Scotum, 1538.

– *Magni Augustini Niphi* [...] *De verissimis temporum signis commentariolus* [...], Venetiis, apud Hieronymum Scotum, 1540.

– *Augustini Niphi expositiones in omnes Aristotelis libros de historia animalium lib. IX, de partibus animalium et earum causis lib. IIII, ac de generatione animalium lib. V* [...], Venetiis, apud Hieronymum Scotum, 1546.

– *Opuscula moralia et politica, cum Gabrielis Naudaei de eodem auctore judicio, cum priuilegio regis, liber II* (*Opuscula moralia* : *De uera uiuendi libertate, De diuitiis, De iis qui apte sunt in solitudine uiuere, De sanctitate, De prophanitate, De misericordia, De pulchro et amore* ; *Opuscula politica* : *De regnandi peritia, De principe, De rege et tyranno, De re aulica*), Parisiis, Roleti Le Duc, 1645.

II. Sources[2]

a. Antiquité

Aristote, *Ethica aristotelica*, Joanne Argyropylo interprete, Venetiis, per Jacobum Pencium de Leuco, 1503.

– *Ethique à Nicomaque*, nouv. trad. avec introduction, notes et index de J. Tricot, Paris, Vrin, 1994.

– *Ethique à Eudème*, introduction, traduction et notes de V. Décarie, Paris, J. Vrin, 1991.

– *De la génération des animaux*, texte établi et traduit par P. Louis, Paris, Les Belles Lettres, 1961.

– *De la génération et de la corruption*, texte établi et traduit par Ch. Mugler, Paris, Les Belles Lettres, 1966.

– *De l'âme*, texte établi par A. Jannone et traduit par E. Barbotin, Paris, Les Belles Lettres, 1966.

– *Du ciel*, texte établi et traduit par P. Moraux, Paris, Les Belles Lettres, 1966.

– *Rhétorique*, livre I, tome I, texte établi et traduit par M. Dufour, Paris, Les Belles Lettres, 1991 (1931).

– *Rhétorique*, livre II, tome II, texte établi et traduit par M. Dufour, Paris, Les Belles Lettres, 1991 (1938).

– *Rhétorique*, livre III, tome III, texte établi et traduit par M. Dufour et A. Wartelle, Paris, Les Belles Lettres, 1989 (1973).

– *Les Parties des animaux*, texte établi et traduit par P. Louis, Paris, Les Belles Lettres, 1990 (1957).

– *Poétique*, texte établi et traduit par J. Hardy, Paris, Les Belles Lettres, 1990 (1932).

– *Métaphysique*, 2 vol., traduction et notes par J. Tricot, Paris, J. Vrin, 1991.

– *Problèmes*, tome III, sections XXVIII à XXXVIII, texte établi et traduit par P. Louis, Paris, Les Belles Lettres, 1994.

2. Nous ne rapportons pas ici toutes les sources de Nifo explicitées dans les notes de la traduction (en général, nous avons utilisé, pour les sources antiques, les éditions des Belles Lettres dans la Collection des Universités de France), mais seulement les plus importantes.

Cicéron, *Tusculanes*, livres I-II, texte établi par G. Fohlen et traduit par J. Humbert, Paris, Les Belles Lettres, 1931 (1930).

– *Tusculanes*, livres III-IV, texte établi par G. Fohlen et traduit par J. Humbert, Paris, Les Belles Lettres, 1968 (1931).

– *De l'amitié* (*Lélius*), texte établi et traduit par R. Combès, Paris Les Belles Lettres, 1993 (1968).

– *De la nature des dieux*, texte traduit par C. Auvray-Assayas, Paris, Les Belles Lettres, 2002.

Galien, *Les six principaux livres de la thérapeutique de C. Galien avec le deuxième de l'art curatoire à Glaucon*, Paris, Oudin Petit, 1554.

– *On prognosis* (*De praecognitione*), édition, traduction anglaise et commentaire de V. Nutton, Berlin, Akademie-Verlag, 1979.

– *On semen* (*Sur la semence*), édition et traduction anglaise de Ph. de Lacy, Berlin, Akademie-Verlag, 1992.

– *De l'utilité des parties du corps humain* in *Œuvres médicales choisies*, vol. I, traduction de Ch. Daremberg, Paris, Gallimard, 1994.

Jamblique, *Protreptique*, texte établi et traduit par E. des Places, Paris, Les Belles Lettres, 1989.

Ovide, *Les Remèdes à l'amour et Les Produits de beauté pour le visage de la femme*, texte établi et traduit par H. Bornecque, Paris, Les Belles Lettres, 1961 (1930).

– *L'art d'aimer*, texte établi et traduit par H. Bornecque, Paris, Les Belles Lettres, 1983 (1924).

– *Les Métamorphoses* (I-V), tome I, texte établi et traduit par G. Lafaye, Paris, Les Belles Lettres, 1985 (1925).

– *Les Métamorphoses* (VI-X), tome II, texte établi et traduit par G. Lafaye, Paris, Les Belles Lettres, 1989 (1928).

– *Les Métamorphoses* (XI-XV), tome III, texte établi et traduit par G. Lafaye, revu et corrigé par H. Le Bonniec, Paris, Les Belles Lettres, 1991 (1930).

– *Les Amours*, texte établi et traduit par H. Bornecque, Paris, Les Belles Lettres, 1989 (1930).

Platon, *Premier Alcibiade* in *Œuvres complètes*, tome I, édition et traduction de M. Croiset, Paris, Les Belles Lettres, 1920.

– *Hippias Majeur*, in *Œuvres complètes*, tome II, texte établi et traduit par A. Croiset, Paris, Les Belles Lettres, 1972 (1921).

– *Banquet*, in *Œuvres complètes*, tome IV (2e partie), texte établi et traduit par P. Vicaire avec le concours de J. Laborderie, notice de L. Robin, Paris, Les Belles Lettres, 1992 (1989).

– *Phèdre*, in *Œuvres complètes*, tome IV (3e partie), texte établi par Cl. Moreschini et traduit par P. Vicaire, notice de L. Robin, Paris, Les Belles Lettres, 1985.

– *Philèbe*, in *Œuvres complètes*, tome IX (2e partie), texte établi et traduit A. Diès, Paris, Les Belles Lettres, 1993 (1941).

Plotin, *Ennéades*, I, texte établi et traduit par E. Bréhier, Paris, Les Belles Lettres, 1989 (1924).

– *Ennéades*, III, texte établi et traduit par E. Bréhier, Paris, Les Belles Lettres, 1981 (1925).

– *Ennéades*, V, texte établi et traduit par E. Bréhier, Paris, Les Belles Lettres, 1991 (1931).

– *Ennéades*, VI (2e partie), texte établi et traduit par E. Bréhier, Paris, Les Belles Lettres, 1989 (1938).

– *Traité 38* (*Ennéades*, VI, 7), introduction, traduction, commentaire et notes par P. Hadot, Paris, Editions du Cerf, 1988.

– *Traité 50* (*Ennéades*, III, 5), introduction, traduction, commentaire et notes par P. Hadot, Paris, Editions du Cerf, 1990.

Plutarque, *Dialogue sur l'amour*. – *Histoires d'amour*, texte établi et traduit par R. Flacelière et M. Cuvigny, in *Œuvres morales*, tome X, Paris, Les Belles Lettres, 1980.

– *Sur Isis et Osiris* in *Œuvres morales*, tome V (2e partie), texte établi et traduit par C. Froidefond, Paris, Les Belles Lettres, 1988.

Proclus, *Théologie platonicienne*, livres I-V, texte établi et traduit par H. D. Saffrey et L. G. Westerink, Paris, Les Belles Lettres, 1968-1997.

– *Commentaires de Platon. Alcibiade*, texte établi et traduit par A.-Ph. Segonds, Paris, Les Belles Lettres, 1985.

Pseudo-Aristote, *Physiognomicon*, in *Scriptores physiognomoniae veteres ex recensione C. Perusci et F. Sylburgii graece et latine*, Altenburgi, impensis G. E. Richteri, 1780.

Thémistius, *On Aristotle On the soul*, traduit par R. B. Todd, London, Duckworth, 1996.

b. Moyen Age et Renaissance

Agrippa C., *De nobilitate et praecellentia foeminei sexus*, texte établi d'après le texte d'Anvers (1529) par Ch. Béné et traduit par O. Sauvage, Genève, Droz, 1990.

Alberti L. B., *I libri della famiglia*, a cura di R. Romano e A. Tenenti, nuova edizione a cura di Francesco Furlan, Torino, G. Einaudi, 1994.

– *La Deiphire qui enseigne d'éviter un amour mal encommencé*, traduitte d'italien en notre langue et nouvellement reveue et r'amendée, par G. Corrozet, Paris, 1547 (édition bilingue).

– *Hécatomphile d'amour*, prins de l'italien, Paris, Abel l'Angelier, 1584.

André Le Chapelain (Andreas Capellanus), *Traité de l'amour courtois*, introduction, traduction et notes de C. Buridant, Paris, Klincksieck, 1974.

Aragona T. d', *Della infinità di Amore* (1547), dans G. Zonta, *Trattati d'Amore del Cinquecento*, Bari, G. Laterza, 1912, p. 187-248.

Arnigio B., *Dialogo della medicina d'amore*, Brescia, F. e P. Maria Marchetti fratelli, 1566.

Averroès, *Commentarium magnum in Aristotelis De Anima libros*, recensuit S. Crawford, The Mediaeval Academy of America, Cambridge (Massachusetts), 1953.

– *Discours décisif*, traduction de M. Geoffroy et introduction d'A. de Libera, Paris, Flammarion, 1996.

– *L'intelligence et la pensée. Grand commentaire du De anima, livre III*, trad. A. de Libera, Paris, Flammarion, 1998.

– *La béatitude de l'âme*, éd., trad., annot., études doctrinales et historiques par M. Geoffroy et C. Steel, Paris, J. Vrin, 2001.

Avicenne, *Liber Canonis in medicina, philosophie et principis sapientissimi Avicennae*, a Gerardo Cremonensi in latinum conversus, Venetiis, apud Vincentium Valgrisium, 1564.

– *Liber de animalibus, per magistrum Michaelem Scotum de arabico in latinum translatus*, s. l., *ca* 1500.

Barbaro F., *De re uxoria libri duo* (1416), Amstelodami, typis J. Janssonii, 1639.

Barrio G., *De Antiquitate et situ Calabriae* (1571), Romae, ex typographia S. Michaelis ad ripam sumtibus Hieronymi Reinardi, 1737.

Bembo P., *Gli Asolani*, Venetia, impressi nelle case d'Aldo Romano, 1505.

– *Les Azolains* (*Gli Asolani*, 1505), traduictz d'italien en françoys par J. Martin, Paris, N. Chrestien, 1555.

– *Lettere* (1508-1528), vol. II, E. Travi [éd.], Bologna, commissione per i testi di lingua (casa Carducci), 1990.

Benivieni G., *Poème d'amour (Canzone)*, traduit par S. Toussaint, dans Pic de la Mirandole J., *Commento* (1500), Lausanne, L'Age d'homme, 1989.

Bernard de Ventadour, *Chansons d'amour (XIIe siècle)*, édition critique, traduction, introduction, notes et glossaire de M. Lazar, Paris, C. Klincksieck, 1966.

Betussi G., *Dialogo Amoroso*, Venetia, Segno del Pozzo, 1543.

– *Il Raverta nel quale si ragiona d'amore e degli effeti suoi* (1544), dans Zonta G., *Trattati d'Amore del Cinquecento*, Bari, G. Laterza, 1912, p. 3-150.

– *Leonora o ragionamento sopra la bellezza* (1557), dans Zonta G., *Trattati d'Amore del Cinquecento*, Bari, G. Laterza, 1912, p. 307-348.

Biondo M., *Angoscia, Doglia e Pena, le tre furie del Mondo* (1546), dans Zonta G., *Trattati del Cinquecento sulla donna*, Bari, G. Laterza, 1913, p. 73-220.

Boccace J., *De claris mulieribus*, Bernae, Mathias Apiarius, 1539.

– *De casibus uirorum illustrium*, G. Ricci e V. Zaccaria [édd.], Milano, A. Mondadori, 1983.

– *Des cleres et nobles femmes*, d'après Ms. Bibl. nat. frc. 12420 (chap. I-LII) par J. Baroin et J. Haffen, Paris, Les Belles Lettres, 1993.

– *Des cas des hommes et des femmes illustres* (*De casibus uirorum illustrium*), traduit par L. de Premierfait (1380?–1418), édition de P. May Gathercole, Chapel Hill, The University of North Carolina Press, 1968.

– *Il Corbaccio*, Bologna, Francesco da Bologna, 1516.

Bruni Da Pistoia D., *Difese delle donne*, Firenze, apresso i Giunti, 1552.

Bruno G., *Des fureurs héroïques* (*Eroïci furori*, 1585), texte établi et traduit par P.-H. Michel, Paris, Les Belles Lettres, 1954.

Cavalcanti G., *Canzone d'Amore*, dans Shaw J. E., *Guido Cavalcanti's theory of love, the Canzone d'Amore and others related problems*, Toronto, University of Toronto Press, 1949, p. 1-8.

Camutius A., *De Amore atque felicitate libri nouem*, Viennae (Austriae), S. Krevzer, 1574.

Casa G., *Galatée ou des manières* (1558), présenté et traduit de l'italien d'après la version de Jean de Tournes (1598) par A. Pons, Paris, Quai Voltaire, 1988.

Castiglione B., *Il Libro del cortegiano*, in Venetia, nelle case d'Aldo Romano e d'Andrea d'Asola suo suocero, 1528.

– *Le parfait courtisan et la dame de cour* (*Il libro del Cortegiano*, 1528), traduit par l'abbé Duhamel, Paris, E. Loyson, 1690.

Cattani Da Diacceto F., *I tre libri d'Amore con un panegirico all'amore et con la vita del detto autore fatta da M. Benedetto Varchi*, Vinegia, G. G. de Ferrari, 1561.

– *De Pulchro libri III*, texte établi par S. Matton, Pisa, 1986.

Chrétien de Troyes, *Cligès*, traduit par A. Micha, Paris, Honoré Champion, 1976.

Colonna P., *Apologiae mulierum libri*, texte établi par G. Zappacosta dans *Studi e ricerche sull'umanesimo italiano, testi inediti del* XVe-XVIe *secolo*, Bergamo, Minerva Italica, 1972, p. 199-246.

Dardano L., *La Bella e dotta difesa delle donne in verso e prosa*, Vinegia, 1554.

Equicola M., *De oportunitate*, Neapoli, Ioannes Antonius de Caneto, 1507.

– *Libro di natura d'amore*, Venetia, Lorenzo Lorio da Portes, 1525.

– *De la nature d'amour tant humain que divin et de toutes les différences d'iceluy* (*Libro di natura d'amore*), traduit par Gabriel Chappuys, Paris, Jean Housé, 1584.

Farra A., *De miracoli d'Amore in Tre discorsi. Il primo de'miracoli d'Amore all'Illustrissimo e eccellentissimo signor Marchese di Pescara.*

Il secondo della Divinità dell'Huomo al molto Ill. S. Alessandro Foccaro. L'ultimo dell'Ufficio del capitano al molto Illust. S. hestore Visonte, Pavia, appresso Girolamo Bartoli, 1564.

Ficin M., *De voluptate*, dans Jamblichus, *de mysteriis Aegyptiorum, Chaldaeorum, Assyriorum ; Proclus, de sacrificio et magia ; Porphyrius, de diuinis atque daemonibus ; Synesius Platonicus de somniis ; Psellus, de daemonibus ; Expositio Prisciani et Marsilii in Theophrastum de sensu, phantasia et intellectu ; Alcinoi, Liber de doctrina Platonis ; Speusippi, Liber de Platonis definitionibus ; Pythagorae, Aurea verba ; Symbola Pithagorae ; Xenocratis, Liber de morte. [Omnia M. Ficino interprete]*, Venetiis, 1497, Sign. X^8-$\&^8$.

– *De vita libri tres*, Basileae, apud Io. Beb., 1529.

– *Les trois livres de la vie* (traduit par G. Le Fèvre de la Boderie, Paris, Abel l'Angelier, 1582), revu par T. Gontier, Paris, Fayard, 2000.

– *Théologie platonicienne de l'immortalité des âmes* (1482), tomes I et II, texte établi et traduit par R. Marcel, Paris, Les Belles Lettres, 1964.

– *Théologie platonicienne de l'immortalité des âmes* (1482), tome III, texte établi et traduit par R. Marcel, Paris, Les Belles Lettres, 1970.

– *Commentaire sur le Banquet de Platon* (*Commentarius in Conuiuium*, 1469), texte établi et traduit par R. Marcel, Paris, Les Belles Lettres, 1956.

– *Commentaire sur le Banquet de Platon, De l'amour*, texte établi, traduit, présenté et annoté par P. Laurens, Paris, Les Belles Lettres, 2002.

– *The Philebus commentary*, édition et traduction anglaise de M. J. B. Allen, Berkeley-Los Angeles-London, University of California Press, 1975.

Firenzuola A., *Discours de la beauté des dames* (*Delle Bellezze delle donne*, 1541), prins de l'italien par I. Pallet, Paris, A. L'Angelier, 1578.

Florimonte G., *Ragionamenti di M. Agostino da Sessa, con l'illustriss. s. Principe di Salerno, sopra l'Etica d'Aristotele* (1554), Parma, appresso Sth. Viotti, 1562.

Franco N., *Dialogi piacevoli*, Venetiis, apud J. Giolitum de Ferrariis, 1536.

– *Dialogue où le Philosophe et le Poète débattent sur la prééminence*, dans *Dix plaisans dialogues* (dialogue IX), traduits par G. Chappuis, Lyon, J. Beraud, 1579, f. 211-142.

– *Dialogo dove si ragiona delle Bellezze*, Casale Monferrato, stampe di G. H. Guidone, 1542.

Giovio P., *Gli elogi degli uomini illustri* (1557), R. Meregazzi [éd.], Roma, Istituto Poligrafico dello stato. Libreria dello stato, 1972.

Gottifredi B., *Specchio d'Amore* (1547), dans Zonta G., *Trattati d'Amore del Cinquecento*, Bari, G. Laterza, 1912, p. 253-304.

Lando O., *Questions diverses et responces d'icelles. Divisees en trois livres. A sçacoir, questions d'amour. Questions naturelles. Questions morales et politiques.(Quattro libri di dubbi)*, traduites du tuscan en françois par C. Le Villain, Rouen, C. Le Villain, 1615.

– *Bref traité de médecine pour guérir les passions*, texte établi et traduit de l'italien par H. Elie, Paris, La Pensée universelle, 1972.

Léon l'Hébreu, *Dialoghi di amore* (1535), Venetia, apresso D. Giglio, 1558.

– *La Philosophie d'amour* (*Dialogi d'amore*, 1535), traduit par le Seigneur du Parc, Lyon, Benoist Rigaud, 1595.

Lodovico M., *Della institution delle donne*, Vinegia, Gabriel Giolito de' Ferrari, 1560.

Luigini F., *Della bella donna* (1554), dans Zonta G., *Trattati del cinquecento sulla donna*, Bari, G. Laterza, 1913, p. 223-308.

Machiavel N., *Le Prince* (*Il Principe*, 1532), traduit par Y. Lévy, Paris, G. F. Flammarion, 1980.

Marinello G., *Gli ornamenti delle donne, tratti dalle scriture d'una Reina Greca*, Venetia, Francesco de' Franceschi Senese, 1562.

– *Le medicine partenenti alle infermità delle donne*, Venetia, Giovanni Valgrisio, 1574 (1563).

Martelli V., *Lettere di XIII huomini illustri, nelle quali sono due libri di diversi altri auttori*, Venetia, Trino di Monferrato, 1564.

Modio G. B., *Il Convito* (1554), dans Zonta G., *Trattati del cinquecento sulla donna*, Bari, G. Laterza, 1913, p. 311-370.

Nobili F., *Traité de l'amour humain* (*Trattato dell'Amore Humano,* 1567) traduit par I. de Lavardin, Paris, Lucas Breyel, 1588.

– *Il trattato dell'Amore humano con le postille autografe di Torquato Tasso* (*Trattato dell'Amore humano,* 1567), Roma, Ermanno Loescher, 1895.

Patrizi F., *L'amorosa filosofia* (1577), texte établi par J. Ch. Nelson, Firenze, Felice Le Monnier, 1963.

– *Du baiser*, traduction et notes de S. Laurens Aubry (édition d'Aguzzi Barbagli) avec une préface de Ch. Melman et une introduction de P. Laurens, Paris, Les Belles Lettres, 2002.

Pétrarque F., *L'Afrique*, texte traduit par Victor Develay, Paris, Librairie des bibliophiles, 1882 (5 volumes).

– *L'Afrique*, I-V, traduit par P. Laurens, Paris, Les Belles Lettres, à paraître (2004).

– *Canzoniere* (1342), texte établi et traduit par P. Blanc, Paris, Bordas, 1988.

Pic de la Mirandole J., *Commento* (1500), traduit et annoté par S. Toussaint, L'Age d'homme, 1989.

Piccolomini A., *Dialogo de la bella creanza de le donne* (1539), dans Zonta, G., *Trattati del Cinquecento sulla donna*, Bari, G. Laterza, 1913, p. 3-67.

– *Institutione morale libri XII*, Venetia, Giordano Ziletti, 1560.

Pio G. B., *In Carum Lucretium poetam commentarii* (1508), s. l., s. d.

Pomponazzi P., *Tractatus De immortalitate animae*, s. l., 1516.

– *De immortalitate animae*, a cura di G. Gentile, Roma, G. Principato Messina, 1925.

– *Defensorium autoris in Tractatus acutissimi, utillissimi et mere peripatetici*, Venetiis, Octavianus Scotus, 1525.

Ponzettus F., *De uenenis libri tres*, dans Santis A., *Pisaurensis medici et philosophi praestantissimi opus De Venenis*, Basileae, per Henricum Petri et Petrum Pernam, 1562, p. 517-573.

Sansovino F., *Ragionamento nel quale brevemente s'insegna a giovani huomini la bella arte d'amore* (1545), dans Zonta G., *Trattati d'Amore del Cinquecento*, Bari, G. Laterza, 1912, p. 153-184.

Scaliger J. C., *Exoticarum exercitationum, liber quintus decimus de subtilitate*, Lutetia, ex officina typografica Michaelis Vascosani, 1557.

Speroni S., *Dialogi*, Vinegia, Aldus, 1543.

– *Dialogue traitant d'amour et jalousie* (*Dialogo d'Amore*, 1542), dans *Les Dialogues de messire Speron Sperone*, traduits par C. Gruget, Paris, Estienne Groulleau, 1551.

– *Dialogue de la dignité des femmes* (*Delle Dignità delle donne*, 1543), dans *Les Dialogues de messire Speron Sperone*, traduits par C. Gruget, Paris, Estienne Groulleau, 1551.

– *Dialogue d'amour*, dans *Les Dialogues de messire Speron Sperone*, traduits par C. Gruget, Paris, Estienne Groulleau, 1551.

– *Dialogo d'amore*, traduit par C. Gruget, texte établi sur l'édition originale des *Dialogues de messire Speron Sperone* (1551) présenté en regard de l'édition princeps du *Dialogo d'amore* (1542), introduction et commentaire de P. Martin, Poitiers, La Licorne, 1998.

Tasso T., *Il Nifo ovvero del piacere* (1582), dans *Opere di Torquato Tasso*, tome III (prose, parte prima), Florence, Stamp. Di Tartini e Franchi, 1724, p. 355-360.

– *La Molza ovvero dell'Amore* (1585), dans *Opere di Torquato Tasso*, tome III (prose, parte prima), Florence, Stamp. Di Tartini e Franchi, 1724, p. 485-508.

– *Le Manso ou de l'amitié* (1593), dans *Dialogues du Tasse*, texte traduit par J. V. Periès, Paris, CLF Panckouke, 1825, p. 3-110.

Trissino G. G., *I Ritratti* (1524), dans Hirdt, W., *Gian Giorgio Trissinos Porträt des Isabelle d'Este. Ein Beitrag zur Lukian-Rezeption in Italien*, Heildelberg, Carl Winter Universitätsverlag, 1981, p. 19-28.

Valla L., *De voluptate*, Parisiis, Iodocus Badius, 1512.

Vernia N., *Acutissime Questiones De pluritate immortalitatis et felicitate intellectus super libros de Physica auscultatione ab Alberto de Saxonia contra perversam Averrois opinionem de unitate intellectus et de anima Questiones divine, nuper castigatissime in lucem prodeuntes. Ejusdem etiam de Gravibus et levibus questio subtilissima*, Venetiis, apud Octavianum Scotum, 1516.

Vieri F. de', *Lezzione dove si ragiona delle idee e delle bellezze*, Firenze, Giorgio Marescotti, 1581.

– *Il secondo ragionamento d'amore*, dans *Discorsi*, Firenze, Giorgio Marescotti, 1587, p. 93-123.

Vito di Gozze N., *Dialogo della bellezza secondo* et *Dialogo d'amore secondo la mente di Platone* (1581), Zagreb, The Croatian Writers' Association, 1995.

III. Études

Allen M. J. B., Introduction à M. Ficin, *The Philebus Commentary*, Berkeley – Los Angeles – London, 1975, p. 1-68.

– *Marsilio Ficino and the Phaedran Charioteer*, Berkeley-Los Angeles-London, 1981.

– « Marsilio Ficino on Plato, the neoplatonists and the Christian doctrine of the trinity », *Renaissance Quaterly*, 37 (1984), p. 555-584.

– « The second Ficino-Pico controversy : Parmenidean poetry, eristic, and the one », dans *Marsilio Ficino e il ritorno di Platone*, vol. II, G. C. Garfagnini [éd.], 1986, p. 417-455.

Antionoli R., préface à C. Agrippa, *De nobilitate et praecellentia foeminei sexus*, Genève, Droz, 1990, p. 7-42.

Antoniaci A., *Ricerche sull'aristotelismo del Rinascimento*, vol. II, s. l., 1978.

Arias P. E., *Policleto*, Firenze, 1964.

Ashworth E. J., « Agostino Nifo's reinterpretation of medieval logic », *Rivista critica di storia della filosofia*, 31 (1976), p. 355-374.

Aubenas R. et Ricard R., *L'Eglise et la Renaissance (1449-1517)* (Histoire de l'Eglise depuis les origines jusqu'à nos jours, vol. 15), Paris, 1951.

Aubin P., *Le Problème de la conversion*, Paris, 1963.

Baroncini G., « Forma e ruolo dell'esperienza nel sapere di un medico e filosofo naturale dello studio bolognese : A. Achillini (1465-1512) », dans *Il Rinascimento nelle corti padane*, Bari, 1977, p. 439-468.

Barrochi P., *Scritti d'arte del Cinquecento*, Milano-Napoli, 1971-1973.

– *L'Imitazione bellezza e grazia proporzioni-misure-giudizio*, Torino, 1979.

Battisti E., *Rinascimento e Barocco*, Torino, 1960.

Bayer R., *Histoire de l'esthétique*, Paris, 1961.

Bayle P., « Agostino Nifo », *Dictionnaire historique et critique*, tome III, Rotterdam, 1720 (3e éd.), p. 2099-3002 (pagination continue sur 4 tomes).

Bazin G., *La Peinture au Louvre*, Paris, 1990.

Bec P., Introduction à *Chants d'amour des femmes-troubadours*, textes établis, traduits et présentés par P. Bec, Paris, 1995, p. 7-61.

Becq A., *Genèse de l'esthétique française moderne. 1680-1814*, Paris, 1994.

Benmakhlouf A., *Averroès*, Paris, 2000.

Berriot-Salvadore E., « Le discours de la médecine et de la science », dans *Histoire des femmes*, Paris, 1991, p. 359-395.

Bianchi L., et Randi, E., *Vérités dissonantes. Aristote à la fin du Moyen Âge*, Paris-Fribourg, 1993.

Boyancé P., « Cicéron et le *Premier Alcibiade* », REL, 41 (1963), p. 210-229.

Brantôme (P. de Bourdeille), *Recueil des Dames*, dans *Recueil des Dames Poésies et Tombeaux*, Paris, 1991.

Bréhier E., Introduction à Plotin, *Ennéades III*, Paris, 1981 (1925), p. 71-73.

Bullough V. L., « La medicina medievale e l'inferiorità femminile », dans *Né Eva né Maria, condizione femminile e immagine della donna nel Medioevo*, M. Pereira [éd.], Bologna, 1991, p. 122-134.

Buridant C., Introduction à A. Le Chapelain, *Traité de l'amour courtois*, Paris, 1974, p. 7-44.

Burkert W., « Afrodite e il fondamento della sessualità », dans *L'Amore in Grecia*, C. Calame [éd.], Roma-Bari, 1983, p. 135-140.

Calame C. [éd.], *L'Amore in Grecia*, Roma-Bari, 1983.

Cantimori D., *Umanesimo e religione nel Rinascimento*, Torino, 1975.

Carafa C. R., J., *De gymnasio Romano et de eius professoribus ab Urbe condita usque ad haec tempora*, vol. II, Romae, 1751, p. 330-331.

Cassese L., « Agostino Nifo a Salerno », dans *Atti del Centro di Studi di medicina medioevale*, n°3, en appendice de *Rassegna storica Salernitana*, 19 (1958), p. 3-17.

Cecchi E. et Sapegno N. [édd.], *Storia della letteratura Italiana. Il cinquecento*, Milano, 1992.

Chastel A., *Marsile Ficin et l'art*, Genève, 1954.

– *Art et humanisme à Florence au temps de Laurent le Magnifique. Etudes sur la Renaissance et l'humanisme platonicien*, Paris, 1959.

– « Il signum crucis del Ficino », dans *Marsilio Ficino e il ritorno di Platone*, vol. I, G. C. Garfagnini [éd.], 1986, p. 211-219.

Cherchi P., « Equicola Mario », DBI, 43 (1993), p. 34-40.

Chevallier R. [éd.], *Colloque Présence d'Ovide*, Paris, 1982.

Chioccarello B., *De illustribus scriptoribus qui in ciuitate et regno Neapolis ab orbe condito ad annum usque MDCXXXVI floruerunt*, Neapoli, 1780.

Chiomenti Vassali D., *Giovanna d'Aragona, fra baroni, principi e sovrani del Rinascimento*, Milano, 1987.

Cosenza M. E., *Biographical and Bibliographical Dictionary of the Italian Humanists and of the world of classical scholarship in Italy, 1300-1800*, vol. 3, Boston, 1962 (1954), p. 2473-2478.

Cosenza P. et Laurenti R., *Il piacere nella filosofia greca*, Napoli, 1993.

Coulter J. A., *The literary microcosm. Theories of interpretation of the later neoplatonists*, Leiden, 1976.

Crane T. F., *Italian social customs of the sixteenth century and their influence on the litterature of Europe*, New-York, 1971.

Cristiani L., *L'Eglise à l'époque du Concile de Trente* (Histoire de l'Eglise depuis les origines jusqu'à nos jours, vol. 17), s. l., 1948.

Croce B., *Poeti e scrittori del pieno e del tardo Rinascimento*, III, Bari, 1952.

De Bruyne E., *L'esthétique du Moyen Age*, Louvain, 1947.

De Caprariis V., « Politica ed erudizione nel pensiero di Gabriel Naudé », *Atti della Accademia Pontaniana*, nuova serie, IV (1950-51), p. 29-53.

De Lacy P., « Galen's platonism », *American journal of philology*, XCIII (1972), p. 27-39.

Del Nero V., « La sessualità nel Commento di Giovan Battista Pio a Lucrezio », *Rinascimento,* 2e S., XXVI (1986), p. 277-295.

De Maio R., *Donna e Rinascimento,* Milano, 1987.

Desaive J.-P., « Les ambiguïtés du discours littéraire », dans *Histoire des femmes,* tome III, Paris, 1991, p. 275-303.

Devereux J. A., « The subject of love in Ficino's philosophy », *Journal of the history of ideas,* 30 (1969), p. 161-170.

Di Napoli G., *L'Immortalità dell'anima nel Rinascimento,* Torino, 1963.

– *Studi sul Rinascimento,* Napoli, 1973.

Dionisotti C., « Appunti su Leone Ebreo », *Italia Medievale e Umanistica,* II (1959), Padova, p. 409-428.

Dizionario Biografico degli Italiani (DBI), I-LIX, Roma, 1960-2002.

Duby G. et Perrot, M. [édd.], *Histoire des femmes en Occident,* tome III (XVIe-XVIIIe siècles), Paris, 1991.

Duhem P., *Études sur Léonard de Vinci,* tome III, Paris, 1984.

Enciclopedia Cattolica, art. « Agostino Nifo », vol. VIII, Firenze, 1952, p. 1876-1877.

Enciclopedia Italiana, art. « Agostino Nifo », XXIV, Roma, 1949, p. 811.

Encyclopédie de la Pléiade, *Histoire de la philosophie, II. De la Renaissance à la révolution kantienne,* Y. Belaval [éd.], Paris, 1973.

Fabroni A., *Historia Academiae Pisanae,* vol. I, Pisis, 1791.

Facciolati J., *Fasti gymnasii Patavini,* vol. II, Patavii, 1757.

Fahy C., « Un trattato di Vicenzo Maggi sulle donne e un'opera sconosciuta di Ortensio Lando », *Giornale storico della letteratura italiana,* CXXXVIII (1961), p. 254-272.

– « The *De mulieribus admirandis* of Antonio Cornazzano », *Bibliografia,* Firenze, 1960, p. 144-174.

– « Early Renaissance treatises on women », *Italian Studies,* XI (1954), p. 30-55.

Faral E., *Les arts poétiques du XIIe et XIIIe siècles,* Paris, 1958 (1924).

Festugière A. J., *La Philosophie de l'amour de Marsile Ficin et son influence sur la littérature française au XVIe siècle,* Paris, 1941.

– *Aristote. Le plaisir (Eth. Nic. VII, 11-14 ; X 1-5),* Paris, 1936.

Fiorentino F., *Il Risorgimento filosofico nel Quattrocento*, Napoli, 1885.

Flandrin J.-L., *Le sexe et l'Occident*, Paris, 1981.

Fontaine M.-M., « La lignée des commentaires à la chanson de Guido Cavalcanti 'Donna me prega' : évolution des relations entre philosophie, médecine et littérature dans le débat sur la nature d'Amour (de la fin du XIIIe siècle à celle du XVIe siècle) », dans *La folie et le corps*, J. Céard (éd.), Paris, 1985, p. 159-178.

Fritz M. P., *Giulio Romano et Raphaël. La vice-reine de Naples*, traduit de l'allemand par C. Nydegger (conférence du 3 juin 1994), Paris, s. d.

Fuscolillo G., « Le croniche di li antiqui re del regno di Napoli », *Archivio Storico per le province Napoletane*, I (1876), Napoli, p. 533-564.

Gaddi J., *De scriptoribus non ecclesiasticis graecis, latinis, italianis*, Florentia, 1648.

Garfagnini G. C. [éd.], *Marsilio Ficino e il ritorno di Platone*, studi e documenti, vol. I et II, Istituto nazionale di Studi sul Rinascimento, Firenze, 1986.

Garin E., *La Filosofia*, tome I (Dal Medioevo all' Umanesimo) et tome II (Dal Rinascimento al Risorgimento), Milano, 1947.

– « Noterelle di filosofia del Rinascimento », *La Rinascita*, XIX (1951), Florence, p. 409-442.

– « Ficino e il ritorno di Platone », dans *Marsilio Ficino e il ritorno di Platone*, G. C. Garfagnini [éd.], vol I, 1986, p. 3-13.

– *Moyen Âge et Renaissance*, Paris, 1989.

– éd., *L'homme de la Renaissance* (*L'uomo del Rinascimento*, Roma-Bari, 1988), traduit de l'italien par M. Aymard et de l'anglais par P-A Lesort, Paris, 1990.

– « Le philosophe », dans *L'homme de la Renaissance*, Paris, 1990, p. 174-212.

Gentile G., Prefazione à Pomponazzi P., *De immortalitate animae*, Roma, 1925, p. I-IV.

– *Storia della filosofia italiana*, E. Garin [éd.], volumo primo e secondo, Firenze, 1969.

Gentile S., « L'epistolario Ficiniano : criteri e problemi di edizione », dans *Marsilio Ficino e il ritorno di Platone*, vol. I, G. C. Garfagnini [éd.], 1986, p. 229-238.

Geoffroy M. et Steel C., Etude préliminaire à l'édition d'Averroès, *La béatitude de l'âme*, Paris, 2001, p. 94-112.

Ghellinck J. (de), *La littérature latine au Moyen Âge*, 2 vol., s. l., 1939.

– *L'essor de la littérature latine au XIIe siècle*, tomes I et II, Bruxelles-Paris, 1946.

Gilson E., « Autour de Pomponazzi. Problématique de l'immortalité de l'âme en Italie au début du XVIe siècle », *Archives d'histoire doctrinale et littéraire du Moyen Âge*, XXVIII (1961), p. 163-279.

Gontier T., « Vie et intelligence chez Aristote. Opposition ou unité ? », dans *Métaphysique de l'esprit, de la forme à la force*, P. Magnard [éd.], Paris, 1996, p. 25-38.

– « Un platonisme sans cosmos ? La sagesse de Marsile Ficin », dans *Marsile Ficin : les platonismes à la Renaissance*, P. Magnard [éd.], Paris, 2001, p. 69-89.

Grendler P. F., *The Universities of the Italian Renaissance*, Baltimore – London, 2002.

Grimal P., *L'amour à Rome*, Paris, 1963.

Guicciardini F., *Histoire d'Italie, 1492-1534*, tome I (1492-1513) et tome II (1513-1534), traduction de l'italien dans le cadre de l'atelier de traduction du Centre de recherche sur la pensée politique italienne de l'ENS de Fontenay-Saint-Cloud sous la direction de J.-L. Fournel et J.-C. Zancari, Paris, 1996.

Guidi J., « Vittoria Colonna : les poésie funéraires en l'honneur du marquis de la Pescara », dans *Les femmes écrivains en Italie au Moyen Âge et à la Renaissance*, Aix-en-Provence, 1994, p. 235-246.

Guillemain B., « Machiavel, lecteur d'Aristote », dans *Platon et Aristote à la Renaissance* (XVIe colloque international de Tours), Paris, 1976, p. 163-173.

Hadot P., Introduction à Plotin, *Traité 38 (VI, 7)*, Paris, 1988, p. 15-68.

– Introduction à Plotin, *Traité 50 (III, 5)*, Paris, 1990, p. 13-84.

– *Plotin ou la simplicité du regard* (1973), Paris, 1997.
– *Plotin, Porphyre. Etudes néo-platoniciennes*, Paris, 1999.
Hayoun M.-R. et Libera, A. (de), *Averroès et l'averroïsme*, Paris, 1991.
Houdoy J., *La Beauté des femmes dans la littérature et dans l'art du* XII*e* *au* XVI*e* *siècle*, Paris, 1876.
Huisman D., *L'Esthétique*, Paris, 1977.
Imbach R. et Putallaz F.-X., *Profession : philosophe. Siger de Brabant*, Paris, 1997.
Imbriani V., « Un epigramma di Agostino Nifo », dans *Notarella letta alla Reale Accademia di Scienze Morali e politiche*, Napoli, 1885, p. 1-4.
Ivanoff N., « La Beauté dans la philosophie de Marsile Ficin et de Léon Hébreu », *Humanisme et Renaissance*, III (1936), Paris-Genève, p. 12-21.
Jacquart D. et Micheau F., *La médecine arabe et l'Occident médiéval*, Paris, 1990.
Jacquart D. et Thomasset C., *Sexualité et savoir médical au Moyen Âge*, Paris, 1985.
Jardine L., « Dialectic or dialectical rhetoric ? Agostino Nifo's criticism of Lorenzo Valla », *Rivista critica di storia della filosofia*, 36 (1981), Firenze, p. 253-270.
Jardine N., « Galileo's road to thruth and the demonstrative regress », *Studies in History and Philosophy of Science*, 7 (1976), Oxford, p. 277-318.
Junod Ph., *Transparence et opacité*, Lausanne, 1976.
King M. L., « La femme de la Renaissance », dans *L'homme de la Renaissance*, Paris, 1990, p. 283-335.
Klibansky R., Panofsky, E. et Saxl, F., *Saturne et la mélancolie*, Paris, 1989.
Krakowsky E., *L'Esthétique de Plotin et son influence*, Paris, 1929.
Kristeller P.-O., *The Philosophy of Marsilio Ficino*, New-York, 1943.
– « Francesco Da Diacceto and florentine platonism in the sixteenth century », *Miscellanea Giovanni Mercati*, IV (1946), p. 260-304.
– *Studies in Renaissance thought and letters*, Roma, 1956.

– *La tradizione aristotelica nel Rinascimento*, Padova, 1962.
– *Renaissance Concepts of Man and Others Essays*, New-York, 1972.
– *Huit philosophes de la Renaissance italienne*, Genève, 1975.
– *Aristotelismo e sincretismo nel pensiero di Pietro Pomponazzi* (lezione conclusiva del 25ᵉ anno accademico del centro per la storia della tradizione aristotelica nel Veneto) Padova, 1983.
– « Marsilio Ficino and his work after five hundred years », dans *Marsilio Ficino e il ritorno di Platone*, G. C. Garfagnini [éd.], 1986, p. 15-196.

Lafontaine A., *Le Plaisir d'après Platon et Aristote*, Paris, 1902.

Laurens P., « *Stylus Platonis* : l'*oestrus* poétique dans le *De Amore* de Marsile Ficin », dans *Marsile Ficin : les platonismes à la Renaissance*, P. Magnard [éd.], Paris, 2001, p. 139-151.
– « *Platonicam aperiamus sententiam* : la *lectura Platonis* dans le *Commentaire sur le Banquet* », dans *Marsile Ficin ou les mystères platonicens*, S. Toussaint [éd.], les Cahiers de l'Humanisme-Série, II (2002), p. 17-28.
– Introduction à Ficin M., *Commentaire sur le Banquet de Platon, De l'amour*, texte établi, traduit, présenté et annoté par P. Laurens, Paris, 2002, p. IX-XCIII.

Lecoq A.-M., « D'après Pigghe, Nifo et Lucien : le rhéteur Jean Thénaud et le déluge à la cour de France », dans *Astrologi hallucinati*, P. Zambelli [éd.], Berlin – New York, 1986, p. 215-237.

Lenzi M. L., *Donne e Madonne. L'educazione femminile nel primo Rinascimento italiano*, Torino, 1982.

Lewis C. S., *The allegory of love*, Oxford, 1936.

Libera A. (de), Introduction à Thomas d'Aquin, *L'unité de l'intellect contre les averroïstes*, Paris, 1994, p. 9-73.
– Introduction à Averroès, *Discours décisif*, 1994, p. 5-83.
– Introduction à Averroès, *L'intelligence et la pensée. Sur le De anima*, Paris, 1998, p. 7-45.

Lohr C. H., « Renaissance latin Aristotle Commentaries », *Renaissance Quaterly*, 32 (1979, n° 3-4), p. 529-580.

Lorenzetti P., *La Bellezza e l'Amore nei trattati del Cinquecento*, Pisa, 1917.

Magnard P., *Le Dieu des philosophes*, [Paris], 1992.
– éd., *La Dignité de l'homme*, (Actes du colloque tenu à la Sorbonne-Paris IV, novembre 1992), Paris, 1995.
– éd., *Métaphysique de l'esprit, de la forme à la force*, Paris, 1996.
– « Pour une métaphysique de l'esprit », dans *Métaphysique de l'esprit, de la forme à la force*, Paris, 1996, p. 39-62.
– éd., *Marsile Ficin : les platonismes à la Renaissance* (Actes du Colloque *Marsile Ficin* tenu à la Sorbonne les 28 et 29 mai 1999), Paris, 2001.
– « Platon pour disposer au christianisme », dans *Marsile Ficin : les platonismes à la Renaissance*, Paris, 2001, p. 195-203.
Mahoney E. P., « Nicoletto Vernia and Agostino Nifo on Alexander of Aphrodisias : an unnoticed dispute », *Rivista critica di storia della filosofia*, 23 (1968), p. 268-296.
– « Agostino Nifo's early views on immortality », *Journal of the history of philosophy*, VIII, 4 (1970), p. 451-460.
– « Pier Nicola Castellani and Agostino Nifo on Averroes' doctrine of the agent intellect », *Rivista critica di storia della filosofia*, XXV (1970), p. 387-409.
– « A note on Agostino Nifo », *Philological Quaterly*, L, 1 (1971, january), p. 125-132.
– « Agostino Nifo's De Sensu agente », *Archiv für Geschichte der Philosophie*, 1971, p. 119-142.
– « Nifo, A. », *Dictionary of scientific biography*, par Ch. Coulston Gillipsie, vol. X, New-York, 1974, p. 122-124.
– « Antonio Trombetta and Agostino Nifo on Averroes and intelligible species : a philosophical dispute at the University of Padua », dans *Storia e cultura al Santo di Padova*, Padova, 1976, p. 289-301.
– « Agostino Nifo and Saint Thomas Aquinas », *Memorie Domenicane*, nuova serie, 7 (1976), p. 195-226.
– « Neoplatonism, the greek commentators, and Renaissance aristotelism », dans *Neoplatonism and christian thought*, Norfolk (Virginia), Dominic J. O'Meara [éd.], 1982, p. 169-177.
– « Marsilio Ficino's influence on Nicoletto Vernia,

Agostino Nifo and Marcantonio Zimara », dans *Marsilio Ficino e il ritorno di Platone*, vol. II, G. C. Garfagnini [éd.], 1986, p. 509-531.

Two Aristotelians of the Italian Renaissance. Nicoletto Vernia and Agostino Nifo (recueil d'articles), Aldershot-Burtington (USA)-Singapore-Sydney, 2000.

Marcel R., Introduction à Ficin M., *Commentaire sur le Banquet de Platon*, Paris, 1956, p. 11-131.

Marini G., *Lettere al chiarissimo Monsignor Giuseppe Muti Papazurri già Casali, nella quale s'illustra il ruolo de' professori dell'archiginnasio Romano per l'anno MDXIV*, Roma, 1797, p. 3-4.

Martin P., « La représentation ficinienne de la passion amoureuse », *Passion, émotions, pathos, La Licorne*, 43 (1997), p. 23-48.

– introduction à Speroni S., *Dialogo d'amore*, traduit par C. Gruget, texte établi sur l'édition originale des *Dialogues de messire Speron Sperone* (1551) présenté en regard de l'édition princeps du *Dialogo d'amore* (1542), Poitiers, 1998, p. 21-68.

Maurer A. A., *Medieval philosophy*, Toronto, 1982.

Melczer W., « Platonisme et aristotélisme dans la pensée de Léon Hébreu », dans *Platon et Aristote à la Renaissance* (XVIe colloque international de Tours), Paris, 1976, p. 293-306.

Merrill R. V., « Eros and Anteros », *Speculum, a journal of mediaeval studies*, vol. 19 (july 1944, n°3), Cambridge (Massachussets), p. 265-284.

Michaud M., « Agostino Nifo », dans *Biographie Universelle ancienne et moderne*, tome XXX, Paris, 1854, p. 597-598.

Michel A., « Epicurisme et christianisme au temps de la Renaissance : quelques aspects de l'influence cicéronienne », R E L, 52 (1974), p. 356-383.

– *La Parole et la beauté*, Paris, 1994 (1981).

– « Pulchritudo Splendor Dei : de Platon à Ficin », dans *Marsile Ficin : Les platonismes à la Renaissance*, P. Magnard [éd.], Paris, 2001, p. 93-100.

Michel P.-H., Introduction à Bruno G., *Des Fureurs Héroïques*, Paris, 1954, p. 7-81.

Mollaretti Nobbio R., *Vittoria Colonna e Michelangelo nel V^e^ centenario della sua nascita (1490-1990)*, Firenze, 1990.

Monarca G., *Agostino Nifo (Vita ed opere : traccia per una riscoperta)*, s. l., 1975.

Moreau J., « De la concordance d'Aristote avec Platon », dans *Platon et Aristote à la Renaissance* (XVIe colloque international de Tours), Paris, 1976, p. 45-58.

Muccillo M., « Marsilio Ficino e Francesco Patrizi da Cherso », dans *Marsilio Ficino e il ritorno di Platone*, vol. II, G. C. Garfagnini [éd.], 1986, p. 615-679.

Nardi B., *Saggi sull'aristotelismo padovano dal secolo XIV al XVI*, Firenze, 1958.

– « L'amore e i medici medievali », dans *Studi in onore di Angelo Monteverdi 2*, Modena, 1959, p. 517-542.

Naudé G., Introduction (non paginée) à Nifo A., *Opuscula moralia et politica*, Paris, 1645.

– *Apologie pour tous les grands personnages qui ont été faussement soupçonnés de magie* (1624-1625), dans *Libertins du XVIIe siècle*, édition établie, présentée et annotée par J. Prévot, Paris, 1998, p. 137-380.

Nelson J. C., « L'Amorosa filosofia di Francesco Patrizi da Cherso », *Rinascimento*, II, 2e S. (1962), p. 86-106.

– *Renaissance theory of love (the context of Giordano Bruno's Eroici furori)*, New-York, 1963.

– Introduction à Patrizi F., *L'amorosa filosofia*, Firenze, 1963, p. V-XVI.

Niceron J.-P., *Mémoires des hommes illustres*, Paris, Briasson, 1727-1745, tome 18, p. 52-71.

Olivieri L., *Pietro d'Abano e il pensiero neolatino*, Padova, 1988.

Ottosson P.-G., *Scholastic medicine and philosophy*, Napoli, 1984.

Panofsky E., *Studies in iconology. Humanistic themes in the art of the Renaissance*, New-York, 1962.

– *La Renaissance et ses avant-courriers dans l'art d'Occident* (1960), Paris, 1993.

Panvini P., *Biografia dei re di Napoli*, Neapoli, 1825.

Pattin A., « Un grand commentateur d'Aristote : Agostino Nifo », dans *Historia philosophiae Medii Aevi – Studien zur Geschichte der Philosophie des Mittelalters*, 1993 (1991), Amsterdam/Philadelphia, p. 787-803.

Pernet-Beau S. et Larivaille P., « Une réécriture du Prince de Machiavel », introduction à Nifo, A., *De regnandi peritia d'Agostino Nifo*, Paris, 1987, p. IV-XVII.

Perni M. G., *Le platonisme de Marsile Ficin et la cour d'Urbin*, traduit de l'anglais par François Roudaut, Paris, 1997.

Pigeaud J., *La maladie de l'âme. Etude sur la relation de l'âme et du corps dans la tradition médico-philosophique antique*, Paris, 1981.
– *L'Art et le vivant*, Paris, 1995.

Pine M. L., *Pietro Pomponazzi : radical philosopher of the Renaissance*, Padova, 1986.

Poppi A., « L'antiaverroismo della scolastica padovana alla fine del secolo XV », *Studia patavina, rivista di filosofia e teologia*, II, 11 (1964), p. 102-104.
– *Causalità e infinità nella scuola padovana dal 1480 al 1513*, Padova, 1966.
– *Introduzione all'aristotelismo padovano*, Padova, 1970.
– *Saggi sul pensiero inedito di Pietro Pomponazzi*, Padova, 1970.
– « Il problema della filosofia morale nella scuola padovana e aristotelismo della definizione del metodo dell'etica », dans *Platon et Aristote à la Renaissance* (XVIe colloque international de Tour), Paris, 1976, p. 105-136.

Purnell F., « The theme of philosophic concord and the sources of Ficino's platonism », dans *Marsilio Ficino e il ritorno di Platone*, vol. II, G. C. Garfagnini [éd.], 1986, p. 397-415.

Randall J. H., *The school of Padua and the emergence of modern science*, Padova, 1961.

Renan E., *Averroès et l'averroïsme*(1852), Paris, 1861.

Renda U. et Operti P., *Dizionario storico della letteratura italiana*, Torino, s. d. (préface datée de 1952).

Robb N. A., *Neoplatonism of the italian Renaissance*, London, 1956.

Robin L., *La Théorie platonicienne de l'amour*, Paris, 1964.

Roger J., « La situation d'Aristote chez les anatomistes

padouans », dans *Platon et Aristote à la Renaissance* (XVIe colloque international de Tours), Paris, 1976, p. 217-224.

Rosi M., *Saggio sui trattati d'amore del cinquecento*, Recanati, 1889.

– *Scienza d'Amore*, Milano, 1904.

Roubaud J., *La Fleur inverse, l'art des troubadours*, Paris, 1994.

Sabot A. F., « Présence d'Ovide au XIIe siècle : poésie latine élégiaque, lyrique provençale », dans *Colloque Présence d'Ovide*, Paris, 1982, p. 241-260.

Saitta G., *Il pensiero italiano nell'umanesimo e nel Rinascimento*, vol. I (*L'umanesimo*), Bologna, 1949.

– *Il pensiero italiano nell'umanesimo e nel Rinascimento*, vol. II (*Il Rinascimento*), Bologna, 1950.

Santoro D., *Della vita e delle opere di Mario Equicola*, s. l., 1906.

Savino L., « Di alcuni trattati e trattatisti d'amore italiani della prima metà del secolo XVI », *Studi di letteratura italiana*, IX (1912), p. 223-435.

– « Di alcuni trattati e trattatisti d'amore italiani della prima metà del secolo XVI. Continuazione e fine », *Studi di letteratura italiana*, X (1914), p. 1-337.

Schmitt Ch. B., *A critical survey bibliography of studies on Renaissance aristotelianism*, Padova, 1971.

– « Philosophy and science in sixteenth century Italian universities », dans *The Aristotelian tradition and Renaissance universities*, chap. XV, London, 1984. (1ère édition dans *The Renaissance. Essays in interpretation to Eugenio Garin*, London-New-York, 1982), p. 297-336.

– *Aristote et la Renaissance*, traduit de l'anglais par L. Giard, Paris, 1992 (1e éd. *Aristotle and the Renaissance*, Cambridge-London, 1983).

– Ed., *The Cambridge history of Renaissance philosophy*, Ch. B. Schmitt et Q. Skinner [édd.], Cambridge, 1996.

Settembrini L., *Lezioni di letteratura italiana*, vol. II, Napoli, 1870.

Shaw J. E., *Guido Cavalcanti's theory of love. The Canzone d'Amore and other related problems*, Toronto, 1949.

Siraisi N. G., *Avicenna in Renaissance Italy. The Canon and Medical*

Teaching in Italian Universities after 1500, Princeton (New Jersey), 1987.

Sole J., *L'amour en Occident à l'époque moderne*, Paris, 1976.

Svoboda K., *L'Esthétique d'Aristote*, Paris, 1927.

Thorndike L., *A history of magic and experimental science*, vol. V, Columbia, 1941.

Tiraboschi G., *Storia della letteratura italiana* (1784), tome VII, parte 2, Modene, 1787-1794.

Toffanin G., « Petrarchismo e trattati d'amore nel Rinascimento », *Nuova Antologia. Rivista di lettere, scienze ed arti*, Roma, settima serie, 63 (mars 1928), p. 3-14.

– *Il 'Cortegiano' nella trattatistica del Rinascimento*, Napoli, s. d.

Tonelli L., *L'amore nella poesia e nel pensiero del Rinascimento*, Firenze, 1933.

Toussaint S., « Les formes de l'invisible », dans Pic de la Mirandole J., *Commento*, Lausanne, 1989.

– Ed., *Marsile Ficin ou les mystères platoniciens* (Actes du XLIIe Colloque International d'Etudes Humanistes, Centre d'Etudes Supérieures de la Renaissance, Tours, 7-10 juillet 1999), dans *Les Cahiers de l'Humanisme-Série*, volume II (2002).

Trinkaus C., « Marsilio Ficino and the ideal of human autonomy », dans *Marsilio Ficino e il ritorno di Platone*, G. C. Garfagnini [éd.],vol. I, 1986, p. 197-210.

Trottein S., « L'humanisme esthétique d'Agostino Nifo », dans *La Dignité de l'homme*, Actes du colloque tenu à la Sorbonne-Paris IV (novembre 1992), P. Magnard [éd.], Paris, 1995, p. 225-238.

– « Nifo et les paradoxes du beau », dans *Fine Follie ou la catastrophe humaniste, études sur les transcendantaux à la Renaissance*, B. Pinchard [éd.], Paris, Honoré Champion, 1995, p. 239-252.

Tuozzi P., « Agostino Nifo e le sue opere », dans *Atti e memorie della R. Accademia de scienze, lettere ed arti in Padova*, XX (1903-1904), f. 63-86.

Urvoy D., *Averroès. Les ambitions d'un intellectuel musulman*, Paris, 1998.

Valency M., *In praise of love. An introduction to the love poetry of the Renaissance*, New-York, 1958.

Vallese G., « La filosofia dell'amore nel Rinascimento : dal Ficino al Bembo », *Le parole e le idee*, VI (1964), p. 15-30.

Valletta G., « A proposito di un plagio di Agostino Nifo », *Lettere Italiane*, III (1951), p. 65-82.

– « Il principe di Machiavelli e il De regnandi peritia di Agostino Nifo », dans *Annali della facoltà di lettere e filosofia*, I, Napoli-Roma, 1951, p. 137-156.

Vasoli C., *Umanesimo e Rinascimento et Antologia della critica*, Storia della critica, diretta da Giuseppe Petronio, 1969.

– « Marsilio Ficino e Francesco Giorgio Veneto », dans *Marsilio Ficino e il ritorno di Platone*, vol. II, G. C. Garfagnini [éd.], 1986, p. 532-554.

– *Filosofia e religione nella cultura del Rinascimento*, Napoli, 1988.

– « L'Amorosa filosofia : dall'Amore platonico all'universale philautia », dans *Francesco Patrizi da Cherso*, Roma, 1989, p. 181-204.

Védrine H., *Les Philosophes de la Renaissance*, Paris, 1971.

Vetere B., « La donna nella società e nella cultura medioevale. Temi e itinerari di ricerca », dans *Profili di donne, mito immagine realta fra Medioevo ed eta contemporenea*, B. Vetere et P. Renzi [édd.], Galatina, 1986, p. 21-102.

Voci A. M., « Marsilio Ficino ed Egidio da Viterbo », dans *Marsilio Ficino e il ritorno di Platone*, vol. II, G. C. Garfagnini [éd.], 1986, p. 477-508.

Vuilleumier Laurens F., « Les Basia de Jean Segond et la tradition philosophique de Marsile Ficin à Francesco Patrizi », *Les Cahiers de l'humanisme-Série*, I (*La poétique de Jean Segond et son influence au XVI*[e] *siècle*), Paris, 2000, p. 25-38.

Wallace W. A., *Causality and scientific explanation*, vol. I, 1972.

Weil E., *La philosophie de Pietro Pomponazzi. Pic de la Mirandole et la critique de l'astrologie*, Paris, 1986.

Willaert L., *Après le Concile de Trente, la restauration catholique*, Paris, 1960.

Wolff P., *L'éveil intellectuel de l'Europe*, Paris, 1971.

Zambelli P., « I problemi metodologici del necromante Agostino Nifo », *Medioevo*, I (1975), Padova, p. 129-171.

– « Una disputa filosofica ereticale proposta nelle Università padane nel 1519 », dans *Il Rinascimento nelle corti padane*, Bari, 1977, p. 495-528.

– Ed., *Astrologi hallucinati*, Berlin – New York, 1986.

Zappacosta G., *Studi e ricerche sull'Umanesimo italiano, testi inediti del* XVe-XVIe *secolo*, Bergamo, 1972.

Zonta G., *Trattati d'Amore del Cinquecento*, Bari, 1912.

– *Trattati del cinquecento sulla donna*, Bari, 1913.

– *Il Rinascimento, tomo primo. Storia della letteratura italiana*, vol. II, Torino, 1930.

Zupnick I. L., « Imitation or essence : the dilemma of Renaissance art », dans *Platon et Aristote à la Renaissance* (XVIe Colloque international de Tours), Paris, 1976, p. 469-479.

AVGVSTINI NIPHI MEDICIS AD ILLVSTRISS. IOANNAM ARAGONIAM TAGLIACOCII PRINCIPEM DE PVLCHRO LIBER

LE LIVRE DU BEAU D'AGOSTINO NIFO DE MÉDICIS A JEANNE D'ARAGON, PRINCESSE DE TAGLIACOZZO

HOMMAGE DU CARDINAL POMPEO COLONNA À AGOSTINO NIFO

En lisant avec toute l'attention requise ton ouvrage sur le beau et l'amour, Ô Nifo, le plus brillant des philosophes, j'éprouvais vraiment une joie immense. En effet, je réalisais avec évidence que rien ne pouvait arriver de plus agréable pour nous, de plus profitable pour la postérité, et de plus glorieux pour toi. Par ma foi, tu réfléchis sur le beau humain et divin en te référant finalement aux plus éclatantes héroïnes et à Jeanne d'Aragon avec des raisonnements d'une si grande finesse et des arguments d'une si grande clarté qu'il ne subsiste absolument aucun doute sur la place privilégiée qu'occupe le beau parmi les hommes et parmi les dieux. Et bien que de tels exemples soient rares parmi les hommes – car la nature n'exhibe qu'exceptionnellement des exemples des plus grandes beautés – cependant, à notre époque, en mère attentive et généreuse, comme une émule de la divinité, pour révéler aux nations quelque chose de parfait, d'admirable et d'aussi proche que possible des dieux immortels, elle créa Jeanne d'Aragon Colonna et, depuis le berceau jusqu'à ce jour, où elle est la plus florissante, elle lui fit gravir tous les échelons de la beauté et de la grâce de sorte qu'elle obtient facilement la première place parmi les beautés les plus remarquables. Elle a, en outre, rehaussé son âme de talents et de vertus exceptionnelles et, à ses qualités morales, a joint un corps d'un agencement si rare, si élégant – il faudrait dire divin - que rien ne semble lui manquer si ce n'est l'immortalité. Son front et son visage sont d'une telle sérénité, d'une telle blancheur, ses yeux sont d'un tel éclat et d'une splendeur si brillante, enfin l'ensemble de tout son corps est si gracieux, d'un tel charme que même les morts seraient séduits et invités à l'aimer, entrainés à la contemplation du beau suprême ; de plus, elle surpasse toutes les autres par une telle pureté, une telle douceur, une telle amabilité et une telle éloquence naturelle qu'on croirait à juste titre qu'elle est née pour offrir à tous sa vertu et sa beauté morale comme un miroir et une étoile d'un éclat exceptionnel.

POMPEIVS CARDINALIS COLVMNA. S. R. E. VICECANCELL. AVGVSTINO NIPHO. S. P. D.

Opus tuum de pulchro et amore, Niphe philosophorum praeclarissime, dum omni accuratione perlegi maxima me hercule laetitia affecit. Nobis enim nihil iocundius, posteris nihil conducibilius, tibi uero nihil gloriosius accidere potuisse facile existimabam. His medius fidius rationibus argutissimis ac perspicuis argumentationibus diuinum et humanum pulchrum ratiocinaris, et ad praeclarissimas demum heroinas Ioannamque Aragoniam refers, ut nulla prorsus ambiguitas relinquatur quin in diuis pulchrum et in hominibus principem locum obtineat. Tametsi rarissima sint huiusmodi in hominibus exempla – non enim uulgo speciosissima quaeque exponit natura – nostro tamen aeuo parens officiosa ac liberalis, ueluti diuinitatis aemula, ut perfectum admirandumque aliquid diisque immortalibus quam simillimum gentibus proferret, Ioannam Aragoniam Columnam procreauit atque, ab incunabulis ad hanc usque aetatem in qua est florentissima, per omnes pulchritudinis et uenustatis numeros prouexit ut facile principem locum inter formosissimas uindicarit. Animum praeterea singularibus et dotibus et uirtutibus insigniuit corpusque tam rara tamque eleganti – aut diuina potius – compositione cum honestate coniunxit, ut in ea praeter immortalitatem nihil desiderari posse uideatur. Ea est frontis orisque serenitas, is candor, is oculorum splendor ac rutilans iubar, ea denique totius corporis species grata, uenus, ut uel ipsi mortui inuitentur allicianturque ad amorem atque ad absoluti pulchri speculationem trahantur ; tanta mox sanctitate morumque suauitate, comitate

26 grata *1549 1645* : gratia *1531 1641* || 28 suauitate *1549 1645 1641* : suauitatae *1531* || comitate *1549 1645* : comitatae *1531* comitata *1641*

Je dis donc que nous sommes grandement redevables à la nature de ce don extraordinaire ; et nous ne le sommes pas moins aussi envers toi, très sage Nifo, puisque ces choses que la nature elle-même nous livre mortelles et vaines, toi, tu les montres et les rends éternelles et presque divines. Ô merveilleux interprète de la beauté ! Ô sagesse inouïe et quasi divine ! Car, ce que des philosophes, pourtant de renom, n'avaient pas jadis exploré, tu l'as exposé pour nous et pour nos descendants de sorte que même les rustres n'ignorent pas la connaissance du beau suprême et véritable. Socrate[1] appelaient ce charme extraordinaire un tyran éphémère, sans doute parce qu'il affectait l'esprit ; Platon, une faveur de la nature ; Théophraste, une tromperie dissimulée ; Théocrite, une poussière d'ivoire ; Carnéade un pouvoir anxieux ; mais toutes ces définitions ignorent absolument la beauté divine et véritable. Comme tu l'as définie de façon plus juste et plus élégante, toi qui, après avoir écarté et chassé les passions et les illusions, exposes et proposes à notre amour la beauté de la divine religion dont tu t'es révélé, à tout moment, en parole et en acte, le plus âpre défenseur et le protecteur le plus zélé, non pas la beauté qui est fardée, bâtarde et vaine, mais celle qui est vraie, légitime et éternelle, et que nous ne pouvons atteindre autrement qu'en suivant l'unique chemin de la vertu ! Poursuis donc et, de tes armes les plus brillantes, mets en fuite les ennemis farouches de la vérité, chasse-les et supprime-les. Je te salue.

eloquentiaque caeteras antecellit, ut nata omnibus ad uirtutem honestatemque comparandam ueluti speculum sidusque fulgentissimum merito censeatur. Fateor igitur nos naturae ab hoc potissimum munus plurimum debere ; uerumenimuero tibi non minus, Niphe sapientissime, quando ea quae ab ipsa natura nobis caduca atque inania concessa sunt, tu sempiterna et fere diuina reddis ac exhibes. O praeclarum pulchritudinis interpretem ! O inauditam ac prope diuinam sapientiam ! Nam quod olim nec magnis quidem philosophis erat peruestigatum, id nobis posterisque ita per te declaratum est, ut absoluti uerique pulchri cognitionem ne rustici quidem ignorent. Vocabat Socrates excellentem uenustatem, nempe quia animum afficeret, parui temporis tyranidem ; Plato naturae priuilegium ; Theophrastus tacitam deceptionem ; Theocritus eburneum detrimentum ; Carneades regnum solicitum ; diuinae ueraeque pulchritudinis prorsus expertes. Quanto melius atque elegantius tu qui, libidinibus atque illusionibus explosis ac fugatis, diuinae religionis cuius dictis et factis studiosissimus uindex ac defensor acerrimus semper extitisti, non fucatam illam, notham atque inanem, sed ueram, sed legitimam, sed sempiternam et quam nisi solo uirtutis tramite assequi non possumus, pulchritudinem exhibes amplectendamque proponis. Perge igitur tuisque istis fulgentissimis armis truculentissimos ueritatis hostes fuga, funde atque e medio tolle. Vale.

39 cognitionem *1641* : cognitione *1531 1549 1645*.

AGOSTINO NIFO
A L'ILLUSTRISSIME JEANNE D'ARAGON, PRINCESSE DE TAGLIACOZZO

Illustrissime Jeanne, alors que je me demandais avec quel présent, sorti de mon cabinet, je pourrais paraître devant toi, m'est venu à l'esprit cet ouvrage en deux livres, dont l'un traite du beau et l'autre de l'amour, et grâce auquel j'ai pensé pouvoir pleinement t'honorer et te vénérer. En effet, bien que le divin Platon écrive avec le plus grand soin sur ces sujets, j'ai cependant entrepris cet ouvrage parce qu'au début, au milieu et à la fin du livre, ta beauté s'est toujours offerte à moi : rien que par sa vision et son dévoilement minutieux, ce livre est rendu non seulement beau mais digne d'admiration. Et, bien que mon talent soit bien incapable de former des louanges égales à ta beauté, cependant, ce que ma plume n'atteindra pas par les paroles, ta beauté, révélée aux yeux de tous, le montrera et rendra ce livre si illustre qu'il surpassera facilement, je l'espère, tous ceux qui courent le monde jusqu'à s'envoler vers les étoiles. Je te salue.

AVGVSTINI NIPHI MEDICIS AD ILLVSTRISS. IOANNAM ARAGONIAM TAGLIACOCII PRINCIPEM DE PVLCHRO LIBER

Cogitanti mihi, Ioanna Illustrissima, quo munere ex officina mea te uisitare possem, liber in duos dissectus, et in eum qui de pulchro et in eum qui de amore est, in mentem uenit, quo te et honorare et uenerari admodum posse censui. Nam quanquam diuinus ille Plato de his accurate scribit, eo tamen rem hanc agressus sum quod in libri principio, medio, ac fine tua pulchritudo semper prae manibus occurrerit ; qua sola inspecta atque adamusim explicata, liber non modo pulcher, uerumetiam admiratione dignus redditur. Et licet uires meae longe minores in scribendo sint quam quae pares laudes uenustatis tuae prosequantur, attamen quod stilus dicendo noster non assequetur, tua palam pulchritudo praeseferendo praestabit, librumque ita faciet illustrem, ut facile sperem supra omnes, qui circunferuntur usque ad sydera aduolaturum. Vale.

11. adamusim *1531* : ad amussim *1549 1645* ad amissim 1641.

LE LIVRE DU BEAU

I. Comment Protagoras nia l'existence du beau dans la nature

Puisque notre exposé, comme nous l'avons annoncé précédemment, va traiter du beau et de l'amour, il faudra tout d'abord examiner si le beau existe dans la nature ou non. C'est, en effet, la première des questions que l'on recherche dans les livres de science[2]. Le sophiste Protagoras[3], qui niait l'existence des dieux, ou la mettait en doute, nia l'existence du beau lui-même, ce qu'Aristote, doté d'un esprit supérieur, approuva dans le premier livre de l'*Ethique*[4] lorsqu'il dit : l'honnête et le juste, dont se préoccupe le politique, sont si variés et divers qu'ils ne semblent exister que par convention et non par nature. Par exemple, l'honnête se dit καλά en grec. Et Platon dans l'*Hippias majeur*, le *Banquet* et le *Phèdre*, comprend par καλά les choses belles. Aussi, si les choses belles sont si variées et diverses qu'elles ne semblent exister que par convention et non par nature, il en résulte que le beau en soi n'existe pas dans la nature elle-même mais seulement, pour ainsi dire, en fonction des amants eux-mêmes, si bien qu'est beau ce dont l'amant désire jouir, et laid ce dont l'amant ne désire absolument pas jouir. En outre, Aristote, le plus grand des philosophes, rapporta partout les choses belles à nos désirs. Or nos désirs ne sont pas tous les mêmes et ne se rapportent pas tous au même objet. Aussi ne se trouvera-t-il rien de beau qui, rapporté à tel ou tel autre amant, ne sera pas tantôt beau, tantôt laid, comme la nourriture, pourtant douce à un corps sain, est désagréable à un corps malade[5].

DE PVLCHRO LIBER

Quomodo Protagoras e rerum ipsa natura pulchrum sustulerit. Caput primum.

Quoniam, ut superius proposuimus, sermo nobis de pulchro et amore futurus est, necessarium erit primo disputare sit ne pulchrum in rerum ipsa natura, an non sit, haec enim earum quaestionum prima est quae in scientificis quaeruntur. Prothagoras sophista, qui deos aut negauit, aut in dubium reuocauit, e medio sustulit ipsum pulchrum, quod Aristoteles uir summo ingenio praeditus primo Ethicorum probauit cum inquit : honesta autem et iusta, de quibus ciuilis considerat, tantam uarietatem et differentiam habent ut lege tantum esse uideantur, et non natura. Vbi uerbum honesta graece καλά dicuntur. Et Plato in Hippia primo, et Symposio, et Phaedro per καλά pulchra intelligit. Quare si pulchra uarietatem et discrepantiam habent usque adeo ut lege tantum et non natura esse uideantur, fit ut pulchrum simpliciter non sit in rerum ipsa natura, sed uel solum ratione habita ad ipsos amantes ut id pulchrum dicatur, quo amans frui desiderat, id uero turpe, quo amans naquaquam frui discupiat. Praeterea Aristoteles, summus philosophorum, ubique pulchra ad cupiditates nostras retulit. At cupiditates nostrae nec omnes eaedem sunt, nec ad eandem rem referuntur. Quare nihil erit pulchrum quod ad alium atque alium amantem non sit modo pulchrum, modo turpe, ceu cibus, qui sano quidem corpori dulcis, affecto uero amarus est.

I. 12 ubi uerbum *1531 1549 1645* : ubi uerbo *1641* || καλά *nos* : καλα *1549 1641 1645 spatium reliq. 1531* || 14 καλά *nos* : καλα *1549 1645* cala *1531* τα καλά *1641* || 18 desiderat *1531 1549 1645* : desideret *1641.*

II. Opinion des stoïciens sur le beau

Les Stoïciens[6], quant à eux, nièrent l'existence de toute beauté dans la nature elle-même, excepté la sagesse, en laquelle ils avaient accordé à la beauté de résider ; or cette sagesse stoïcienne, Platon, à la lecture duquel on ne peut rien tirer de certain étant donné qu'il plaide le pour et le contre, croyait qu'elle était l'éclatante splendeur du bien suprême[7], que Plotin[8] définit comme une séduisante apparence. Les arithméticiens[9], qui l'assimilèrent au nombre trois, affirmaient qu'elle était le premier nombre impair. Denys l'Aréopagite[10], qui n'était pas moins platonicien que théologien, voit dans cette sagesse stoïcienne l'âme du monde : celle-ci, parce qu'elle est la cause première, est beauté qui participe au monde grâce à laquelle l'univers lui-même est beau. Quant à Socrate[11], à la fin du livre sur le beau, il comprit par sagesse la beauté de l'âme, qui est l'harmonie du caractère, en vue de laquelle il faut, préconise-t-il, prier les dieux immortels.

III. Opinion de Lucien sur une belle jeune fille

Lucien, quant à lui, dans le dialogue qu'il écrivit sur le beau[12], après de nombreuses discussions au sujet du beau, conclut finalement qu'il n'existait ou n'avait existé aucune jeune fille qui ne désirât pas être belle et qui ne s'y appliquât pas. Mais jamais on n'avait trouvé au monde de jeune fille qui fût absolument belle en tout point, et si quelqu'une avait atteint la beauté, du moins celle que la nature peut apporter ou concéder, elle aurait été honorée des hommes et vraiment aimée des dieux ; et Charidème[13] semble avoir la même opinion puisqu'il affirme qu'est imparfait

Opinio Stoicorum de pulchro. Caput II.

Stoici uero omne pulchrum e rerum ipsa natura substulerunt praeter sapientiam, in qua solum inesse pulchritudinem asseuerant ; sapientiam autem hanc stoicam Plato, cuius in libris cum multa in utranque partem disserantur nihil certi elicitur, summi boni fulgentissimum splendorem credidit esse, quem Plotinus blandam apparentiam definit. Arithmetici, qui eam numero ternario assimilarunt, primum impar esse autumant. Dionysius Areopagita, qui non minus erat platonicus quam theologus, per stoicam illam sapientiam animam mundi interpretatur : haec, quia prima causa est, particeps mundi pulchritudo est qua uniuersum ipsum pulchrum est. Socrates autem, in fine libri de pulchro, per sapientiam intellexit pulchritudinem animi, quae morum est ipsa concinnitas ad quam impetrandam deos immortales esse orandos docet.

Quae de puella pulchra Lucianus. Caput III.

Lucianus uero in eo dialogo quem de pulchro scripsit, post multa quae de pulchro disputauit, tandem concludit puellam nullam esse, aut fuisse, quae se pulchram esse non desideret ac colat. Sed quae absolute omnique ex parte pulchra sit, nusquam gentium inuentam esse, et si qua pulchritudinem assecuta fuerit, saltem eam quam natura afferre aut concedere potest, ab hominibus honoratam, a diis uero adamatam fuisse ; qua opinione Charidemus esse uidetur cum affirmet imperfectum ac

II. 3 solum *1531 1549 1645* : sola *1641* || 8 autumant *1549 1641 1645* : autumat *1531*.
III. 2 pulchro *nos* : libro *edd.* || 9 affirmet *1531 1549 1645* : affirmat *1641*.

et amoindri le beau que l'on perçoit dans la nature corporelle : en effet (comme l'écrit Maxime de Tyr[14]) Achille, beau et bien fait de l'avis de tous, ne l'était pas en soi et en tous points. Mais (selon lui) si l'on pouvait dire qu'il était beau, c'est parce qu'il avait joint la vertu à la beauté physique. Et le peintre Zeuxis[15] illustra cette conception alors qu'il avait décidé, à la demande des Crotoniates, de représenter Hélène : avant de la peindre, il passa en revue les détails de nombreuses jeunes femmes de Crotone, et assurément des plus belles, pour, de chacune, réunir la beauté tout entière d'Hélène ; et il révéla ainsi que la beauté corporelle n'était en tout point parfaite dans aucune de ces jeunes filles. De même Lucien[16], alors qu'il s'efforçait de créer la plus belle de toutes les statues, examina attentivement les plus belles et les plus excellentes statues d'artistes divers pour, de l'étude de toutes, réaliser la plus belle de toutes, montrant ainsi à son tour qu'il n'existait dans la nature corporelle aucune beauté en tout point parfaite.

IV. Que le beau existe dans la nature.

Que le beau existe dans la nature, Socrate le démontre dans l'*Hippias majeur*[17] de Platon : en premier lieu, c'est par la justice que tous les justes sont justes, et par la sagesse que tous les sages sont sages, de même c'est par le bien que tout bien est un bien. Il faut donc que la justice, la sagesse et le bien existent en eux-mêmes ; car s'ils n'existaient pas en eux-mêmes, les autres choses ne pourraient jamais devenir telles par leur intermédiaire. Aussi, puisque toute chose belle est belle par le beau lui-même, il s'ensuit que le beau lui-même existe, par lequel nous reconnaissons qu'il y a des choses belles. En outre, si la règle d'argumentation qu'Aristote utilisa dans son traité *Du ciel*[18] est vraie, selon laquelle si l'un de deux contraires se trouve dans la nature, l'autre doit s'y trouver aussi, étant donné que personne ne peut douter de l'existence du laid dans la nature, il en résulte que le beau, qui est le contraire du laid, existe nécessairement lui aussi dans la nature. Ajoutons à cela mutilatum esse pulchrum quod corporea natura cernitur : nam (ut Tyrius Maximus scribit) Achilles, qui ab omnibus pulcher ac formosus existimatus est, non fuit simpliciter omnique ex parte pulcher. Sed propterea (ut inquit) pulcher dici poterat quia cum forma uirtutem coniunxerat. Rem uero hanc Zeusis pictor demonstrauit, qui cum rogatu Chrotoniatum Helenam effingere decreuisset : antequam eam depinxisset, multarum uirginum Chrotoniatum, et quidem pulcherrimarum partes perspiciendo imitatus est, ut ex singulis uniuersam Helenae pulchritudinem colligeret ; per quae indicauit corpoream pulchritudinem in nulla puellarum omni ex parte perfectam esse. Lucianus etiam cum statuam omnium pulcherrimam effingere eniteretur, statuas diuersorum artificum excellentiores atque pulchriores perpensitauit ut ex omnibus inspectis unam omnium pulcherrimam perficeret, quibus etiam demonstrauit nullam esse in natura corporea pulchritudinem quae omni ex parte esset absoluta.

Pulchrum esse in rerum natura. Caput IIII.

Quod autem pulchrum ipsum sit in rerum natura Socrates apud Platonem in Hippia maiore argumentatur : primo iustitia iusti sunt quicunque iusti sunt, et sapientia sapientes quicunque sapientes sunt, et bono similiter bona omnia quae bona sunt. At iustitiam, sapientiam et bonum secundum se esse oportet ; nam si ipsa non essent, alia per illa nunquam talia fierent. Quare cum pulchra omnia ipso pulchro sint pulchra, fit ut ipsum pulchrum sit quo pulchra esse fateamur. Praeterea, si uera est topica illa regula qua Aristoteles in libris De coelo usus est, si alterum contrariorum est in rerum natura, alterum etiam esse oportet, cum turpe esse in rerum natura nemo sit qui dubitet, fit ut pulchrum, quod est turpi contrarium, etiam in rerum ipsa

III. 16-18 multarum uirginum Chrotoniatum, et quidem pulcherrimarum partes perspiciendo imitatus est *1531 1549 1645* : multarum uirginum Crotoniatum partes, et quidem pulcherrimarum, eas perspiciendo imitatus est *1641*.
IIII. 3 argumentatur *1531 1549 1645* : argumentis probat *1641*.

que l'amour existe, le beau doit donc exister aussi : tous les amants reconnaissent l'existence de l'amour ; et puisque l'amour, comme le définit Platon[19], n'est autre que le désir de jouir du beau, il s'ensuit que le beau, dont les amants désirent jouir, existe.

V. Que le beau en soi existe dans la nature est ici prouvé par la beauté de l'illustrissime Jeanne

Que le beau existe en tout point et en soi dans la nature, l'illustrissime Jeanne, totalement belle d'âme et de corps, nous est un argument pour le prouver. Beauté de l'âme assurément ; car, de cette héroïne, l'excellence et la douceur du caractère (qui sont la beauté même de l'âme) sont telles qu'elle passe pour être née d'une semence non pas humaine mais divine. Beauté du corps[20], puisque la perfection de ses lignes, qui est la beauté du corps, est si belle que Zeuxis, alors qu'il avait décidé de peindre le portrait d'Hélène, n'aurait pas cherché avec soin auprès des Crotoniates les détails d'un si grand nombre de jeunes filles pour représenter la seule image d'Hélène, s'il eût pu voir et apprécier cette seule beauté et son excellence. Car, de taille moyenne, droite et gracieuse, elle s'orne de membres façonnés par un admirable calcul de proportions ; sa chair n'est ni grasse, ni maigre, mais pleine de suc ; son teint n'est pas pâle mais tend au rosé et au blanc ; ses cheveux sont longs et dorés ; ses oreilles sont petites et de même dimension que le cercle de la bouche ; ses sourcils bruns aux poils petits et non hérissés par l'épaisseur sont en demi-cercles ; ses yeux tendant au vert sont plus lumineux que toutes les étoiles et répandent partout un souffle de grâce et de joie ; ses paupières, aux cils peu nombreux mais disposés en un dessin régulier, sont teintées de bleu ; tiré verticalement à partir de la racine des sourcils, le nez est beau, régulier et de taille moyenne. Le petit vallon qui natura sit habendum. Ad haec amor est, ergo et pulchrum sit oportet : amorem esse amantes omnes confitentur ; at cum amor, ut definit Plato, nihil aliud sit quam desiderium fruendi pulchri, fit ut etiam ipsum pulchrum sit quo frui amantes desiderant.

Quod simpliciter pulchrum sit in rerum natura ex Illustriss. Ioannae pulchritudine hic probatur. Caput V.

Quod autem omni ex parte ac simpliciter in rerum ipsa natura pulchrum sit argumento nobis est Illustrissima Ioanna, quae tum animo, tum corpore omni ex parte pulchra est. Animo quidem, est enim ea heroines morum praestantia ac suauitas (quae animi ipsa est quidem pulchritudo) ut non humano sed diuino semine nata esse censeatur. Corpore uero, quandoquidem forma, quae corporis est pulchritudo, est tanta ut nec Zeusis, cum Helenae speciem effingere decreuisset apud Crotoniatas tot puellarum partes ut unam Helenae effigiem describeret, perquisiuisset sola illius inspecta ac peruestigata excellentia. Nam mediocri statura erecta ac gratiosa membris quadam admirabili ratione formatis ornatur ; cuius habitudo nec pinguis, nec ossea, sed succulenta ; colore non pallido, sed ad rubrum albumque uergente ; capillis oblongis aureisque ; auribus paruis ac rotundis ad os commensuratis ; semicircularibus superciliis suffuscis quorum pili breues sunt nec densitudine horrentes ; cesiis ocellis cunctis stellis lucidioribus qui charites atque hilaritatem omni ex parte perflant ; subnigris palpebris quarum pili non prolixi, sed decenti ratione compositi sunt ; naso perpendiculariter a superciliorum intercapedine ducto, mediocri magnitudine atque aequali decorato. Vallecula, que inter

V. 6 ea heroines morum praestantia ac suauitas *1531 1549 1645* : huius heroines ea morum praestantia ac suauitas *1641* || 12 perquisiuisset sola illius inspecta ac peruestigata excellentia *1531 1549 1645* : perquisiuisset si sola huiusmodi inspecta illi ac peruestigata excellentia fuisset *1641*.

sépare le nez et la bouche fut modelé par une divine proportion ; sa bouche est plutôt petite, avec toujours un doux sourire, de nature à attirer vers elle et à ravir des escadrons de baisers ailés, bien plus que l'aimant n'appelle le fer ; ses lèvres pulpeuses sont de miel et de corail. Les dents aussi sont petites, polies, couleur d'ivoire et bien alignées ; le souffle qui s'en échappe exhale un parfum d'une admirable douceur ; sa voix a l'accent non d'une mortelle mais d'une déesse ; son menton est séparé en son milieu par un sillon ; ses joues sont couleur de neige et de rose. Alors que tout son visage tend à la rondeur, il retient quelque chose de masculin[21] ; son cou, droit et long, blanc et charnu, est placé entre les épaules par une remarquable proportion ; sur sa gorge large et ample n'apparaît pas un os et y reposent des seins bien ronds et de proportion convenable qui, semblables à des fruits mûrs, exhalent un parfum suavissime ; sa main bien charnue est de neige du côté extérieur et d'ivoire à l'intérieur[22], pas plus longue que le visage lui-même, avec des doigts potelés et ronds sans être trop courts ; les ongles sont légèrement incurvés et fins, d'une tendre couleur ; le buste présente la forme d'une poire renversée, mais comprimée, dont évidemment le cône, étroit et rond en coupe transversale, et la base, à la racine du cou, offrent en longueur et en largeur de parfaites proportions ; le ventre, sous la poitrine, est bien formé, ainsi que les hanches auxquelles se rattachent les parties plus secrètes ; les cuisses sont larges et parfaitement rondes ; la cuisse et la jambe, la jambe et le bras étant dans un rapport de un et demi ; les épaules sont d'un rapport divin avec les autres parties du corps ; les pieds sont de taille moyenne où s'articulent, par une admirable composition, les orteils. La symétrie de son corps et sa beauté sont telles qu'elle ne serait pas à tort jugée digne d'être placée parmi les habitants du ciel. Puisque l'harmonie de son caractère, sa beauté et sa grâce sont si grandes, il faut dire non seulement nasum et os est interposita diuina quadam proportione formata est ; ore ad paruitatem uerso, semper dulce quoddam subridente, basiola turmatim aduolantia longe magis ad se trahente quam magnes ferrum aduocet atque rapiat, cuius crassiuscula labella mellea ac corallina sunt. Dentes quoque parui, perpoliti, eburnei, ac decenter contexti ; anhelitu, qui ex eo exhalat, admirabilem odoris suauitatem redolente ; uoce quae non hominem, sed deam sonat ; mento conualle quadam admodum intersecto ; maxillis niueo roseoque colore affectis. Facie uniuersa que ad rotunditatem tendens uirilem uultum refert ; recto ac procero collo, albo atque perpleno inter humeros illustri quadam ratione collocato ; pectore amplo planoque ubi os nullum cernitur, in quo mamillae rotundae decenti mensura correspondentes suauissimo fragrantes odore persicis pomis persimiles redolent ; crassiuscula admodum manu siluestri parte niuea, domestica uero eburnea, quae facie ipsa non est oblongior, cuius pleniusculi digiti rotundique non breues sunt ; ungues subincurui atque pertenues, colore per quam suaui ; thorace pyri euersi formam subeunte, sed pressam, cuius uidelicet conus ad sectum transuersum paruus atque sphericus, basis ad colli radicem longitudine ac planitie excellenti proportione formatis collocantur ; uentre sub pectore decenti et latere cui secretiora correspondeant ; amplis atque perrotundis coxendicibus, coxa ad tibiam, et tibia ad brachium, sexquialtera proportione se habente ; humeris diuina ratione ad caeteras corporis partes commensuratis ; pedibus modicis, digitorum admirabili compositione structis ; cuius symmetria ac pulchritudo tanta est ut non iniuria inter coelicolas collocari digna sit. Quod si morum concinnitas, forma atque gratia tanta est, non modo in rerum natura simpliciter pulchrum,

V. 33 facie uniuersa que *1531* : facie uniuersa quae *1549 1645* facie uniuersa tali quae *1641* || 34 perpleno *1531 1549 1645* : perplexo *1641* || 42 pressam *nos* : pressa *1531 1549 1645* presso *1641* || 46 latere *1549 1645* : lateri *1531* latenti *1641* || cui *1549 1645* : quae *1531* ut iis quae *1641* || correspondeant *1531 1549 1645* : correspondeat *1641.*

que le beau en soi existe dans la nature mais encore que rien ne peut être dit beau en dehors de l'humain. Il faut donc postuler que le beau existe dans la nature et ensuite discuter de ce qu'est le beau lui-même, ce que sont ses qualités et en quoi il réside.

VI. Contrairement à ce que soutient Hippias, une belle jeune femme n'est pas le beau lui-même

Hippias[23] soutint qu'une vierge, jugée belle d'un avis unanime, était le beau lui-même, en se fondant peut-être sur l'argument que c'est elle qui émeut les amants, elle encore qui inspire l'amour qui est désir de jouir d'elle. Mais Socrate réfuta cette définition[24] : en premier lieu parce qu'un discours peut être quelque chose de beau sans rien devoir cependant à la beauté d'une jeune fille ; en second lieu parce qu'une jument (que le dieu lui-même loua en un oracle) peut être belle sans rien devoir cependant à la beauté d'une jeune fille. Et encore une belle lyre, une belle marmite, un beau vase, le beau singe d'Héraclite[25] et toutes les autres choses de ce genre sont de belles choses, sans le devoir cependant à la beauté d'une jeune fille. Enfin une jeune fille, comparée aux bêtes, est belle mais, comparée aux dieux, est laide. Aussi n'est-elle, semble-t-il, pas plus belle que laide. C'est pourquoi une belle jeune fille ne sera pas le beau lui-même par lequel toutes les autres choses deviennent belles.

VII. L'or n'est pas le beau lui-même, encore à l'encontre d'Hippias et de Pindare

Ensuite, Hippias[26], d'une façon similaire, donne une autre réponse, tirée de beautés particulières et qui n'est pas commune, en affirmant que l'or est le beau lui-même grâce auquel toutes les choses deviennent belles, et Pindare[27] est du même avis. Mais Socrate, dans le même livre, rejette cette opinion : tout d'abord, uerumetiam nihil preter hominem pulchrum dicendum est. Igitur pulchrum esse in rerum natura supponendum est, deinde disserendum quid ipsum pulchrum sit, ac quale, in quoue sit.

Virginem pulchram non esse ipsum pulchrum aduersus Hippiam. Caput VI.

Hippias itaque ipsum pulchrum uirginem esse dixit, quae consensu omnium pulchra est, argumento fortasse quoniam haec est quae mouet amantes, haec insuper cuius fruendae amor desiderium est. Quam definitionem Socrates confutauit : primo quia oratio quippiam pulchrum est quae tamen uirgine ipsa pulchra non est pulchra ; deinde pulchra equa est (quam in oraculo deus ipse laudauit) quae tamen uirgine pulchra non est pulchra. Insuper lyra pulchra pulchrum quid est, olla pulchra, uas pulchrum, simia Heracliti pulchra et caetera id genus, quae tamen pulchra non sunt uirgine ipsa pulchra. Postremo uirgo, si cum feris comparetur, pulchra, si cum diis, deformis censenda est. Quare non magis pulchra quam turpis esse uidetur. Virgo itaque pulchra ipsum pulchrum non erit quo caetera pulchra fiunt.

Aurum non esse ipsum pulchrum etiam aduersus Hippiam et Pindarum. Caput VII.

Deinde Hippias aliud quoddam similiter e singulis pulchris non commune respondet aurum uidelicet dicens ipsum pulchrum quo omnia pulchra fiunt, cui Pindarus astipulatur. Quod eodem libro respuit Socrates, primo quoniam aurum

V. 56 sit *1531 1549 1645* : *omis. 1641.*
VI. 8 equa *1549 1645 1641* : aequa *1531.*
VII. 3 quoddam *1531 1549 1645* : quiddam *1641* || 5 fiunt *1531 1549 1645* : fiant *1641.*

l'or rend belles les choses auxquelles il convient, mais il rend laides les autres, celles auxquelles il ne convient pas. Il ne produit donc pas le beau en soi, mais seulement lorsqu'il sied bien. Il s'ensuit que c'est moins en raison de lui-même qu'en raison d'autre chose qu'il orne les objets. Ensuite, l'or n'est pas la seule matière grâce à laquelle toutes les autres choses sont ornées, mais il y a aussi l'argent, l'ivoire et tous les autres ornements du même genre.

VIII. Le beau lui-même n'est pas un corps bien portant, ni la richesse, ni l'honneur, ni le fait de mourir vieux, enterré par ses fils après avoir enterré ses parents

En troisième lieu, Hippias[28] avance une autre définition, également plus particulière que commune, en disant qu'il est beau de se bien porter, d'être riche et honoré, de mourir vieux, enterré par ses fils après avoir enterré ses parents. En ce cas, le beau sera la même chose que la félicité et le bonheur. Mais Socrate[29] réfute cela en un premier temps parce qu'en dehors de l'homme rien n'est rendu beau par ce moyen ; ensuite, cela peut être beau pour les hommes, et au contraire laid pour les dieux et pour les fils des dieux dont les parents ne meurent pas et ne connaissent pas la vieillesse.

IX. La convenance n'est pas la définition du beau

D'autres, cherchant à définir le beau, enseignent que la convenance est le beau[30]. Mais Socrate réfute aussi cette définition, tout d'abord parce que la convenance est plus incorporelle et commune à un plus grand nombre de choses. Mais la définition est interchangeable avec l'objet dont elle est la définition. Ensuite, une définition résulte du genre et de la différence[31]. Or la convenance n'est pas le résultat du genre et de la différence. Et encore, par la convenance, ou bien les choses belles ne font que le paraître, ou bien elles le paraissent et le sont : si elles ne font que le paraître, c'est que la convenance est une sorte de fausse beauté plutôt que le beau lui-même[32]. Cette définition quibuscunque conuenit pulchra illa efficit, alia uero quibus non conuenit, deformat. Ergo non simpliciter pulchrum facit, sed cum decet. Quocirca non sui magis quam alterius ratione res ornat. Deinde nec aurum solum est quo cuncta ornantur, sed argentum quoque et ebur caeteraque huiusmodi.

Pulchrum ipsum non esse corpore bene ualere, diuitem esse ac honoratum, senem mori, sepeliri a filiis, sepelisse parentes. Caput VIII.

Tertio loco Hippias aliud quoddam infert, quod etiam proprium est potius quam commune, cum dicit pulchrum esse corpore bene ualere, diuitem esse ac honoratum, senem mori, sepeliri a filiis, sepelisse parentes. Sic enim pulchrum idem erit quod foelicem ac beatum esse. Quod eo primo refellit Socrates quoniam non res omnes praeter hominem hoc ipso pulchre redduntur ; deinde hoc inter homines forte pulchrum, inter deos autem deorumque filios turpe est, ubi parentes non moriuntur nec senium ullum est.

Decorum non esse pulchri definitionem. Caput IX.

Alii uero propter haec pulchrum definientes decorum pulchrum esse tradunt. Quod etiam Socrates refellit et primo quidem quoniam decorum incorporeum est magis pluribusque commune. At definitio cum re cuius est definitio conuertitur. Deinde definitio genere constat ac differentia. At decorum connexio non est ex genere atque differentia. Postea decoro, aut quae sunt pulchra uidentur solum pulchra, aut uidentur et sunt, si uidentur solum, deceptio quaedam circa pulchrum potius quam ipsum pulchrum decorum est. Hoc autem ideo est donc erronée car la véritable beauté rend les choses belles de la même façon que la véritable grandeur les rend grandes même si elles ne le paraissent pas. Mais si, par la convenance, elles paraissent belles et le sont, chaque fois que la convenance elle-même les rend belles, elle doit également leur donner de le paraître aussi. Ainsi, toutes les choses belles apparaîtraient comme telles à tous. Or les discussions et les controverses sur les choses belles nous montrent que ceci est faux.

X. L'utile n'est pas la définition du beau

Socrate[33] dit aussi que l'utile est la définition du beau, ce qu'il réfute par les mêmes arguments, tout d'abord parce que l'utile est quelque chose d'incorporel et de commun à beaucoup de choses. Ensuite la définition résulte du genre et de la différence, qui ne se trouvent pas dans l'utile lui-même. En outre, l'utile et la convenance sont la même chose ; or la convenance n'est pas le beau, donc l'utile non plus. Enfin, l'utile est ce qui a la capacité de produire quelque chose, mais le plus souvent nous produisons des choses mauvaises. C'est pourquoi, le plus souvent, l'utile apporte le mal. Or le beau n'a jamais été cause de mal. Donc l'utile ne sera pas le beau en soi.

XI. Ce qui mène au bien n'est pas la définition du beau

Comme ce dont dérive le mal n'est pas le beau, certains (comme le rapporte Socrate[34]) ont pensé que ce qui mène au bien est la définition du beau. Mais, contre ceux-là, voici comment Socrate argumente. Ce qui mène au bien est l'avantageux, et l'avantageux produit le bien. Aussi ce qui mène au bien et qui produit le bien est-il une chose différente de ce qui est produit. En raison de cela, l'avantageux est une chose, le bien en est une autre. L'avantageux et le beau sont la même chose.

falsum est quoniam uera pulchritudo pulchra esse facit, quemadmodum uera magnitudo magna, etiam si non uideantur. At si decoro pulchra uidentur et sunt ipsum decorum quoties esse dat, pulchra uideri quoque pariter largietur. Quare quaecunque pulchra sunt ut sunt ita omnibus apparerent. Hoc autem falsum esse contentiones de rebus pulchris atque controuersiae nobis ostendunt.

Vtile non esse pulchri definitionem. Caput X.

Socrates etiam utile dicit definitionem pulchri quod falsum esse eisdem argumentis constat primo quia utile incorporeum quiddam est multisque commune. Deinde definitio genere constat ac differentia quae in ipso utili non habentur. Postea utile et decens idem est ; sed decens non est pulchrum, quare nec utile. Postremo utile est quod potentiam ad aliquid faciendum habet, sed mala, ut plurimum facimus. Quare utile ut plurimum malum infert. At pulchrum nunquam est mali causa. Non ergo pulchrum utile simpliciter erit.

Pulchri definitionem non esse id quod ad bonum confert. Caput XI.

Quoniam id ex quo malum manat non est pulchrum, ideo (ut Socrates inquit) aliqui opinati sunt quod ad bonum confert esse pulchri definitionem. Sed aduersus hos Socrates sic argumentatur. Quod ad bonum confert conducibile est, conducibile uero bonum efficit. Quare quod ad bonum confert, bonum efficit, aliud est ab eo quod efficitur. Quapropter aliud conducibile, aliud bonum. Conducibile et pulchrum idem.

XI. 8 aliud est ab eo quod efficitur *1531 1549 1645* : ergo aliud est ab eo quod efficitur *1641*.

Donc le beau et le bien sont deux choses différentes. Le beau n'est donc pas le bien, le bien n'est donc pas le beau, ce qui est tout à fait absurde.

XII. Opinion de Proclus au sujet du beau

Proclus[35], qui n'est pas le moindre des platoniciens, enseigne, dans son livre sur l'amour et le beau, que le bon, le juste et le beau sont la même chose : en effet, il est le bon quand Il crée, le juste quand Il agit selon le mérite de chacun et le beau quand Il charme. Aussi conclut-il que le propre du beau est de charmer. Par ce raisonnement, il fait de Dieu le centre même, unique, du tout, autour duquel il fait tourner les quatre cercles du beau, de l'esprit, de l'âme, de la nature et de la matière, figurant l'esprit comme un cercle immobile, l'âme comme un cercle qui se meut de lui-même, la nature comme un cercle qui se meut dans autre chose et non par autre chose, et la matière comme un cercle mû dans et par autre chose. En effet, si Dieu est le centre des cercles de la beauté, c'est parce qu'il est la beauté elle-même qui est beauté pour elle-même et pour les autres. En effet, puisque Dieu est la beauté même qui est beauté en soi pour lui-même, il doit être représenté comme un point indivisible. Mais en tant qu'il apporte la beauté à l'esprit, à l'âme, à la nature et à la matière, il doit être représenté comme le centre d'où procèdent l'esprit, l'âme, la nature et la matière, vers lequel ils s'efforcent de revenir, et autour duquel chacun gravite en tout point ; et c'est pourquoi ils fonctionnent à la manière de cercles.

Ergo pulchrum et bonum aliud. Neque pulchrum igitur bonum, neque bonum pulchrum, quod prorsus absurdum est.

Proculi sententia de pulchro. Caput XII.

Proculus uero inter platonicos non contemnendus in eo libro quem de amore et pulchro scripsit, tradit bonum, iustum, pulchrum idem esse : bonum enim ubi creat, ubi pro cuiusque merito perficit iustum, ubi autem allicit pulchrum. Quare pulchrum id esse concludit cuius allicere proprium est. Hac ratione Deum ipsum centrum unum omnium esse constituit, circa quod quatuor pulchri circulos reuoluit, mentem, animam, naturam, materiam, mentem quidem stabilem, animam per se mobilem, naturam mobilem in alio et non ab alio, materiam uero mobilem in alio et ab alio circulum ducens. Est enim Deus circulorum pulchritudinis centrum quia est ipsa pulchritudo, quae sibi ac aliis est pulchritudo. Deus enim cum sit ipsa pulchritudo, quae simpliciter pulchritudo est sibi, ut punctum indiuisibile est habendum. Quo uero menti, animae, naturae atque materiae pulchritudinem affert, ut centrum e quo mens, anima, natura, atque materia procedentes in idem redire nituntur, seque undique pro uirili in illud circumferunt ; quare et circulorum rationem subeunt.

XI. 10-11 Neque pulchrum igitur bonum, neque bonum pulchrum, quod prorsus absurdum est *1531 1549 1645* : Neque pulchrum igitur, bonum ipsum, neque bonum nihil aliud quam pulchrum quod prorsus absurdum foret *1641*.
XII. 11 ducens *1531 1549 1645* : ducentem *1641* ducente *Socas* || 15 indiuisibile *1531 1549 1645* : indiuisibilis *1641* || habendum *1531 1549 1645* : habendus *1641* || quo *1531 1549 1645* : qua *1641*.

XIII. Les beautés des choses belles selon Jamblique

Quant à Jamblique[36], illustre platonicien, il soutient que la beauté est un acte du bien : en effet, le bien établit l'existence même et suprême de Dieu, dont la beauté est un acte, ou un rayon qui, issu de cette origine, parcourt toute chose et d'abord, évidemment, l'intelligence angélique, ensuite l'âme du tout et toutes les autres âmes, après vient la nature et enfin la matière des corps. Et Jamblique explique ainsi qu'en les pénétrant de cette façon, le rayon les rend belles : en effet, il dit qu'il orne l'intelligence angélique de l'ordre des idées, qu'il parfait l'âme et les âmes de la série des raisonnements, qu'il soutient la nature de semences, et enfin embellit la matière de formes. Et de même qu'un seul rayon de soleil éclaire les quatre éléments, le feu, l'air, l'eau et la terre, de même, un seul rayon de Dieu illumine l'intelligence, l'âme, la nature et la matière. De même que quiconque, en ces quatre éléments, regarde la lumière voit un rayon du soleil lui-même grâce auquel il s'oriente pour regarder la luminosité suprême du soleil, de même celui qui contemple la beauté en ces quatre éléments que sont l'esprit, l'âme, la nature et la matière, regardera l'éclat de Dieu et Dieu lui-même. De là on a dit que la beauté n'est autre que la splendeur du visage divin : là en effet, lorsqu'il pénètre les anges de modèles et d'idées, les âmes de raisonnements et de notions, la matière des orbes d'images, la nature de semences, il dessine dans le sujet des corps corruptibles des formes grâce auxquelles il rend belles toutes ces choses. Et le rayon pénètre, de façon obscure il est vrai, le sujet des corps corruptibles, de façon moins obscure, la nature, mais clairement la matière des orbes célestes, plus clairement les âmes, et enfin très clairement l'intelligence des anges.

De pulchritudinibus rerum pulchrarum secundum Iamblicum. Caput XIII.

Iamblicus uero, in platonica familia illustris, pulchritudinem asserit esse actum boni : bonum enim ipsam supereminentem Dei existentiam constituit, pulchritudinem uero actum, siue radium, qui inde proueniens per omnia discurrit, primo quidem in angelicam mentem, deinde in animam totius caeterosque animos, postea in naturam, postremo in corporum materiam. Quo uero modo radius res huiusmodi penetrando eas pulchras reddat Iamblicus exponit : dicit enim angelicam mentem Idearum ordine decorare, animam animosque rationum serie complere, naturam seminibus fulcire, materiam denique formis exornare. Vnde quemadmodum solis radius unus corpora quatuor, ignem, aerem, aquam, terramque illustrat, sic unus Dei radius mentem, animam, naturam materiamque illuminat. Et quemadmodum in his quatuor elementis, quicunque lumen inspicit, solis ipsius aspicit radium per quem ad supernam solis lucem intuendam conuertitur, ita quisquis decorum in quatuor istis mente, anima, natura, materiaque contemplatur, Dei fulgorem Deumque ipsum intuetur. Hinc dixerunt pulchritudinem nihil aliud esse quam splendorem diuini uultus : hic enim cum penetrat in angelos exemplaria atque ideas, in animos rationes atque notiones, in orbium materiam imagines, in naturam, semina, in corporeorum corruptibilium subiectum formas designat quibus ea omnia pulchra reddit. Penetrat autem radius huiusmodi obscure quidem in rerum corruptibilium subiectum, minus obscure in naturam, clare uero in orbium materiam, clarius in animos, in angelorum denique mentes clarissime.

XIV. Pensée des platoniciens sur les autres beautés et diverses opinions sur le beau

Les platoniciens appellent beautés non seulement les choses dont nous avons parlé mais aussi l'harmonie du caractère, la forme du corps et l'accord des voix[37], non pas en se bornant uniquement à ce qui est lié à des choses animées, mais ils s'entendent à dire que sont des beautés même un très grand nombre d'autres excellences, propres à des choses inanimées, comme les édifices, les statues, les montagnes, les plaines, les poèmes, les discours et toutes les autres choses de ce genre que l'on trouve effectivement tantôt laides, tantôt belles[38]. Ils affirment, en effet, que sont agréables les choses belles et que ne le sont pas les choses laides. Ensuite, celles d'entre elles qui ravissent et incitent l'âme à la jouissance, ils les regardent comme belles, et celles qui ne la ravissent pas, comme laides. D'autres définitions ne manquent pas au sujet du beau : car si le beau, selon Socrate[39], est à la fois un charme exceptionnel de l'âme et un tyran pour l'âme, selon Platon[40], c'est parfois une faveur de la nature, selon Théophraste[41], une tromperie dissimulée, selon Théocrite, une poussière d'ivoire, selon Carnéade, un pouvoir empreint de soucis et, pour d'autres, le beau lui-même est encore autre chose.

XV. La raison de la beauté n'est pas le corps selon les platoniciens

Donc, si l'harmonie du caractère, les lignes du corps et la voix sont des beautés, il sera évident que la raison même de la beauté ne saurait être le corps : en effet, si la vertu de l'âme est beauté, puisque celle-ci est incorporelle, la cause de la beauté ne sera pas le corps. En outre, bien que nous disions de certains corps qu'ils ont bel aspect, cependant ils ne sont pas beaux par leur propre

Quae platonici de aliis pulchritudinibus et de multiplici pulchri opinione. Caput XIIII.

Nec solum has quas diximus pulchritudines dicunt platonici, sed etiam morum concinnitatem, corporis formam et uocum consonantiam pulchritudines esse asserunt, nec has duntaxat quae ad res animatas attinent, sed uel plurimas alias rerum inanimatarum claritudines pulchritudines esse contendunt in aedificiis, in statuis, in montibus, in planis, in carminibus, in orationibus et in caeteris id genus, haec enim aliquando turpia, aliquando pulchra inueniuntur. Grata enim pulchra, non grata uero turpia esse asserunt. Praeterea quae horum animam ad sui fruitionem rapiunt, pulchra habentur, quae uero non rapiunt, turpia. Nec desunt aliae de ipso pulchro rationes : nam Socrates pulchrum excellentem animi uenustatem atque animi tyrannidem, Plato aliquando naturae priuilegium, Theophrastus tacitam deceptionem, Theocritus eburneum detrimentum, Carneades regnum sollicitum, et alii aliter ipsum pulchrum esse tradiderunt.

Rationem pulchritudinis non esse corpus secundum platonicos. Caput XV.

Si igitur morum concinnitas, figura et uox pulchritudines sint, erit protritum ipsam pulchritudinis rationem corpus esse non posse : nam si animi uirtus pulchritudo est, cum haec incorporea sint, pulchritudinis ratio non erit corpus. Praeterea quamuis corpora quaedam speciosa dicamus, non tamen sunt

XIIII. 1-2 Quae platonici de aliis pulchritudinibus et de multiplici pulchri opinione. *1531 1549 1645* : Quae nam platonici de aliis pulchritudinibus et de multiplici pulchri opinione tradant ? *1641* || 3 dicunt *1531 1549 1645* : enumerant *1641* || 6 uel *1531 1549 1645* : et *1641* || 11 horum *1531 1549 1645* : ex his *1641*.

nature, puisque le même corps humain, pourtant beau aujourd'hui, mutilé par quelque accident, paraîtra laid demain, comme si être un corps était une chose, être beau une autre.[42]

XVI. La raison de la beauté n'est pas la quantité selon les platoniciens

La raison de la beauté n'est pas la quantité, car de grandes choses comme de petites choses semblent belles, et souvent des grandes sont hideuses et des petites sont belles, et inversement des petites sont laides et des grandes pleines de grâce ; parfois, il arrive aussi que la beauté soit égale dans de grands et de petits corps. En conséquence, si, alors que la quantité reste la même, la beauté est modifiée par quelque accident et si d'autres fois, alors que la quantité est modifiée, la beauté demeure et paraît semblable dans les grandes et les petites choses, c'est qu'assurément ces deux propriétés, beauté et quantité, doivent être totalement différentes.[43]

XVII. La beauté n'est pas une forme idéelle incorporelle qui, à partir de ce qui nous plaît, se diffuse dans l'âme de l'amant

Le très docte Ficin[44], ne faisant pas de différence entre *ce par quoi* (pour parler ainsi) et *ce qui*, affirme que la beauté est la forme idéelle d'une chose qui, à partir de cette chose, atteint l'âme elle-même. Mais ceci est absolument faux puisque la beauté ne serait pas réelle (pour utiliser la terminologie des philosophes[45]) mais intentionnelle. Or l'image intentionnelle ne plaît pas, en revanche elle est ce par quoi plaît à l'âme ce dont elle est l'image. En outre, la forme idéelle d'une belle chose représente à l'âme quelque ex ipsa sui natura speciosa, siquidem corpus hominis unum atque idem hodie formosum, cras autem casu aliquo foedatum deforme cernitur, quasi aliud sit esse corpus, aliud esse formosum.

Rationem pulchritudinis non esse quantitatem secundum platonicos. Caput XVI.

Nec pulchritudinis ratio est quantitas, quandoquidem grandia nonnulla atque item breuia, quaedam formosa uidentur, ac saepe magna deformia, parua formosa, et contra parua turpia, magna gratissima ; nonnunquam etiam accidit ut similis sit in magnis quibusdam et paruis corporibus pulchritudo. Si itaque stante saepenumero eadem quantitate casu quodam pulchritudo mutatur, et mutata aliquando quantitate permanet pulchritudo, ac similis in magnis paruisque uidetur, certe duo haec, pulchritudo et quantitas omnino debent esse diuersa.

Pulchritudinem non esse speciem incorpoream quae a re quae placet multiplicatur in anima amantis. Caput XVII.

Ficinus uir doctissimus, non discernens inter id quo (ut ita loquar) et id quod, speciem rei quae a re proficiscitur ad ipsam animam asserit esse pulchritudinem. Quod quidem falsum est quoniam pulchritudo non esset realis (ut philosophorum uerbis utar), sed intentionalis. At intentionale simulachrum non placet, sed est quo placet animae id cuius est simulachrum. Praeterea species rei pulchrae representat animae aliquid aut

XV. 9 foedatum *nos* : foedans *1531 1549 1645* uitiatura *1641*.
XVI. 11 omnino *1531 1549 1645* : omnio *1641*.
XVII. 2 multiplicatur *1531 1549 1645* : multiplicetur *1641* || 8 sed est quo placet animae *1531 1549 1645* : sed illud quod est id quo placet animae *1641*.

chose, soit la beauté – et ainsi, en plus de la forme idéelle intentionnelle du beau, il y a dans la chose belle la beauté réelle elle-même que précisément recherchent les hommes les plus savants – soit elle représente la laideur, ce qui ne saurait se dire : en effet, l'image ne correspondrait pas à ce dont elle est l'image.

XVIII. Comment la beauté est corporelle et incorporelle

Puisque Platon affirme que la beauté est incorporelle et spirituelle, exposons en quoi elle est corporelle et en quoi elle est incorporelle et spirituelle. En effet, lui-même suppose que la beauté ou bien est entièrement grâce, ou bien n'en est pas dénuée pour rendre la chose belle gracieuse aux amants. Mais la grâce en un beau corps n'occupe pas une place certaine et déterminée au point de n'avoir sa place en aucune autre partie du corps : en effet, chez certaines jeunes filles, la grâce réside dans la voix et dans la douceur de la parole, chez d'autres dans les yeux, chez d'autres dans la bouche, dans les mains, la démarche, les joues, et en somme en aucune partie définie du corps mais dans celle qui ravit et incite l'âme de l'amant à la jouissance. Et puisque l'âme de l'amant est tantôt ravie par la main, tantôt par les yeux, tantôt par la bouche, il s'ensuit que la grâce ne réside en aucune partie du corps, ou alors en chacune d'elles où tantôt l'une tantôt l'autre peut ravir l'âme des amants. Chez Lesbie la grâce était dans les yeux : en effet c'est par les yeux qu'elle captura Catulle. De même chez Laure puisque c'est par ses yeux qu'elle émut l'âme de Pétrarque[46]. Mais chez Fulvie, qui est une des dames de ta cour, illustre Jeanne, la grâce résidait tant dans les yeux que dans la douceur de la voix ; ce fut effectivement par ces attraits, je le confesse avec franchise, qu'elle me captura et me ravit à moi-même. Donc, puisque la grâce, aux débuts des émois, ne réside en aucune partie déterminée du corps, il en résulte que Platon estimait à juste titre qu'elle était incorporelle et spirituelle du moment qu'elle n'est pulchritudinem – et ita circa speciem pulchri intentionalem est in re pulchra pulchritudo ipsa realis, et hanc quaerunt uiri doctissimi – aut repraesentat turpitudinem quod nequaquam est dicendum : non enim imago ei responderet cuius est imago.

Quomodo pulchritudo sit corporea, quomodo ue sit incorporea. Caput. XVIII.

Sed quoniam Plato pulchritudinem incorpoream ac spiritalem esse autumat, ideo quonam modo corporea, quo ue incorporea ac spiritalis sit exponamus. Supponit enim ipse pulchritudinem aut gratiam esse omnino, aut non sine gratia qua res pulchra amantibus grata est. At gratia in corpore pulchro partem non habet in qua certa ac constituta ratione sit, ita ut in nulla alia corporis parte habeatur : tenet enim gratia in aliquibus puellis uocem atque dicendi suauitatem, in aliquibus oculos, in aliis os, manus, incessum, maxillam, et ne singula persequar, nullam habet corporis partem definitam, sed eam qua animum amantis rapit ad sui fruitionem. Verum quoniam amantis anima interdum a manu, nonnunquam ab oculis, aliquando ab ore rapitur, fit ut gratia nulla in corporis parte sit, sed uel in singulis quo singulae amantum animas rapere possunt aliquando. In Lesbia gratia fuit in ocellis : ocellis enim cepit Catullum. Simili ratione in Laura, nam Laura suis oculis animum mouit Petrarchae. In Fuluia uero, quae tua aulica est, Ioanna illustris, gratia fuit tum in oculis, tum in dicendi suauitate ; his enim, ut ingenue fatear, me et cepit et mihi me rapuit. Cum igitur gratia circa initia motus nullum constitutum corporis membrum habeat, fit ut recte Plato eam incorpoream ac spiritalem esse arbitretur, quod nec corpus, nec

XVIII. 3 incorpoream *1531 1549 1641* : in corpoream *1645* || 12 persequar *nos* : presequar *1549 1645* pesequar *1531 1641* || 16 parte *1531 1549 1645* : parte sola *1641* || 18 cepit *1549 1641 1645* : coepit *1531* || 22 cepit *1549 1641 1645* : coepit *1531* || 33 cepit *1549 1645* : coepit *1531 1641.*

attachée ni au corps ni à aucune de ses parties si ce n'est en fonction de la passion de l'amant. Mais elle est bien corporelle puisque, après le rapt de l'âme, le corps tout entier semble gracieux et aimable à l'amant. Il s'ensuit que la grâce occupe le corps tout entier de l'aimée. Or ce qui occupe le corps tout entier est corporel et coextensif au corps lui-même. C'est pourquoi, après le rapt de l'âme, la grâce, qui est beauté, doit être définie comme corporelle : en effet, aux débuts de mon émoi, la grâce de Fulvie était incorporelle puisqu'elle n'occupait pas tout le corps. Mais après m'avoir capturé et ravi, elle devint corporelle et coextensive à tout le corps puisque tout son corps me devint gracieux et aimable et qu'il n'y a rien en lui qui ne m'est agréable. Mais en toi seule, illustre Jeanne, la grâce et la beauté sont à la fois corporelles et incorporelles : incorporelles assurément, puisqu'elles ne sont en aucune partie déterminée sans qu'elles ne puissent être en une autre, puisque chacune peut ravir et capturer l'âme des amants ; et corporelles puisque ton corps de déesse est pour tous aimable et gracieux et qu'on ne trouve rien en lui qui ne soit digne de louanges.

XIX. La beauté n'est pas une proportion déterminée des membres ni une symétrie jointes à une certaine douceur des couleurs, selon les platoniciens

Certains pensent que la beauté est une disposition déterminée de tous les membres ou (pour employer leurs termes) une symétrie et une proportion jointes à une certaine douceur des couleurs[47]. Mais les Platoniciens[48] n'acceptent pas cette opinion parce qu'une telle disposition des parties ne se trouverait que dans les choses composées, et qu'aucune chose simple ne serait belle : or nous appelons belles les couleurs pures, les lumières, une voix unique, l'éclat de l'or, la blancheur de l'argent, la science, l'âme, qui sont toutes des choses simples, et nous nous en délectons merveilleusement comme si elles étaient vraiment belles. En outre, la proportion comprend tous les membres d'un corps composé et elle n'est pas dans chacun d'eux mais dans tous ensemble. C'est aliquam corporis partem, nisi pro affectu amantis teneat. Est uero corporea quoniam post animi raptum uniuersum corpus gratiosum ac gratum redditur amanti. Quare fit ut gratia uniuersum amatae corpus occupet. Quod autem uniuersum corpus occupat, corporeum est atque corpori ipsi coextensum. Itaque post animi raptum gratia, quae pulchritudo est, corporea est censenda : fuit enim gratia circa motus initia in Fuluia incorporea, quoniam non totum corpus occupabat. Postquam uero me cepit ac rapuit, corporea facta est, ac uniuerso corpori coextensa, quoniam mihi totum corpus gratiosum atque gratum redditum est, nihilque in eo est quin mihi iucundum sit. In te autem sola, Ioanna illustris, gratia ac pulchritudo corporea simul atque incorporea est : incorporea quidem quoniam nulla in parte determinata est, quin in alia esse possit, quippe cum singulae amantum animas et rapere et capere possint ; corporea uero cum diuinum corpus tuum gratum atque pergratiosum sit omnibus nihilque in eo non laudabile perspiciatur.

Pulchritudinem non esse certam membrorum proportionem atque commensum cum quadam colorum suauitate, secundum platonicos. Caput XIX.

Sunt autem nonnulli qui certam membrorum omnium portionem, siue (ut eorum uerbis utar) commensurationem et proportionem cum quadam colorum suauitate esse pulchritudinem opinentur. Quorum opinionem propterea non admittunt platonici quia cum huiusmodi partium dispositio in solis sit rebus compositis, nulla essent simplicia pulchra : nunc autem puros colores, lumina, uocem unam, fulgorem auri et argenti candorem, scientiam, animam, quae omnia simplicia sunt, pulchra uocamus, nosque ista mirifice tanquam re uera sint pulchra delectant. Praeterea proportio illa cuncta includit corporis compositi membra, neque est in singulis, sed in cunctis.

XIX. 14 compositi *Socas* : propositi *edd.*

pourquoi chaque membre pris isolément ne sera pas beau en lui-même ; mais la proportion naît des parties simples d'un tout composé. D'où l'absurdité de ce qui s'ensuit, à savoir que des choses qui ne sont pas belles par leur nature engendreraient la beauté. Aussi arrive-il très souvent que, sans que la proportion et la mesure des membres changent, le corps ne plaise plus comme avant. La figure du corps et la symétrie des membres sont aujourd'hui les mêmes que l'an passé, mais la beauté n'est pas la même puisque ce n'est pas de la même façon qu'elle ravit et incite l'âme de l'amant à la jouissance. Rien ne vieillit plus lentement que la figure du corps, rien ne vieillit plus vite que la beauté : d'où il apparaît clairement que la beauté et la figure ne sont pas la même chose. Souvent nous voyons aussi que la disposition des parties et la proportion entre les membres sont plus justes chez une jeune fille que chez une autre ; pourtant, nous ne savons pas pourquoi nous jugeons l'autre plus belle et nous l'aimons plus ardemment, ce qui nous paraît une raison suffisante pour estimer que la beauté est une chose différente de la disposition des parties. Le même raisonnement nous induit à penser que la beauté n'est pas la douceur des couleurs : car, généralement, le teint est plus éclatant chez une personne âgée et plus gracieux chez une personne jeune et, entre des personnes du même âge, il arrive parfois que celle qui surpasse l'autre par le teint soit cependant surpassée en beauté par la première. De façon analogue, les platoniciens nient que la beauté soit un mélange de la figure et des couleurs : en effet, s'il en était ainsi, ni les sciences, ni les voix, dépourvues de couleur et de la figure, ni les couleurs, ni les lumières, qui n'ont aucune figure déterminée, ne seraient belles.

XX. Définition du beau selon Platon et Socrate

Après avoir discuté tout ce qu'Hippias alléguait en suivant les sens et l'opinion au sujet des choses corporelles prises une à une, Platon dit que la beauté est une certaine grâce qui, par l'esprit, la vue et l'ouïe, émeut l'âme, c'est-à-dire la charme, la ravit et l'incite à la jouissance. Cette définition est tirée en partie de

Singula itaque membra per se pulchra non erunt ; ex singulis autem particulis totius compositi proportio nascitur. Vnde non nihil sequitur absurdi ut quae suapte natura pulchra non sunt, pulchritudinem pariant. Saepe numero etiam accidit ut manente eadem membrorum proportione atque mensura, corpus aeque ut antea non placeat. Eadem porro hodie que anno superiore corporis figura est atque membrorum commensuratio, pulchritudo uero non eadem, cum non eodem modo animam rapiat ad sui fruitionem. Nihil tardius quam figura, nihil citius senescit quam pulchritudo : ex quo liquido constat non idem esse pulchritudinem et figuram. Saepe quoque uidemus rectiorem in una quadam puella quam in alia dispositionem partium mensuramque membrorum ; alia tamen nescimus qua de causa nobis formosior iudicata amatur ardentius, quo satis admoneri uidemur ut aliud quiddam formositatem quam dispositionem partium censeamus. Eadem nos ratio admonet ne formam suspicemur esse colorum suauitatem : plerunque enim color in seniore clarior, in iuniore gratiosior est, et in aequalibus fit nonnunquam ut quae colore superat alteram, pulchritudine tamen ab illa superetur. Simili ratione mixtionem ex figura coloribusque pulchritudinem esse negant : sic enim neque scientiae, neque uoces, quae colore et figura carent, neque colores et lumina, quae certam nullam figuram habent, pulchra essent.

Quae sit pulchri definitio secundum Platonem et Socratem. Caput XX.

His disputatis quae circa singula corporea per sensum et opinionem Hippias adducebat, pulchritudinem Plato esse inquit gratiam quandam quae animam per mentem, uisum et auditum mouet, hoc est allicit et rapit ad sui fruitionem. Quae definitio

XIX. 27 alia tamen nescimus *1531 1549 1645* : quae alia tamen nescimus *1641* || 28 iudicata *1549 1641 1645* : indicata *1531* || amatur *1531 1549 1645* : ametur *1641*.

l'*Hippias majeur*, en partie du *Phèdre* et du *Banquet*[49]. Grâce à ce raisonnement, Socrate dit avec justesse que la beauté est une grâce en vertu de laquelle les choses elles-mêmes, animées ou inanimées, simples ou composées, plaisent à l'âme ou lui sont agréables par le moyen de l'esprit, de la vue ou de l'ouïe. Que la beauté soit une grâce qui émeut l'âme, c'est-à-dire la charme, la ravit et l'incite à la jouissance, Socrate ne l'a prouvé par aucun argument si ce n'est cette seule observation à savoir que nous voyons l'âme des amants être émue, attirée et ravie par la grâce de la chose aimée. Et, il n'en serait certes pas ainsi si la grâce n'était pas la beauté qui émeut l'âme, c'est-à-dire la charme, la ravit et l'incite à la jouissance. C'est pourquoi, ce n'est pas sans raison que le platonicien Ménandre[50] affirme que la beauté du corps est une certaine grâce qui brille en lui sous l'influence de son idée. C'est celle-ci, en effet, qui émeut l'âme des amants, la charme, la ravit et l'incite à la jouissance.

XXI. Par quoi, selon les platoniciens, la beauté qui est grâce ravit l'âme et l'incite à la jouissance

Mais puisque la beauté ne peut ravir l'âme et l'inciter à la jouissance si elle ne l'atteint pas, et puisqu'elle ne peut l'atteindre sans y être portée par quelque chose, Socrate expose ce par quoi la beauté et la grâce elles-mêmes sont portées à l'âme[51]. En effet, il y a deux mouvements dans un tel rapt : le premier réside dans la connaissance et, par ce mouvement, les belles choses elles-mêmes sont portées à l'âme ; le second réside dans l'amour et, par ce mouvement, l'âme est mue vers les belles choses. Or, le second mouvement ne peut exister si le premier ne le précède pas : en effet, nous ne pouvons aimer des choses inconnues. Aussi Socrate prouva-t-il d'abord que la grâce qui est beauté n'émeut pas l'âme par les seuls sens car l'esprit serait alors exclu. Or il est établi que le beau émeut et charme l'âme aussi par l'esprit. La grâce n'est pas portée à l'âme seulement par l'esprit parce qu'alors elle ne le serait pas par les yeux et les oreilles ; et si elle l'est par l'esprit et les sens, elle ne l'est pas par tous les sens : en effet, la beauté et la grâce elles-mêmes ne sont pas portées à l'âme par les facultés du toucher, du goût et de l'odorat. L'âme, en effet, ne connaît pas la beauté au moyen de ces sens. C'est pourquoi la beauté ne semble partim ex Hippia maiore, partim ex Phaedro et Symposio colligitur. Qua ratione Socrates recte dixit pulchritudinem esse gratiam quandam qua res ipsae siue animatae siue inanimatae, simplices siue compositae, per mentem, uisum et auditum animae placent aut gratae sunt. Quod autem pulchritudo gratia sit quae animam mouet, hoc est allicit et rapit ad sui fruitionem, nullo alio argumento Socrates probauit nisi sola obseruatione quia amantium animas uidemus moueri, allici atque rapi a gratia rei amatae. Quod profecto non esset nisi gratia esset pulchritudo quae animam mouet, allicit atque rapit ad sui fruitionem. Non ab ratione itaque Menander platonicus asseruit pulchritudinem corporis esse gratiam quandam quae influxu suae ideae in ipso refulget. Haec enim est quae amantium animas mouet, allicit atque rapit ad sui fruitionem.

Per quae pulchritudo quae gratia est animam rapiat ad sui fruitionem secundum platonicos. Caput XXI.

Sed quoniam non potest pulchritudo rapere animam ad sui fruitionem nisi perueniat ad eam, nec peruenire potest ad eam nisi per aliqua deferatur, ideo quae illa sint quibus pulchritudo gratiaque ipsa ad animam deferatur Socrates exponit. Sunt enim in raptu huiusmodi duo motus : alter et primus in cognoscendo, et hoc motu res ipsae pulchrae deferuntur ad animam ; alter uero et secundus in amando, et hoc motu anima mouetur ad res pulchras. Non potest autem motus hic secundus esse nisi primus precesserit : non enim possumus incognita amare. Socrates itaque probauit primo gratiam, quae pulchritudo est, mouere animam non solis sensibus, quoniam menti non conueniret. At constat pulchrum animam mouere ac allicere etiam per mentem. Ad haec nec per solam mentem, quia tunc per oculos atque aures gratia ad animam non deferretur ; et si per mentem atque sensus, non per sensus omnes : non enim per tangendi atque gustandi olfaciendique facultates pulchritudo gratiaque ipsa defertur ad animam. Per hos enim anima pulchritudinem non cognoscit.

en aucune façon parvenir à l'âme grâce à eux, et si elle y parvient par la vue et l'ouïe, ce n'est pas toujours par les deux en même temps. Mais parfois, la beauté est portée uniquement par la vue, comme la beauté du ciel, parfois uniquement par l'ouïe, comme la grâce des voix, et parfois par les deux, comme la beauté d'une jeune fille, et quelquefois par l'esprit, la vue et l'ouïe : en effet, la grâce d'une jeune fille est parfois transportée à l'âme des amants par les trois, car la grâce d'une jeune fille qui réside dans la voix est portée à l'âme par l'ouïe, celle de la forme, par la vue et enfin celle de l'harmonie du caractère, par l'esprit. Aussi Socrate conclut-il que la grâce qui est beauté est transportée à l'âme par trois puissances et naît de trois objets. Les puissances par lesquelles elle est transportée sont la vue, l'ouïe et l'esprit, et les objets d'où naît la grâce sont le visible, l'audible et l'intelligible ; Socrate en donne pour raison que les plaisirs de ces trois puissances sont beaux : ils sont beaux parce qu'ils sont les meilleurs de tous, ils sont les meilleurs parce qu'ils sont innocents, accessibles, spirituels, brillants et vitaux au plus haut point. Donc, parce que ce qui est plus visible, audible et intelligible est, de loin, source de plus de plaisir que les objets des autres puissances de l'âme, il s'ensuit que la grâce qui est beauté émeut l'âme et la ravit seulement par la vue, l'ouïe et l'esprit, et que le beau se trouve uniquement dans les objets qui relèvent de ces trois puissances. Voilà ce que dit Socrate. Il en résulte que l'âme est ravie et portée à la jouissance du beau, mais pas à la jouissance que l'on obtient par tous les sens : en effet, comme la beauté n'est pas transportée à l'âme par tous les sens, elle ne pourra ravir l'âme et l'inciter à la jouissance que l'on obtient par tous les sens, mais seulement à celle que l'on obtient au moyen de ceux par lesquels la grâce elle-même a été portée à l'âme. D'où, si la beauté a été apportée par la vue uniquement, elle ravira et incitera seulement à la jouissance qui est obtenue par la vue, si elle l'a été par l'ouïe uniquement, l'âme sera de la même façon ravie et incitée à la jouissance qui est comblée seulement par l'ouïe, et ainsi en est-il de même pour le reste. Il y a donc trois mouvements : le premier est le transport par lequel l'aspect du beau est porté à l'âme, ensuite vient le rapt par lequel l'âme, après avoir pris connaissance du beau, est ravie et incitée à en jouir, enfin vient la jouissance qui ne sera pas parfaite si elle ne résulte pas de tous les sens grâce auxquels la forme du beau a été transportée.

Quare per hos pulchritudo nequaquam ad animam peruenire uidetur, et si per uisum et auditum, non semper per hos simul. Sed interdum pulchritudo fertur per uisum solum, ut quae coeli pulchritudo est, interdum per auditum solum, ut quae uocum gratia est, aliquando per utrunque, ut quae puellae forma, nonnunquam uero per mentem, uisum et auditum : his enim tribus aliquando puellae gratia uehitur ad animas amantium, nam puellae gratia, quae in uocibus est, per auditum, quae uero in forma, per uisum, quae denique in morum concinnitate, per mentem ad animas deferuntur. Quare concludit Socrates gratiam, quae pulchritudo est, tribus animae uiribus uehi, a tribusque obiectis oriri. Vires quibus uehitur sunt uisus, auditus atque mens, obiecta autem e quibus oritur, sunt uisile, auditile et intellectile ; huius rei causam adducit ex eo quia uoluptates harum trium uirium pulchrae sunt : pulchrae uero quia caeterarum optimae, optimae uero quia innoxiae, faciles, spiritales, lucentes atque maxime uitales. Quia igitur uisile, auditile et intellectile longe magis quam caeterarum potentiarum animae obiecta uoluptifica sunt, fit ut gratia quae pulchritudo est solum per uisum, auditum ac mentem animam moueat ac rapiat, solumque in harum trium uirium obiectis pulchrum sit. Haec Socrates. Ex quibus constat animam rapi ad fruitionem pulchri, non ad eam quae fit per omnes sensus : cum enim pulchritudo per omnes sensus non uehatur ad animam, animam rapere non poterit ad eam fruitionem quae fit per omnes, sed solum ad eam quae fit per tot per quot ad animam delata est gratia ipsa. Vnde si per solum uisum pulchritudo delata est, solum ad eam fruitionem rapiet quae uisu perficitur, si uero per solum auditum, etiam simili ratione ad eam fruitionem rapietur quae solo auditu adimpletur, sicque eadem ratione in caeteris dicendum. Sunt igitur tres motus : primus est inuectio qua pulchri species defertur ad animam, deinde est raptus quo anima post pulchri cognitionem rapitur ad fruitionem eius, postremo est fruitio quae nisi per omnes eos sensus fiat per quos pulchri species uecta est, non erit perfecta.

XXI. 22 per *1531 1549 1645* : *omis. 1641.*

XXII. Du triple amour et du triple rapt selon les platoniciens

De là (comme l'affirment les platoniciens[52]) survient le triple amour : en effet, nous sommes disposés et enclins, par la naissance ou l'éducation, à la vie contemplative, active ou voluptueuse. Si c'est à la vie contemplative, nous élevons aussitôt notre attention de la vision de la forme corporelle à la considération de la forme spirituelle et divine ; si c'est à la vie voluptueuse, immédiatement, de la vision, nous descendons à la concupiscence du toucher ; mais si c'est à la vie active et morale, nous nous en tenons au seul plaisir de la vue et de la conversation. Les premiers sont si intelligents qu'ils s'élèvent le plus haut, les seconds si émoussés d'esprit qu'ils s'abaissent aux choses les plus basses, et les derniers, entre les deux, restent dans une région intermédiaire. Aussi tout amour naît-il de la vision. Mais l'amour de l'homme contemplatif s'élève de la vision à l'esprit, l'amour de l'homme voluptueux s'abaisse de la vision au toucher, les hommes actifs et moraux en restent à la vision. Les platoniciens donnèrent trois noms à ces trois amours : on appelle divin l'amour de l'homme contemplatif, humain l'amour de l'homme actif, bestial l'amour de l'homme voluptueux. Le beau aussi est triple : le beau de l'esprit, de l'âme[53] et du corps. Le beau intellectuel ravit l'âme et l'incite à sa seule jouissance, le beau de l'âme ravit l'âme seulement par la vue, ou l'ouïe, ou les deux, et le beau corporel par tous les sens grâce auxquels la beauté elle-même peut être portée à l'âme. Il y a donc triple rapt : en effet, le rapt par lequel l'âme est ravie uniquement au moyen de l'esprit par le beau intellectuel est divin ; celui par lequel elle est ravie par le beau au moyen de la vue, de l'ouïe ou des deux, est humain ; et le rapt par lequel l'âme est ravie par le beau au moyen de tous les sens, et surtout celui du toucher, est bestial. Voilà pour les principes des platoniciens.

De triplici Amore triplicique raptu secundum platonicos. 1
Caput XXII.

Hinc triplex (ut platonici asserunt) subrepit amor : aut enim ad contemplatiuam, aut actiuam, aut uoluptariam uitam prompti et procliues geniti educatiue sumus. Si ad contemplatiuam, statim a formae corporalis aspectu ad spiritalis atque diuinae considerationem erigimur ; si ad uoluptariam, subito a uisu ad tangendi concupiscentiam descendimus ; sin autem ad actiuam atque moralem, in sola illa uidendi atque conuersandi oblectatione perseueramus. Illi tam ingeniosi sunt ut altissime prouehantur, isti tam hebetes ut ad infima deprimantur, hi denique tanquam medii in media remanent regione. Amor itaque omnis incipit ab aspectu, sed contemplatiui hominis amor ab aspectu ascendit in mentem, uoluptarii ab aspectu descendit in tactum, actiui uero atque morales remanent in aspectu. Tribus his amoribus tria nomina tribuerunt : nam contemplatiui hominis amor, diuinus, actiui, humanus, uoluptarii, ferinus, cognominatur. Triplex etiam pulchrum : intellectuale, animale, et corporeum. Pulchrum intellectuale per mentem animam rapit ad sui fruitionem solam, animale autem per uisum solum, uel auditum tantum, uel utrunque, corporeum per omnes sensus quibus pulchritudo ipsa deferri ad animam potest. Triplex igitur raptus : nam raptus quo anima rapitur per mentem solam a pulchro intellectuali, diuinus est ; quo uero rapitur a pulchro per uisum, uel auditum, uel utrunque est humanus ; at raptus quo anima rapitur a pulchro per omnes sensus, potissimum per tactum, ferinus est. Haec de platonicorum decretis.

XXII. 5 educatiue *1531 1549 1645* : educati *1641* || 12 in media remanent regione *1531 1641* : in media regione *1549 1645* || 15 morales *1531 1549*: moralis *1641 1645* || remanent *1531 1549 1641* : remanet *1645* || 20 uisum *1531 1549 1645* : usum *1641*.

XXIII. De l'origine de la grâce qui est beauté selon Socrate

Puisque la grâce qui est beauté n'est pas égale dans toute chose belle ni en chaque amant, il nous faut traiter de son origine selon les platoniciens. Aussi Socrate[54] pose-t-il fermement en principe que la splendeur du bien suprême est diffuse dans les choses elles-mêmes, mais surtout dans celles dont on a connaissance par les yeux, les oreilles et l'esprit : au moyen de ces choses, en effet, la vue, l'ouïe et l'esprit se tournent vers le beau lui-même si bien que la beauté elle-même est comme un cercle de lumière divine, émanant du bien, résidant dans le bien et, à travers le bien, refluant éternellement vers le bien. Si donc on demande ce qu'est le bien lui-même, Socrate répond que c'est le principe même, unique, de toute chose. Et si encore on demande ce qu'est son acte pur, il répond que c'est l'acte qui vivifie tous les actes qui en découlent. Et si encore on demande ce qu'est le beau lui-même, il répond que c'est l'acte vivifiant qui jaillit de la source première des choses bonnes. Si enfin on demande par quel ordre il orne toutes les choses et les rend belles, il répond que d'abord il orne l'intelligence angélique de l'ordre des idées, puis les âmes de la série des raisonnements et de discours bien rythmés, ensuite la nature de semences et, enfin, la matière de formes ; Aristote ne rejette pas cette opinion dans le premier livre *Du ciel*[55] : l'éternité, dit-il, tirant sa propre dénomination de l'être éternel, est vraiment immortelle et divine et, de là, il est donné aux autres choses à la fois d'exister et de vivre, plus clairement pour les unes, plus obscurément pour les autres ; l'être n'est pas en toute chose d'une seule et même façon. En effet, en tant qu'acte qui donne force à toute chose, c'est le bien, en tant qu'acte qui vivifie, adoucit, apaise et excite, c'est le beau, en tant qu'acte qui s'applique à la puissance cognitive, c'est la connaissance. Mais en outre, quand il est le bien, il procrée, gouverne et rend parfait ; quand il est le beau, il illumine et diffuse la grâce. Après avoir examiné ces questions, il est évident que la grâce tire son origine de la splendeur, ou de l'être, qui est communiquée aux choses par la nature divine elle-même, mais non à toutes de la même façon ; ou bien, on peut dire plus clairement que la grâce émanant des choses qui émeuvent et charment l'âme est la splendeur elle-même, diffuse de façon inégale dans les choses belles par la nature divine.

De origine gratiae quae pulchritudo est secundum Socratem. Caput XXIII.

Quoniam uero gratia quae pulchritudo est non in omni pulchro aequalis est, nec in omni amante eadem, de origine gratiae disserendum secundum platonicos. Socrates itaque pro constanti sumit in rebus ipsis summi boni splendorem diffusum esse, in his tamen potissimum quae oculis, auribus menteque percipiuntur : per haec enim ad ipsum bonum uisum, auditum atque mentem conuertit ut sit ipsa pulchritudo ueluti circulus quidam diuinae lucis a bono manans, in bono residens, per bonum et ad bonum sempiterne refluens. Si igitur quaeris quid ipsum bonum, respondet Socrates ipsum unum rerum omnium principium. Si quaeris rursum quid actus purus, respondet esse actum qui cuncta sequentia uiuificat. Si deinde quaeris quid ipsum pulchrum, respondet esse uiuificum actum qui e primo bonorum fonte effluit. Si postremo quaeris quo ordine cuncta decorat ac pulchra reddit, respondet eum primo mentem angelicam decorare idearum ordine, deinde animos rationum serie numerosisque discursibus, postea naturas seminibus, postremo materiam formis ; a qua sententia non abhorret Aristoteles De coelo libro primo : sempiternitas, inquit, est a semper esse sumens denominationem immortalis sane atque diuina, unde et aliis esse et uiuere communicatum est his clarius, his uero obscurius ; nec esse huiusmodi una ratione in omnibus est. Nam ut actus omnium omnia roborans, bonum est ut uiuificat, lenit, mulcet, ac excitat pulchrum, ut in cognoscente potentia eam applicat cognitio. Verum praeterea ut bonum est procreat, regit et complet ; ut pulchrum autem illuminat gratiamque infundit. Quibus exploratis, patet gratiam originem habere ab eo siue splendore, siue esse quod a diuina ipsa natura rebus non omnibus eodem modo communicatur ; uel dilucidius dici potest gratiam ex parte rerum quae animam mouent et alliciunt esse splendorem ipsum non eadem ratione a diuina natura rebus pulchris diffusum.

XXIV. De la préparation[56] par laquelle toutes les choses sont préparées à recevoir la grâce et l'éclat divin

Mais puisque la grâce, ou l'éclat, ne descend pas ainsi dans la matière avant que celle-ci n'ait été préparée de la façon la plus appropriée – et cet éclat n'a pas été communiqué aux choses de la même manière – pour que la grâce et l'éclat soient reçus, il convient donc que les choses ne soient pas préparées de la même manière, car la préparation des corps consiste en trois choses : l'ordre, la mesure et l'aspect. L'ordre signifie l'intervalle des parties entre elles, la mesure, la quantité, l'aspect, les lignes et les couleurs. En outre, pour recevoir la beauté qui leur est propre, les voix se disposent de façon à peu près semblable : leur ordre consiste en la montée du grave à l'aigu et en la descente correspondante, leur mesure en la progression par tierces, quartes, quintes et sixtes voix ainsi que par tons et demi-tons, et leur aspect harmonieux en la résonance d'une voix claire. C'est par ces trois critères, comme par des éléments, que sont disposés à recevoir la beauté les corps composés de nombreuses parties, les végétaux et les animaux. De même, les quatre éléments, les pierres et les métaux sont aptes à recevoir la beauté par ces trois critères. Il en est de même assurément des devoirs et des études. Mais l'âme par sa propre nature a été particulièrement disposée à la beauté parce qu'elle est aussi spirituelle et comme le miroir le plus proche de Dieu, celui dans lequel resplendit (comme nous l'avons dit plus haut) l'image du visage divin. Donc, comme pour l'or auquel, pour paraître beau, on ne doit rien ajouter mais qu'on doit débarrasser des scories terrestres si elles y sont restées attachées, ainsi l'âme n'a besoin d'aucun ajout pour paraître belle mais doit se délester des préoccupations du corps et chasser les soucis anxieux du désir et les troubles de la peur. Alors, aussitôt, jaillira la beauté naturelle de l'âme et l'esprit parviendra jusqu'au bien lui-même par une éternelle contemplation. Pour le reste, afin de ne pas faire de trop longues

De praeparatione qua praeparantur omnia ad gratiam diuinumque fulgorem excipiendum. Caput XXIIII.

Sed cum gratia uel fulgor huiusmodi in materiam non prius quam aptissime sit praeparata descendat – non enim fulgor hic eodem modo rebus communicatus est – ideo pro suscipienda gratia atque fulgore oportet ut res non eodem modo praeparentur ; nam corporum praeparatio tribus constat, ordine, modo, specie : ordo partium interualla, modus quantitatem, species lineamenta coloresque significat. Ad pulchritudinem praeterea suam accipiendam uoces ferme similiter disponuntur : ordo nanque earum est a graui uoce ad acutam ascensus atque inde descensus, modus, debita per tertias, quartas, quintas et sextas uoces, tonos item et semitonos progressio, species canora, clarae uocis intensio. His etiam tribus, ceu quibusdam elementis, corpora ex multis composita et arbores et animalia ad suscipiendam pulchritudinem disponuntur. Simili ratione elementa quatuor, lapides atque metalla, his tribus ad suscipiendam pulchritudinem aptantur. Simili profecto pacto et officia et disciplinae. Animus uero eo potissimum ad illam est natura sua accommodatus quod et spiritalis sit, et quasi speculum Deo proximum in quo (ut superius diximus) diuini uultus elucet imago. Igitur quemadmodum auro, ut appareat speciosum, nihil prorsus addendum, sed terrae sordes, siquae inhaeserint, secernendae, ita nullis adiunctionibus indiget animus ut formosus appareat, sed deponenda corporis cura et sollicitudo tam anxia cupiditatis et timoris perturbatio depellenda. Confestim enim naturalis animi species emicabit, mens uero per eternum in ipsum bonum intuitum. Caeterum ne longius

XXIIII. 3 Sed cum gratia *1531 1549 1645* : enim uero quum gratia *1641* || 20 accommodatus *1531 1641* : commodatus *1549 1645* || 22 auro *1641 1645* : auri *1531 1549* || 27-28 Confestim enim naturalis animi species emicabit, mens uero per aeternum in ipsum bonum intuitum *1531 1549 1645* : Confestim enim naturalis animi species atque mens per aeternum intuitum in ipsum bonum emicabit *1641*.

digressions, concluons rapidement de ce qui précède que, selon les platoniciens (comme le déduisit Socrate en de nombreux discours), la beauté est une grâce vive et spirituelle qui, grâce au rayon lumineux de Dieu, est infuse d'abord dans l'ange, puis dans l'âme humaine, enfin dans les formes des corps, dans les voix et dans toutes les autres choses que l'on juge belles, et qui émeuvent et charment nos âmes par la raison, la vue et l'ouïe ; en les charmant, elles les ravissent ; en les ravissant, elles les enflamment d'un ardent amour. Voilà ce que disent Socrate et tous les autres platoniciens.

XXV. Que valent les propos que les platoniciens ont tenu au sujet du beau ?

Bien que ce qu'affirment les platoniciens au sujet du beau ait été dit de façon assez ornée et travaillée, de nombreuses affirmations cependant semblent davantage rhétoriques que vraies[57]. En effet, un premier point est faux lorsqu'ils ont dit qu'il y avait des choses belles qui ne sont ni des corps, ni des puissances dans des corps ou des accidents de l'essence divine, telles que Dieu, l'ange, l'âme qui sont absolument séparés des corps. Mais comment pourraient-elles être belles ou laides si elles ne ravissent pas nos âmes pour l'amour ? Et il est clair qu'elles ne ravissent pas nos âmes pour l'amour puisque l'amour est, comme l'écrit Aristote dans le second livre de la *Rhétorique*[58], un affect de l'appétit sensitif qui se divise en deux parties, à savoir l'irascible et le concupiscible. Or il convient que soient sensibles les choses qui ravissent nos âmes et les incitent à l'amour affect de l'appétit sensitif : en effet, comme nous le disions plus haut, elles ne peuvent pas ravir l'appétit sensitif si elles n'ont pas d'abord provoqué les sens eux-mêmes. Aussi ce qui n'est absolument pas sensible ne pourra-t-il pas ravir nos âmes et les inciter à l'amour et donc ne sera pas beau. De telles choses sont digrediatur oratio, ex superioribus breuiter concludamus secundum platonicos (ut multis uerbis deduxit Socrates) pulchritudinem esse gratiam quandam uiuacem et spiritalem, Dei radio illustrante, angelo primo infusam, inde animis hominum, postremo corporum figuris et uocibus caeterisque rebus quae pulchrae censentur quaeque per rationem, uisum, auditum, animos nostros mouent atque delectant ; delectando autem rapiunt ; rapiendo uero ardenti amore inflammant. Haec ex Socrate caeterisque platonicis.

Qualia sint haec quae de pulchro platonici dixerunt. Caput XXV.

Et licet quae de pulchro platonici tradunt satis ornate atque composite dixerint, multa tamen eorum potius rhetorica quam uera uidentur. Primum enim falsum est cum dixerunt esse res pulchras quae nec sunt corpora, nec in corporibus uirtutes uel accidentia diuinae substantiae, quales sunt Deus, angelus et animus, quae sunt prorsus a corporibus abiunctae. Quo nam modo pulchrae aut turpes esse poterunt, si non rapiant animos nostros ad amorem ? Quod autem animos nostros ad amorem non rapiant, eo perspicuum quia amor affectus est, ut Aristoteles scribit libro Rhetoricorum secundo, appetitus sensitiui cuius duae sunt partes, irascibilis uidelicet et concupiscibilis. Ea autem quae animos nostros rapiunt ad amorem qui est affectus appetitus sensitiui, oportet ut sint sensibilia : non enim, ut superius diximus, rapere possunt appetitum sensitiuum nisi sensus ipsos prius pulsauerint. Quare quae prorsus insensibilia sunt, animos nostros ad amorem rapere non poterunt, non igitur erunt pulchra. Tales profecto sunt

XXV. 9 pulchrae aut turpes esse poterunt *1531 1549 1645* : pulchrae esse poterunt *1641* || 11 eo *1531 1549 1645* : ex eo *1641* || 11-13 quia amor affectus est, ut Aristoteles scribit libro Rhetoricorum secundo, appetitus sensitiui *1531 1549 1645* : quia amor, ut Aristoteles scribit libro Rhetoricorum secundo, est affectus appetitus sensitiui *1641*.

assurément les essences divines car elles ne sont pas soumises aux sens. Les péripatéticiens ne diront en aucune manière qu'elles sont belles si elles ne sont pas soumises aux sens. Mais si les platoniciens voulaient signifier qu'elles ravissent nos âmes et les incitent à l'amour, non pas celui qui est affect de l'appétit sensitif, mais celui qui est affect de l'appétit intellectuel, que l'on appelle volonté, les péripatéticiens acquiesceraient. Mais, comme on parle d'amour de façon équivoque pour l'amour affect de l'appétit sensitif et pour l'amour affect de l'appétit intellectuel, de même le beau aussi peut être dit équivoque au sujet des choses belles qui sont sensibles et de celles qui ne le sont pas : de même que l'amour est à proprement parler affect de l'appétit sensitif, et de façon métaphorique affect de l'appétit intellectuel, de même le beau à proprement parler sera celui qui est soumis aux sens, et celui qui n'est pas sensible sera beau de façon métaphorique. En outre, comme platoniciens et péripatéticiens l'affirment, rien d'univoque n'est commun à toute chose. Le beau ne peut donc pas être dans toutes les choses de la même manière et de façon univoque. Donc, certaines sont belles à proprement parler et d'autres (pour m'exprimer ainsi) de façon métaphorique : sont belles à proprement parler seulement celles qui ravissent nos âmes et les incitent à l'amour affect de l'appétit sensitif, sont belles de façon métaphorique toutes celles qui émeuvent nos âmes et les incitent à l'amour affect de l'appétit intellectuel. En effet, cet amour (pour m'exprimer ainsi) est métaphorique et le premier est l'amour à proprement parler. C'est pourquoi, les choses tout à fait séparées de la nature matérielle et corporelle ne pourront pas être belles à proprement parler : en effet, elles ne ravissent, ne charment et n'incitent en aucune façon à l'amour à proprement parler. En second lieu, Socrate expose les préparations de façon insuffisante : en effet, non seulement le corps accueille la splendeur divine grâce à laquelle il est rendu beau, mais aussi l'âme. Il convient donc qu'il y ait au moins deux préparations : l'une de l'âme, grâce à laquelle elle accueille la splendeur divine, et l'autre du corps. Mais il semble ne pas avoir exposé parfaitement la préparation de l'âme. Et enfin, parmi les affirmations de Socrate, la préparation à la grâce du point de vue des amants n'a pas été explorée. En effet, le même beau, diuinae illae substantiae, non enim sensibus subiacent. Quod si sensibus nostris non subiaceant, eas pulchras peripatetici nequaquam dicent. Si uero platonici uelint eas animos nostros rapere ad amorem, non ad eum qui est affectus sensitiui, sed intellectiui appetitus, qui dicitur uoluntas, concedent peripatetici. Verum, ut amor aequiuoce dicitur de amore qui est affectus appetitus sensitiui et de amore qui est affectus appetitus intellectiui, ita quoque pulchrum aequiuoce dicetur de sensilibus et insensibilibus pulchris : ita ut quemadmodum amor est proprie is qui est affectus sensitiui appetitus, qui uero intellectiui metaphorice, ita pulchrum proprie erit quod sensibus subiacet, quod uero est insensibile, metaphorice. Praeterea nihil uniuocum commune est rebus omnibus, ut platonici et peripatetici tradiderunt. Non ergo potest pulchrum eadem ratione ac uniuoca omnibus rebus inesse. Erunt igitur quaedam pulchra proprie, quaedam (ut ita dixerim) per metaphoram : pulchra proprie, non nisi ea quae animos nostros ad amorem rapiunt qui est appetitus sensitiui affectus, per metaphoram autem, omnia quae animos nostros mouent ad amorem qui est intellectiui appetitus affectio. Est enim hic amor (ut ita loquar) metaphoricus, ille uero proprius. Quare res omnino a materia corporeaque natura abiunctae propria ratione pulchrae esse non poterunt : ad amorem enim proprium nequaquam rapiunt nec alliciunt. Deinde insufficienter Socrates praeparationes tradidit : non enim solum corpus diuinum splendorem suscipit, quo pulchrum reddatur, sed eius animus. Oportet ergo saltem duas esse praeparationes : alteram animi, qua animus diuinum splendorem suscipit, alteram autem, corporis. Praeparationem animi non uidetur perfecte exposuisse. Postremo ex his quae Socrates affert non est exploratum quae sit ad gratiam praeparatio ex parte amantium.

XXV. 23-24 non ad eum qui est affectus sensitiui, sed intellectiui appetitus *1531 1549 1645* : non ad eum qui sensitiui, sed qui intellectiui appetitus est affectus *1641* || 28 ita ut quemadmodum *1531 1549 1645* : et quemadmodum *1641* || 50 amantium *1641 1645* : animantium *1531 1549*.

résultant de la même préparation, peut ne pas être un affect agréable à tous les amants de façon identique. C'est pourquoi, il convient de trouver en nous une préparation par laquelle nous soyons disposés à aimer cette jeune fille plutôt que celle-là. Or Socrate ne l'a pas expliqué. Il y a aussi cette question, qui n'est pas des moindres, à savoir si c'est seulement par la vue et par l'ouïe que les belles choses raviraient nos âmes et les inciteraient à la jouissance. En effet, la beauté qui est grâce semble être non seulement dans les choses visibles et audibles mais aussi dans les choses olfactives, tactiles et gustatives ; en effet, certaines de ces choses olfactives, tactiles et gustatives nous sont plus agréables que d'autres. Or il ne pourrait en être ainsi si, en elles, n'était conçue quelque beauté qui les rende plus agréables. Qu'il en soit ainsi, le désir même de la chose l'indique, désir qui n'est jamais satisfait s'il ne posséde la chose qu'il cherche à posséder : la faim et la soif, n'est-ce-pas, sont apaisées par la nourriture et par la boisson ; et l'amour ne serait jamais satisfait par la vue du corps si l'étreinte du toucher n'intervenait pas. C'est pourquoi, le beau touchera nos âmes non seulement par la vue et par l'ouïe mais aussi par tous les sens grâce auxquels la forme du beau peut être transportée à nos âmes.

XXVI. Qu'aucune chose simple n'est belle

Puisque, comme le dit Homère[59], chaque fois que de multiples choses diverses, de formes différentes et dissemblables concourent à la constitution d'une seule chose composée, elles peuvent s'assembler de façon harmonieuse et selon un certain calcul de proportions ou au mépris de toute harmonie des proportions, il s'ensuit que, selon Homère, la beauté ou la laideur ne se trouvent

Potest enim idem pulchrum eadem praeparatione affectum non omnibus amantibus eodem modo gratum esse. Quare oportet in nobis quandam praeparationem inuenire qua disponamur ad amandum magis hanc puellam quam illam. Socrates autem non explanauit. Est etiam non parua quaestio utrum per solos uisum et auditum pulchra rapiant animos nostros ad sui amorem. Pulchritudo enim, quae gratia est, non solum in uisilibus auditilibusque uidetur inesse, uerumetiam in olfactilibus, tactilibus atque gustatilibus ; sunt enim olfactilia, tactilia atque gustatilia nonnulla nobis gratiora, quaedam uero minus grata. Quod esse non posset nisi aliquid pulchri in ipsis conciperetur quo iucundiora redduntur. Quod autem ita sit ipsa cuiusque cupiditas indicat quae expletur nunquam nisi eam rem adepta quam adipisci enitebatur : nempe fames atque sitis cibo potuque sedantur ; amor autem nullo unquam corporis aspectu impletur, nisi amplexus tactilis interueniat. Quare pulchrum non solis uisu et auditu animos nostros mouebit, sed iis omnibus sensibus quibus pulchri species trahi potest ad animos.

Quod nulla res simplex sit pulchra. Caput XXVI.

Quoniam, ut Homerus inquit, quotiens plures res diuersae atque difformes ac dissimilares ad unius compositi constitutionem concurrunt, possunt concorditer ac secundum quandam proportionis rationem et praeter concordem proportionis rationem conuenire, hinc fit ut in solis rebus compositis pulchritudo uel turpitudo sit secundum Homerum.

51-52 Potest enim idem pulchrum eadem praeparatione affectum non omnibus amantibus eodem modo gratum esse *1531 1549 1645* : Nam idem pulchrum et eadem praeparatione affectum non omnibus amantibus eodem modo gratum esse potest *1641* || 53 disponamur *1531 1549 1641* : disponimur *1645.* **XXVI**. 2 quotiens *1531 1641* : quoties *1549 1645.*

que dans les choses composées. La beauté, quand règnent un rapport de proportions et une harmonie entre les parties dissemblables d'une chose composée, puisque, en effet, la beauté n'est rien d'autre que l'harmonie de telles parties et que Plotin[60] affirme que la beauté n'est rien d'autre que la grâce naissant de l'harmonie du multiple, dont le contraire est la laideur quand règnent la discorde et un rapport de proportions incommensurable, car la laideur n'est rien d'autre que l'inconvenance des parties et de la totalité. D'où la justesse de ce mot d'Ovide[61] disant que la beauté est une certaine convenance et une gracieuse composition de parties dissemblables et de formes différentes. Puisque tout beau est composé, il s'ensuit que Dieu n'est pas beau ou n'est pas la beauté elle-même. Et, puisque le beau et la beauté elle-même n'ont rien d'imparfait, il s'ensuit aussi que la nature angélique ne peut être belle car elle est privée des parties dans lesquelles réside la beauté. Or, Dieu ainsi que l'ange sont bons, car en eux la beauté est bonté ; et si l'on s'opposait à cela parce que l'âme, qui est simple, est belle, on dirait avec Plotin[62] que dans l'âme la beauté est une grâce qui naît de l'harmonie de nombreux aspects de la pudicité et de la pudeur : en effet, personne ne doute que la pudicité et la pudeur ne possèdent de nombreux aspects. En outre, il s'ensuit que le ciel lui-même n'est pas beau, comme nous le verrons, mais plutôt orné : en effet, bien qu'il soit constitué d'étoiles, cependant, comme les étoiles sont des parties de même forme, toutes sphériques, semblables et de même nature, on ne peut le considérer comme beau en aucune façon ; il s'ensuit encore que le monde non plus ne peut être considéré comme beau puisque les parties du ciel et des éléments, bien qu'elles semblent dissemblables, sont cependant toutes de même forme et sphériques. En effet, la beauté ne pourra pas exister là où il n'y a aucune dissimilitude dans la configuration des parties. A plus forte raison un élément ne saurait être beau puisque la configuration et la nature de ses parties sont uniformes et semblables. De plus, il ne pourra exister d'objets inanimés beaux, <pas> même les œuvres de l'art, comme une statue ou un temple, car il n'y a pas entre

Pulchritudo quidem, quando dissimilaribus rei compositae partibus proportionis ratio ac concordia inest, quippe cum pulchritudo sit aliud nihil nisi talium partium concordia, Plotinusque affirmat pulchritudinem nihil aliud esse quam ex plurium concinnitate coorientem gratiam, cui contraria est turpitudo, quando eis discordia atque incommensuratae proportionis ratio inest, nam turpitudo est aliud nihil quam partium totius incongruentia. Hinc illud Ouidii recte infertur pulchritudinem esse quandam partium dissimilarium ac difformium conuenientiam ac gratam compositionem. Quod si pulchrum omne sit compositum, fit ut nec Deus sit aut pulcher, aut pulchritudo ipsa. Quippe cum pulchrum pulchritudoque ipsa [non] nihil imperfectionis habeat, fit etiam ut angelica natura pulchra esse nequeat, cum careat partibus in quibus pulchritudo constat. Sed tam Deus quam angelus bonus est, pulchritudo enim in eis bonitas est ; et si occurres his quoniam animus pulcher est, qui est simplex, dicas cum Plotino in animo pulchritudinem esse gratiam quae cooritur ex plurium specierum pudicitiae atque pudoris concinnitate : plures enim species esse pudicitiae atque pudoris nemo dubitat. Fit insuper ut coelum ipsum non sit pulchrum, ut dicemus, sed uel ornatum : nam licet constet stellis, quia tamen stellae partes sunt conformes ac sphaericae omnes et similares eiusdemque naturae, nequaquam pulchrum esse potest, fit adhuc ut nec mundus pulcher sit habendus, quandoquidem licet constet coelis ac elementis quae dissimilares partes uidentur, omnes tamen sunt conformes atque sphaericae. Vbi enim nulla est in figuris partium dissimilitudo, pulchritudo esse non poterit : quanto uero minus elementum esse potest pulchrum cum figuris atque naturis partium sit uniforme atque similare. Insuper nec poterit esse res inanimata, pulchra, <non> artificiaria quidem, [non] ut statua, uel templum,

XXVI. 11 Plotinusque *1531 1549 1645* : et Plotinus 1641 || 17 ac gratam *1531 1549 1645* : gratamque *1641* || 20 nihil *nos* : non nihil *edd.* || 22 Sed tam Deus *1531 1549 1645* : Tam Deus autem *1641* || 38 non artificiaria quidem, ut statua *nos* : artificiaria quidem, non ut statua *edd.*

leurs parties de rapport de proportions si ce n'est en comparaison avec la chose animée ou naturelle. Aussi sera-t-elle belle par comparaison. Or ce qui est beau par comparaison n'est pas beau par nature. De même, ne seront beaux ni un discours rhétorique, ni une magistrature, ni aucune autre chose de ce genre, puisqu'il n'y a pas dans les œuvres de l'art de rapport entre les parties si ce n'est par similitude avec la nature dont les œuvres de l'art elles-mêmes tirent profit ; et moins encore les choses naturelles puisque, en aucune chose naturelle inanimée, il ne peut y avoir une dissimilitude et une différence de forme si grandes entre les parties qu'on puisse y voir une gracieuse composition. C'est pourquoi l'or n'est pas beau, ni aucun métal, mais agréable puisqu'on ne peut voir entre ses parties ni différence de forme ni dissimilitude qui puissent être réunies par un rapport de proportions qui est beauté. Les êtres animés ne sont pas beaux du tout, excepté l'homme comme nous le verrons[63] ; les végétaux ne sont pas beaux puisque leurs parties, bien qu'elles semblent diverses, ne sont pas si dissemblables et de forme si différente qu'on puisse remarquer un rapport de proportions ; et les animaux ne sont beaux en aucune façon car, bien que leurs parties soient dissemblables et de forme différente, elles sont en revanche, vis-à-vis d'elles-mêmes et vis-à-vis du tout, privées de proportions, si je puis m'exprimer ainsi, puisque aucune, prise autant de fois qu'on le voudra, ne donnera la totalité elle-même. Mais on traitera de cela ailleurs.

siquidem e partibus proportionis ratio non inest, nisi in comparatione ad rem animatam uel naturalem. Quare erit pulchra per comparationem. Quod autem comparatione pulchrum est, non est natura pulchrum. Eadem ratione nec oratio rhetorica nec magistratus pulcher est, nec id genus alia, quippe cum et partium ratio rebus artificiariis non insit, nisi per similitudinem ad rem aliquam naturalem, cuius similitudine res ipsa artificiaria struitur ; naturalis uero minime, quandoquidem in nulla rerum naturalium inanimatarum esse potest tanta partium aut dissimilitudo, aut difformitas, ut in eis grata compositio cernatur. Quare fit ut aurum non sit pulchrum, nec metallorum ullum, sed uel iucundum, quando in partibus eorum nec difformitas nec dissimilitudo perspicitur, ut inter eas proportionis ratio quae pulchritudo est colligi possit. Animata uero minime, nisi homo, ut dicemus ; uegetabilia non, quoniam partes, etsi diuersae uideantur, non adeo dissimilares ac difformes, ut annotari possit proportionis ratio ; animalia uero muta nequaquam, nam licet partes habeant dissimilares atque difformes, partes uero et ad se et ad totum sunt, ut ita dixerim, inaliquotae cum nulla quotiesuis sumpta reddat ipsum totum. Verum de his alibi.

XXVI. 39 e partibus proportionis ratio *1531 1549 1645* : proportionis ratio partibus *1641* || 43 nec id genus alia *1641* : nec id genus *1531 1549 1645* || 44 et *1531 1549 1645* : etiam *1641* || 53 nisi *1531 1549 1645* : praeterquam *1641* || 57 uero *1531 1549 1645* : tamen *1641* || 58-59 inaliquotae cum nulla quotiesuis sumpta reddat ipsum totum *nos* : in aliquotae cum nulla quotiesuis sumpta reddat ipsum totum *1531 1549 1645* tantum in aliquota ita ut nulla quotiesuis sumpta totum ipsum reddat *1641*.

XXVII. Les choses belles par un rapport approprié, selon les péripatéticiens, sont uniquement celles qui sont soumises aux sens

Il est clair, d'après ce que nous avons dit[64], qu'il n'y a pas de beauté proprement dite et de façon univoque sans la rencontre avec les sens. Et bien que l'on déduise clairement cela de notre propos précédent, car on ne peut voir la beauté que dans les choses composées et sensibles, cependant il y a une raison pour que le beau soit défini par l'amour : en effet, ce qui ne ravit pas l'âme et ne l'incite pas à l'amour n'est pas beau. Or il convient que ce qui ravit et incite à l'amour soit d'abord transporté à l'âme par les sens, puisque l'amour est affect de l'appétit sensitif. L'amour, en effet, découle des sens, comme l'ombre du corps et la volonté de l'esprit. Les choses qui échappent aux sens sont bonnes si elles ravissent la volonté, tout comme celles qui ravissent l'esprit sont vraies. On doit donc rechercher la beauté uniquement dans les choses sensibles, et la bonté, comme nous l'avons dit[65], dans celles qui ne le sont pas.

XXVIII. Le beau, qui est beau à proprement parler, se trouve seulement dans les choses qui sont uniquement soumises aux sens humains

Mais il n'est pas aisé de définir les choses sensibles dans lesquelles on peut trouver le beau lui-même, que l'on appelle beau à proprement parler. Mais si est vrai ce que dit Averroès dans la *Paraphrase* qu'il écrivit sur les livres des sens et du sensible[66], il ne sera pas difficile de déterminer ce que nous avons proposé plus haut. En effet, il dit ainsi : la capacité de compréhension des sens n'est pas la même chez tous les êtres vivants. L'homme, en

Pulchra quae propria ratione pulchra sunt secundum peripateticos non esse in rebus nisi quae sensibus obiiciuntur. Caput XXVII.

Ex his quae diximus facile perspicuum est non esse pulchra propria ac uniuoca ratione nisi quae sensibus subiiciuntur. Et licet hoc ex his quae diximus pateat, quoniam non nisi in rebus compositis pulchritudo cernitur quae sensilia sunt, causa tamen est quia pulchrum amore definitur : quod enim non rapit animos ad amorem non est pulchrum. Quod autem rapit ad amorem oportet ut prius delatum sit ad animos per sensus quippe cum amor sit affectus appetitus sensitiui. Sequitur enim amor rei sensum, quemadmodum umbra corpus, et uoluntas rei intellectionem. Quae sensus aufugiunt si rapiunt uoluntatem sunt bona, ueluti quae rapiunt intellectum sunt uera. Igitur in solis sensilibus pulchritudo quaerenda est, in rebus uero insensilibus, ut diximus, bonitas.

Pulchrum, quod proprie pulchrum est, non esse nisi in rebus quae solis humanis sensibus offeruntur. Caput XXVIII.

Sed in quibus sensilibus pulchrum ipsum, quod proprie pulchrum dicitur, inueniatur, non est facile definire. Verum si quae Aueroes inquit ea in Paraphraxe quam in libris De sensu et sensili scripsit uera sunt, non erit difficile rem propositam determinare. Dicit enim sic : proprietas autem comprehensionis horum sensuum in animalibus non est eadem.

XXVII. 6 licet *1531 1549 1645* : praeterquam quod *1641* || 7 tamen *1531 1549 1645* : etiam *1641* || 8 amore *1549 1645* : amorem *1531* per amorem *1641* || 11-12 rei sensum *1531 1549 1645* : sensum rei *1641* || 12-13 uoluntas rei intellectionem *1531 1549 1645* : rei intellectionem uoluntas *1641* || 13 aufugiunt *1531 1549 1645* : fugiunt *1641*.
XXVIII. 5 paraphraxe *1531 1549* : paraphrase *1645* paraphrasi *1641* || 7 dicit enim sic *1531 1549 1645* : sic enim loquitur *1641*.

effet, comprend les différences entre les choses et entre les particularités propres qui résident dans la chose sensible même, comme la pulpe dans le fruit, alors que les animaux comprennent la surface extérieure des choses qui est comme l'écorce des fruits. Et il apporte pour preuve de cela que les animaux ne sont pas mus par les sens de la même façon que les hommes : car les hommes sont émus par les chants, les sons harmonieux qui ne charment pas les bêtes. De plus, les hommes sont ravis par les formes, les traits et les couleurs, dans lesquels réside le beau lui-même, qui ne touchent en aucune façon les animaux. Il discourt de la même façon sur toutes les autres choses sensibles. Ce raisonnement enseigne donc que seules les choses qui se rapportent aux sens humains sont dites belles et considérées comme belles. Aristote aussi, dans ses livres *Sur l'âme*[67], prouva cela par un raisonnement brillant : les sens dont l'homme est doté lui sont attribués en partie pour la nécessité, en partie pour le plaisir, tandis que les sens dont sont dotés les animaux leur sont uniquement attribués pour la nécessité afin qu'ils puissent connaître et discerner leur nourriture, prendre garde aux choses nuisibles et obéir à la loi de la reproduction. Quant aux hommes, en plus de la nécessité, leurs sens sont disposés pour la recherche et l'usage des sciences, et pour le plaisir. De cette façon, l'homme connaît dans les choses sensibles elles-mêmes non seulement les couleurs, les sons, les odeurs, la sensation du toucher et le goût, mais aussi les grâces et les beautés qu'elles contiennent.

Homo enim comprehendit rerum differentias peculiaritatesque earum proprias quae in re ipsa sensili sunt, quemadmodum medulla in fructu, muta uero animalia ea comprehendunt quae extrinsecus sunt quaeque sunt uti fructuum cortices. Cuius rei signum affert quoniam non ea ratione muta ipsa animalia a sensibilibus mouentur qua homines : homines enim cantibus harmonicisque sonis mouentur quibus non alliciuntur belluae. Insuper homines figuris, linearum colorumque rationibus rapiuntur in quibus pulchrum ipsum consistit, quibus muta ipsa animalia nequaquam mouentur. Similiter et de caeteris sensilibus discurrit. Quae ratio docet res pulchras nec dici, nec haberi pulchras nisi ad humanos sensus referantur. Aristoteles etiam in libris De anima rem hanc clarissima ratione probauit : nam sensus, qui hominibus sunt tributi, partim ob necessitatem, partim ob uoluptatem conceduntur, mutis autem animalibus solum ob necessitatem ut per eos cibos cognoscant atque discernant, et a nocumentis praecaueant, et ut ad generatinem pareant. Hominibus autem, ultra necessitatem ad scientiarum inuentiones, et usum et ad uoluptates sunt accommodati. Hac ratione homines in sensibilibus ipsis non solum colores, sonos, odores, tactilia ac gustatilia, sed etiam gratias et pulchritudines quae in his continentur agnoscunt.

XXVIII. 13 fructuum *1549 1641 1645* : fructum *1531* || 18 consistit *1549 1641 1645* : consisti *1531* || 25 per eos cibos cognoscant *1531 1549 1645* : per eos cognoscant cibos *1641* || 26 praecaueant *1531 1549 1645* : sibi caueant *1641* || 27 pareant *1549 1645* : parent *1531* comparent sese *1641* || 31 agnoscunt *1641* : agnoscit *1531 1549 1645*.

XXIX. Le désir, qui meut les animaux vers la consommation charnelle, n'est pas l'amour

Puisqu'il est évident que les animaux ne sont pas touchés par les choses belles, il s'ensuit que le désir qui les porte vers la consommation charnelle ne doit pas être appelé amour à proprement parler. En effet, pour suivre à présent Platon dans le *Banquet*[68], l'amour est désir de jouir de la beauté. Or, puisque les animaux ne connaissent pas la beauté dans les choses sensibles et corporelles, ils n'auront pas en eux le désir de jouir de la beauté. Aussi ne ressentent-ils pas d'amour. C'est pourquoi, ils auront en eux une impulsion désireuse de consommer ce par quoi ils sont, pour ainsi dire, appelés naturellement en vue de la reproduction, ce qu'on peut appeler l'appétit bestial. Et Virgile dit dans les *Géorgiques* :

> *Oui, toute espèce sur terre, hommes ou bêtes, animaux marins, troupeaux et oiseaux multicolores, se jettent dans ces ardents transports : l'amour est le même pour tous.*[69]

Mais nous discuterons plus tard[70] si l'amour est le même pour tous.

XXX. Du mouvement par lequel le beau émeut nos âmes

Puisque, comme le dit Socrate, le beau est une grâce qui émeut l'âme, exposons donc, en premier lieu, quelle partie de l'âme il meut, ensuite, quel est ce mouvement, et, en troisième lieu, ce que

Desiderium animalium mutorum, quo mouentur ad uenerem, non esse amorem. Caput XXIX

Cum ex iis pateat muta ipsa animalia non moueri a pulchris, fit ut desiderium, quo feruntur ad uenerem, non amor propria ratione sit dicendum. Est enim amor, ut Platonem nunc sequamur in Symposio, desiderium fruendae pulchritudinis. Sed cum muta ipsa animalia in rebus sensilibus corporeisque pulchritudinem non agnoscant, ipsis desiderium non inerit fruendae pulchritudinis. Quare nec amor. Inerit itaque impetus quidam appetitiuus utendi quo compelluntur quasi a natura ad generandum qui dicatur ferina appetitio. Verum Virgilius libro Georgicorum inquit :

Omne adeo genus in terris hominumque ferarumque
Et genus aequoreum, pecudes, pictaeque uolucres
In furias ignemque ruunt, amor omnibus idem.

Sed utrum amor omnibus idem, posterius disserendum.

De motu quo pulchrum mouet animos nostros. Caput XXX.

Quoniam, ut Socrates dixit, pulchrum est gratia quae mouet animam, ideo primo exponamus quam animae partem moueat, deinde quis motus sit, et tertio quid amor proprie a

XXIX. 5 dicendum *1641* : dicendus *1531 1549 1645* || 7 Sed cum *1531 1549 1645* : quum uero *1641* || 11 dicatur *1531 1549 1645* : dicitur *1641* || 11-12 Virgilius libro Georgicorum *1531 1641* : Virgil. Lib. Georgic. *1549* Virgilii liber Georgicon *1645* || 12. inquit *1531 1549 1645* : quod *1641* || 16 Sed utrum amor omnibus idem, posterius disserendum. *1549 1641 1645* : Sed utrum amor omnibus idem. Posterius disserendum. *1531.*
XXX. 4 moueat *1641* : mouet *1531 1549 1645.*

les péripatéticiens définissent comme l'amour à proprement parler. L'âme humaine est donc tripartite : en effet il y a la partie de l'âme que l'on appelle intellect ou intelligence et celle que l'on appelle en grec διάνοια et, en latin, la raison, dont l'appétit est la volonté. La troisième partie, celle qui désire et convoite, est sensorielle, et sa puissance d'appétition est l'appétit sensitif. Le beau n'émeut donc pas notre âme de la même façon : car il meut d'abord, par lui-même, la partie sensorielle, dont la puissance d'appétition est l'appétit sensitif ; ensuite, la raison dont la puissance d'appétition est la volonté. S'il meut l'intelligence, nous le rechercherons plus tard[71]. Cependant, le beau ne meut pas ces parties de l'âme de façon identique : en effet, il ravit la partie sensorielle par la nécessité, et la partie rationnelle soit en la fléchissant, soit en la charmant, soit en la persuadant, par un mouvement dans lequel le désir peut vaincre ou être vaincu. Mais montrons ce qu'est ce mouvement : en effet, puisque les choses sensibles émeuvent l'âme, il se peut qu'elles l'émeuvent seulement en la fléchissant et en l'incitant à la jouissance sensuelle, et ce mouvement n'est pas à proprement parler l'amour, mais ce qu'on peut appeler l'appétition sensitive : de cette façon, l'ornement du ciel, les statues et toutes les autres choses qui plaisent à la vue ou à l'ouïe émeuvent notre âme et l'incitent à goûter en elles la seule jouissance sensitive ; et si elles nous émeuvent en fléchissant, en charmant, mais non en ravissant, bien que cet amour soit dit moral par les platoniciens, ce n'est pas l'amour à proprement parler pour les péripatéticiens, car il ne s'accompagne pas de l'appétit charnel ; par extension, on peut cependant parler de désir. Enfin si elles nous émeuvent en fléchissant, en charmant et en ravissant notre âme, lorsqu'un tel mouvement s'accompagne d'une certaine tristesse et du désir de ce dont nous manquons et que nous désirons pour notre conservation, ce n'est pas un affect de l'amour mais une certaine concupiscence qu'on appelle la faim, s'il s'agit de nourriture, la soif, s'il s'agit de boisson. Et lorsqu'il s'accompagne de tristesse et du désir de ce dont nous manquons et que nous désirons selon la belle forme pour notre propre conservation, il s'agit de l'amour qui est affect de l'appétit sensitif et qui réside dans l'appétit sensuel. Et, s'il s'accompagne du désir d'une belle femme pour qu'en elle peripateticis definiatur. Est itaque anima humana tripartita : nam est ea animae pars quae dicitur intellectus, siue mens, est et ea quae graece διάνοια, latine rationalis cuius appetitus uoluntas est. Tertia uero sensoria quae cupit atque concupiscit cuius uis appetendi est sensitiuus appetitus. Pulchrum igitur mouet animam nostram non eodem modo : nam per se primo mouet sensoriam cuius uis appetendi est appetitus sensitiuus ; deinde rationalem cuius uis appetendi est uoluntas. Vtrum uero moueat mentem posterius disquiretur. Non tamen has animae partes simili ratione pulchrum mouet : sensualem enim partem necessitate rapit, partem uero rationalem mouet aut inclinando, aut alliciendo, aut persuadendo in quo motu uinci et uincere desiderium potest. Sed quis motus hic sit declaremus : cum enim sensiles res animam moueant, aut mouent inclinando solum ad fruitionem sensualem, et motus hic non amor est propria ratione, sed appetitio dicatur sensitiua : hunc in modum ornamentum coeli, statuae et caetera quae uel uisum uel auditum delectant, mouent animam nostram ad sui solam sensualem fruitionem ; si uero mouent inclinando et alliciendo, non autem rapiendo, licet amor iste apud platonicos moralis dicatur, non autem apud peripateticos proprie amor est cum non sit cum appetitu ueneris ; dicatur tamen de licentia cupiditas. Si autem mouent inclinando, alliciendo et animum nostrum rapiendo, quando motus huiusmodi fuerit cum tristitia quadam atque cupiditate eius quo caremus ac cupimus ad nostri conseruationem, hic non affectus amoris est, sed concupiscentia quaedam quae, si cibi est, fames dicitur, si uero potus, sitis. Quando autem cum tristitia atque cupiditate eius quo caremus, atque ad nostri conseruationem secundum speciem desideramus, amor est qui affectus sensitiuus est in sensuali appetitu residens. Hic autem si fuerit cum desiderio

XXX. 7 διάνοια *1549 1645* : dianoia *1641* dianoea *1531* || 20 dicatur *1531 1549 1645* : dicitur *1641* || 25-26 cum non sit cum appetitu ueneris *1531 1549 1645* : cum non sit cum appetitu ueneris coniunctus *1641* || 29 ac *1531 1549 1645* : quodque *1641* || 33 atque *1531 1549 1645* : quodque *1641.*

et d'elle nous engendrions le beau, il s'agit de l'amour appelé Cupidon par les poètes et du nom « amour » de façon générique par les péripatéticiens. Et s'il s'accompagne du désir de jouir purement et simplement d'une femme sans être en aucune façon porté vers le beau lui-même, il s'agira alors de l'amour bestial propre aux bêtes qui ne voient pas le beau lui-même. Il apparaît clairement ce qu'est l'amour à proprement parler selon les péripatéticiens et que les poètes appellent Cupidon, fils de Vénus : c'est, en effet, l'affect résidant dans l'appétit sensitif par lequel notre âme est fléchie, charmée, ravie et incitée à la jouissance sensuelle du beau véritable par tous les sens grâce auxquels la forme du beau est portée à l'âme pour que, dans ce beau et de ce beau, nous engendrions le beau pour notre conservation éternelle. Et cet engendrement du beau, s'il s'accomplit conformément aux règles, est appelée amour-désir, amour honnête, et peut-être moral et légitime, propre de l'homme qui vit selon les lois. Mais si l'amour-désir outrepasse les lois, il sera appelé amour honteux, naturel et illégitime, propre de l'homme qui vit outre les lois. Or, comme le dit Ovide, chacun de ces deux amours est empli de crainte inquiète :

L'amour est chose emplie de crainte inquiète.[72]

Mais nous avons suffisamment parlé au passage d'Amour, de Cupidon et de Vénus, plus tard[73] nous en reparlerons en détail.

XXXI. Ce qu'est le beau à proprement parler selon les péripatéticiens

Il ne sera pas difficile de déduire des propos précédents ce qu'est le beau à proprement parler : car, si le beau est ce qui ravit l'âme et l'incite à l'amour-désir qui est une espèce de l'amour, rien ne sera beau qui ne se rapporte à l'amour-désir, affect de l'appétit sensitif. Aussi, puisque ni les substances intellectuelles, ni le ciel, ni le monde, ni un élément ne porte à l'amour-désir qui est affect de l'appétit sensitif, aucune de ces choses ne pourra être dite belle de façon appropriée. Le ciel donc (comme le dit Pline[74]) est ciselé, foeminae pulchrae, ut in ea et ex ea pulchrum generemus, amor est qui a poetis dicitur Cupido, et a peripateticis nomine generis amor. Si autem fuerit cum desiderio abutendae foeminae simpliciter, nulla ratione habita ad ipsum pulchrum, sic erit amor ferinus qui feris, quae pulchrum ipsum non discernunt, accommodatur. Ex his perspicuum est quid proprie secundum peripateticos sit amor qui dicitur apud poetas Cupido, Veneris filius : est enim affectus residens in appetitu sensitiuo quo animus noster inclinatur, allicitur, rapiturque ad ueri pulchri sensualem fruitionem per omnes sensus quibus pulchri species fertur ad animam, ut in eo pulchro atque ex eo pulchrum generemus ad nostri perpetuam conseruationem. Quae pulchri generatio si est secundum leges, cupido dicitur, amor honestus et fortasse moralis ac legitimus, qui proprie hominis est qui secundum leges uiuit. Sin autem praeter leges cupido ipse dicetur amor turpis atque naturalis ac spurius, qui hominis est qui uiuit praeter leges. Est autem uterque amor res plena solliciti timoris, ut Ouidius inquit :

Res est solliciti plena timoris amor.

Verum de amore, cupidine ac uenere satis obiter dictum, posterius sigillatim dicemus.

Quid proprie pulchrum sit exponitur secundum peripateticos. Caput XXXI.

Ex iis non erit difficile deducere quid proprie pulchrum sit : nam si pulchrum est quod animum rapit ad cupidinem, qui amoris est species, nihil erit pulchrum quod ad cupidinem non referatur, qui est affectus appetitus sensitiui. Quare cum nec substantiae intellectuales, nec coelum, nec mundus, nec elementum moueat ad cupidinem, qui affectus est sensitiui appetitus, nullum horum pulchrum propria ratione dicetur. Coelum igitur (ut Plinius inquit) est sculptum, nec oratio uel

XXXI. 10 uel *1531 1549 1645* : et *1641.*

et un discours ou un poème ne seront pas beaux mais ornés ou élégants, de même pour les devoirs et les édifices : en effet, ils n'entrainent pas notre âme au désir, affect de l'appétit sensitif. Sera donc beau ce qui, par sa grâce, nous entraîne à l'amour-désir, affect de l'appétit sensitif, empli d'une crainte inquiète. Mais nous reparlerons[75] de cela plus abondamment.

XXXII. Le beau existe seulement dans le genre humain

Donc, parce que seul l'homme attire l'homme, le fléchit, le charme, le ravit et l'incite à la jouissance de l'amour-désir par tous les sens grâce auxquels la forme du beau est portée à l'âme, il s'ensuit que la raison du beau et que le beau lui-même n'existent que chez l'homme. Dans les autres choses, il ne s'agit pas de la raison du beau, comme dans les substances divines séparées, ou bien, si oui, on le comprend de façon équivoque, car les choses supérieures à l'homme ne sont pas appelées belles mais plutôt bonnes ; et celles qui lui sont inférieures, si l'on veut les appeler belles, il faut les appeler belles de façon équivoque, comme nous l'avons vu précédemment[76]. C'est pourquoi, seuls les hommes doivent être attirés par les jeunes filles, et les jeunes filles par les hommes, d'une façon belle et appropriée ; entre eux seulement doit être placé l'amour qu'on appelle Cupidon, fils de Vénus, car, dans les autres choses, il ne s'agit en aucune façon de l'amour-désir, et ainsi elles ne doivent en aucune façon être considérées comme belles.

XXXIII. La définition du beau selon les péripatéticiens et le nombre des beautés

On découvre par là ce qu'est le beau lui-même selon les péripatéticiens : c'est une grâce, chez un homme ou chez une femme, qui émeut l'âme, par tous les sens, ou par plusieurs, et carmen erit pulchrum, sed ornatum uel decorum, nec officia, nec aedificia : non enim animum nostrum trahunt ad cupidinem, qui est affectus appetitus sensitiui. Erit igitur pulchrum quod sui gratia trahit ad cupidinem, qui est affectus sensitiui appetitus sollicito timore plenus. Verum de his postea latius.

Pulchrum esse solum in genere hominum. Caput XXXII.

Quia igitur solus homo hominem trahit, inclinat, allicit, rapit ad cupidineam sui fruitionem per omnes eos sensus quibus defertur species pulchri ad animam, ideo fit ut ratio pulchri pulchrumque ipsum solum in hominibus habeatur. In caeteris autem aut non est ratio pulchri, ut in substantiis separatis, aut, si est, per aequiuocationem intelligitur. Res enim quae sunt supra hominem non pulchrae sed bonae potius dicuntur ; res uero quae citra, si pulchras ipsas uelis appellare, non nisi aequiuoca quadam ratione pulchras dices, ut superius est exploratum. Quare uir solus puellis atque puella sola uiris pulchra propria ratione est asserenda ; inter quos solus amor, qui dicitur Cupido, Veneris filius, est habendus ; nam in caeteris quemadmodum non est cupido, sic nulla ratio pulchra est censenda.

Quae definitio pulchri secundum Peripeteticos et quotuplex pulchritudo. Caput XXXIII.

Ex iis patet quid pulchrum ipsum sit secundum peripateticos : est enim gratia quaedam in aliquo uiro aut puella inuenta quae per omnes uel plures sensus mouet animum ad

XXXIII. 1 quae *1531 1549 1645* : quaenam *1641* || 3 quid *1549 1641 1645* : quod *1531*.

l'incite à l'amour-désir qui est une espèce de l'amour. Or nous avons appelé « grâce » non pas ce que nous donnons gracieusement, mais la grâce qui réside en une chose belle et nous la rend gracieuse : et la grâce est soit le rapport d'une belle chose à l'amant lui-même par lequel la chose belle est dite gracieuse à l'amant, soit une disposition relative au premier genre qu'est la qualité, instable dans la chose elle-même et très mobile puisque rien ne vieillit plus vite que la grâce. Nous avons dit « par tous les sens ou par plusieurs » parce que, si la forme du beau est portée à l'âme par tous les sens, elle ravit et incite à l'amour-désir aussi par tous les sens ; si elle l'est par plusieurs sens, de la même façon, elle le fait par plusieurs sens. En outre, nous avons dit « chez un homme ou chez une femme » pour que l'on comprenne que l'amour-désir et la raison du beau se trouvent seulement chez les êtres humains. Mais comme une jeune fille peut doublement ravir l'âme de l'amant et l'inciter à l'amour-désir, soit par la grâce dont la préparation est dans l'harmonie du caractère, soit par celle dont la préparation est dans la forme du corps, il existera donc une double beauté : l'une se rapporte à l'âme, l'autre au corps. Toutes deux sont les grâces qui nous ravissent vers l'amour de ceux qui possèdent la beauté, c'est-à-dire l'amour-désir.

XXXIV. De la préparation du corps qui est appelée forme selon les médecins et de leur erreur

Mais puisque toute jeune fille n'est pas gracieuse à un amant, ou de façon inégale, c'est qu'il existe chez les jeunes filles quelque chose qui rend l'une plus gracieuse que l'autre. Or, suivant les péripatéticiens, supposons que ce quelque chose est double en ce qui concerne les jeunes filles : une partie concerne l'âme et est appelée l'harmonie du caractère, l'autre concerne le corps et c'est la forme. Et ces choses qui permettent à la grâce d'exister chez les jeunes filles sont appelées par Socrate les préparations. C'est pourquoi, au sujet de la forme, les médecins affirment qu'elle est chez l'homme la meilleure constitution, exposée par Galien au livre II de l'*Art*[77].

cupidinem, qui amoris est species. Gratiam autem diximus non quam gratis damus, sed quae in ipsa re pulchra existens eam nobis gratam reddit : est autem gratia aut relatio quaedam rei pulchrae ad ipsum amantem, qua res pulchra grata amanti dicitur, aut dispositio quaedam de primo qualitatis genere, quae non est in re ipsa stabilis, ac cum difficultate mobilis, cum nihil citius senescat gratia. Diximus per omnes aut per plures sensus, quoniam si pulchri species defertur ad animam per omnes sensus, etiam per omnes rapit ad cupidinem ; si per plures, etiam simili ratione per plures. Ad haec diximus in uiro aliquo aut puella ut intelligatur in solis hominibus cupidinem et pulchri rationem inueniri. Sed cum dupliciter puella amantis animum ad cupidinem rapere possit, aut gratia quae praeparationem habet in morum concinnitate aut gratia quae praeparationem habet in forma corporis, ideo duplex erit pulchritudo : altera quae ad animum, altera quae ad corpus spectat. Et quaeuis harum gratia quaedam est, qua rapimur ad amorem eius cuius est pulchritudo, qui amor cupido est.

De corporea praeparatione quae dicitur forma secundum medicos et de errore eorum. Caput XXXIIII.

Sed quoniam non omnis puella est amanti grata, uel non aequaliter, fit ut in puellis non nihil sit quo altera altera gratior reddatur. Istud autem secundum peripateticos ex parte puellarum duplex esse supponamus : alterum ex parte animae et dicitur morum concinnitas, alterum ex parte corporis et est forma. Haec autem a Socrate praeparationes, quibus gratia rebus inest, dicuntur. De forma itaque medici asserunt eam in homine esse optimam constitutionem quam Galenus libro II Technae exposuit.

XXXIII. 22 quaeuis *1531 1549 1645* : utraque *1641.*
XXXIIII. 6 supponamus *1531 1549 1645* : supponimus *1641.*

Or la meilleure constitution réside dans la meilleure composition et la meilleure complexion. Et la meilleure composition est celle qui établit la meilleure conformation des membres, la quantité correcte, le nombre convenable et la place appropriée. La meilleure complexion n'est pas celle qui occupe le milieu entre deux extrêmes, mais celle qui est l'instrument approprié par lequel l'âme peut exercer les meilleures opérations. Mais l'exposé des médecins n'éclaire pas suffisamment la préparation du corps, car une jeune fille dont la voix ne serait pas douce, ornée et harmonieuse ne serait pas belle en tout point. Lorsqu'ils parlent de la constitution, ils ne disent rien au sujet de l'excellence de la voix. C'est pourquoi, ils n'ont pas suffisamment expliqué ce qu'est la forme, qui est la préparation du corps à la grâce.

XXXV. Du nombre des préparations qui préparent le beau à recevoir la grâce

Mais avant de parler des préparations, il est utile d'étudier le nombre des préparations qui préparent le beau à la grâce. Du point de vue du genre, elles sont deux : l'une du point de vue de l'âme, c'est l'harmonie du caractère, l'autre du point de vue du corps, c'est la belle forme. Mais spécifiquement, les préparations du corps sont aussi nombreuses qu'il y a de sens grâce auxquels l'aspect du beau est porté à l'âme : en effet, l'aspect de la beauté, qui nous permet de dire qu'une jeune fille est belle, n'est pas portée à l'âme par un seul sens, mais la disposition du corps est apportée par la vue, l'harmonie des voix par l'ouïe, le parfum qui est la suavité des membres par l'odorat et enfin la douceur et la tendresse de la chair par le toucher. Rien de ce qui est beau chez une jeune fille n'est porté à l'âme par le goût à moins qu'il ne coïncide avec le toucher, et c'est ainsi qu'est portée à l'âme une sorte de beauté savoureuse que l'on sent dans les baisers. Il y aura donc cinq préparations du point de vue du corps : la première

Haec autem optima constitutio in optima compositione atque temperatione continetur. Est autem optima compositio quae optima membrorum formatione, debita quantitate, congruenti numero, situque idoneo constat. Temperatio uero optima non quae partiliter extremorum media est, sed quae conueniens instrumentum est, quo anima potest optimas operationes exercere. Verum haec medicorum expositio non satis dilucidat corpoream ipsam praeparationem, quoniam non est omni ex parte puella pulchra cuius uox non fuerit suauis ac decora et harmonica. At cum de constitutione loquuntur, nihil de uocum praestantia tradiderunt. Quare non sufficienter corporis formam quae est corporea ad gratiam praeparatio tradiderunt.

De numero praeparationum quae praeparant pulchrum ad gratiam. Caput XXXV.

Sed antequam de praeparationibus dixerimus, utile est pertractare quot praeparationes sunt, quae praeparant pulchrum ad gratiam. Generatim enim duae sunt : ex parte animae morum concinnitas, ex parte corporis species. Speciatim uero ex parte corporis tot sunt quot sunt sensus quibus species pulchri defertur ad animam : non enim species pulchritudinis qua puella dicitur pulchra, uno sensu defertur ad animam, sed uisu defertur corporea dispositio, auditu uero uocum harmonia, olfactu odoris, qui membrorum est suauitas, tactu denique carnis lenitas ac mollities. Per gustum autem nihil pulchri, quod in puella est, defertur ad animam nisi gustus coincidat cum tactu, et sic defertur species quaedam dulcis, quod in basiis sentit. Erunt igitur praeparationes ex parte corporis quinque. Prima

XXXIIII. 17-21 Verum haec ...cuius uox non fuerit suauis ac decora et harmonica. At cum ... tradiderunt. *1641* : Verum haec ...cuius uox non fuerit suauis ac decora et harmonica. at cum ... tradiderunt. *1549 1645* : Verum haec ...cuius uox non fuerit suauis ac decora. Et harmonica, at cum ... tradiderunt. *1531.*
XXXV. 11 lenitas *1531 1641 1645* : laeuitas *1549.*

est celle dont l'aspect est porté à l'âme par la vue, ensuite celle dont l'aspect est porté par l'ouïe, puis celle dont l'aspect est porté par l'odorat, la quatrième dont l'aspect est porté à l'âme par le toucher, et la cinquième par le goût. On appelle la première la forme, la seconde l'harmonie, la troisième le parfum, la quatrième la douceur, la cinquième la saveur. Il nous faut donc discuter dans l'ordre de ces préparations car, après en avoir parlé séparément, l'exposé sur l'ensemble de la préparation du corps, que l'on appelle aspect, sera suffisant.

XXXVI. De la préparation du corps que l'on appelle la forme selon le platonicien Alcinoos, et de la symétrie du corps

Traitons donc de la forme que le platonicien Alcinoos[78] a exposée ; il dit qu'elle consiste en trois choses : l'ordre, bien entendu, la mesure et l'aspect. L'ordre, comme il le dit, signifie l'espace entre les parties ; la mesure, la quantité ; l'aspect, les traits et la couleur. Tout d'abord, en effet, il convient que les membres du corps, ayant un ordre naturel, soient chacun à leur place, les oreilles, les yeux, le nez ainsi que toutes les autres parties, et que les yeux soient à égal intervalle du nez, de même que chaque oreille soit à égal intervalle des yeux. Ensuite vient la mesure : en effet, l'égalité des intervalles se rapportant à l'ordre ne suffit pas si ne s'ajoute la mesure des parties qui attribue à chaque membre une grandeur moyenne par une proportion relative à tout le corps et qui doit être maintenue de sorte que le nez, en longueur, emplisse un tiers de la longueur du visage, que chacun des demi-cercles formés par les oreilles, joints, fasse un cercle égal à celui de la bouche ouverte, et de même pour les sourcils ; que la longueur du nez corresponde à la longueur des lèvres et de même pour celle des oreilles ; que les deux orbes des yeux égalent l'ouverture de la bouche. Que huit têtes parachèvent la longueur du corps, que l'extension des bras en largeur présente cette même longueur ainsi que celle des jambes et des pieds. Et Pline[79], Varron[80] et Vitruve[81] cuius species per uisum defertur, deinde ea cuius species per auditum, postea illa cuius species per olfactum, quarta cuius species ad animam ducitur per tactum, quinta cuius species defertur per gustum. Dicitur autem prima forma, secunda uero harmonia, tertia suauitas, quarta lenitas, quinta dulcedo. De iis igitur per ordinem disserendum, nam postquam de his seorsum dixerimus, de uniuersa corporis praeparatione, quae dicitur species, erit sufficienter exploratum.

De ea corporis praeparatione quae dicitur forma secundum Alcinoum platonicum, deque corporis symmetria. Caput XXXVI.

De forma igitur quae Alcinous platonicus asseruit tractemus ; tribusque eam contineri tradit : ordine uidelicet, modo et specie. Ordo, ut inquit, partium intervalla, modus quantitatem, species uero lineamenta coloremque significat. In primis enim oportet ut membra quaeque corporis naturalem ordinem habeant, suo aures loco sint, oculique et nares et caetera, ac paribus interuallis oculi naso sint proximi, paribus item aures utraeque distent ab oculis. Deinde modum : non enim haec interuallorum ad ordinem pertinens parilitas sufficit nisi partium modus accedat qui mediocrem debita totius corporis proportione seruata, membris singulis tribuat magnitudinem, ut nasi tres in longum dispositi, uultus unius impleant longitudinem, aurium utrarunque semicirculi una coniuncti oris aperti circulum faciant, idem quoque coniunctio superciliorum efficiat ; longitudo nasi longitudinem labii compleat, aurisque similiter ; gemini oculorum orbes unum aequent oris hiatum. Capita octo proceritatem corporis absoluant, eandem quoque monstret brachiorum in latus extensio, crurumque similiter ac pedum. Plinius autem, Varro atque Vitruuius

XXXVI. 4 tribusque *1531 1549 1645* : hic tribus *1641.*

ont rapporté que la forme du corps n'est convenable que si le corps est constitué en quantité convenable de sorte qu'il ne soit pas supérieur à sept pieds, un pied représentant seize doigts, et le centre du corps humain doit se trouver au nombril de sorte qu'une ligne tracée à partir du nombril décrit un cercle qui passe par les doigts des mains et des pieds ; et il faut que, selon Vitruve, la longueur du visage représente un dixième de la longueur du corps, la longueur du visage étant limitée de l'extrémité du menton jusqu'au point du front qui est à la racine des cheveux, et la longueur, qui va du point du buste où se termine le cou jusqu'au sommet de la tête, doit être le quart de la longueur de tout le corps. Les trois parties du visage sont égales, l'une va de l'extrémité du menton jusqu'au nez, la deuxième de l'extrémité du nez jusqu'aux sourcils, et la troisième de ceux-ci au haut du front où se terminent les cheveux. La longueur de la main est égale à celle du visage. On loue le visage de la femme qui rappelle celui d'un homme, et le visage de l'homme qui rappelle celui d'une femme. Pour le corps, la grosseur du bras est deux fois et demi celle du doigt appelé pouce et, à l'épaule, trois fois et demi ; la grosseur de la jambe est une fois et demi celle du bras et également celle du cou, la grosseur de la cuisse est triple de celle du bras. Ce rapport enseigne que dans un corps bien formé la plus petite mesure est le doigt et la plus grande, la cuisse. En outre, la texture d'un corps formé selon une juste proportion n'est ni charnue ni osseuse mais intermédiaire, pleine de suc et de douceur ; et la mesure ne suffit pas à la préparation du corps mais est nécessaire l'aspect qui implique lignes et couleurs. La couleur, en effet, ne doit pas être blanche jusqu'à la pâleur, mais rosée, comme le dit Aristote dans ses *Physiognomonies*[82] ; un teint un petit peu brun tradiderunt non esse corporis formam decentem, ni decenti quantitate corpus fuerit formatum, ut non sit supra mensuram septem pedum, pede existente sexdecim digitorum, habeaturque in umbilico humani corporis centrum, linea uidelicet ab umbilico protracta et per digitos manuum atque pedum circulum describente ; sitque, ut Vitruuius inquit, faciei longitudo longitudinisque eius quae totius corporis est pars decima, designata faciei longitudine a menti extremitate usque ad punctum quod in fronte est ad finem radicum capillorum, et longitudo, quae ab eo puncto pectoris est, in quo collum terminatur usque ad capitis apicem, longitudinis quae totius corporis est, pars sit quarta. Et facies, cuius tres partes sunt aequales, et quae a menti extremo apice ad nares describitur, et quae ab extremo narium puncto ad superciliorum coniunctionem desinit, et quae ab ea coniunctione ad extremum frontis, in quo capilli desinunt, deducitur. Et manus, cuius longitudo faciei longitudini aequalis est. Faciem mulieris laudauerunt, si uiri faciem referat, uiri autem si mulieris. Corpus autem, cuius digiti, qui pollex dicitur, magnitudo subdupla sexquialtera magnitudini brachii est, et magnitudini armi subtripla ; tibiae uero magnitudo ei magnitudini, quae brachii est sexquialtera, et quae colli similiter ad eam quae tibiae et quae coxae ad eam quae brachii tripla. Quae ratio docet in corpore recte formato minimum esse digitum, maximum autem coxam. Praeterea corporis, quod recta ratione componitur, habitudo nec carnosa nec ossea est, sed media admodum succosa atque lenis ; nec ad praeparationem modus sufficit, sed necessaria est species quae lineamenta coloresque significat. Color enim non eousque albus sit ut in pallorem uergat, sed candiruber, ut Aristoteles in Physiognomonicis inquit ; subfusculus

XXXVI. 26 digitos *1641* : digitorum *1531 1549 1645* || 29 designata faciei longitudine a menti extremitate *1531 1549 1645* : designata a menti extremitate *1641* || 33 et facies, cuius tres partes *1531 1549 1645* : et faciei tres partes *1641* || sunt *1531 1549 1645* : sint *1641* || 38 aequalis est *1531 1549 1645* : sit aequalis *1641* || 51 Physiognomonicis *1641* : Physiognocis *1531 1549 1645* || inquit *1531 1549 1645* : loquitur *1641.*

(dirais-je) n'enlaidit pas, c'était le teint de Vénus elle-même et cela n'a pas déplu à Ovide[83]. Les mains sont très blanches à l'extérieur mais ivoirines à l'intérieur. Les yeux sont noirs (on raconte que la déesse les avait beaux). Cependant, Avicenne[84] a loué les yeux entre blanc et noir s'ils étaient lumineux, sans tâche, un peu globuleux et rieurs : en effet, ils sont beaux et, de plus, signes d'esprit et de loyauté. Homère[85] a loué chez Athéna les yeux plutôt grands et blancs. On a loué le visage qui tend à la rondeur beaucoup plus que le visage allongé, le front assez large, le nez petit et droit qui naît à l'extrémité des sourcils, les lèvres bien pulpeuses plutôt que les lèvres fines, les joues charnues, la gorge ample où à peine apparaissent les os, les mains potelées, les articulations des doigts régulières, les ongles légèrement incurvés, les seins ni trop gros ni trop petits, pleins de suc, ronds à la manière des fruits de Perse[86] et exhalant un doux parfum. Par quoi il est clair qu'il n'y a pas de beauté qui ne possède de nombreuses parties distinctes, de forme différente et de nature dissemblable, ayant évidemment entre elles et le tout une proportion telle que la quantité du tout d'un beau corps puisse se trouver à partir de n'importe lequel de ses membres. C'est de cette façon que Pythagore a supposé beau le corps d'Hercule et a restitué la quantité de la totalité de son corps à partir d'une trace de pas[87] : en effet, si on le supposait beau, il était commensurable.

color (ut ita dixerim) non deformat quo colore ipsa erat Venus, qui ue Nasoni non displicuit. Manus exterius candidissimae, interius autem eburneae ; oculi nigri quos deam pulchros habuisse ferunt. Oculos uero inter albos et nigros laudauit Auicenna, si lucidi, immaculosi, pleniusculi, hilares fuerint : sunt enim pulchri, ingenii etiam ac fidei notae. Homerus in Pallade laudauit grandiusculos albosque oculos. Laudauerunt eam faciem quae ad rotundum uergit, longe magis quam eam quae in longum tendit, frontem admodum spatiosam, nasum paruum atque rectum, qui a finibus superciliorum ortum habet, labella quae potius in crassam ipsam mediocritatem quam in tenuem surgunt, genas carnosas, pectus amplum, in quo uix locus ossis patet, manus crassiusculas digitorumque nodos aequiplenos, ungues parum admodum curuos, mammas uero quae nec magnitudinem, nec paruitatem excedunt, succulentas atque rotundas persicorum pomorum instar, quaeque odoris suauitatem redoleant. Quibus perspicuum nullum esse pulchrum quod partes non habeat plures distinctas, figuris difformes, naturis uero dissimilares, ea uidelicet ratione inter se et ad totum se habentes, ut ex cuiusuis membri quantitate totius pulchri corporis quantitas reddatur. Hac ratione Pythagoras supponens Herculis corpus fuisse pulchrum ex illius uestigio totius corporis quantitatem uestigauit : erat enim commensuratum si pulchrum esse supponebatur.

XXXVI. 54 pulchros *nos* : pulchri *edd.* || 60 spatiosam *1531 1641* : spatiosum *1549 1645.*

XXXVII. Rien n'est beau en dehors de l'homme

C'est un fait qu'il existe des choses qui plaisent beaucoup à la volonté, comme par exemple celles qui sont absolument parfaites et bonnes, telles les substances divines elles-mêmes, ou des choses qui plaisent beaucoup à l'appétit sensitif, comme celles qui nous sont très agréables et qui nous donnent du plaisir : ces choses, jamais le vulgaire ne les dit belles ; c'est que, comme nous l'avons dit[88], <rien> n'est beau par nature en dehors de l'homme. Quand, en effet, il y a dans un homme de très nombreuses parties distinctes, de forme différente, dissemblables de nature, et ayant entre elles et le tout un rapport proportionné, son corps est beau et bien fait par nature ; mais quand les parties n'ont pas entre elles et le tout un rapport proportionné, on le juge laid par nature. Il en résulte qu'aucune chose dépourvue de parties n'est belle, et ainsi ni Dieu ni les anges ne sont beaux, mais bons et parfaits : en effet, ils sont très agréables à la volonté. Et le ciel non plus n'est pas beau bien qu'il soit agréable, ciselé, orné : en effet, bien qu'il ait des parties, elles ne sont cependant pas distinctes, ni différentes de forme et de nature, car elles sont toutes sphériques et, comme le dit Aristote[89], de même nature. Le monde non plus n'est beau en aucune façon : bien qu'il soit constitué de parties distinctes et dissemblables de nature, elles sont toutes cependant de même forme ; car elles sont toutes sphériques. Les œuvres de l'art, bien qu'elles soient agréables et qu'elles procurent du plaisir, ne sont cependant pas belles par nature : en effet, ce qui n'existe pas en soi par nature ne peut être en soi beau par nature. Les minéraux, bien qu'ils soient utiles, agréables, et qu'ils procurent beaucoup de plaisir, ne peuvent cependant pas être beaux car ils manquent de distinction et de proportion entre les parties. Les choses animées par l'âme végétative même ne sont pas belles bien qu'elles soient agréables, utiles et qu'elles procurent du plaisir : elles manquent, en effet, de distinction entre les parties et, en elles, la quantité du

Quod nihil praeter hominem sit pulchrum. Caput XXXVII.

Quoniam uero sunt quaedam quae uel uoluntati summopere placent, ut puta quae simpliciter perfecta et bona sunt, ut diuinae ipsae substantiae, uel quae sensitiuo ipsi appetitui, ut quaecunque periuncunda atque uoluptifica sunt nobis : haec nunquam uulgus pulchra dicit ; uerum, ut diximus, <nihil> pulchrum natura est praeter hominem. Quando enim in homine partes sunt perplures, distinctae, figuris difformes, naturis dissimiles, inter se et ad totum proportionis rationem habentes, eius corpus pulchrum natura est atque formosum ; cum uero inter se et ad totum proportionis rationem non habent, natura deforme existimatur. Hinc fit ut nulla res partis expers pulchra sit et sic nec Deus nec angeli pulchri, sed boni atque perfecti sunt, quippe qui iucundi uoluntati sunt. Coelum uero non est pulchrum licet iucundum, sculptum et ornatum sit : nam licet partes habeat, distinctae tamen non sunt, nec figuris nec naturis dissimilares ; omnes enim sunt sphericae atque, ut Aristoteles inquit, eiusdem naturae. Mundus etiam nequaquam : nam licet partibus constet distinctis atque naturis dissimilaribus, sunt tamen omnes conformes ; cunctae enim sphericae sunt. Res artificiales, licet sint iucundae atque uoluptificae, non tamen sunt natura pulchrae : quod enim ipsum in se non est natura, nec ipsum in se pulchrum natura esse potest. Res minerales, licet sint utiles, iucundae atque pergratae, pulchrae tamen esse nequeunt, cum partium distinctione atque proportione uacent. Res animatae uegeta ipsa anima non sunt pulchrae, licet iucundae, utiles et uoluptificae : partium enim distinctione uacant, nec in eis ex cuiusuis membri quantitate

XXXVII. 2-6 Quoniam uero sunt quaedam quae…, haec …dicit. *1531 1549 1645* : Sunt uero quaedam quae…. Haec …dicit . *1641* || 6 uerum *1531 1549 1645* : uerumtamen *1641* || 6-7 nihil pulchrum natura *nos* : pulchrum natura *edd.* pulchrum nihil *Socas* || 20 enim *1531 1549 1645* : etiam *1641* || 20-21 cunctae enim sphericae sunt. Res artificiales *1645* : cunctae enim sphericae sunt res artificiales *1531 1549 1641.*

tout ne peut être obtenue à partir de la quantité de l'une de leurs parties. En effet, on n'a pas encore découvert en elles de rapport de proportion entre les parties et le tout. Les animaux non plus ne sont pas beaux puisque les uns manquent de différence et de distinction entre leurs parties comme les animaux aquatiques, qu'Aristote dit monstrueux parce qu'ils manquent de distinction et de différence entre leurs parties, ainsi que les insectes et les annellidés pour la même raison, les autres possèdent bien des parties distinctes comme les animaux qui ont des ailes ou des membres, mais il leur manque un rapport proportionné entre les parties et le tout : en effet, on ne peut trouver la quantité du tout à partir de la quantité de l'un de leurs membres. C'est pourquoi, il résulte que c'est seulement chez l'homme que se trouve la raison du beau et du laid.

XXXVIII. De la proportion qui est harmonie des voix

En outre, pour recevoir leur beauté, les voix sont disposées à peu près de la même façon : leur ordre, en effet, consiste en la montée d'une voix grave jusqu'à l'octave et en la descente correspondante ; la mesure est une progression effectuée par tierce, quarte, quinte et sixte, et de même par tons et demi-tons ; et l'aspect est la tension mélodieuse d'une voix claire. Mais les philosophes ne s'accordent pas à dire si la musique est louable pour les jeunes filles. Les péripatéticiens[90] l'ont blâmée sous prétexte que la musique et la pudeur s'accordent rarement. Les platoniciens[91] eux, l'approuvent du moment qu'elle est destinée à la détente. Quant à moi, aux jeunes filles nobles qui passent dans l'oisiveté la plus grande partie de leur temps, j'accorderais de consacrer tout ce temps à la musique. En effet, si Aristote dans son livre sur la politique[92] accorde aux hommes nobles, qui passent la plus grande partie de leur temps dans l'oisiveté, la pratique de la musique, des lettres, de la gymnastique et de la peinture, pourquoi cela ne devrait-il pas être permis aux femmes puisqu'elles jouissent elles-mêmes d'une oisiveté bien plus louable ? Mais arrêtons ici cette discussion.

totius redditur quantitas. Haec enim partium ad totum rationis proportio nondum in eis comperta est. Muta etiam animalia pulchra non sunt quoniam alia carent partium differentia ac distinctione, ut aquatilia, quae monstrosa Aristoteles esse dicit, quia partium distinctione uacant atque differentia, ut insecta et genus anulosorum etiam propter eandem causam, alia partes distinctas habent quidem, ut uolatilia et progressiua, uerum partes ad totum proportionis ratione carent : non enim ex cuiusuis membri quantitate totius quantitas reddi potest. Quare fit ut in solis ipsis hominibus formosi ac deformis ratio reperta sit.

De ea proportione quae est uocum harmonia. Caput XXXVIII.

Ad pulchritudinem praeterea suam accipiendam uoces ferme similiter disponuntur : ordo enim earum a graui uoce ad octauam ascensus atque inde descensus ; modus debita per tertias, quartas, quintas atque sextas uoces, tonos item ac semitonos progressio ; species autem canora clarae uocis intensio. Vtrum uero musica in puellis laudetur, philosophi non una ratione definiunt. Peripatetici uituperarunt quod musicae atque pudicitiae perrara sit concordia. Platonici autem laudarunt quando relaxandi gratia fit. Ego uero ingenuis puellis, quarum maior uitae pars ocium est, musicam ociique partem omnem concederem. Nam si Aristoteles Politicorum libro ingenuis uiris, qui pro maiore parte uitae in ocio degunt, concedit musicam, literas, gymnica et picturam, cur ingenuis mulieribus haec permittenda non sunt cum ocio longe laudabiliore ipsae fruantur ? Sed de his hactenus.

XXXVII. 33 uacant *1531 1549 1645* : carent *1641* || 35 uolatilia *1531 1549 1645* : uolatialia *1641.*
XXXVIII. 3 ordo enim earum *1531 1549 1645* : ordo enim earum est *1641.*

XXXIX. De la préparation qui est douceur dans l'odeur

Pour recevoir encore leur beauté, la chair, les membres et les parties des membres, la bouche et l'haleine d'une jeune fille doivent être parfumés d'une douce odeur. Mais comme Platon n'a pas accordé à la raison du beau d'être ni dans le tangible, ni dans le gustatif, ni dans l'olfactif, puisqu'il estime que l'aspect du beau est porté à l'âme seulement par la vue, par l'ouïe ou par l'esprit, soit par tous, soit par plusieurs, il n'a donc pas énuméré, parmi les préparations, les parfums. Mais disons, d'après les péripatéticiens, que les hommes perçoivent la grâce et la beauté des jeunes filles par l'odorat, et que les animaux, eux, ne les perçoivent pas chez leurs femelles. Les hommes, en effet, perçoivent l'odeur des chairs et surtout celle de la bouche et de l'haleine : si elle est douce, ils jouissent par-là d'une très grande volupté. Ensuite, qui jugera une jeune fille absolument belle si sa chair et sa bouche sont fétides ? C'est pourquoi, si l'on trouve que la puanteur des parties est une cause de laideur, c'est que le beau lui-même réside dans la douceur olfactive. Les jeunes filles elles-mêmes seront pour nous un argument puisque, pour s'embellir, elles s'enduisent de parfums, d'onguents, de choses odorantes, et elles ne le feraient pas si elles ne pensaient pas devenir plus belles par ces soins.

XL. De la préparation qui se trouve dans la suavité de la chair

Pour recevoir leur grâce, les chairs de la jeune fille doivent être pourvues de suavité. Qui, en effet, dirait belle une jeune fille dont les chairs seraient dures, âpres et nullement suaves ? C'est pourquoi, si l'on considère qu'en cela réside une raison du laid, c'est qu'une raison du beau doit se trouver dans la tendresse, la douceur et l'heureux équilibre du froid et du chaud : par le toucher, en effet,

De ea praeparatione quae est in odore suauitas. Caput XXXIX. 1

Ad pulchritudinem etiam suam suscipiendam puellae carnes atque membra et membrorum partes, os atque anhelitus suauitate odoris disponi debent. Verum cum Plato nec in tactilibus, nec in gustatilibus, nec in olfactilibus pulchri rationem concesserit, quoniam per uisum, uel auditum, uel mentem, uel omnia haec, aut per plura horum, pulchri speciem ad animam deferri solum autumat, huiusmodi in odoribus suauitates inter praeparationes non enumerauit. Sed secundum peripateticos dicamus per olfactum homines in puellis gratiam atque pulchritudinem percipere, quas non muta ipsa animalia in suis foeminis olfaciunt. Percipiunt enim in carnibus, potissimum in ore et anhelitu odorem qui, si suauis fuerit, eo summa uoluptate fruuntur. Deinde quis puellam omnino pulchram existimabit, si eius caro atque os foetida fuerint ? Quare si in foetore partium turpis ratio deprehenditur, in suauitate ipsum pulchrum habebitur. Quod autem ita sit, ut diximus, puellae ipsae nobis argumento sunt, quae ut pulchriores reddantur, odoribus, unguentis rebusque odoriferis se illinunt, quae non facerent nisi per haec se pulchriores fieri arbitrarentur.

De ea praeparatione quae est in carne lenitas. Caput XL. 1

Ad gratiam suam suscipiendam puellae carnes lenitate etiam affici oportet. Quis enim puellam pulchram dicet, si eius carnes fuerint durae, si asperae, si insuaues ? Quare si in his turpis ratio deprehenditur, in mollitie, lenitate et in calidorum atque frigidorum mediocritate ratio pulchri habenda est : per tactum

XXXIX. 5 nec in gustatilibus *1531 1549 1645* : *omis. 1641* || 9 suauitates *1549 1645* : suauitate *1531* suauitatem *1641.*

les hommes connaissent dans le tangible même une cause du beau puisqu'ils perçoivent la suavité, la douceur, la tendresse de la chair que les animaux ne perçoivent absolument pas chez leurs femelles. Les jeunes filles elles-mêmes sont encore pour nous un argument, elles qui se frictionnent par des bains, s'adoucissent et se lavent ; et, comme nous l'avons dit[93], elles ne le feraient pas si elles ne pensaient pas paraître ainsi plus belles, plus tendres que les plumes du cygne et que le lait caillé, comme Ovide[94] décrit Galatée. Disons donc, contre les platoniciens, mais suivant les péripatéticiens, que l'aspect du beau est porté à l'âme non seulement par la vue ou par l'ouïe, mais aussi par le toucher et l'odorat. Si l'on distingue véritablement une cause du beau dans l'olfactif et le tangible, on ne la distingue pas véritablement par le goût si ce n'est là où le toucher s'y ajoute : en effet, puisque, par les baisers, nous goûtons une certaine douceur sur les lèvres, la langue et la bouche, l'aspect du beau est aussi perçu par le goût. Arrêtons ici notre propos sur les préparations.

XLI. Comment les péripatéticiens diffèrent des platoniciens au sujet du beau

Puisque le beau est une certaine grâce qui émeut l'âme et l'incite à la jouissance (comme Socrate l'a dit), il résulte qu'il y a deux types de beau selon les platoniciens : l'un est relatif à l'intelligence, l'autre (pour m'exprimer ainsi) est relatif à l'âme. La beauté relative à l'intelligence émeut l'âme et l'incite à la jouissance intellectuelle par l'esprit, et c'est par ce type de beau que Dieu, les anges et les âmes sont beaux. La beauté relative à l'âme émeut l'âme et l'incite à la jouissance soit par la vue, soit par l'ouïe, soit par les deux, et c'est par ce type de beau que le ciel, les édifices, les discours, les chants, les devoirs, les études et toutes les autres choses de ce genre sont beaux : en effet, ils émeuvent notre âme par la vue ou par l'ouïe et l'incitent à la jouissance qui est obtenue soit par la vision soit par l'audition, soit par les deux.

enim homines in ipsis tactilibus rationem pulchri agnoscunt quoniam in carne suauitatem, lenitatem, mollitiem, quae muta ipsa animalia in suis foeminis haudquaquam percipiunt. Puellae etiam ipsae nobis argumento sunt, quae lauacris carnes abstergunt, leniunt atque lauant ; quae, ut diximus, non facerent nisi per haec se pulchriores uideri opinarentur, et Cygni plumis lacteque coacto molliores, ut in Ouidio describitur Galathea. Non igitur, ut platonici, sed ut peripatetici dicamus, non solum per uisum uel auditum pulchri speciem deferri ad animam, sed etiam per tactum et olfactum. Siquidem in olfactilibus et tactilibus ratio pulchri dignoscitur, per gustum uero non nisi quo subit tactus rationem : quo enim per basia in labiis, lingua atque ore dulcedinem quandam degustamus, etiam per gustum species pulchri defertur. Et de praeparationibus hactenus.

Quomodo de pulchro differant peripatetici a platonicis. Caput XLI.

Quoniam uero pulchrum (ut Socrates dixit) gratia quaedam est quae animam mouet ad sui fruitionem, fit ut pulchri genus duplex sit secundum platonicos : alterum quidem intellectuale, alterum (ut ita dixerim) animale. Est pulchrum intellectuale quod per mentem animam mouet ad sui fruitionem intellectualem, et hoc pulchri genere Deus, angeli, et animae pulchrae sunt. Est pulchrum animale quod per uisum, uel auditum uel utrunque animam mouet ad sui fruitionem animalem, hoc pulchri genere coelum, aedificia, orationes, carmina, officia, disciplinae caeteraque id genus pulchra sunt : mouent enim animam nostram per uisum, uel auditum ad sui fruitionem, quae uisione, uel auditione uel utroque perficitur.

XL. 8 quoniam *1531 1549 1645* : ut *1641* || 12 uideri opinarentur *1531 1549 1645* : uideri opinarentur *pos. post* molliores *1641* || 18 quo *1531 1549 1645* : qua *1641* || quo *1531 1549 1645* : qua *1641.*

C'est par ce type de beau aussi que les jeunes filles vertueuses, dont la beauté de l'âme est l'harmonie du caractère, émeuvent l'âme et l'incitent à la jouissance qui s'accomplit par la vue, l'ouïe, les entretiens et un commerce réciproque. Mais les péripatéticiens ajoutèrent un troisième type, le beau corporel, qui émeut l'âme par tous les sens, ou par plusieurs, et l'incite à la jouissance corporelle qui est obtenue par l'étreinte et le toucher. En effet, puisque l'aspect du beau (comme nous l'avons dit[95]) peut-être conduit à l'âme par le tangible, le gustatif, l'olfactif, le visible et l'audible au moyen de la vue, de l'ouïe, de l'odorat, du toucher ou du goût, soit par tous, soit par plusieurs, soit par un seul, il émeut l'âme et l'incite à la jouissance qui, puisqu'elle est corporelle, ne peut être accomplie sans l'étreinte et le toucher. Et les péripatéticiens placent ce beau corporel uniquement dans le genre humain. En effet, ce que l'on dit beau dans le genre intellectuel ne doit pas être jugé beau mais plutôt bon. Tout ce qui, corporel ou incorporel, n'est pas beau dans le genre humain ne doit pas être dit beau mais plutôt orné ou ciselé ou séduisant ou encore agréable. Puisque le beau, qui est beau à proprement parler, émeut nos âmes par tous les sens, ou plusieurs, ou un seul, et les incite à la jouissance, qui s'accomplit dans l'étreinte et le toucher, il émeut aussi nos âmes et les incite à l'amour-désir qui est affect de l'appétit sensitif ; c'est pourquoi on doit chercher le beau seulement dans le genre humain où la raison de l'amour-désir semble se trouver, selon l'argument que la raison véritable du beau doit se trouver là où réside la raison véritable de l'amour-désir : le beau, en effet, nous pousse à éprouver l'amour-désir. Or la raison véritable de l'amour-désir se trouve seulement dans le genre humain, c'est pourquoi on doit placer aussi la raison du beau véritable uniquement dans le genre humain. En outre, l'amitié se trouve seulement là où résident l'amour-désir et la raison du beau. Or l'amitié, comme le dit Aristote[96], existe uniquement entre les hommes : en effet, ni parmi les dieux ni parmi les animaux ne se trouve l'amitié véritable, et les hommes ne peuvent l'éprouver ni envers les dieux, ni envers les animaux. C'est pourquoi l'amour-

Hoc quoque genere honestae puellae, quarum animi pulchritudo est morum concinnitas, mouent animam ad sui ipsarum fruitionem animalem quae completur uisu, auditu, alloquiis, ac mutuo conuictu. Peripatetici uero addiderunt tertium genus, uidelicet pulchrum corporeum quod mouet animam per omnes uel plures sensus ad sui corpoream fruitionem, quae amplexu ac tactu perficitur. Cum enim pulchri species (ut diximus) a tactilibus, gustatilibus, olfactilibus, uisilibus et auditilibus deduci possit ad animam per uisum, uel auditum, uel olfactum, uel tactum, aut gustum, aut per omnes uel plures huiusmodi sensus, fit ut per hos omnes, aut plures aut unum animam moueat ad sui fruitionem quae cum corporea sit, perfecta esse non potest nisi amplexu ac tactu expleatur. Tale autem pulchrum corporeum solum in humano genere peripatetici collocarunt. Nam quae in genere intellectuali pulchra dicuntur non pulchra, sed potius bona sunt censenda. Caetera quae non in humano genere sunt pulchra, siue corporea siue incorporea, non pulchra, sed potius ornata, aut sculpta, aut decora, aut iucunda dicenda sunt. Quippe cum pulchrum, quod propria ratione est pulchrum, animos nostros moueat per omnes, uel plures, uel unum sensum, ad sui fruitionem, quae amplexu ac tactu completur, mouet etiam animos nostros ad amorem cupidineum, qui affectus est appetitus sensitiui ; et ideo pulchrum in humano genere solum quaerendum est in quo uera amoris cupidinei ratio esse uidetur, ut sit argumentum in quibus uera amoris cupidinei ratio est in his uera ratio pulchri habenda : mouet enim pulchrum ad amorem cupidineum. At uera amoris cupidinei ratio solum in hominibus est, quare et in hominibus solum ratio ueri pulchri collocanda est. Praeterea in quibus solum est amicitia, in his solum est amor cupidineus et pulchri ratio. At amicitia, ut Aristoteles inquit, solum in hominibus est : non enim in diis aut in mutis animalibus uera amicitia est, nec hominis ad deos, nec ad belluas amicitia esse potest. Quare nec amor cupidineus, cum

XLI. 40-41 uera ratio pulchri habenda *1531 1549 1645* : ueram rationem pulchri habendam *1641*.

désir ne s'y trouve pas non plus, puisqu'il diffère de l'amitié qui est source de plaisir seulement parce qu'il est un affect et l'amitié une disposition. Puisque l'amour-désir ne réside que dans le genre humain, c'est en lui uniquement que l'on doit chercher la raison du beau puisque le véritable beau est celui qui suscite le véritable amour-désir.

XLII. De la beauté de l'âme

Après cela, il nous faut discuter de la beauté de l'âme car nous avons suffisamment parlé de la beauté du corps. La beauté de l'âme est une certaine grâce par laquelle une jeune fille émeut nos âmes et les incite à la jouissance de l'âme. Or la jouissance de l'âme (comme nous l'avons dit[97]) s'accomplit au moyen de la vue, de l'ouïe, des entretiens, du commerce avec l'autre et de la conversation. Et puisque toute grâce, qui est beauté, possède dans la chose belle elle-même une préparation sans laquelle l'âme ne serait pas davantage émue par la beauté que par la laideur, il s'ensuit que la préparation de la grâce propre à l'âme n'est pas autre chose que l'harmonie du caractère : en effet, elle rend l'âme belle et gracieuse aux amants de la même manière que la forme avec le corps. Elle conduit, en effet, à la jouissance de l'âme comme la forme à la jouissance du corps.

XLIII. Diverses opinions au sujet de la préparation qui est harmonie du caractère

Les opinions sur l'harmonie du caractère sont variées. Les stoïciens[98], en effet, affirment que c'est la sagesse de l'âme, et Socrate l'approuve dans le *Phèdre*[99] ; quant à Platon, il affirme dans le *Cratyle*[100] que c'est la prudence, et dans le *Charmide*[101] que c'est la tempérance. Pour certains, c'est la modération conjugale, pour d'autres, la charité, pour d'autres, la pudeur, pour d'autres encore, cupidineus amor non differat ab amicitia uoluptifica, nisi quia amor cupidineus affectus, amicitia habitus est. Quod si amor cupidineus in solis hominibus sit, in eis ratio pulchri solum quaerenda, quippe cum pulchrum uera ratione sit quod ad sui uerum moueat amorem cupidineum.

De animi pulchritudine. Caput XLII.

Post haec de animi pulchritudine disserendum, nam de ea pulchritudine quae corporis est satis diximus. Est autem animi pulchritudo gratia quaedam qua puella mouet animos nostros ad animalem sui fruitionem. Est autem animalis fruitio (ut diximus) ea quae uisu, auditu, colloquiis, conuictu atque conuersatione perficitur. Et quoniam unaquaeque gratia, quae pulchritudo est, praeparationem habet in re ipsa pulchra, alioquin (ut diximus) non magis pulchrum quam turpe, animam moueret, fit ut praeparatio huius gratiae, quae animi est, nihil aliud sit quam morum concinnitas : haec enim non aliter animam pulchram ac amantibus gratam reddit quam forma corpus. Trahit enim ad animalem ipsam fruitionem sicuti forma ad corporalem.

De ea praeparatione quae est morum concinnitas diuersae opiniones. Caput XLIII.

Quae uero sit haec morum concinnitas non una ratione censetur. Stoici enim animi sapientiam esse autumant, quod Socrates in Phaedro probauit ; Plato uero in Cratylo prudentiam, in Charmide autem temperantiam affirmauit. Alii continentiam coniugalem, charitatem alii, pudorem alii, alii uero pudicitiam,

XLI. 49-50 nisi quia amor cupidineus affectus, amicitia habitus est *1531 1549 1645* : quia amor, qui cupidineus affectus, amicitia habitus est *1641.*

la pudicité, la modération de l'esprit, la fidélité, le respect à l'égard de son mari, l'honneur, et nombreux sont ceux qui disent que c'est la religion. Toutes ces propositions sont justes puisque l'âme est rendue honnête et belle par n'importe laquelle de ces vertus. C'est pourquoi, n'importe quelle préparation à ces vertus semble propre à recevoir la grâce divine.

XLIV. De l'harmonie du caractère qui prépare à la grâce

Puisque, comme l'écrit Aristote dans le livre huit de l'*Ethique*[102], l'amant est ému et incité à la jouissance d'une jeune fille à cause de l'harmonie de son caractère tantôt à partir de la disposition, tantôt à partir de l'affect, c'est que l'harmonie du caractère est double. L'une établit en l'amant la disposition afin que, par elle, il soit mû et incité à la jouissance et, ainsi, l'harmonie du caractère se trouve dans toutes les vertus dont peuvent s'orner les jeunes filles en tant que femmes. En effet, de toutes les vertus naît l'amitié pour le beau moral qui est une disposition qui meut l'amant lui-même et l'incite à la jouissance de l'âme dont nous avons déjà parlé[103]. Et l'autre fait que, à partir de l'affect, l'amant est mû et incité à la jouissance d'une jeune fille ; et celle-ci demeure indéterminée. Chez certaines femmes, en effet, elle est la fidélité envers leurs époux ; c'est ce qui a poussé l'âme de Pompée à aimer Julie. Chez d'autres, elle est la sagesse, qui touche les stoïciens, chez d'autres la prudence, qui touche Cratyle et Phèdre, ou la tempérance qui émeut Charmide[104], l'honneur en touchait d'autres encore. C'est pourquoi, puisque toutes les vertus, parfois prises séparément, parfois toutes en même temps, peuvent émouvoir, charmer et inciter les amants à la jouissance, il n'y aura aucune règle certaine au sujet de ce genre de préparation. Bien qu'il n'y ait aucune règle, selon les péripatéticiens cependant, la pudicité, émule et compagne de la pudeur, semble être la plus grande préparation à la grâce. Celle-ci, en effet, rend l'âme plus belle et semblable à celle des dieux ; par les autres animi moderationem alii, alii fidem obseruantiamque erga maritos, honestatem uero alii ; non desunt qui etiam religionem dicant. Nec ab ratione profecto siquidem anima quauis harum uirtutum honestatur ac pulchra redditur. Quare harum quaeuis praeparatio ad suscipiendam gratiam esse uidetur <a> Deo.

De concinnitate morum quae ad suscipiendam gratiam parat. Caput XLIIII.

Quoniam, ut Aristoteles scribit octauo Aethicorum, amans ad fruendam puellam ob morum concinnitatem, interdum ex habitu, nonnunquam ex affectu mouetur, ideo duplex est morum concinnitas. Altera quae facit habitum in amante, ut ex eo ad fruitionem moueatur, et hoc pacto morum concinnitas in omnibus uirtutibus consistit, quae puellis, quo mulieres sunt, competere possunt. Ex omnibus enim uirtutibus amicitia honesti oritur, quae habitus est, quo amans ipse mouetur ad animalem fruitionem, de qua diximus. Altera uero quae facit, ut ex affectu amans moueatur ad puellae fruitionem ; et haec nullam habet determinationem. In puellis enim quibusdam est fides erga uiros ; haec enim animum Pompeii mouit ad amorem Iuliae. In aliis est sapientia quae Stoicos, in aliis prudentia, quae Cratyllum et Phaedrum, in aliis temperantia quae Charmidem, alios mouebat honestas. Quare cum interdum uirtus omnis seorsum, nonnunquam omnes simul amantes mouere atque allicere possint ad fruitionem, de praeparatione huiusmodi certa regula nulla erit. Verum quanquam nulla est regula, secundum tamen peripateticos pudicitia, cui pudor aemulus atque assecla est, maxima praeparatio ad gratiam suscipiendam uidetur. Per hanc enim anima maxime pulchra ac diis quam simillima

XLIII. 11-12 Quare harum quaeuis praeparatio ad suscipiendam gratiam esse uidetur a Deo *nos* : Quare harum quaeuis praeparatio ad suscipiendam gratiam esse uidetur Deo *1531 1549 1645* Quare harum quaeuis ad suscipiendam gratiam praeparatio esse uidetur. *1641.*

XLIIII. 8 quo *1531 1549 1645* : qua *1641.*

vertus, les jeunes filles se rendraient plutôt admirables : la prudence a rendu admirable Xénocrata de Cumes, l'éloquence et la douceur des paroles, Hortensia, la générosité Publia Busa de Canusium, la fidélité à son époux Pénélope et d'autres vertus ont rendu d'autres femmes admirables. C'est peut-être dans ce sens qu'Hippias affirma qu'était le beau lui-même une vierge jugée par tous belle de corps puisque la virginité du corps n'existe pas sans la pudicité de l'âme qui est préparation à la grâce. Par là on voit à l'évidence quelle jeune fille est belle en tout point : c'est celle, en effet, dont la grâce possède une préparation à la fois dans la forme du corps et dans l'harmonie du caractère et, par ces deux beautés, elle charmera l'âme des amants et l'incitera aussi bien à la jouissance de l'âme qu'à celle du corps. De plus, il est clair aussi qu'une belle jeune fille n'émeut pas toujours les âmes de la même façon : celle dont la grâce possède une préparation dans l'harmonie du caractère uniquement émeut l'âme et l'incite seulement à la jouissance de l'âme ; celle dont la grâce possède une préparation dans la forme du corps émeut l'âme et l'incite à la jouissance corporelle ; et celle dont la grâce possède une préparation dans les deux tend à émouvoir l'âme et à l'inciter à sa double jouissance. Mais il n'est pas facile de déterminer si une jeune fille, qui émeut l'âme et l'incite à la jouissance corporelle par tous les sens, ou par plusieurs, l'émeut et l'incite aussi à la jouissance intellectuelle par l'esprit.

XLV. Opinions des platoniciens au sujet de la jouissance intellectuelle

Les platoniciens[105] ont enseigné que les âmes humaines furent créées avant les corps et qu'elles connurent au ciel la beauté de Dieu et des anges. Elles ont connu non seulement ces beautés mais encore toute chose par les idées infuses. Mais elles ont été versées dans des corps humains après qu'est né en eux, sous l'effet de vertus agissantes, le mérite grâce auquel le corps mérite une âme. Opprimée par la masse du corps, l'âme a oublié mais, grâce aux choses sensibles qui éveillent les sens et l'âme, elle se souvient.

redditur ; per caeteras uero uirtutes puellae potius admirabiles se praeferunt : prudentia enim Xenocratam Cumeam, eloquentia atque dicendi suauitas Hortensiam, liberalitas P. Bussam Canusinam, fides erga uirum Penelopem, ac caeterae uirtutes caeteras admirabiles effecerunt. Hac fortasse ratione Hippias uirginem, quae omnium iudicio corpore pulchra est, ipsum pulchrum esse affirmauit, quoniam corporis uirginitas sine animi pudicitia non est, quae gratiae est praeparatio. Quibus patet quae puella omni ex parte pulchra sit : est enim cuius gratia praeparationem habet, et in forma corporis, et in morum concinnitate ; per haec enim duo amantium animas alliciet ad sui fruitionem tam animalem quam corpoream. Insuper etiam perspicuum pulchram puellam animam mouere non semper eodem modo : puella enim, cuius gratia praeparationem habet in animi concinnitate tantum, animam mouet ad animalem fruitionem duntaxat ; cuius uero gratia praeparationem habet in corporis forma, animam mouet ad corporalem fruitionem ; cuius uero gratia praeparationem habet in utroque, haec ad sui utranque fruitionem mouere enititur. Vtrum uero puella mouendo animam ad animalem ac corporalem fruitionem per omnes uel plures sensus moueat etiam ad intellectualem per mentem, non est facile definire.

Quae platonici de intellectuali fruitione. Caput XLV.

Tradiderunt platonici hominum animas creatas esse ante corpora, hasque in coelo cognouisse Dei atque angelorum pulchritudines. Nec solum has, sed etiam per ideas infusas omnia sciuisse. Infundi uero in humanis corporibus postquam in eis fit per agentia meritum quo corpus animam meretur. Oppressam autem corporis mole oblitam esse, sed reminisci a sensibilibus

XLIIII. 25 se praeferunt *nos* : se praeseferunt *1531 1549 1645* se ferunt *1641.*
XLV. 1 quae *1531 1549 1645* : quaenam *1641.*

C'est pourquoi, les platoniciens disent que c'est par la vue et par l'ouïe plus que par les autres sens, qui sont corporels, que l'âme a peu à peu souvenance grâce à l'audible et au visible, et de plus en plus chaque jour sous l'aiguillon du beau qu'elle connaissait avant de s'attacher au corps. C'est pourquoi, par le souvenir du beau divin ainsi que par l'excitation amoureuse autour des objets d'amour, l'âme est aussi émue et incitée à la jouissance intellectuelle de la chose belle, car il y a dans la chose belle une image du beau divin.

XLVI. Opinions des péripatéticiens sur la jouissance intellectuelle

Mais cette opinion est fausse et Platon n'est pas en accord avec lui-même : en effet, il dit dans le livre *Des lois*[106], que l'homme est issu de la terre, mais il dit que l'âme a été créée par Dieu lui-même dans le *Phédon*[107] où il prouva qu'elle n'a pas été faite avant le corps. Aristote aussi a réfuté partout cette opinion ; mais comme nous en avons beaucoup parlé dans des livres sur l'âme[108], à présent c'est suffisant. Mais voyons si, tandis que nous jouissons du beau humain par tous les sens, ou par plusieurs, nous jouissons aussi par l'esprit. Il faut dire que personne ne peut jouir du beau humain par l'étreinte et le toucher sans se délecter aussi de la jouissance de l'âme : personne, en effet, ne peut parvenir à la jouissance du corps sans être auparavant parvenu à la jouissance de l'âme, puisque avant la jouissance corporelle même interviennent toujours les entretiens, les conversations occasionnelles, les regards, ce en quoi consiste, comme nous l'avons dit, la jouissance même de l'âme. Mais qu'il y ait en plus une jouissance intellectuelle, Aristote l'a brillamment élucidé dans le premier livre *Des parties des animaux*[109] : il dit, en effet, qu'en toute chose fabriquée, si petite soit-elle, est représentée la beauté de l'artiste qui est l'art grâce auquel il a sensus atque animam pulsantibus. Asserunt itaque per uisum atque auditum magis quam per sensus alios, qui corporei sunt, reminisci animam paulatim, auditilibus ac uisilibus in dies magis ac magis pulsantibus eius pulchri quod antequam ad corpus ueniret nouerat. Quare memoria diuini pulchri necnon amoris concitatione circa amatoria mouetur anima etiam ad intellectualem rei pulchrae fruitionem, est enim in re pulchra diuini pulchri simulachrum.

Quae peripatetici de intellectuali fruitione. Caput XLVI.

Sed haec opinio falsa est, nec Plato sibi constans : asserit enim in libris De legibus hominem ex terra proditum esse, animam uero in Phaedone ab ipso Deo creatam, ubi non ante corpora ipsam factam esse probauit. Aristoteles etiam ubique opinionem hanc refutauit ; de qua cum multa in libris de anima dixerimus nunc de ea satis. Sed uideamus utrum dum fruimur humano pulchro per sensus omnes aut plures, etiam per mentem fruamur. Dicendum neminem posse humano pulchro amplexu ac contactu frui quin animali etiam fruitione gaudeat : nemo enim ad corpoream fruitionem uenire potest quin ad animalem prius ueniat, quippe cum semper ante corpoream ipsam fruitionem alloquia, uoces hinc inde et intuitus interueniant, in quibus, ut diximus, animalis ipsa fruitio consistit. Quod uero mentalis adhuc adsit, Aristoteles libro primo De partibus animalium perpulchre dilucidauit : asserit enim in omni re facta, etiam minima, representari artificis pulchritudinem,

XLV. 11 eius pulchri quod *1531 1549 1645* : pulchrum id quod *1641.*
XLVI. 1 Quae peripatetici de intellectuali fruitione *1531 1549 1645* : Haec platonicorum de intellectuali fruitione refutantur *1641* || 3 proditum *1531 1549 1645* : productum *1641* || 10 contactu *1549 1641 1645* : contacto *1531.*

arrangé la chose elle-même. L'art, en effet, est la beauté de l'artiste, en tant que forme de l'ouvrage ; d'où il est absurde et absolument irrecevable, dit-il, de penser que si nous contemplons les images des choses de la nature avec un certain plaisir parce que nous considérons en même temps le talent qui les a créées, c'est-à-dire l'art de peindre ou de sculpter, alors nous ne rechercherions et nous ne vénérerions pas davantage la contemplation des choses elles-mêmes qui existent par le génie et l'admirable habileté de la nature, pourvu que nous soyons capables d'en connaître les causes. C'est pour cette raison qu'il n'est absolument pas digne de mépriser par quelque répugnance puérile la discussion et l'examen des animaux inférieurs et de les supporter avec peine puisqu'il n'est rien au monde où ne se trouve quelque chose d'admirable[110]. Et on raconte ce qu'Héraclite[111] a dit à des gens qui voulaient s'entretenir avec lui : par hasard ils l'avaient vu assis dans une boulangerie à cause de la chaleur et ils hésitaient à entrer ; il les invita à le faire en confiance puisque, ici aussi, dit-il, se trouvent les dieux immortels. On doit faire la même chose quand on recherche la nature des êtres vivants : nous devons avancer, nous devons les approcher sans aucune retenue puisque la divinité de la nature et le talent honnête et beau sont en toute chose. Tels sont les propos d'Aristote. Si donc, comme il le dit lui-même, en toute chose l'esprit perçoit le talent qui est le beau divin, comme il le perçoit davantage dans le beau humain lui-même quand nous en jouissons ! Il est donc évident qu'il y a en même temps trois jouissances du beau dans la jouissance corporelle elle-même : la jouissance intellectuelle par laquelle nous jouissons du beau divin lui-même qui est dans la chose elle-même, la jouissance de l'âme et la jouissance du corps. Donc, le beau humain, quand il ravit l'âme et l'incite à sa jouissance, invite et attire en même temps à trois jouissances. C'est pourquoi le beau qui est véritable sera défini comme celui qui ravit l'âme vers une triple jouissance.

quae ars est qua rem ipsam struxit. Est enim ars artificis pulchritudo, ceu forma operis ; unde inquit : absurdum enim nullaque ratione probandum est si imagines quidem rerum naturalium non sine delectatione propterea inspectemus quod ingenium una contemplemur, quod illas condiderit, id est artem pingendi aut fingendi, rerum autem ipsarum naturae ingenio miraque solertia constitutarum contemplationem non magis prosequamur atque exosculemur, modo causas perspicere ualeamus. Quamobrem uiliorum animalium disputationem perpensionemque fastidio quodam puerili spreuisse molesteque tulisse dignum nequaquam est, cum nulla res sit naturae, in qua non mirandum aliquid insit. Et quod Heraclitum dixisse ferunt ad eos qui cum alloqui eum uellent : quod forte in casa furnaria quadam caloris gratia sedentem uidissent accedere temperarunt, ingredi enim eos fidenter iussit : quoniam, inquit, hic quoque dii sunt immortales. Hoc idem in indaganda quoque natura animantium faciendum est : aggredi enim quaeque sine ullo pudore debemus cum in omnibus naturae numen et honestum pulchrumque insit ingenium. Haec Aristoteles. Si igitur, ut ipse inquit, in omni re naturali mente cernitur ingenium, quod est diuinum pulchrum, quanto magis in humano ipso pulchro, cum eo fruimur, mente cernitur diuinum ipsum pulchrum ! Hac ratione perspicuum corporea in ipsa fruitione pulchri esse simul tres fruitiones : mentalem, qua diuino ipso pulchro fruimur, quod est in re ipsa, animalem et corpoream. Humanum igitur pulchrum quum animum rapit ad sui fruitionem, simul ad tres ipsas fruitiones inuitat atque allicit. Quare pulchrum, quod uera ratione pulchrum est, definietur esse id quod animam rapit ad sui triplicem fruitionem.

XLVI. 23 autem *1531 1549 1645* : nos *1641* || 24 prosequamur *1531 1549 1645* : prosequi *1641* || 25 exosculemur *1531 1549 1645* : exosculari *1641* || 28 et *1531 1549 1645* : id *1641* || 30 in casa furnaria quadam *1531 1549 1645* : in quadam casa furnaria *1641* || 36 in omni re naturali mente *1531 1549 1645* : in omni re mente naturali *1641* || 39-40 corporea in ipsa fruitione *1531 1549 1645* : in ipsa corporea fruitione *1641*.

XLVII. Le beau n'émeut pas et n'incite pas toujours en acte l'âme à sa triple jouissance

Mais on pourrait objecter à ce que nous avons dit qu'il y a des hommes dont l'âme n'a été ravie par aucune beauté, pas même par Vénus ou Hélène ; c'est pourquoi le beau ne ravit pas toujours l'âme. Or si le beau ne ravit pas toujours l'âme, le beau ne sera pas ce qui émeut l'âme et l'incite à sa triple jouissance. Les dialecticiens[112] ont dit qu'il n'était pas nécessaire que les définitions soient en acte dans leurs objets, mais en puissance. C'est pourquoi le beau ne sera pas ce qui est apte en acte à émouvoir l'âme et à l'inciter à sa triple jouissance, mais ce qui l'est en puissance. Donc, bien que Vénus n'ait pas par sa beauté ravi en acte l'âme d'Anaxarque, cependant, après avoir levé obstacles et empêchements du côté de l'âme d'Anaxarque, elle sera apte à l'émouvoir. D'où, si Thaïs était belle, ce n'était pas parce qu'elle émouvait les âmes des amants, mais parce qu'elle était apte à le faire par la force de sa beauté. Et, si l'on veut comprendre que le beau est ce qui émeut les âmes en acte, il faut comprendre après avoir supprimé tous les empêchements : en effet, le beau ne touchera pas les âmes des absents qui ne l'ont pas connu à cause de l'absence, qui est un empêchement, et très peu celles des malades et des moribonds, du fait d'un autre type d'empêchements. Le beau ravira donc toute âme et l'incitera à la jouissance, si rien ne l'en empêche.

XLVIII. Tout homme poursuit le désir de jouir de la beauté

Il n'est pas difficile de conclure de ce que nous avons dit que tout homme et toute jeune fille poursuit, par une inclination naturelle, le désir de jouir du beau, pourvu que le mâle et la femelle soient des êtres adultes, ni mutilés ni diminués par la vieillesse. Et c'est tout d'abord évident dans les propos des platoniciens : ils ont dit,

Pulchrum non semper actu animum mouere ad sui triplicem fruitionem. Caput XLVII.

Sed his quae diximus occurres : nam sunt quidam homines quorum animus a nullo pulchro raperetur, immo nec a Venere aut Helena ; quare pulchrum non semper animum rapit. Si autem animum non semper rapit, pulchrum non erit quod ad sui triplicem fruitionem animum mouet. Dialectici dixerunt definitiones non oportere ut rebus insint actu, sed aptitudine, quarum sunt definitiones. Quare pulchrum erit non quod actu, sed quod aptitudine aptum est mouere animam ad sui triplicem fruitionem. Licet igitur Venus sua pulchritudine Anaxarchi animam actu non moueret, deducto tamen omni offendiculo atque impedimento ex parte Anaxarchi animae apta erit mouere. Hinc Thais pulchra erat, non quia amantium animos mouebat, sed quia ui suae pulchritudinis mouere apta erat. Et si intelligere uolueris pulchrum esse quod actu animos mouet, hoc intelligas impedimentis omnibus sublatis : absentium enim animos quibus pulchrum non est exploratum non mouebit propter absentiam, quae unum impedimentorum est, aegrotorum atque semimortuorum animos minime alio intercedente impedimento. Pulchrum igitur omnem animum ad se fruendum rapiet si nihil prohibuerit.

Omnem hominem sequi desiderium fruendae pulchritudinis. Caput XLVIII.

Ex iis uero quae dicta sunt non est difficile concludere homines omnes atque puellas singulas naturali quadam inclinatione sequi pulchri fruendi desiderium, modo mas et foemina animalia perfecta ac non mutilata sint, nec senio defecta, quod ex iis patet primo, quae platonici tradiderunt :

XLVII. 4 a nullo pulchro *1531 1549 1645* : nullo pulchro *1641*.
XLVIII. 7 defecta *1531 1549 1645* : confecta *1641*.

en effet, qu'il existait un beau intellectuel qui ravit l'âme par l'esprit, et une beauté de l'âme, qui émeut l'âme par la vue et par l'ouïe. Selon les péripatéticiens, il existe un troisième beau, corporel, qui par tous les sens, ou plusieurs, ravit l'âme et l'incite à la jouissance qui s'accomplit dans l'étreinte et le toucher. Et l'âme peut être ravie de trois façons, par l'esprit, par les sens spirituels, la vue et l'ouïe, et par les sens corporels, l'odorat, le goût et le toucher. Donc, puisque dans ces jouissances se trouve un aboutissement dans les âmes des amants, et puisque ce qui est accompli tend toujours à l'accomplissement total par quelque inclination naturelle, comme le lourd tend vers le bas et le léger vers le haut, il s'ensuit que tout homme et toute jeune fille, pourvu qu'elle soit parfaite et non mutilée, poursuivent le désir de jouir du beau quasiment naturellement. Voilà pour les platoniciens. Mais puisque les péripatéticiens soutiennent qu'il n'est aucun beau, véritablement beau, qui ne touche pas et n'incite pas l'âme à la jouissance corporelle, satisfaite par le toucher et l'étreinte, nous pouvons donc dire que les hommes peuvent être considérés d'une part en tant qu'animaux et d'autre part en tant qu'êtres humains. S'ils sont considérés en tant qu'animaux, leurs sens recherchent par nature, poussés par la nécessité, la nourriture, la boisson, et la reproduction pour qu'ils puissent engendrer leur semblable, comme l'homme engendre l'homme, et l'animal, l'animal. Et parce que les hommes, en tant qu'animaux dont les sens sont liés à la nécessité inhérente aux choses sensibles elles-mêmes, ne connaissent pas le beau par les sens, il s'ensuit que les hommes, en tant qu'animaux, par nature ne désirent pas jouir du beau, mais par quelque appétit bestial ils cherchent à engendrer leur semblable. Aristote, en effet, dit, dans son second livre *De l'âme*[113], que l'opération la plus naturelle chez les êtres vivants, qui sont sains et non mutilés, est d'engendrer, sans intervention de la volonté, un autre, identique à eux-mêmes, pour pouvoir devenir, à travers lui, éternels et participer à l'être divin. En effet, tous les êtres désirent cela et, pour cela, font tout ce qu'ils font naturellement. Ainsi, il s'ensuit que les hommes, en tant qu'animaux, ne poursuivent pas par nature le désir de jouir du beau, mais dixerunt enim pulchrum alterum esse intellectuale quod per mentem animam rapit, alterum animale quod per uisum et auditum animam mouet, et tertium secundum peripateticos corporeum pulchrum est quod per omnes uel plures sensus animam rapit ad sui fruitionem quae amplexu ac tactu perficitur. Ex parte uero animae quae rapitur tria sunt, mens, sensus spiritales, uisus et auditus, et corporei sensus, olfactus, gustus ac tactus. Cum igitur in omnibus huiusmodi fruitionibus perfectio quaedam habeatur in amantium animis et ad omnem perfectionem, id quod perficitur naturali semper quadam inclinatione tendat, ceu graue deorsum et leue sursum, fit ut omnes homines singulasque puellas, modo sint perfectae ac non mutilatae, sequatur quasi a natura desiderium fruendi pulchri. Haec ex platonicis. Sed cum peripatetici nullum pulchrum, quod uera ratione pulchrum est, esse asserant quod non moueat ad sui corpoream fruitionem quae tactu atque amplexu expletur, ideo dicamus homines una ratione considerari posse qua uiuentia sunt et animalia, alia ratione qua sunt homines. Si qua animalia sunt considerentur, sensus a natura consequuntur propter necessitatem cibi et potus ac generationis, quibus possint generare sibi similia, ut homo hominem, et animal animal. Et quia homines quo animalia sunt sensus habentia propter necessitatem in sensilibus ipsis, per sensus pulchrum non agnoscunt, fit ut homines, quo animalia sunt, non consequatur natura desiderium fruendi pulchri, sed ferinus quidam appetitus quo generare sibi similia appetunt. Dicit enim Aristoteles libro De anima secundo naturalissimum operum uiuentium esse quaecunque perfecta et non mutilata sunt, nec sponte genita generare alterum, quale est ipsum, quatenus quoad fieri potest ipso semper ac diuino esse participent. Omnia enim illud appetunt illiusque causa omnia agunt quaecunque natura agunt. Qua ratione fit ut homines, quo animalia sunt, nullum fruendi pulchri desiderium natura

XLVIII. 29 quo *1531 1549 1645* : qua *1641* || 31 quo *1531 1549 1645* : qua *1641* || 39 quo *1531 1549 1645* : qua *1641*.

un appétit bestial de reproduction qui ne sera nullement satisfait sans la consommation charnelle. Les hommes, donc, en tant qu'animaux, poursuivent par nature un appétit de consommation charnelle plutôt que le désir de jouir du beau, puisque, sans cette consommation charnelle, la reproduction de leur semblable ne saurait s'accomplir. Et puisque les hommes, en tant qu'humains, du moment qu'ils sont valides et non mutilés, perçoivent le beau dans les choses sensibles elles-mêmes par tous les sens, ou par plusieurs, et en jouissent, il s'ensuit que tout homme et toute jeune fille, en tant qu'humain, dans la force de l'âge, ni mutilé, ni malade, ni vieux, poursuit par nature le désir de jouir du beau ; car les hommes, en tant qu'humains, connaissent par les sens dans le sensible même non seulement la nécessité mais la beauté. C'est pourquoi, si, en tant qu'animaux, les hommes éprouvent par nature un appétit de consommation charnelle dans la femme de leur espèce en vue de la reproduction, en tant qu'êtres humains, ils désirent par nature jouir du beau chez une jeune fille pour le plaisir issu, comme nous l'avons dit précédemment[114], de l'amour-désir, légitime ou illégitime ; et réciproquement, les jeunes filles recherchent chez les hommes la jouissance du beau. C'est pourquoi, de même que le désir de nourriture, comme le dit Aristote au troisième livre de l'*Ethique*[115], est naturel, entendez qu'il concerne toute l'espèce et tout le genre – tout homme, en effet, pour subvenir à la nature, convoite parfois quelque chose de sec, la nourriture, parfois quelque chose de liquide, la boisson, parfois les deux – de même, en tant qu'animaux, ils éprouvent l'appétit de la consommation charnelle pour la procréation de leur semblable et la perpétuation de leur espèce mais, en tant qu'êtres humains, ils désirent jouir du beau pour le plaisir. Mais si le désir de jouir du beau peut résider en l'homme sans appétit charnel, nous en discuterons plus tard[116].

sequatur, sed ferinus appetitus generandi, qui haudquaquam explebitur sine ueneris usu. Potius igitur homines quo animalia sunt, natura sequetur appetitus utendae ueneris quam fruendi pulchri cum sine huiusmodi uenereo usu generatio sui similis compleri nequeat. Et quoniam homines, ut homines, cum perfecti fuerint ac non mutilati, per omnes aut plures sensus in sensilibus ipsis pulchrum percipiunt et eo fruuntur, fit ut homines atque puellae omnes, quo homines perfecti aetate, nec mutilati, aut aegroti, aut senes, natura sequantur pulchri fruendi desiderium ; nam quo homines sunt in sensilibus ipsis non modo necessitatem sed pulchritudinem per sensus cognoscunt. Quare si quo sunt animalia, eos natura sequitur appetitio utendi uenere in foemina sui generis propter generationem, quo homines erunt, sequetur natura desiderium fruendi pulchri in puella propter uoluptatem, ut superius diximus, cupidineam legitimam uel illegitimam ; et e conuerso puellas fruendi pulchri in uiris. Itaque quemadmodum cibi concupiscentia, ut Aristoteles inquit tertio Aethicorum, est naturalis, consequens uidelicet uniuersam speciem atque genus – omnis enim homo ad subuentionem naturae interdum siccum, quod est cibus, nonnunquam humidum, quod est potus, aliquando utrunque concupiscit – ita eos quo animalia sunt, ad sui similis procreationem suaeque speciei perpetuitatem appetitio utendi uenere, quo autem homines propter uoluptatem sequetur desiderium fruendi pulchri. Vtrum uero in homine possit esse desiderium fruendi pulchri sine appetitu ueneris, posterius dicemus.

XLVIII. 43 quo *1531 1549 1645* : qua *1641* || 48 quo *1531 1549 1645* : qua *1641* || 50 quo *1531 1549 1645* : qua *1641* || 52 quo *1531 1549 1645* : qua *1641* || 54 quo *1531 1549 1645* : qua *1641* || 62 quo *1531 1549 1645* : qua *1641* || 64 quo *1531 1549 1645* : qua *1641*.

XLIX. Le désir de jouir de la même beauté ne correspond pas par nature à l'âme de tous les amants

Cependant, de ce que nous avons dit découle une question qui n'est pas négligeable : puisque tous les hommes éprouvent, poussés par la nature, le désir de jouir du beau, pourquoi le désir de jouir de la même beauté ne s'attache-t-il pas à tous les hommes ? Nous voyons, en effet, dans la jouissance des choses belles et dans les amours elles-mêmes, des différences importantes. En effet, Ovide aima Corinne ; Virgile, Galatée ; Catulle, Lesbie ; Properce, Cynthie ; Pétrarque, Laure ; Dante, Béatrice ; et, ce qui est plus étonnant, c'est qu'une femme, aimée par l'un du plus grand amour, sera cependant presque haïe par l'autre : en effet, puisque le beau est unique et déterminé par une raison unique, pourquoi le désir de jouir du beau n'est-il pas unique ? Les platoniciens[117] disent que nous avons certains affects innés, qui proviennent de deux causes : la première est que l'image du Créateur nous plaît, la seconde que l'apparence d'un homme convenablement composé coïncide parfaitement avec l'idée du genre humain que notre âme a reçue du Créateur de toute chose et qu'elle renferme. D'où, si l'image d'une jeune fille extérieure, reçue par les sens et passant dans l'âme, ne s'accorde pas avec la représentation humaine que possède notre âme, elle déplaît sur-le-champ, est tenue pour laide et haïe, mais si elle s'accorde, elle plaît aussitôt, est tenue pour belle et aimée ; il s'ensuit que certaines des personnes que nous rencontrons nous plaisent ou nous déplaisent instantanément et que nous, nous ignorons la raison d'un tel sentiment. Mais ce que disent les platoniciens semble imaginaire ; car l'observation montre qu'une jeune fille peut être aimée aujourd'hui et haïe demain : or il n'est pas possible que son image extérieure s'accorde aujourd'hui avec l'image intérieure et ne s'accorde pas demain, bien plus, elle plaît et déplaît dans la même heure. Aristote, donc, au troisième livre de l'*Ethique*[118], a déterminé la cause de cette différence en disant : tous, comme le dit Homère, désirent une couche – il dit « couche » pour « accouplement » – cependant, tous ne désirent pas la même couche ; les uns, en effet, désirent une couche ornée de couvertures d'or, les autres, couverte d'étoffes de soie ; de la même façon, tous recherchent nourriture et boisson, cependant tous ne recherchent pas la même nourriture et la même boisson. Car la nature est double, selon l'espèce

Non omnium amantium animos eiusdem pulchri fruendi desiderium natura sequi. Caput XLIX

Est tamen non parua quaestio ex iis quae diximus occurrens cum desiderium fruendi pulchri homines omnes natura sequatur, cur non eiusdem pulchri fruendi desiderium omnes homines comitetur. In fruendis enim pulchris amoribusque ipsis discrepantias non paruas uidemus. Naso enim Corynnam ; Virgilius, Galateam ; Catullus, Lesbiam ; Propertius, Cynthiam ; Petrarcha, Lauram ; Dantes Beatricem adamauit ; et quod magis admiratione dignum est, aliqua est quae ab uno summo amore diligitur, quae tamen ab altero odio fere habetur : cum enim unum sit pulchrum unaque ratione descriptum, cur non unum fruendi pulchri desiderium est ? Platonici affectus quosdam connatos nobis esse tradunt duabus de causis : tum quia paterni uultus nobis placet imago, tum etiam quia hominis apte compositi species et figura cum ea humani generis ratione quam animus noster ab omnium autore suscipit et retinet, optime congruit. Vnde puellae exterioris imago per sensus accepta transiensque in animum, si hominis figurae quam possidet animus dissonat, e uestigio displicet et odio tanquam deformis habetur, si consonat, illico placet et tanquam formosa diligitur ; quo fit ut nonnulli nobis obuii continuo placeant uel displiceant, nosque affectus huiusmodi causam nesciamus. Sed haec quae platonici dicunt commenta uidentur ; nam obseruatio docet puellam hodie amari, cras odio haberi : non est autem possibile ut eius imago exterior hodie imagini interiori consonet, cras dissonet, immo eadem hora placet ac displicet. Aristoteles igitur tertio Aethicorum libro, assignando huius differentiae causam, dicit : omnes, ut Homerus inquit, cubile cupiunt – ubi cubile pro concubitu – non tamen idem cubile ; alii enim cubile cupiunt aureis tegmentis ornatum, alii sericis ornamentis intectum, similiter omnes cibum potumque concupiscunt, non tamen omnes cibum eundem ac potum. Est enim duplex et selon l'individu. Selon la nature de l'espèce, en effet, tous s'attachent au désir de jouir du même beau en fonction de leur espèce ; aussi, selon leur espèce, tous désirent-ils de la même façon nourriture et boisson, de même pour l'objet d'une union. Mais, selon la nature individuelle, tous ne poursuivent pas le désir de jouir du même type de beau, de nourriture ou d'union. Car, de même que la nature d'Ovide et la nature de Virgile sont différentes, de même, Ovide et Virgile ne désirent pas jouir de la même beauté, bien plus, comme le dit Aristote[119], de même que la nature individuelle n'est pas la même le matin et le soir, de même, le désir de jouir du beau ne sera pas le même le matin et le soir. De là vient que nous aimons une femme à un certain moment et que nous haïssons cette même femme à un autre moment. En effet, la nature individuelle elle-même présente une infinité de variations, donc nos envies, nos désirs et nos appétitions aussi sont infinis. De ces analyses, le beau se révèle triple : le premier est celui qui réside dans la beauté de l'objet et c'est celui, comme nous l'avons vu[120], qui est la grâce dont la préparation de l'âme est l'harmonie du caractère et dont la préparation du corps est la forme ; le second est celui qui réside dans notre propre appétition, et cela, nous disons que c'est tout ce à la jouissance de quoi nous sommes mus par notre nature individuelle, qui est propre à chacun ; le troisième est celui qui réside dans les deux premiers, et cela est tout ce qui possède, dans le bel objet, les préparations et, en nous, nous tous ou en grand nombre, la propriété naturelle par laquelle nous sommes ravis et incités à sa jouissance. Ce beau, Hippias a dit que c'était une belle vierge, quand elle était jugée belle de l'avis de tous ou d'un grand nombre. C'est de cette manière, si je ne me trompe, que toi, illustrissime Jeanne, on te juge belle : en toi, en effet, la grâce possède la double préparation, qui est harmonie du caractère dans l'âme et forme dans le corps ; et de notre côté, nous nous accordons tous pour dire que tu dépasses toutes les beautés. La grâce, en effet, est en toi si grande qu'il n'est personne dont l'âme ne soit ravie et incitée à la divine jouissance de ta personne.

natura, altera specifica, altera indiuidua. Natura enim specifica omnes consequitur pulchri eiusdem fruendi desiderium secundum speciem ; omnes etiam cupiditas cibi et potus eiusdem secundum speciem, similiter et lectuli cupiditas. Natura uero indiuidua non omnes eodem numero pulchri uel cibi uel lectuli fruendi desiderium sequetur. Nam quemadmodum alia Nasonis, alia Maronis natura est, ita alterius pulchri desiderium fruendi erit Nasonis, alterius Maronis, immo quemadmodum non est eadem indiuidua natura mane et uespere, ut Aristoteles inquit, sic non erit eiusdem pulchri fruendi desiderium mane et uespere. Hinc fit ut uno tempore unam adamemus, altero autem eandem odio prosequamur. Est enim indiuidua ipsa natura admodum uariatione infinita, sic etiam cupiditates, desideria et concupiscentiae infinitae. Ex his triplex pulchrum exoritur, alterum quod ex parte rei pulchrum est, et hoc, ut diximus, gratia est, quae praeparationem habet in anima morum concinnitatem, in corpore uero formam ; alterum quod ex parte propriae nostrae cupiditatis nobis est pulchrum, et hoc id omne dicimus, ad cuius fruitionem natura indiuidua mouemur, quae est cuique propria ; tertium pulchrum est quod utraque ex parte pulchrum est, et hoc est id omne quod, in re pulchra, praeparationes habet et, in nobis, omnibus uel pluribus, naturalem proprietatem, qua ad illius fruitionem rapimur. Tale pulchrum dixit Hippias esse uirginem pulchram, quando uidelicet consensu omnium, uel plurium, censetur pulchra. Hoc pacto, ni fallor, tu, Ioanna illustrissima, pulchra uideris : in te, enim, gratia duplicem praeparationem habet, in animo morum concinnitatem, in corpore formam ; ex parte nostra, omnium consensus est ut in pulchritudine omnes excedas. Tanta est enim in te gratia, ut nemo sit, cuius anima non rapiatur ad tui diuinam fruitionem.

L. Quelle jeune fille est belle en soi, quelle est la différence entre jouissance et consommation charnelle, entre l'amour humain et l'amour bestial, et quelle beauté est davantage louée chez une jeune fille

Il ne sera pas difficile de déduire de ce que nous venons de dire quelle jeune fille est belle en soi. En effet, c'est celle dont la grâce, soulevant un consensus général, ravit et incite à la jouissance l'âme de tous les hommes, ou d'un grand nombre, par la puissance, assurément, de sa belle forme et de l'harmonie de son caractère. En effet, une jeune fille ne pourra pas être belle en tout point si elle ne ravit pas, selon un consensus général des natures particulières et individuelles qui sont en nous, les âmes de nous tous ou d'un grand nombre d'entre nous : car si, comme nous l'avons dit[121], les natures particulières et individuelles ne s'accordent pas par une considération commune à désirer jouir de quelque jeune fille, elle ne pourra pas être dite absolument belle en tout point. En effet, si elle a ravi l'âme d'un seul homme, elle ne sera pas belle en soi mais seulement pour celui dont elle a ravi l'âme. C'est pourquoi si, l'avis général inclinant fortement en ce sens, elle ravit l'âme de tous, ou d'un très grand nombre, on devra la dire belle en soi. Or nous avons ajouté « par la puissance de sa belle forme et de l'harmonie de son caractère » car si, en la jeune fille, la grâce ne possède pas les deux préparations, elle ne pourra jamais être dite belle en tout point. Nous avons dit « pour le désir d'éprouver de la jouissance » et non « de consommer une union charnelle » car, bien que jouissance et consommation charnelle se confondent parfois – parfois, comme le dit Augustin[122], on parle de « consommation » des choses mortelles et de « jouissance » des choses divines – cependant, par « jouir » je comprends ce que Pierre Lombard[123] voulait que l'on comprenne en citant Augustin, à savoir que « jouir » consiste à être aimé seulement pour soi-même : en effet, en ceci, il y a chez l'amant trois étapes, la sensation, après avoir reçu et senti la chose, la délectation, et, après la délectation de cette chose que l'on a reçue, le repos. C'est de cette façon que les hommes semblent jouir des choses belles : en jouissant des choses belles, en effet, ils les reçoivent, en les recevant, ils s'en délectent, et ils se reposent dans la délectation, ne désirant rien de plus, alors que les animaux

Quid puella simpliciter pulchra sit quaeue differentia inter fruitionem et usum, et inter humanum ac ferinum amorem, et quae pulchritudo in puella magis laudetur. Caput L.

Ex iis quae modo diximus non erit difficile concludere quae puella simpliciter pulchra sit. Est enim ea cuius gratia hominum omnium uel plurium animas, communi quodam consensu instigante, ad sui fruitionem rapit, ui scilicet suae formae atque morum concinnitatis. Non enim esse potest puella omni ex parte pulchra nisi, indiuiduarum idiotropiarum quae in nobis sunt communi quodam consensu, animas omnium nostrum, uel plurium, rapiat : nisi enim, ut diximus, indiuiduae idiotropiae concordi quadam ratione alicui puellae ad desiderium fruendi conuenerint, non poterit ex parte nostra omnino pulchra dici. Nam si unius hominis animam rapuerit, non simpliciter pulchra, sed ei tantum cuius animam mouerit pulchra erit. Quare si omnium animas, communi quodam consensu admodum alliciente, uel plurium, simpliciter pulchra est dicenda. Vi autem suae formae morumque concinnitatis adiecimus quoniam nisi gratia in puella utranque praeparationem habuerit, ex parte sua simpliciter pulchra nunquam dici poterit. Diximus autem ad desiderium suae fruitionis, non autem sui usus, nam licet usus et fruitio interdum confundantur – interdum uero uti mortalium, frui autem diuinarum rerum sit, ut Aurelius inquit – tamen per frui id intelligo quod Petrus Lombardus Aurelii authoritatibus uoluit esse intelligendum, ut sit frui amori inhaerere propter se ipsum tantum : in hoc enim tria sunt amantis, acceptatio, in re ipsa accepta delectatio, et in huiusmodi rei acceptae delectatione quies. Hoc pacto homines pulchris frui uidentur : eis enim fruendo, res ipsas pulchras acceptant, et in acceptationibus delectantur, et in delectationibus quiescunt, nihil praeter has desiderantes, ferae autem non sic sensibilibus

L. 1 quaeue *1531 1549 1645* : et quaenam *1641*.

ne peuvent jouir ainsi des choses sensibles : ils recherchent, en effet, en elles quelque chose qui n'est pas la sensation de plaisir, comme la nourriture ou la reproduction de leur semblable, et c'est pour cette raison que dans les choses sensibles elles-mêmes ils ne connaissent pas les belles choses et n'en jouissent pas. Mais « consommer », c'est prendre du plaisir dans la chose que l'on a reçue et rechercher quelque chose d'autre dans ce plaisir. De cette façon, pour parler à la manière des platoniciens, l'amour, par lequel l'homme désire les choses belles, et la concupiscence bestiale, par laquelle les bêtes recherchent leurs femelles, diffèrent : car l'amour humain est désir de jouir du beau uniquement en vue du plaisir, alors que la concupiscence bestiale précisément recherche la reproduction de son semblable. Il s'ensuit que, chez les animaux, la consommation charnelle par laquelle ils usent de leurs femelles, ne peut se faire sans accouplement, alors que la jouissance par laquelle les hommes jouissent des belles choses, comme le disent les platoniciens, peut se faire sans accouplement ou, pour faire court, la jouissance et le plaisir diffèrent car le plaisir est la perfection d'une opération alors que la jouissance est le repos en cette opération tant qu'elle apporte de la délectation. La consommation ne diffère donc pas de la jouissance si ce n'est en ce qu'elle est plus commune. Mais nous reparlerons plus soigneusement de cela plus tard[124]. Il y aura donc en l'homme un double amour selon les platoniciens : l'amour humain, qui peut être dit moral, puisqu'il est comblé par le seul agrément de voir, d'entendre, de sentir, et de toucher, sans consommation charnelle ni accouplement, car il demeure dans ce seul agrément et ne descend pas davantage ; et l'amour bestial qui descend, hors d'un agrément de ce genre, dans la consommation charnelle et sexuelle elle-même, puisque l'homme cherche non seulement à se délecter mais aussi à se reproduire. Ce premier amour est le propre de l'homme actif et moral, le second de l'homme voluptueux et bestial : l'homme moral peut, en effet, jouir de la beauté d'une belle jeune fille par tous les sens, en ne recherchant rien de plus que l'agrément et la jouissance, comme il jouit de l'ornement du ciel seulement par la vue et de l'harmonie des voix par l'ouïe, ne désirant rien d'autre que ce plaisir. En effet, s'il descend davantage, il ne s'agira plus de l'amour humain mais de l'amour bestial. Mais nous discuterons plus tard[125] pour savoir si l'amant peut jouir de la jeune fille aimée par les cinq sens sans appétit charnel ; pour frui possunt : quaerunt enim in ipsis aliquid praeter uoluptificas sensationes, ut cibos uel generationes similis, et ideo in sensibilibus ipsis nec pulchra agnoscunt, nec eis fruuntur. At uti est in re accepta uoluptatem, et in uoluptate aliquid ultra quaerere. Hac ratione, ut platonice loquar, differt amor, quo homo desiderat pulchra, et ferina concupiscentia, qua ferae foeminas concupiscunt : nam humanus amor est desiderium fruendi pulchri propter uoluptatem tantum, ferina uero ipsa concupiscentia propter generationem sui similis. Hinc fit ut usus animalium, quo foeminis utuntur, non sit absque concubitu ; frui uero quo homines pulchris fruuntur, ut platonici autumant, absque concubitu aut, ut breuioribus utar, fruitio et uoluptas differunt, nam uoluptas est perfectio operationis, fruitio uero est quies in ea eousque quousque operatio illa delectat. Vti autem non differt ab ipso frui nisi quia communius est. Verum de his diligentius postea. Erit igitur in homine duplex amor apud platonicos : humanus, qui etiam moralis dici potest, quoniam in sola illa uidendi, audiendi, olfaciendi atque tangendi oblectatione perficitur absque ueneris usu atque concubitu, in hac enim sola remanet oblectatione, nec ultra descendit ; et ferinus, qui ultra huiusmodi oblectationem descendit in uenereum ipsum usum, quoniam non solum delectationem, sed generationem quaerit homo. Primus amor actiui atque morati hominis, secundus uoluptarii atque ferini est : potest enim moratus homo puellae pulchritudine per sensus omnes frui, nihil ultra fruitionem atque oblectationem quaerendo, quemadmodum per uisum solum coeli ornamento, et per auditum uocum harmonia, nihil praeter uoluptatem desiderans. Si enim ultra descendit, non humanus, sed ferinus amor erit. Vtrum uero amans puella amata frui possit per quinque sensus absque ueneris appetitu, posterius disputabimus ; nunc uero

L. 61 puella amata frui possit *1531 1549 1645* : frui puella amata possit *1641*.

l'instant restons-en à ces propos énoncés selon l'opinion des platoniciens. Mais puisque dans la jeune fille belle elle-même, qui est jugée belle en tout point, se trouve une double préparation à la grâce, on loue davantage celle qui émeut et ravit davantage. Telle est l'harmonie du caractère qu'Aristote décrit au second livre de l'*Economique*[126] en disant : ni la splendeur des vêtements, ni une apparence parfaite, ni une grande quantité d'or ne valent autant de louanges à la femme que la modestie dans ses actions et le souci de vivre de façon honnête et convenable ; il est donc clair que chez une jeune fille la beauté qui mérite le plus de louanges est celle que l'on appelle l'harmonie du caractère, qu'Aristote appelle la modestie et le souci de vivre de façon honnête et convenable.

LI. Les plaisirs corporels procurés par la consommation charnelle ne sont pas les meilleurs, mais ceux qui sont procurés par la jouissance du beau sont comparables aux meilleurs ou ne font qu'un avec eux

Nous voyons clairement d'après les développements précédents que les plaisirs corporels ne sont pas les meilleurs, alors que ceux qui sont dus aux jouissances du beau sont les meilleurs ou comparables aux meilleurs ; car les plaisirs ne sont pas tous obtenus de la même manière : en effet, comme le dit Aristote au livre sept de l'*Ethique*[127], certains sont incorporels et le plaisir qu'ils procurent est considéré comme étant la félicité. Ils doivent être recherchés pour eux-mêmes : en effet, ils ne sont pas recherchés pour autre chose qu'eux-mêmes. D'autres sont corporels, comme ceux qui sont liés aux plaisirs charnels, aux plaisirs de la nourriture et de la boisson, et ceux-là ne sont pas recherchés pour eux-mêmes, mais comme des remèdes aux affections et aux souffrances qui nous tourmentent. Personne, en effet, ne jouira de la nourriture, de la boisson ou des plaisirs charnels s'il n'est tourmenté par la faim, la soif ou la concupiscence bestiale. C'est pourquoi on recherche la nourriture comme remède à la faim, la boisson comme remède à la soif et l'acte charnel comme remède à l'amour bestial qui nous tourmente. Mais les jouissances des choses belles, bien qu'elles semblent à première vue des remèdes aux amours, sont cependant les meilleures, ou très proches ou comparables aux meilleures. En haec pro platonicorum opinione dicta sint. Sed quoniam in pulchra ipsa puella quae omni ex parte pulchra censetur, duplex est praeparatio disponens ad gratiam, illa magis laudatur, quae animos magis mouet rapitque. Talis est morum concinnitas, quam Aristoteles secundo Oeconomicorum tradit cum inquit : nec uestimentorum nitor, nec excellentia formae, nec auri magnitudo tantum ualet ad mulieris laudem quantum modestia in rebus ac studium honeste, decore uiuendi ; ubi perspicuum eam pulchritudinem in puella esse magis laude dignam quae animi morumque concinnitas dicitur quam modestiam ac studium honeste decoreque uiuendi appellauit Aristoteles.

Corporeas uoluptates quae in usu uenereo sunt non esse optimas, eas uero quae in pulchri fruitionibus consistunt optimis aut similes aut easdem esse. Caput LI.

Ex iis quae dilucidauimus perspicuum eas uoluptates quae corporeae sunt non esse optimas, eas uero quae in pulchri fruitionibus consistunt esse optimas, aut optimis similes ; nam uoluptates non una ratione habentur : sunt enim, ut Aristoteles inquit septimo Aethicorum nonnullae incorporeae et de his ea uoluptas est in qua felicitas habetur. Sunt enim propter se expetendae : non enim ob aliud quaeruntur quam propter se. Aliae uero sunt corporeae ut quae in uenereis cibis potibusque collocantur, et hae non propter se, sed ut medelae affectuum passionumque, quibus angimur, expetuntur. Nemo enim delectabitur in cibis aut potibus aut uenereis nisi fame, uel siti aut ferina concupiscentia laborauerit. Expetitur itaque cibus ut medela famis, potus uero ut medela sitis, uenus autem ut medela ferini, quo laboramus, amoris. Fruitiones uero rerum pulchrarum, licet primo aspectu amorum medelae uideantur, tamen aut sunt optimae, aut optimis proximae uel similes. Sunt

L. 70 honeste, decore *1531 1549 1645* : honeste decoreque *1641*.

effet, comme les meilleures, elles sont dépourvues de douleur. Car celui qui jouit du beau par la vue, par l'ouïe ou par tous les autres sens n'est affecté d'aucune douleur ; mais ceux qui usent de nourritures, de boissons et de plaisirs charnels, sont parfois si tourmentés qu'ils tombent bien souvent dans de cruelles maladies. Mais ce n'est pas une petite question de savoir pourquoi beaucoup de gens sont contraints à rechercher davantage les plaisirs corporels eux-mêmes. Car, puisque les biens incorporels sont bons en soi et que les biens corporels sont bons seulement dans la mesure où ils semblent de bons remèdes, on devrait rechercher les biens incorporels. Aristote, le roi des philosophes, dans le livre sept de l'*Ethique*[128], en attribua la cause au fait que les plaisirs corporels chassent une douleur violente. Et le remède qui combat un mal violent doit être plus recherché. C'est pourquoi, puisque les plaisirs corporels eux-mêmes sont des remèdes aux souffrances trop violentes, il s'ensuit que ces plaisirs sont beaucoup plus recherchés et de façon plus ardente que ceux que l'on désire non en tant que remèdes mais seulement pour eux-mêmes.

LII. La jouissance du même beau ne nous délecte pas toujours.

Aristote, de loin le premier des philosophes, donne dans ce même livre[129] la raison pour laquelle la jouissance du même beau ne nous réjouit pas toujours : c'est parce que notre nature n'est pas simple et n'est pas toujours la même, que dis-je, elle est différente le matin de ce qu'elle sera le soir. Et puisque la nature est variée de multiples façons, elle sera affectée de telle ou telle façon par la complexion particulière et individuelle. Et il s'ensuit que tel ou tel désir surgit alors puisque, comme nous l'avons déjà dit[130], le désir varie selon la variation de la complexion : en effet, l'envie de l'homme malade n'est pas la même que celle de l'homme en bonne santé puisque leurs complexions individuelles ne sont pas les mêmes. Mais puisque Dieu est simple et absolument dénué de toute variation, il s'ensuit qu'il se réjouit éternellement d'un plaisir unique et simple et de la jouissance du même beau ; de cette cause, en outre, provient que la variété dans la jouissance des belles choses est très agréable en raison d'une certaine dépravation innée de la nature humaine.

enim sine dolore quemadmodum quae optimae. Non enim dolore aliquo afficitur qui per uisum, uel auditum uel caeteros sensus pulchro fruitur ; qui uero cibis, potibus ac uenereis utuntur, adeo laborant interdum ut in saeuos morbos saepius incidant. Sed cur multis corporeae ipsae uoluptates expetendae magis sint, non est parua quaestio. Nam cum incorporeae sint simpliciter bonae, corporeae autem bonae modo quo medelae bonae uidentur, incorporeae expetendae magis. Aristoteles, philosophorum monarcha, libro Ethicorum septimo causam ex eo assignauit quia corporeae uoluptates pellunt dolorem qui uehemens est. At medela magis expetenda est quae uehementiori morbo opitulatur. Quare cum corporeae ipsae uoluptates uehementiorum passionum medelae sint, fit ut multo magis hae uoluptates atque ardentius expetantur illis quae non ut medelae, sed propter se tantum desiderantur.

Non semper eiusdem pulchri fruitionem nos delectare. Caput LII.

Cur uero non semper eiusdem pulchri fruitio nos oblectet, eodem libro Aristoteles philosophorum longe princeps causam ex eo tradit : quoniam nostra natura non est simplex, nec semper eadem, quinimmo quae mane est altera est ab ea quae uespere erit. Cum uero natura multifariam uaria fuerit, alia atque alia idiotropia indiuidualique complexione afficietur. Quo fit ut aliud atque aliud inde desiderium surgat quippe cum, ut superius diximus, desiderium pro uariatione complexionis uarietur : alia enim aegroti, alia sani hominis appetitio est, quoniam indiuidua complexio alia. Sed quoniam Deus simplex ab uariatione omni penitus abiunctus est, fit ut semper una atque simplici gaudeat uoluptate eiusdemque pulchri fruitione ; ex hac insuper causa proficiscitur ut uarietas in fruendis pulchris sit iucundissima ob naturae humanae quandam ingenitam prauitatem.

LII. 6 altera *1531 1549 1645* : alia *1641*.

En effet, de même que l'homme dépravé par ses excès se réjouit du changement de ses objets de dépravation, de même la nature humaine, qui est passablement dépravée par la variation qui lui est innée, semble se réjouir de la variation des choses dont elle jouit. Certes le semblable, par nature, se délecte toujours de son semblable[131]. La nature humaine, en effet, ne se repose jamais en un seul objet parce que le manque lui est naturel et cosubstantiel : puisque ce manque ne peut pas être supprimé de la nature humaine, elle ne peut se reposer en aucun objet de façon à ne pas éprouver toujours un manque.

LIII. Le désir de jouir du beau dure plus longtemps que l'amour bestial qui vise la consommation

Il ne sera pas difficile de déterminer de ce que nous avons dit la raison pour laquelle le désir de jouir du beau dure plus longtemps que l'amour bestial qui vise la consommation. En effet, nous disons qu'il y a une double préparation dans le beau : l'une du point de vue de l'âme, et c'est l'harmonie du caractère, l'autre du corps, et c'est la forme visible. Donc, de même que l'amitié que nourrit l'honnêteté est très grande et plus durable, comme le dit Aristote dans le livre huit de l'*Ethique*[132], de même pour l'amour que la beauté alimente, beauté qui s'accompagne de l'harmonie du caractère. En effet, cette beauté est recherchée pour elle-même, alors que celle qui s'accompagne des défauts de l'âme n'est pas recherchée pour elle-même, mais pour la consommation charnelle qui cesse finalement avec l'âge.

LIV. L'amour parfait n'est pas amour de plusieurs personnes à la fois

On pourrait aussi en déduire la raison pour laquelle l'amour parfait et le plus ardent ne peut pas être amour de plusieurs personnes à la fois. En effet, Aristote[133] a comparé l'amour parfait et ardent à l'amitié parfaite. Il n'est pas possible d'être l'ami d'un grand nombre de personnes à la fois, et ce n'est pas bon. C'est pourquoi il ne convient pas non plus d'être l'amant de plusieurs

Quemadmodum enim homo ex usu prauus prauorum mutatione gaudet, sic humana natura, quae sui innata uariatione praua admodum est, uariatione eorum quibus fruitur gaudere uidetur. Simile siquidem simili semper natura delectatur. Quiescit enim in uno humana natura nunquam, quia cooeua atque naturalis est ei carentia : cum enim tolli non possit ab humana natura carentia, in nullo quiescere ipsa potest quin ipsa semper careat.

Pulchri fruendi desiderium diutius permanere eo ferino amore qui est utendi. Caput LIII.

Nec erit ex his quae diximus difficile assignare causam cur pulchri fruendi desiderium diutius permaneat eo ferino amore qui est utendi. Dicimus enim in pulchro duplicem praeparationem : alteram ex parte animi, et est morum concinnitas, alteram ex parte corporis, et est forma spectabilis. Sicut igitur amicitia quam fouet honestum maxima est atque permanentior, ut inquit Aristoteles octauo Ethicorum, ita amor quem seruat forma quae morum concinnitati coniungitur. Haec enim pulchritudo propter se expetitur, quae uero coniungitur animi uitiis non propter se, sed ob usum ueneris quae cum aetate tandem pertransit.

Amorem perfectum non esse plurium simul. Caput LIV.

Poteris etiam ex iis causam afferre cur perfectus amor ardentissimusque plurium esse nequeat. Aristoteles enim perfectum amorem ac ardentem perfectae amicitiae comparauit. Pluribus uero esse amicum simul non datur, nec est bonum. Quare nec plurium amantem esse decet. Deinde ardens amor

LIII. 2 utendi *1531 1549 1645* : desiderium utendi *1641*.

personnes. Ensuite, l'amour ardent est semblable à un sommet ; or un sommet convient à une seule personne ; donc l'amour, qui est le plus haut point du désir, ne pourra se porter sur plusieurs personnes à la fois. Enfin, à cela s'ajoute qu'il n'est pas donné à un grand nombre de personnes de plaire ardemment à un même amant.

LV. Il est agréable à une jeune fille aimée d'être aimée

Qu'il est agréable à une jeune fille aimée d'être aimée est prouvé de la façon suivante : lorsqu'elle est aimée, elle s'imagine qu'elle a une valeur et que tous ceux qui la perçoivent la désirent, comme le dit Aristote au premier livre de la *Rhétorique*[134]. En outre, qu'être honoré et admiré est très agréable, les flatteurs, auxquels nous prêtons bien volontiers l'oreille, nous en apportent une preuve parce qu'ils font semblant de nous honorer et de nous admirer, car ceux qui nous aiment nous honorent et nous admirent. C'est pourquoi il s'ensuit qu'il est agréable aux jeunes filles d'être aimées. Les adulateurs en sont pour nous un indice, eux qui nous sont très agréables parce qu'ils paraissent nous aimer. En outre, chacun s'aime par nature : par nature, en effet, chacun désire sa propre conservation. Et si une jeune fille, en vertu de sa nature, s'aime elle-même, en vertu de sa nature, elle aimera aussi toutes les choses qui la conserveront en son meilleur état. Ce sont les biens, honnêtes, agréables et utiles : grâce à tous ces biens, en effet, ou plusieurs, la jeune fille sera conservée en son meilleur état. C'est pourquoi elle aimera par nature ceux qui lui souhaiteront et lui apporteront tous ces biens ou plusieurs ; or ceux qui les lui souhaiteront et les lui apporteront, ce sont les amants. C'est pourquoi la jeune fille aimée, naturellement et spontanément, aimera en retour ceux qui l'aiment à moins que, par quelque accident, le contraire se produise. Mais nous le verrons plus tard[135].

exuperationi est similis ; exuperatio autem uni soli conuenit ; non igitur amor, qui excessus est quidam desiderii, plurium esse poterit. Postremo accedit quod plures eidem ardenter placere non facile sit.

Amari ei puellae iucundum esse quae amatur. Caput LV.

Quod uero amari ei puellae iucundum sit quae amatur, ea ratione probat quoniam cum amatur, imaginatio fit quod bonum ei insit, quod qui sentiunt, ut Aristoteles inquit primo Rhetoricorum, omnes cupiunt. Preaterea honorari atque admirari iucundissima sunt cuius rei argumento nobis sunt assentatores quibus perlibenter aures praebemus quia nos honorare atque admirari uidentur, qui uero amant, honorant ac admirantur. Quare fit ut amari iucundum sit puellis. Sunt nobis in re hac signo adulatores qui nobis periucundi sunt quoniam amare uidentur. Insuper unumquodque natura amat se : appetit enim unumquodque sui conseruationem natura. At si puella sui natura amat se, sui etiam natura amabit cuncta quae eam in optimo statu seruabunt. Talia sunt bona, honesta, uoluptifica atque utilia : his enim omnibus uel pluribus puella in optimo statu seruatur. Quare amabit natura illos qui haec omnia uel plura ei uolunt et ferunt ; sunt autem qui ei haec uolunt et ferunt amantes. Quare puella amata suapte natura eos redamabit qui eam amant modo ex aliquo accidente contrarium non emerserit. Verum de his postea.

LV. 13 sui *1531 1549 1645* : sua *1641* || sui *1531 1549 1645* : sua *1641* || 14 quae *1531 1549 1645* : qua *1641* || 19 eam *1549 1641 1645* : eas *1531*.

LVI. Une jeune fille se réjouit bien plus d'être aimée que d'aimer

Il apparaîtra aussi clairement de ces considérations qu'une jeune fille se réjouit bien plus de se sentir aimée, surtout par des hommes dignes de louanges, que d'aimer : en effet, lorsqu'elle se sait aimée, elle pense aussi être honorée par l'amant. Et chacun se réjouit bien plus de recevoir une marque d'honneur que d'en faire hommage à un autre. C'est pourquoi toute jeune fille se réjouit bien plus de se savoir aimée, surtout par des hommes dignes de louanges, que d'aimer.

LVII. Une jeune fille ne peut pas être aimée sans aimer, surtout lorsqu'elle se sait aimée par des hommes dignes de louanges

En outre, d'après ce que nous venons de dire, personne ne doit douter qu'une jeune fille ne peut être aimée sans aimer, surtout si elle se sait aimée par des hommes dignes de louanges, et nous ne pouvons pas aimer une jeune fille sans être aimés d'elle, pourvu qu'il existe entre l'amant et l'aimée une forme d'accord et un principe de ressemblance : car, comme l'écrit Aristote dans le même livre[136], aimer, c'est offrir des marques d'honneur ou, du moins, ne pas s'abstenir de rendre hommage ; en effet, il ne peut y avoir d'amant qui n'offre à la jeune fille aimée des marques d'honneur. C'est pourquoi, de même qu'une jeune fille se réjouit de recevoir une marque d'honneur, surtout d'hommes dignes de louanges, parce qu'elle se voit confortée dans l'opinion qu'elle désire qu'on se fasse d'elle, de même elle se réjouit aussi de l'amour par lequel elle se sait aimée d'eux. C'est pourquoi, lorsqu'elle se réjouit elle-même de l'amour qui lui est offert, elle se réjouit aussi, nécessairement, de l'amant. Et l'amour est une sorte de joie. Elle ne pourra donc être aimée sans aimer, surtout lorsqu'elle se sait aimée par des hommes dignes de louanges. En outre, chacun s'aime lui-même, par un désir naturel, comme nous l'avons dit : en effet, par un désir naturel, chacun désire pour lui-même sa propre conservation et son propre bien. Et si tous s'aiment eux-mêmes par ce désir naturel, ils sont poussés à aimer ceux qui

Puellam longe magis gaudere quia amatur quam quia amat. Caput LVI.

Quibus etiam dilucidum erit puellam longe magis gaudere cum amari se senserit, praesertim a laudatis uiris quam cum amat : cum enim amari se nouerit, honorari quoque ab amante censet. At unusquisque longe magis gaudet honore sibi tributo quam ea honoratione quam alteri exhibet. Quare puella omnis longe magis gaudet cum senserit se amari potissimum a uiris laude dignis quam cum amat.

Non posse puellam amari quin amet potissimum cum a laudatis uiris se amari nouerit. Caput LVII.

Insuper ex iis quae diximus nemo dubitare debet puellam amari non posse quin amet praesertim si a uiris laudatis senserit se amari, nec nos amare puellam posse quin ab ea amemur, modo inter amatam et amantem symbolum quoddam affuerit atque similitudinis ratio : nam, ut eodem libro Aristoteles inquit, amare est aut honorem exhibere aut non absque honoratione ; non enim esse potest quispiam amans quin puellae amatae honores exhibeat. Quare sicuti puella honore sibi tributo gaudet, praesertim a uiris laudatis propterea quia confirmare opinionem eam cognoscit quam de se affectat, ita quoque amore quo ab eis diligi se sentit. Quare cum ipsa amore sibi exhibito gaudet, amante etiam gaudere necesse est. At gaudium amor quidam est. Non igitur amari poterit quin amet praesertim cum a laudatis uiris se amari senserit. Praeterea unusquisque naturali desiderio seipsum amat, ut diximus : nam desiderio naturali unusquisque appetit sui ipsius conseruationem et sibi ipsi bonum. Quod si omnes naturali desiderio seipsos amant, eos etiam amare

LVII. 18 conseruationem *1549 1641 1645* : conseruatione *1531*.

nous aiment et nous veulent du bien dans la mesure où nous croyons pouvoir retirer de ceux-ci plaisir et honneur : les jeunes filles sont, en effet, aimées par de nombreux amants et ceux dont elles estiment ne pouvoir retirer ni plaisir ni honneur, en aucune façon elles ne les aiment en retour. De là apparaît clairement qu'il n'est pas possible que nous aimions sans être aimés : car si nous aimons les flatteurs[137] qui font semblant de nous aimer (le flatteur est en effet un faux ami), nécessairement c'est que nous sommes poussés à aimer ceux que nous croyons nous aimer vraiment. En effet, de même qu'il est naturel à chacun de s'aimer lui-même, de même il nous sera naturel d'aimer tous ceux dont nous pensons être aimés et dont nous pensons retirer plaisir et honneur. Et s'il arrive que certaines jeunes filles éprouvent parfois de la haine pour ceux dont elles sont aimées, il nous sera facile de maintenir que les jeunes filles, en elles-mêmes, ne peuvent être aimées sans aimer en retour ; mais, par accident, elles peuvent éprouver de la haine pour ceux dont elles sont aimées, par exemple lorsqu'elles sentent qu'elles en retireront davantage d'offense et de douleur que de plaisir et d'honneur ; ou, disons plus justement qu'il ne se peut que les jeunes filles, lorsqu'elles pensent être vraiment aimées, n'aiment pas en retour par un amour naturel (pour m'exprimer ainsi) ou par un amour-concupiscence, mais, selon un amour qui vient du jugement ou de la bienveillance, elles n'y sont pas contraintes. Or l'amour qui vient de la concupiscence est un affect de l'appétit sensitif, alors que l'amour qui vient de la bienveillance est un jugement qui suit la décision selon laquelle nous voulons du bien à quelqu'un.

LVIII. Une jeune fille laide désire-t-elle davantage être aimée qu'une jeune fille belle

Parmi les questions amoureuses, celle-ci est habituellement la première à être posée, puisque toutes les jeunes filles, lorsqu'elles sont aimées, sont poussées à aimer en retour, on veut savoir si une jeune fille laide désire davantage être aimée qu'une jeune fille belle.

coguntur qui nos amant et bonum uolunt, modo crediderimus ab illis et uoluptatem et honorem nos reportare posse : a multis enim puellae amantur e quibusque honores uel uoluptatem se reportare posse non existimant, eos nequaquam redamant. Hinc patet fieri non posse nos amare quin amemur : si enim assentatores amamus qui amare nos simulant – est enim assentator amicus fictus – necessario eos amare compellemur quos uere nos amare crediderimus. Sicuti enim naturale est unumquenque seipsum amare, sic nobis naturale erit eos omnes amare e quibus et amari et uoluptatem aut honorem reportare putauerimus. Quod si occurret puellas nonnullas aliquando eos odio persequi a quibus amantur, facile dicemus puellas per se amari non posse quin redament, ex accidente tamen possunt eos odio persequi a quibus amantur, ut puta, cum senserint se ab eis iniuriam magis aut dolorem quam honorem uel uoluptatem reportare ; aut melius dicendum fieri non posse ut puellae non redament, cum amari se ab amantibus omnino arbitrentur, amore (ut ita dixerim) naturali aut concupiscentiae, amore autem iudicii uel beniuolentiae redamare non cogentur. Est autem amor concupiscentiae affectus appetitus sensitiui, amor autem beniuolentiae est iudicium quoddam sequens electionem quo alicui bona uolumus.

Desideret ne puella deformis amari magis an pulchra. Caput LVIII.

Inter amatorias quaestiones illa primo quaeri solet, cum puellae omnes, cum amantur, redamare coguntur, utrum puella deformis amari magis quam pulchra desideret. Est enim

LVII. 22 quibusque *nos* : quibus quae *1641* quibus qui *1531 1549 1645* || 29 e *1531 1549 1645* : a *1641* || 37 arbitrentur *1531 1549 1645* : arbitrabuntur *1641* || 38 amore autem *1531 1549 1645* : quum autem amore *1641*.
LVIII. 3 cum *1531 1549 1645* : quandoquidem *1641*.

C'est, en effet, une question dont la réponse est partagée. En effet, puisque le désir découle d'un manque et qu'une jeune fille laide est, d'ordinaire, moins aimée qu'une belle, elle semble affectée du désir d'être aimée par les amants bien plus que la belle, qui est aimée par de nombreux amants et plus souvent. Ensuite, Dieu et la nature ne font rien en vain ; c'est pourquoi, de même qu'un soulier qu'aucun pied ne chausserait serait inutile, de même la beauté d'une jeune fille, qui est faite pour être aimée, serait également inutile si elle n'était aimée par de nombreux amants et souvent. C'est pourquoi, par une disposition de la nature, une belle jeune fille désire bien plus être aimée qu'une laide. Peut-être une explication est-elle que l'amour est triple : il existe un amour naturel, qui est une inclination par laquelle ce qui est imparfait tend à sa perfection, un amour de l'âme, qui est appelé concupiscence, et un amour-bienveillance, qui naît d'un choix. La jeune fille laide semble désirer bien plus qu'une jeune fille belle être aimée en vertu de l'amour naturel, puisque, par un tel amour, elle tend à sa perfection ; car, en raison de sa laideur, elle est imparfaite, c'est pourquoi aussi elle désire bien plus la perfection qu'une jeune fille belle. Mais la jeune fille belle, par l'amour-concupiscence, le désire bien plus que la laide : elle possède, en effet, une beauté qui lui été donnée par la nature pour éveiller la concupiscence. Et par l'appétit de la bienveillance, tantôt la laide, parfois la belle, désire davantage être aimée dans la mesure où soit l'une, soit l'autre est habituée depuis l'enfance par les pédagogues à suivre le meilleur ou le pire.

LIX. Une jeune fille belle est-elle par nature plus continente qu'une jeune fille laide ?

On s'est aussi demandé laquelle, de la belle ou de la laide, est par nature plus continente. Certains[138] ont dit, en suivant Platon, que chez les jeunes filles la beauté venait de Dieu : le centre du beau est la bonté et la vertu puisque Platon affirme que le beau est semblable à un cercle dont le centre est la bonté, comme nous l'avons dit[139], et la droiture. Ensuite, le laid quaestio pro utraque parte ambigua. Nam cum desiderium a carentia proficiscatur et deformis minus amari quam pulchra soleat, uidetur amandi ab amantibus desiderio longe magis quam pulchra affici, quae a pluribus et saepius amatur. Deinde Deus et natura nihil frustra facit ; quare sicuti frustra esset calceus quo nullus pes calciaretur, frustra quoque erit puellae pulchritudo, quae facta est ut ametur, si a pluribus et saepius non ametur. Quare natura instituente pulchra longe magis appetit quam deformis amari. Fortasse cum triplex amor sit : et naturalis qui est inclinatio quaedam qua imperfectum tendit in sui perfectionem, et animalis quem concupiscentiae dicunt, et beneuolentiae qui nascitur ab electione. Deformis amore natiuo amari magis quam pulchra desiderare uidetur, quippe cum ex tali amore tendat in sui perfectionem ; est enim ob deformitatem imperfecta, quare et longe magis quam pulchra perfectionem desiderans. Pulchra uero amore concupiscentiae longe magis quam deformis : habet enim pulchritudinem sibi a natura tributam propter concupiscentiam. Appetitu uero beniuolentiae interdum deformis, nonnunquam pulchra amari magis desiderat quatenus nunc haec, nunc uero illa melius uel peius asciscere a cunabulis per paedagogos assueuit.

Sit ne pulchra natura continentior quam turpis. Caput LIX.

Dubitarunt etiam sit ne pulchra natura continentior an turpis. Dixerunt nonnulli, qui Platonem sectantur, a Deo esse in puellis pulchrum : pulchri autem centrum bonitas ac uirtus est, quippe cum pulchrum Plato circulo simile esse asserat cuius centrum, ut diximus, bonitas est et probitas. Deinde turpe plerunque

LVIII. 8 uidetur amandi ab amantibus *1531 1549 1645* : uidetur illa ab amantibus amandi *1641* || 12 a pluribus *1531 1549 1645* : pluribus *1641* || 25 asciscere *nos* : assuescere *1531 1549 1645 omis. 1641.*

s'accompagne souvent de perversité, donc le beau s'accompagne de droiture. Les physiognomonistes, en effet, disent qu'il est très rare qu'une âme droite puisse résider dans un corps tors. Aussi une âme droite et moralement belle se trouvera-t-elle souvent dans un corps beau et droit. Les arbres en sont une confirmation, car de belles fleurs attestent de bons fruits. Et chez les animaux aussi nous voyons que ceux qui sont beaux sont souvent bons, alors que ceux qui sont laids sont souvent mauvais, par exemple chez les chevaux, les chiens, les oiseaux et tous les autres animaux de ce genre. Ensuite, dans presque toutes les choses naturelles, nous voyons que celles qui sont belles sont bonnes, comme le ciel que l'on juge bon parce qu'il est beau. Pourquoi donc l'homme ne sera-t-il pas honnête s'il est beau ? L'homme, en effet, est un monde miniature ; et on fait la même constatation non seulement dans les choses naturelles mais aussi dans les objets fabriqués. On juge bon, en effet, un bateau qui est beau, et il en est de même d'une maison, d'une statue et des autres choses de ce genre. Ainsi, il s'ensuit que l'on doit juger les jeunes filles d'autant plus honnêtes qu'elles sont plus belles. Et si les poètes écrivent que la beauté et la pudeur s'accordent rarement, comme le rapportent Juvénal[140] et Ovide[141], peut-être cela n'est-il pas dû à la nature mais à l'éducation ou aux circonstances accidentelles, comme la pauvreté, le nombre des amants et leur harcèlement incessant, et aussi les lieux favorables et autres choses de ce genre. Et bien que, par l'amour et la concupiscence de la beauté, une jeune fille belle désire davantage être aimée qu'une jeune fille laide, cependant, par la force de sa nature, qui est la complexion, elle est plus tempérante, plus continente et plus équilibrée.

improbitas comitatur, ergo pulchrum probitas. Phisiognomonici enim tradunt in contorto corpore perraro rectam animam habitare posse. Quare in pulchro rectoque plerunque rectam probamque. Huic rei astipulantur arbores, quare florum pulchritudo testatur fructuum bonitatem. In mutis quoque animalibus cernimus ea quae pulchra sunt plerunque bona esse ; quae uero deformia, mala, ut in equis, canibus, auibus caeterisque id genus. Postea in rebus fere omnibus quae sunt natura, uidemus eas quae pulchrae sunt bonas esse, ut coelum, quia pulchrum est bonum censetur. Cur igitur homo si pulcher fuerit non erit probus ? Est enim homo mundus paruus ; nec solum in rebus naturalibus, sed in arte confectis idem cernitur. Nauis enim, quae pulchra est, bona censetur, domus, statua et caetera id genus similiter. Qua ratione fit ut puellae quo pulchriores eo probiores censendae sint. Quod si poetae scribant raram esse concordiam formae atque pudicitiae, ut Iuuenalis et Ouidius tradiderunt, fortasse hoc non natura, sed educatione fit, aut accidente, ut paupertate, amantium frequentia ac continua uexatione, insuper et locorum oportunitate et id genus. Et licet pulchritudinis amore et concupiscentia puella pulchra amari magis quam turpis desideret, ui autem naturae, quae complexio est, temperantior, continentior atque moratior est.

LIX. 7 Phisiognomonici *nos* : Physiognomonici *1641* Phisionomi *1531 1549* Physionomi *1645* || 9-10 quare florum pulchritudo testatur fructuum bonitatem *1531 1549 1645* : in quibus pulchritudo testatur de fructuum bonitate *1641* || 26 pulchritudinis amore et concupiscentia *nos* : pulchritudinis amore et concupiscentiae *1549 1645* pulchritudinis amore concupiscentiae *1531* concupiscentiae amore *1641* || 27 autem *1531 1549 1645* : tamen *1641*.

LX. Voir l'aimée est très agréable aux amants

Qu'il est très agréable aux amants de voir la jeune fille aimée, Aristote, le maître de tous les philosophes, le prouve au neuvième livre de l'*Ethique*[142], car l'amour naît et se développe par le sens de la vue : en effet, l'amour naît de la reconnaissance du beau puisqu'il n'est rien d'autre, comme nous l'avons dit, que le désir de jouir du beau. C'est pourquoi, de même que les amis éprouvent une très grande joie dans un commerce réciproque, de même aussi les amants à se voir l'un l'autre. Ensuite il affirme aussi dans le premier livre *Des parties des animaux*[143] qu'il en est des jeunes filles comme des substances supérieures elles-mêmes et divines : en effet, de même qu'en atteignant ces substances supérieures, même si nous ne faisons que les effleurer, cependant, en raison de l'excellence de ce genre de connaissances, nous prenons un plaisir plus grand que si nous possédons toutes les choses qui nous sont proches, de même, quelle que soit la partie des charmes de la jeune fille et si petite soit-elle, elle nous sera plus gracieuse et plus agréable que si nous avions vu la totalité du corps de tous les autres êtres humains, et c'est pourquoi il déclare que rien n'est plus agréable aux amants que de voir l'être aimé, surtout si c'est réciproque.

LXI. L'amour ne naît pas toujours de la vue

On s'interroge vraiment pour savoir s'il est possible qu'on puisse tomber amoureux d'une jeune fille que l'on n'a jamais ni vue ni entendue parler. Philostrate, dans l'*Héroïque*[144], affirme que, selon les poètes, l'amour naît tout d'abord en voyant la jeune fille, qu'ensuite son image est conservée par cette faculté de l'âme que les philosophes appellent la mémoire, qu'elle est souvent revue et reconnue au moyen de l'imagination et, de l'avoir reconnue, les amants s'angoissent, s'affligent et se tourmentent jour et nuit. Il existe cependant des exemples contraires à cette opinion, surtout lorsque Augustin[145] affirme que l'on peut chérir et aimer ce que l'on n'a ni vu ni entendu,

Aspectum esse amantibus amabilissimum. Caput LX.

Quod uero amantibus uidere puellas quas amant amabilissimum sit, ex eo probauit Aristoteles, omnium philosophorum magister, libro Ethicorum nono, quoniam per sensum uisus maxime est atque oritur amor : gignitur enim amor ex pulchro agnito, cum sit aliud nihil, ut saepe diximus, quam desiderium fruendi pulchri. Quare quemadmodum amici in mutuo conuictu potissimum gaudent, ita quoque amantes in mutuo aspectu. Vnde et primo libro De partibus animalium asserit ita esse de puellis ut de superis ipsis ac diuinis substantiis : nam quemadmodum cum superas illas substantias attingimus, licet eas leuiter attingamus, ob eius tamen cognoscendi generis excellentiam amplius oblectamur quam cum nobis iuncta omnia tenemus, ita quamlibet partem minimamque nostrarum puellae deliciarum uiderimus, gratius erit ac iucundius quam si perspexerimus caeterorum hominum membra tota, per quae declarauit nihil esse amantibus gratius aspectu, praesertim cum mutuus fuerit.

Amorem non semper a uisu oriri. Caput LXI.

Magna addubitatio est possit ne quis amore capi ab ea puella quam nec uiderat, nec loqui audierat. Philostratus in suis Heroibus asserit poetas uelle amorem primum a puellae uisu proficisci, seruari uero post illius idolum ab ea animae uirtute quam philosophi memoriam uocant, per imaginationem autem saepe reuideri atque recognosci et, ex ea recognita, angi, affligi, noctu diuque uexari. Sunt tamen exempla huic opinioni contraria, praesertim Aurelio asserente inuisa atque inaudita

LX. 4 uisus *1641* : uisum *1531 1549 1645* || 11 leuiter *1531 1549 1645* : leniter *1641* || 13-14 ita quamlibet partem *1531 1549*: ita si quamlibet partem *1641* ita cum quamlibet partem *1645*.

mais dont on a une connaissance : en effet, d'après les dires de certains[146], Achille, alors qu'il était à Troie, et Hélène, alors qu'elle était en Egypte, s'aimèrent éperdument sans s'être vus l'un l'autre, car ils s'aimèrent follement l'un l'autre en ayant seulement entendu des récits chacun de leur coté. Il y a quelques années seulement, Rudel[147], seigneur de Blaye, tomba passionnément amoureux de la comtesse qui régnait sur Tripoli en raison de la renommée de sa beauté dont parlaient les voyageurs qui revenaient d'Antioche ; et, dévoré par sa flamme, il navigua vers Tripoli pour jouir de la beauté dont il avait entendu parler ; mais, pris en chemin par une cruelle maladie, alors qu'il arrivait enfin auprès d'elle, en rendant grâce à Dieu de lui avoir permis de voir une si grande déesse, il mourut dans les bras de sa bien-aimée, la tristesse s'emparant de l'âme des deux amants. Et ce n'est pas sans raison que l'on tient cette opinion : en effet, si l'amour est désir de jouir du beau et si l'on peut désirer un beau que l'on n'a jamais vu pour en jouir, c'est qu'on peut donc parfois aimer, par la puissance de la renommée, ce que l'on n'a jamais ni vu ni entendu. Aristote affirme, en effet, au huitième livre de l'*Ethique*[148], qu'il peut parfois y avoir une bienveillance réciproque entre des gens qui ne se sont jamais vus, bien que cela ne soit pas de l'amitié. Aussi en est-il de même de l'amour réciproque : c'est ainsi, à ce que certains prétendent, que Paris disposa sa flotte et aborda à Sparte pour voir la beauté d'Hélène. Mais, s'il en est ainsi, l'amour qui naît après l'avoir vue est en général bien plus ardent que celui qui vient seulement de la renommée, pourvu que la présence de l'aimée ne ternisse pas cette renommée et que la grâce qui naît à la vue de la beauté ne soit pas décevante.

LXII. L'âge de la beauté

Mais nous n'avons pas encore examiné quel est l'âge le plus approprié à la beauté. Hippias estime que c'est la tendre jeunesse puisqu'il a affirmé que le beau lui-même était une jeune vierge ; et Aristote[149], amari atque diligi posse, incognita uero haud quaquam : Achilles enim, ut quidam aiunt, qui Troiae aderat, et Helena, quae in Aegypto manebat, absque mutuo aspectu se perdite adamarunt, sola enim hinc inde narratione audita se inuicem deperierunt. Non multis annis ante nos Rudelsus Blaiae dominus comitissam, quae Tripoli imperitabat, suae pulchritudinis fama per eos peregrinos delata, qui ex Antiochia redibant, summopere deperiuit ; qui illius amore exardens in Tripolim adnauigauit, ut eius quam audierat pulchritudine frueretur ; captus uero in itinere a saeua aegritudine cum tandem ad eam peruenisset, Deo gratias agens quod tantum numen uidere sibi concessisset, in illius puellae brachiis non absque animi utriusque moerore e uita excessit. Nec ab ratione est quod hi opinantur : si enim amor desiderium fruendi pulchri est, et potest quis inuisum pulchrum desiderare ut eo fruatur, fit ut inuisa atque inaudita interdum ui famae amentur. Aristoteles enim Ethicorum octauo asserit posse nonnunquam inter aliquos qui sese nunquam uiderint mutuam esse beniuolentiam, licet non amicitiam. Quare et mutuus amor : hunc in modum, ut quidam uolunt, Paris classem instruxit Spartamque uisendae Helenae pulchritudinis causa appulit. Verum si res haec ita est, amor qui post aspectum nascitur, longe feruentior esse solet eo qui fama duntaxat exoritur, modo praesentia famam non minuat et gratia quae ex uisa pulchritudine proficiscitur non occurset.

De aetate pulchritudinis. Caput LXII.

Quae uero aetas pulchritudini magis idonea sit nondum exploratum est. Hippias uiridem iuuentam autumat, cum uirginem pulchrum ipsum esse affirmarit ; cui et Aristoteles

LXI. 19 tandem *1641 1645* : tantundem *1531 1549* || 30 causa *1531 1549 1645* : *omis. 1641* || 31 feruentior *1549 1645* : fruentior *1531 1641.*

soutenant que la beauté ne s'épanouissait que dans la fleur de l'âge, semble du même avis. Mais tout âge est approprié à la beauté si l'on compare une femme à d'autres femmes du même âge. Certains pensent que la grâce qui naît de la beauté est particulièrement appropriée à la jeunesse, et que l'harmonie du caractère, qui est beauté de l'âme, convient particulièrement à l'âge ; ou peut-être qu'à la beauté de l'âme, qui est harmonie du caractère, comme nous l'avons dit, tout âge convient, bien que la jeunesse y ajoute une grâce ; mais l'âge tendre seulement est propre à recevoir la belle forme, ce sur quoi Hippias et Aristote sont d'accord.

LXIII. Que celui qui brûle d'amour pour quelqu'un est en permanence absorbé par cet amour

Or puisqu'un plaisir à son paroxysme empêche un autre plaisir (en effet, ceux qui se délectent du son des flûtes ne peuvent se concentrer sur une conversation s'ils entendent quelqu'un jouer, car ils se réjouissent davantage de la mélodie que de l'activité en cours), il en est de même aussi dans d'autres circonstances, comme le dit Aristote au dixième livre de l'*Ethique*[150], lorsque quelqu'un mène deux activités en même temps : l'activité la plus agréable, en effet, exclut l'autre, et celle qui procure de loin le plus de plaisir empêche l'autre et la chasse, à tel point qu'il renonce à cette activité. C'est pour cette raison que, lorsque nous nous réjouissons vivement de quelque chose, nous cessons tout à fait et nous abandonnons ces autres activités quand elles nous plaisent trop peu. Aussi en est-il de même également dans les affects : celui qui aime ne pourra faire autre chose qu'avec peine parce que l'amour, qui est désir de jouir du beau, empêche et exclut tous les autres affects, si bien que ce mot du poète[151] est vrai :

Et si tu me demandes ce que je fais aussi maintenant, j'aime.

fauere uidetur in flore aetatis pulchritudinem pullulare asserens. Verum omnis aetas pulchritudini apta est, si mulier mulieribus comparetur, quae suae aetatis sunt. Non desunt qui arbitrantur gratiam, quae ex pulchro exoritur, iuuentae maximopere idoneam esse, morum uero concinnitatem, quae est animi pulchritudo, ipsi senectae conuenire ; aut fortasse pulchritudini, quae animi concinnitas est , ut diximus, omnis aetas idonea est, et si gratiosior ei sit iuuenta ; formae autem sola uiridis aetas, quod Hippias et Aristoteles probarunt.

Quod qui amore alicuius exardet semper sit in eo. Caput LXIII.

Quoniam autem altera uoluptas cum in excessu fuerit, alteram prohibet (qui enim fistulis delectantur nequeunt mentem sermonibus adhibere, si quempiam audierint modulantem magis modulatione gaudentes quam operatione praesenti) hoc idem, ut Aristoteles decimo Ethicorum inquit, et in caeteris usu uenit, cum circa duo simul quispiam operatur : operatio enim iucundior alteram excludit et quae maiore uoluptate praecellit longe magis prohibet atque remittit alteram atque adeo ut neque operetur per illam. Quocirca cum uehementer aliqua re gaudemus, non ualde aliud agimus et alia facimus, cum parum nobis alia placent. Quare et in affectibus simili ratione : qui amat uix aliud facere poterit, amore, qui est pulchri fruendi desiderium, caetera prohibente atque excludente, ut sit uerum illud poetae :

Et si quid faciam nunc quoque quaeris amo.

LXIII. 5 modulatione gaudentes *1549 1645* : modulandi gaudentes *1531 1641* ‖ 9 alteram *1531 1641 1645* : alterum *1549* ‖ atque adeo ut *1531 1549 1645* : idque tantopere ut *1641*.

LXIV. Chez les animaux, la femelle, qui ravit l'âme d'un seul animal en vue de l'accouplement, est capable de ravir l'âme de tous les animaux de son espèce, ce qui n'est pas le cas chez les hommes

Il ne sera donc pas difficile de dire pourquoi, chez les animaux, la femelle, qui ravit l'âme d'un seul animal en vue de l'accouplement, est capable de ravir l'âme de tous les animaux de la même espèce et pourquoi une seule et même jeune fille n'a pas cet effet chez les hommes. En effet, le plaisir est propre à chaque animal, ainsi que l'activité, comme le dit Aristote, le plus grand des sages, au dixième livre de l'*Ethique*[152] : car le plaisir n'est pas le même pour le cheval, le chien ou l'homme ; ainsi Héraclite[153] dit lui aussi que l'âne désire davantage un lit de paille qu'un lit d'or : pour l'âne, en effet, un champ est plus agréable que l'or ; et les plaisirs varient beaucoup entre les hommes : les mêmes choses font souffrir les uns et réjouissent les autres ; et cela arrive aussi pour les douceurs, car ce n'est pas la même chose qui semble douce à l'homme malade et à l'homme bien portant. La raison en est que les plaisirs des autres animaux suivent leur inclination naturelle, qui est bonne au sein de la même espèce ; mais les plaisirs des hommes suivent la raison, qui ne se détermine pas en une seule direction, et il faut comprendre par « raison » aussi bien la raison véritable que la raison fantasmatique[154], ce qu'Horace[155] n'a pas ignoré lorsqu'il dit que ni la volonté ni les vœux ne sont les mêmes pour tous puisqu'il y a mille espèces d'hommes et que leurs pratiques présentent des teintes différentes. Donc, puisque les animaux n'ont pas de raison, ni véritable, ni fantasmatique, mais la même appétition, comme une même âme, il s'ensuit que, chez eux, la femelle, qui ravit l'âme d'un seul animal en vue de l'accouplement, est capable de ravir l'âme de tous ; il en va autrement chez les hommes dont les raisons, du moins celles qui sont fantasmatiques, varient.

In animalibus mutis eam foeminam quae unius animalis animam rapit ad sui usum, omnes quae in eodem genere sunt, rapere, non ita in hominibus eandem puellam. Caput LXIIII.

Non erit autem difficile declarare cur in mutis animalibus ea foemina quae unius animalis animam rapit ad sui usum, omnium in eodem genere animas rapiat, non ita in hominibus eadem puella. Nam cuique animali propria uoluptas est, sicut et opus, ut decimo Ethicorum Aristoteles sapientum magister tradit : alia nanque equi uoluptas est , alia canis, alia hominis ; quemadmodum et Heraclitus dicit asinum stramina magis optare quam aurum : asinis enim pabulum auro iucundius est ; uariant autem non parum in hominibus : eadem enim alios dolore afficiunt, alios delectant ; hoc et in dulcibus accidit : non enim eadem dulcia febricitanti atque sano uidentur. Huius rei causa est quoniam uoluptates aliorum animalium naturalem inclinationem sequuntur quae in eadem specie bona est ; hominum uero uoluptates, rationem, quae non ad unum determinatur, et per rationem intelligendum est siue ueram, siue allucinatam, quod Horatius non ignorauit cum dixit nec uelle cuiquam esse unum nec uotum, quippe cum hominum species sint mille, et usus earum discolor. Cum igitur in mutis ipsis animalibus nulla sit ratio nec uera, nec allucinata, sed appetitio eadem, ceu anima eadem, fit ut in ipsis ea foemina quae unius animalis animam rapit ad sui usum, omnium animas rapiat ; secus in hominibus ubi rationes saltem allucinatae uariant.

LXIIII. 4 mutis *nos* : multis *edd.* || 11-12 uariant autem *1531 1549 1645* : uariant autem haec *1641* || 18 intelligendum *1531 1549 1645* : intelligenda *1641* || ueram *1531 1549 1645* : uera *1641* || 19 allucinatam *1531* : hallucinatam *1549 1645* allucinata *1641.*

LXV. La jouissance d'une belle jeune fille n'est pas parfaite sans le toucher, le goût et l'odorat

Puisque la jouissance du beau est la fin de l'amour humain, puisque l'amour humain, comme nous l'avons dit plus haut[156], est désir de jouir du beau, se pose la question de savoir si la jouissance d'une belle jeune fille est parfaite ou imparfaite sans le toucher, le goût et l'odorat. Platon affirme que le beau ravit les cœurs par trois facultés de l'âme, à savoir la vue, l'ouïe, ou l'esprit, soit tous, soit plusieurs. Pour cette raison il ne doute pas que la jouissance d'une belle jeune fille soit parfaite sans le toucher, l'odorat et le goût, puisque la raison du beau n'est perçue ni dans les choses tactiles, ni dans les choses olfactives, ni dans les choses gustatives ; et Thomas, gloire du Latium[157], dans les commentaires qu'il écrivit sur l'*Ethique*, juge bonne cette opinion parce que la fin de l'amour doit être contenue dans les limites des choses où il prend naissance et où il réside lui-même. Or il est établi que le début de l'amour et l'amour lui-même résident dans les choses visibles, audibles et intellectuelles ; il s'ensuit que c'est dans ces choses que doit résider la fin de l'amour qui est la jouissance du beau. Mais nous, nous pensons que la jouissance d'une belle jeune fille, à laquelle rien du désir humain ne fait défaut, en tant que désir humain, ne peut être parfaite si l'âme, qui est ravie par la beauté de la jeune fille elle-même, dans laquelle réside toute préparation à recevoir la grâce, n'en jouit pas par tous les sens par lesquels toute préparation est reconnue, puisque, comme nous l'avons dit, elle connaît les raisons du beau dans ce que l'on perçoit par l'odorat, le goût et le toucher : c'est en effet par l'odorat qu'elle perçoit la suavité d'une odeur, par le goût, la douceur des lèvres, de la langue et de la bouche, et par le toucher, la tendresse de la chair que les animaux ne sentent absolument pas dans leurs femelles. En outre, comme nous l'avons dit plus haut[158], aucune jeune fille ne doit être jugée belle en tout point sans ces beautés : qui, en effet, estimera

Perfectam pulchrae puellae fruitionem absque tactu, gustu atque olfactu non esse. Caput LXV.

Quoniam fruitio pulchri est finis amoris humani, cum amor humanus, ut superius diximus, fruendi pulchri desiderium sit, ideo addubitatum est sit ne perfecta pulchrae puellae fruitio absque tactu, gustu, et olfactu, an imperfecta. Plato asserit per tres animae partes pulchrum animos rapere, per uisum uidelicet, aut per auditum, aut per mentem, aut per has omnes uel plures. Quare propter haec perfectam esse pulchrae puellae fruitionem non dubitat sine tactu, olfactu et gustu, cum nec in tactilibus, nec in olfactilibus, nec in gustatilibus pulchri ratio spectetur ; quam partem diuinus ille Thomas Latii decus in his commentariis quae in libro Ethicorum scripsit, probauit ex eo quia finis amoris est in his habendus in quibus est initium amorque ipse. At constat amoris initium amoremque ipsum in uisibilibus atque auditilibus et intellectualibus esse ; fit ut in his finis sit habendus quae est pulchri fruitio. Nos uero arbitramur pulchrae puellae fruitionem cui nihil humani desiderii deest, quo humanum desiderium est, perfectam esse non posse nisi anima quae rapta est ab ipsius puellae pulchritudine in qua omnis praeparatio ad gratiam suscipiendam est, per eos omnes sensus ea fruatur per quot omnis praeparatio agnoscitur, [et] quoniam, ut diximus superius, per olfactum, gustum et tactum in ea cognoscit rationes pulchri : per olfactum enim suauitas in odore, per gustum autem dulcedo in labellis, lingua et ore, per tactum uero lenitas carnis percipitur quas muta animalia in suis foeminis nequaquam sentiunt. Praeterea, ut superius diximus, sine his nulla puella omni ex parte pulchra

LXV. 19 quo *1531 1549 1645* : qua *1641* || 22 sensus *1549 1645 1641* : census *1531* || quot *1531 1549 1641* : quos *1645* || 23 quoniam *nos* : et quoniam *1531 1549 1645* et quanquam *1641* || 26-27 percipitur quas muta animalia *1531 1549 1645* : percipitur ; muta tamen animalia *1641*.

qu'une jeune fille est belle en tout point si sa chair manque de douceur, si elle est dure et âpre ? Et si sa chair et sa bouche exhalent une odeur fétide, si sa bouche, sa langue et ses lèvres sont insipides ? Aussi, puisque l'on voit dans ces disgrâces une raison du laid, pourquoi ne devrait-on pas situer le beau dans la suavité, la souplesse, la tendresse, le parfum et la douceur des parties ? Or les jeunes filles elles-mêmes nous le montrent, elles qui s'embellissent par des parfums et des onguents, qui se parfument d'essences odorantes, se lavent et adoucissent leurs corps par des bains qui purifient leurs chairs, et imprègnent d'une douce saveur leurs lèvres, leurs bouches et leurs langues. Nous avons parlé de jouissance « à laquelle rien ne fait défaut en tant que désir humain » parce que, en tant qu'amour bestial, il ne se repose jamais si ce n'est en descendant jusqu'à la consommation charnelle ; mais, dans la mesure où l'amour humain est un désir humain, moral et rationnel, de jouir du beau, il ne va pas au-delà de ce qui conserve pour l'homme sa propre définition, alors qu'en s'avançant dans la consommation charnelle, il sombre dans le plaisir bestial. Et dans ces objets dont l'âme perçoit le beau seulement par la vue, comme les édifices, les statues, et autres choses de ce genre, la jouissance en ces objets pourra être en tout point parfaite seulement par le sens de la vue, de la même manière, dans les objets qu'elle perçoit par l'ouïe, comme les discours et autres choses de ce genre qu'elle perçoit seulement par l'ouïe. Mais puisque, si une jeune fille est entièrement belle en tout point, l'âme perçoit le beau en elle par la vue, l'ouïe, l'odorat et le toucher, le goût étant à part[159], sens par lesquels l'âme bestiale ne peut le percevoir en aucune de ses femelles, il s'ensuit que l'âme est ravie et incitée à la jouissance de la jeune fille par tous ces sens. C'est pourquoi la jouissance du beau, qui ravit l'âme par ces sens à l'exception du toucher et de l'odorat, n'est pas parfaite et ne pourra l'être. Quant à savoir s'il peut y avoir amour et jouissance du beau sans appétit sensuel, nous en discuterons plus loin[160].

est censenda : quis enim iudicabit eam pulchram omni ex parte, si eius caro insuauis, si dura, si aspera sit ? Insuper si caro et os foetorem exhalarint, si os, lingua, labella insipida fuerint ? Quare cum in his turpis ratio habeatur, cur in suauitate, mollitie, lenitate et partium odore atque dulcedine pulchrum habendum non est ? Quod autem ita sit puellae ipsae nobis signo sunt quae ut pulchriores reddantur odoribus, unguentis rebusque odoriferis se illinunt, lauacris quoque quae carnes abstergunt, se lauant ac leniunt, labella, os, linguam dulci sapore afficiunt. Diximus cui nihil deest quo humanum desiderium est quoniam, quo amor ferinus est, nisi ad usum ueneris defluat quiescit nunquam ; quo uero amor humanus est ac humanum moraleque et rationale pulchri fruendi desiderium non ultro proficiscitur nisi quousque homini seruet sui propriam rationem, at cum in usum uenerit, in ferinam labitur uoluptatem. In quibus uero anima solum per uisum percipit pulchrum, ut in aedificiis, statuis, caeterisque id genus, in his fruitio per solum uisum perfecta omni ex parte esse poterit, simili modo in quibus per auditum, ut in uocibus, orationibus caeterisque talibus solum per auditum. Sed quoniam in puella pulchrum anima percipit per uisum, auditum, olfactum ac tactum solo gustu excepto, si fuerit ipsa simpliciter omnique ex parte pulchra, per quae ferina anima in nulla suarum foeminarum percipere potest, fit ut rapiatur ad fruendam puellam per omnes huiusmodi sensus. Quare perfecta pulchri fruitio, quod per huiusmodi sensus omnes animam rapit absque tactu et olfactu, non est nec esse poterit. Vtrum uero fruitio pulchri esse possit et amor sine appetitu ueneris postea disserendum.

LXV. 39 quo *1531 1549 1645* : qua *1641* || 40 quo *1531 1549 1645* : qua *1641* || 41 ultro *1531 1549 1645* : ultra *1641* || 42 seruet *1531 1549 1645* : conseruabit *1641* || 43 usum *1531 1549 1645* : abusum *1641* || labitur *1531 1549 1645* : labetur *1641* || 50 per quae *1531 1549 1645* : qualia *1641*.

LXVI. La pudeur en laquelle consiste, pour la plus grande partie, la beauté de l'âme des jeunes filles qui sont entièrement et absolument belles

Puisque, comme nous l'avons dit[161], la grâce, qui est beauté, possède sa meilleure préparation dans l'harmonie du caractère dont un aspect est la pudeur, il nous faut donc parler de la pudeur puisque les philosophes ont des opinions différentes à son sujet. Les académiciens ont dit que la pudeur était un très bon modérateur des désirs qui dissuade de nuire à quiconque par une parole blessante ou par un acte malhonnête : c'est, en effet, la meilleure façon de se concilier la grâce des hommes et de gagner leur amour. Quant aux stoïciens, comme Aulu-Gelle[162] le dit, ils ont défini la pudeur comme la crainte de l'infamie ; elle sied parfaitement aux jeunes gens et présente un signe de noble caractère : l'âme, en effet, touchée par un sentiment de honte, est submergée par le sang intérieur et colore le visage de rougeur. Caton l'Ancien[163] disait apprécier les jeunes gens qui, redoutant la moindre erreur, rougissaient même lorsqu'ils agissaient bien, mais non pas ceux qui pâlissaient : la première manifestation était assurément le signe d'une honnête pudeur, la seconde celui de l'impudence ou du dérèglement de la raison. Diogène le Cynique[164] semble avoir été du même avis ; car, alors qu'il parlait avec un jeune garçon et qu'il le voyait rougir, il lui dit : sois tranquille, car cette couleur est preuve de vertu. Pythias[165], la fille d'Aristote, comme on lui demandait quelle était la plus belle couleur, selon elle, pour orner le visage, répondit : celle qui naît de la pudeur. Certains, s'exprimant avec plus d'exactitude, appellent ce sentiment la retenue pour lever toute ambiguïté entre les mots, et ils l'utilisent toujours pour la vertu puisque l'on emploie parfois aussi le terme de pudeur pour les mauvaises actions ; mais la retenue s'applique toujours à ce qui est droit et honnête. D'autres encore distinguent la pudeur de la retenue en rattachant la pudeur à une action honteuse et la retenue aussi à une action droite et honnête. Mais Aristote, au quatrième livre de l'*Ethique*[166], dit que la retenue est une certaine crainte du

De pudore in quo animi pulchritudo pro magna sui parte habetur in puellis quae omnino atque simpliciter pulchrae sunt. Caput LXVI.

Quoniam, ut diximus, gratia, quae pulchritudo est, praeparationem potissimam habet in morum concinnitate cuius una pars est pudor, ideo de pudore disserendum quippe cum sapientes de ea uaria sentiant. Achademici tradiderunt pudorem moderatorem esse optimum cupiditatum ne audeat quispiam cuiquam aut dicto proteruo aut facto improbo nocere : haec nanque perfacilis ratio est conciliande hominum gratiae et promerendi amoris. Stoici uero, ut Gellius inquit, pudorem ignominiae metum esse definierunt et primas quidem aetates ualde addecet optimaeque indolis signum praebet : intimo enim sanguine animus reuerentia quadam affectus mergitur et faciem rubore perfundit. His adulescentibus Cato maior se delectari aiebat qui minima quaeque errata metuentes etiam in recte factis erubescerent, non autem illis qui pallescerent : illud quidem ingenui pudoris indicium esse, hoc autem impudentiae aut uecordiae. Idem sentire uisus est Diogenes Cynicus ; nam cum adulescentem quendam alloqueretur cerneretque eum rubore perfusum : confide, ait, color enim iste uirtutis est index. Pythias Aristotelis filia rogata quem pulcherrimum iudicaret colorem pro facie ornanda : qui, inquit, ex pudore oritur. Hunc affectum quidam castigatius loquentes uerecundiam appellant, ut ambiguitatem uerborum fugiant et pro uirtute semper eam ponunt cum pudor etiam in malefactis quandoque dicatur ; uerecundia autem recti honestique rationem habet. Alii uero pudorem a uerecundia sic separant ut pudor sit rei turpiter actae, uerecundia etiam recte facti atque honesti. Sed Aristoteles quarto Ethicorum libro uerecundiam ait timorem quendam

LXVI. 4 gratia *1641* : gratiae *1531 1549 1645* || 14 sanguine *1641* : sanguini *1531 1549 1645*.

déshonneur ; il affirme que celle-ci se manifeste de façon quasi identique à la crainte dans les situations dangereuses : en effet, ceux qui font preuve de retenue rougissent, alors que ceux qui craignent la mort pâlissent ; et puisque, dans les deux cas, ceci s'attache au corps, c'est que, dans les deux cas, cela semble concerner davantage l'affect que la disposition. Or un tel affect ne convient pas à n'importe quel âge, mais à la jeunesse : nous pensons, en effet, que les jeunes gens doivent faire preuve de retenue pour être empêchés, par la retenue, de commettre de mauvaises actions, puisqu'ils vivent dans le trouble et qu'à cause de cela ils font de nombreuses erreurs. C'est pourquoi les jeunes gens qui font preuve de retenue sont dignes de louange. Mais personne ne louera un homme mûr de montrer de la retenue : nous estimons, en effet, qu'il ne lui sied pas de faire des actions où la retenue s'impose habituellement et, en effet, la retenue ne convient pas à l'homme honnête ; puisqu'elle se manifeste dans les actions malhonnêtes, de telles actions ne doivent pas être commises. D'autres disent que la retenue est une noble pudeur à laquelle nous sommes sensibles et par laquelle nous rougissons de faire des actions, même droites et honnêtes. Et bien que la pudeur et la retenue semblent voisines par une certaine similitude, il existe cependant entre elles une différence sensible. La pudeur est, en effet, une certaine crainte d'un juste blâme, alors que la retenue craint, même dans les bonnes actions, le regard de l'homme honnête ou de la multitude qui l'entoure ; elle semble donc gardienne de l'honneur et mère de la décision honnête, car qui s'applique à bien agir ne craint rien plus que d'agir honteusement. C'est la raison pour laquelle on dit que la retenue est l'artiste et la créatrice du scrupule : en effet, non seulement elle veille à ne rien faire de mauvais, mais elle s'efforce, de façon tout à fait zélée et scrupuleuse, d'agir honnêtement et dignement. Protagoras, chez Platon[167], dit qu'aux mortels qui, pour éviter la sauvagerie des animaux, avaient commencé à bâtir des villes et à vivre en société, Jupiter avait envoyé Mercure avec la justice et la pudeur. Comme Mercure lui demandait, dit-on, s'il les accordait à tous les hommes, esse dedecoris ; hanc fieri asserit prope similiter ac timorem in rebus grauibus : nam qui uerecundantur, erubescunt ; qui uero mortem timent, pallescunt ; quod cum utrunque ad corpus accommodetur, fit ut utrunque magis ad affectum quam ad habitum uideatur pertinere. Non autem ad quanuis aetatem is affectus, sed ad iuuenilem accommodatur : putamus enim eos qui huius aetatis sunt uerecundos esse oportere, ut cum non sine perturbatione uiuant multumque ob hoc peccent a uerecundia prohibeantur delinquere. Quare iuuenes uerecundi laude digni sunt. Sed nemo ex eo seniorem hominem laudabit quia est uerecundus : nihil enim eorum ipsum oportere censemus agere pro quibus emergere uerecundia solet, neque enim homini probo uerecundia competit ; quippe cum pro rebus improbis fiat, non sunt tales agendae. Alii tradunt uerecundiam esse ingenuum quendam pudorem quo perciti etiam recta et honesta agere erubescimus. Et licet pudor ac uerecundia similitudine quadam teneri uideantur, aliquantulum tamen inter se differunt. Est enim pudor timor quidam iuste reprehensionis, uerecundia autem aspectum honesti uiri uel coniuncte multitudinis in rectis etiam actionibus ueretur ; proinde custos decori esse uidetur atque honesti consilii mater, nam qui bene agere studet, nihil magis ueretur quam ne quid indecore agat. Iccirco uerecundia artifex effectrixque diligentiae esse dicitur : non enim tantum nequid peccet cauet sed ut honeste decoreque agat omni studio omnique diligentia nititur. Prothagoras apud Platonem ait mortalibus qui ut ferarum uires uitarent, urbes condere atque in unum conuenire coeperant Iouem Mercurium misisse cum iustitia et pudore. Rogatus uero a Mercurio num esset utrunque hominibus

LXVI. 41 quia *1531 1549 1645* : qui *1641* || 43 quippe cum *1531 1549 1645* : quippe cui quum *1641* || 55 agat *1549 1641 1645* : erat *1531* || 57 ferarum uires *1531 1549 1645* : uim ferarum *1641* || 59 rogatus *1531 1549 1645* : rogatum *1641*.

il répondit : à tous, puisque tous les hommes doivent y avoir part. Nous avons de nombreux exemples, chez les Romains et d'autres peuples, qui montrent clairement que la pudeur a rétabli des situations désespérées, a conduit des armées défaites à la victoire et a évité de nombreuses horreurs. La pudeur rétablit contre le jeune Pompée, aux environs de Cordoue, l'armée de Jules César, alors terrifiée et pensant davantage à la fuite qu'au combat après que tous les soldats eurent entendu César s'écrier : Ce jour sera le terme de ma vie et le dernier de votre service. A ces mots, il arracha le bouclier d'un soldat qui se trouvait devant lui et, seul, se jeta sur l'ennemi, le délogea et le dispersa. Tantôt il évitait courageusement les flèches lancées de toutes parts contre lui, tantôt il les repoussait avec son bouclier, et les soldats, enflammés et saisis de honte à cette vue, attaquèrent l'ennemi dans un élan si impétueux que Pompée fut acculé à la fuite avec toute son armée. Et ses chefs, après la prise de Cordoue, où ils s'étaient réfugiés, furent, pour une grande partie, tués et leurs têtes furent apportées à César. Or Pompée lui-même, qui se cachait entre les buissons et les ronces, fut pris et tué ; sa tête aussi fut amenée à César qui ordonna de lui donner une sépulture honorable[168]. Grâce à la puissance de la pudeur, donc, une guerre tout à fait redoutable fut achevée de façon décisive et offrit à César une victoire totale. Les femmes perses qui, par pudeur, ne pouvaient ni vomir ni uriner devant autrui, alors que leurs fils fuyaient, s'exhibèrent nues à leurs yeux : vous voulez, dirent-elles, trouver refuge dans nos ventres ? Et, ébranlés par cela et saisis de honte, ils revinrent sur leurs pas et mirent en fuite les ennemis[169]. On raconte[170] que Socrate, alors qu'il écoutait quelqu'un tenir des propos honteux, se couvrit la tête de son manteau jusqu'à ce que celui-ci termine son propos, autant dire que la pudeur est le meilleur modérateur des paroles et nous empêche de dire des choses honteuses à dire et de les écouter complaisamment quand elles sont prononcées par quelqu'un d'autre. C'est pourquoi cette phrase de Valère[171] est juste lorsqu'il disait que la retenue était mère de toute décision honnête, gardienne des devoirs sacrés, guide de l'innocence, chère à nos proches, bien accueillie par les étrangers, présentant, de tout temps et en tout lieu, un visage favorable.

omnibus traditurus : omnibus, inquit, omnes siquidem horum participes esse debent. Multa sunt exempla Romanorum aliarumque gentium quibus manifeste patet pudorem res profligatas restituisse et prostratos exercitus ad uictoriam erexisse, atque horrenda multa prohibuisse. Iulii Caesaris exercitum ad Cordubam contra Pompeium iuniorem perterrefactum iam et de fuga magis quam de pugna meditantem pudor restituit cum milites omnes audiuissent Caesarem exclamantem : hic dies mihi finis uitae erit et militiae uestrae ultimus. Quibus dictis, clypeum obuii militis arripuit, solusque hostes inuasit locoque pepulit ac perturbauit. Et ducenta circiter tela in se missa partim audacter euitauit, partim scuto excepit, quo pudore accensi ac perciti milites tanto impetu in hostem feruntur ut Pompeium cum uniuerso exercitu in fugam compulerint. Ducesque eius, capta Corduba, in quam confugerant, magna ex parte caesi sunt et eorum capita ad Caesarem perlata. Ipse autem Pompeius inter dumos ac uepres latitans deprehensus caesusque est ; caput quoque eius ad Caesarem perlatum, quod quidem honeste sepeliri iussit. Bellum igitur formidolosum admodum pudoris uirtute profligatum ac confectum est et integram uictoriam Caesari praebuit. Persae mulieres, quibus ob pudorem nec uomere coram alio nec urinam facere licebat, fugientibus filiis, pudenda illis nuda ostenderunt atque uultis dixerunt huc repetere fugientes. Eaque re permoti pudentesque reuersi hostes fugarunt. Socrates cum quendam audisset illoto ore loquentem, caput sibi clamyde adoperuisse fertur donec ille perorasset ut sit pudor uerborum optimus moderator, ut neque dicamus quae turpia dictu sunt, neque eadem, si ab alio dicta fuerint, libenter audiamus. Quare uera est sententia Valerii asserentis uerecundiam esse omnis honesti consilii parentem, solennium officiorum tutelam, innocentiae magistram, caram proximis, acceptam alienis, omni tempore, omni loco fauorabilem prae se ferentem uultum.

LXVI. 60 omnibus inquit omnes *1531 1549 1645* : respondisse omnibus omnes *1641* || 61 debent *1531 1549 1645* : debeant *1641* || 76 est *1531 1549 1645* : sit *1641* || 82 repetere *1531 1549 1645* : refugere *1641.*

LXVII. Exemples de femmes qui furent célèbres en raison de leur pudeur

Les exemples de femmes excellentes qui, en raison de la beauté de leur pudeur, devinrent très célèbres ne manquent pas. Comme les jeunes Milésiennes, sans aucune raison visible, se donnaient la mort et mettaient fin à leurs jours en se pendant, les Milésiens ne purent les détourner de ce but par aucun moyen et décidèrent finalement que les jeunes filles qui mourraient en se pendant seraient toutes exposées nues, ceinturée par la même corde. A la suite de ce décret, on dit que c'est seulement sous l'effet de la pudeur qu'elles cessèrent[172]. La femme du Lacédémonien Panteus montra, ce qui lui vaut une grande gloire, qu'elle suivait les règles de la pudeur : en effet, après la mort de son mari, qu'elle avait suivi en Egypte où il s'était retiré avec Cléomène, comme Ptolémée avait ordonné qu'elle aussi fût tuée avec toutes les autres Lacédémoniennes qui se trouvaient là, avant d'être tuée, elle s'enveloppa soigneusement d'un vêtement jusqu'aux pieds et couvrit toutes les autres parties de son corps ne laissant dénudé que son cou de façon à tomber décemment et à conserver intacte sa pudeur, qu'elle avait observée toute sa vie[173]. Olympias aussi, mère d'Alexandre le Grand, alors que Cassandre avait ordonné qu'elle soit tuée, veilla soigneusement à ce qu'en tombant morte aucune partie de son corps, qui, visiblement, en raison de sa pudeur de matrone, devait être cachée, ne se découvrît[174]. Une jeune égyptienne d'Alexandrie, alors qu'elle était d'une grande beauté, s'enferma dans un vieux caveau et passa là douze années de suite en prenant par une petite ouverture de la nourriture et tout le nécessaire ; et comme on lui demandait pourquoi elle s'était condamnée aux ténèbres, elle répondit qu'elle avait appris qu'un jeune homme brûlait d'amour pour elle et qu'afin de ne pas attiser davantage par ces flammes le cœur de celui-ci ou d'un autre, elle avait choisi pour remède la prison d'un caveau. Et elle dépasse d'autant plus la pudeur de Spurina, que rapporte Valère[175], que son sexe est plus faible. Martia aussi, la fille de Varron,

Exempla mulierum quae ob pudorem celebres habitae sunt. Caput LXVII.

Nec desunt exempla praestantissimarum mulierum quae ob pudoris pulchritudinem celeberrimae habitae sunt. Milesiae uirgines, cum sine ulla euidenti causa uoluntariam mortem subirent plurimaeque suspendio uitam finirent, nullo potuerunt remedio a proposito discedere, decreuerunt tandem Milesii ut uirgines quae suspensis corporibus demortuae forent, hae omnes nudae cum eodem laqueo efferentur praecinctae. Post id decretum pudore solo deterritas deinde abstinuisse aiunt. Coluisse se pudorem non sine magna laude ostendit Panthei Lacedaemonii uxor : nam uirum secuta in Aegyptum quo is cum Cleomene se receperat, post uiri mortem cum Ptolemaeus ipsam quoque cum caeteris Lacaenis, quae illic erant, occidi iussisset priusquam occideretur, uestem diligenter pedibus obuoluit omnemque aliam corporis partem texit, nudo iugulo relicto, ut honeste cadens pudorem, quem per omnem uitam seruauerat, inuiolatum relinqueret. Olympia quoque, Alexandri Magni mater, cum eam Cassander interimi iussisset, diligenter cauit ne cadens in morte aliquam corporis partem detegeret quae celanda pro matronali pudore uideretur. Virgo quaedam Aegyptia Alexandrina, cum aspectu decoro esset, ueteri tumulo se inclusit illicque XII continuos egit annos per paruum foramen cibo caeterisque necessariis acceptis ; rogata autem quamobrem his tenebris se damnasset, respondit cognouisse se sui amore iuuenem exarsisse et ne ei ultra aut alteri huiusmodi flammis animum incenderet, tumuli carcerem pro remedio delegisse. Quae tanto Spurinae pudorem de quo apud Valerium superauit quanto ipsius sexus fragilior erat. Non minus custodiendi pudoris studiosam Martia quoque, Varronis filia, se

LXVII. 14 Lacaenis *1531 1549 1641* : Lacedaemoniis *1645* || 20 diligenter *1531 1549 1645* : *omis. 1641* || 21 uideretur *1549 1641 1645* : uiderentur *1531* || 26 se *1531 1549 1645* : *omis. 1641.*

fit preuve d'un aussi grand zèle dans l'observance de la pudeur : en effet, alors qu'elle conservait intacte sa candeur de jeune vierge et que l'on jugeait excellent son talent de sculptrice et de peintre, comme, à cette époque, on représentait la plupart du temps les statues et les peintures dénudées, elle s'interdit elle-même, par pudeur, de représenter des hommes afin de ne pas montrer leur nudité et de ne pas laisser, à cause de cela, une œuvre inachevée[176].

LXVIII. La pudicité en quoi consiste également une grande partie de la beauté de l'âme des jeunes filles

Il faut à présent parler de la pudicité dans laquelle résident la plus grande grâce et la plus grande beauté des femmes. Certains, en effet, distinguent la pudeur de la pudicité en attribuant la première aux paroles et la seconde aux actes. Et on interprète dans ce sens ce mot de Cicéron[177] lorsqu'il dit à Antoine : Toi, tu as perdu as perdu à la fois la pudeur et la pudicité. D'autres disent que la pudicité est une espèce de la chasteté qui offre une défense seulement contre les assauts des passions honteuses, ce que la muse de Mantoue[178] montra en disant :

Une chaste demeure observe la pudicité,

comme pour dire qu'une demeure où règne la chasteté et qui reste incorruptible observe aussi la pudicité. Mais quoi qu'on dise de la pudicité elle-même, elle reste cependant une vertu qui offre aux femmes un véritable ornement auquel ne peuvent être comparés ni l'or, ni les pierreries, ni les perles. La puanteur d'une fange malodorante n'est vaincue par aucun parfum et ceux qui sentent bon par eux-mêmes n'ont pas besoin d'onguent. Et pourtant, puisque toutes les qualités ne peuvent être rassemblées même en la meilleure des femmes, la pudicité à elle seule supplée à tout ce qui fait défaut. Celle-ci augmente une dot misérable, non seulement elle orne la laideur mais elle la change en une sorte de beauté, elle illumine une basse condition et, enfin, complète tout ce qui peut manquer d'un autre côté. La pudicité rend une femme chère à ses parents et à ses ascendants dont on sait que le sang n'a été souillé par aucun adultère ; elle procure à la même femme l'affection de ses enfants qui n'ont jamais à rougir de ostendit : nam cum uirginitatis candorem illesum seruaret et scalpendi pingendique ars insignis haberetur, quia ea aetate statuae imaginesque plerunque nudae fingebantur, ipsa prae pudore ne in uiris pudenda exprimeret aut ob id imperfectum opus relinqueret, effingenda uirili figura semper abstinuit.

De pudicitia in qua etiam animi pulchritudo in puellis pro magna sui parte habetur. Caput LXVIII.

Nunc de pudicitia in qua summa mulierum gratia atque pulchritudo residet, disserendum. Nam sunt qui pudorem a pudicitia sic secernant quod ille uerborum, haec autem actionum sit. Et ad hanc sententiam uerba illa Ciceronis interpretantur, cum in Antonium ait : tu quidem pudorem cum pudicitia simul amisisti. Alii tradunt pudicitiam esse castitatis speciem quae solum ab iniuria turpium libidinum uendicet, quod Mantuana Camaena docuit cum ait :

Casta pudicitiam seruat domus,

quasi dicat castigata incorruptaque domus etiam pudicitiam seruat. Verum quicquid de pudicitia ipsa tradatur, ea tamen uirtus est quae uera ornamenta foeminarum facit quaeque nullo auro, nullis gemmis aut margaritis comparari potest. Maleolentis coeni putor nullo odore uincitur nec unguento indigent qui per sese bene olent. Atqui quandoquidem non omnia in optima etiam foemina esse possunt, pudicitia sola est quae suppeditat quaecunque desunt. Haec dotis inopiam auget, deformitatem non modo ornat, uerum ad pulchritudinis speciem redigit, ignobilitatem illustrat et denique omnia implet quae aliqua ex parte deesse possent. Pudicitia gratam parentibus maioribusque matronam facit quorum sanguinem nullo adulterio uitiatum suspicatur ; haec eandem liberis commendatissimam reddit,

LXVII. 31 et *1531 1549 1645* : eique *1641.*
LXVIII. 23 quorum *nos* : quarum *edd.* || 24 suspicatur *1531 1549 1645* : arguit *1641.*

leur mère ni à douter de leur père. Enfin, elle fait en sorte qu'ils ne redoutent ni querelles ni mauvaises rumeurs. De là vient ce mot de Xénocrate[179], à savoir que la pudicité est l'élément propre aux jeunes filles tout comme l'eau pour les poissons et l'air pour les oiseaux. Que la pudicité doive être préférée à la vie, non seulement les Romains et les Grecs l'ont pensé, mais même les barbares réduits en esclavage. Mithridate, le roi du Pont, vaincu dans un grand combat par les Romains conduits par Pompée, comme il se retirait à l'intérieur de son royaume, laissa sa fille, adulte, nommée Drypetina, atteinte d'une maladie violente, au soin de son eunuque Ménophile, dans son château de Sinorius avec la meilleure défense ; celui-ci, lorsque la jeune fille, grâce à tous ses soins, recouvrit sa santé d'autrefois, la gardait, pour son père, en sûreté. Mais, comme il voyait que le château était assiégé par Mallius l'Ancien, émissaire des généraux, et que les défenseurs songeaient à se rendre, craignant que la jeune fille, captive, ne soit contrainte de prostituer sa virginité à l'ennemi, il la tua d'un coup d'épée et, de cette même épée, retirée de la blessure, il se transperça lui-même pour ne pas sembler un gardien négligent de la pudicité qui lui avait été confiée[180]. Et la pudicité et la virginité ne sont pas la même chose : en effet, des femmes mariées peuvent être pudiques et des jeunes filles pas toujours. Julia Firma, patricienne originaire de Sessa, comme on le lit sur une épitaphe, était qualifiée de pudique parce que, après la mort de son mari, elle resta chastement fidèle au lit de son mari. Cicéron, en réponse à ceux qui lui reprochaient d'avoir épousé la jeune vierge Publilia alors qu'il était sexagénaire, dit : demain, elle sera femme[181].

LXIX. Exemples de femmes qui jouirent dans les annales des plus grandes louanges pour la beauté de leur pudicité[182]

Mais, après de tels exemples, rapportons ceux des femmes les plus excellentes, honorées des plus grandes louanges pour la beauté de leur pudicité. Les femmes des Teutons supplièrent Marius, leur quibus nec de matre unquam erubescendum est, nec de patre ambigendum. Haec denique efficit ut neque iurgia neque aduersam auditionem formident. Hinc illud Xenocratis recte fertur elementum puellarum proprium esse pudicitiam, non aliter quam piscibus aquam, etiam auibus aerem. Pudicitiam uitae praeferendam, non modo Romani et Graeci, sed Barbari etiam in seruitute constituti censuerunt. Mithridates, Ponti rex, ingenti praelio superatus a Romanis Pompeio duce, cum in regni penetralia confugeret, adultam filiam, Dripetinam nomine, morbi asperitate uexatam Menophilo eunucho reliquit in castello Sinorio optime munito ; is, uirginem omni remediorum cura pristinae ualetudini restitutam, patri tutissime seruabat. Verum cum a Mallio prisco imperatorum legato castellum obsideri cerneret et defensores deditionem meditari, ueritus ne puella captiua uirginitatem hosti prostituere cogeretur, eam gladio interemit ; quo quidem ex uulnere auulso seipsum transfodit ne minus diligens custos creditae sibi pudicitiae uideretur. Nec idem est uirginitas et pudicitia : nam mulieres, quae uirum habent, pudicae esse possunt, non autem semper uirgines. Iulia Firma patritia Suessana, ut in epitaphio legitur, pudica dicebatur quia post mortem uiri casta seruauit thorum uiro. Cicero obiurgantibus quod sexagenarius Publiliam uirginem duxisset, cras mulier erit inquit.

Exempla mulierum quae ob pudicitiae pulchritudinem summis laudibus monumentis traditae sunt. Caput LXIX.

Sed post haec afferamus exempla excellentissimarum mulierum quae ob pudicitiae pulchritudinem summis laudibus sunt honestatae. Teutonicorum coniuges Marium uictorem

LXVIII. 29 etiam *1531 1549 1645* : et *1641* || 30-31 sed Barbari etiam *1531 1549 1645* : sed et Barbari etiam *1641* || 33 Dripetinam *nos* : Dripentinam *edd.* || 34 morbi asperitate *1531 1549 1645* : asperitate morbi *1641* || 35 Sinorio *Soccas* : Gynorio *edd.* || 38 obsideri *1531 1641 1645* : obsidere *1549* || 46 Publiliam *nos* : Popiliam *edd.* || 47 inquit *1531 1549 1645* : respondet *1641.*
LXIX. 2 monumentis *1531 1549 1645* : in monumentis *1641.*

vainqueur, de les envoyer en cadeau aux vestales en affirmant que pareillement à celles-ci elles seraient privées d'union avec un homme, et, comme elles ne purent l'en convaincre, elles se tuèrent la nuit suivante en se pendant[183]. Comme l'armée et les troupes des Gallogrecs étaient partie détruites, partie prisonnières, sur le mont Olympe, par le consul Gnaeus Manlius, la femme du roi Orgiagon, qui était d'une beauté merveilleuse, fut violée par le centurion à qui on avait confié sa garde ; après qu'on fut arrivé au lieu où, sur ordre du consul, le centurion avait ordonné aux parents de la femme, par l'intermédiaire d'un messager, d'apporter la rançon pour la racheter et, alors que le centurion pesait l'or et concentrait sur son poids ses yeux et son attention, elle ordonna dans leur langue aux Gallogrecs de le tuer ; saisissant ensuite dans ses mains la tête du mort, elle s'approcha de son mari et, après l'avoir jeté à ses pieds, elle raconta point par point son agression et sa vengeance. Qui dirait que chez cette femme autre chose que le corps fut entre les mains de l'ennemi ? Et en effet, ni le cœur ne put être vaincu, ni la pudicité ne put être captive[184]. Une femme grecque, nommée Hippo, prisonnière sur un bateau ennemi, se jeta à la mer pour protéger sa pudicité par la mort ; son corps reflua sur le rivage d'Erythres et le sable tout près des eaux le couvrit d'un tumulus, lui offrant une sépulture qui demeure jusqu'à cette époque ; et la Grèce, en la célébrant de louanges, rend plus florissante chaque jour sa gloire perpétuée par le souvenir éternel de sa chasteté[185]. Cyané, une jeune fille de Syracuse, ne vengea pas moins sa pudicité violée par son père enivré. En effet, comme, à cause de cela, une peste très dure sévissait à Syracuse et que les oracles répondaient qu'il fallait sacrifier un scélérat, personne ne comprenant à qui cela se rapportait, Cyané prit son père par les cheveux et le tira jusqu'à l'autel où elle l'immola en victime sacrificielle et se tua aussi au-dessus du corps du mort[186]. Médullina, une jeune fille romaine, violentée par son père ivre dans un lieu obscur, pour pouvoir reconnaître l'auteur de ce crime, tira de son doigt un anneau qu'elle conserva orarunt ut ab eo uirginibus uestalibus dono mitterentur, affirmantes aeque se atque illas uirilis concubitus expertes futuras, eaque re non impetrata laqueis sibi nocte proxima spiritum eripuerunt. Exercitu et copiis Gallograecorum Cn. Manlio Cos. in Olympo monte ex parte deletis, ex parte captis, Orgiagontis reguli uxor mirae pulchritudinis a centurione, cui custodienda tradita erat, stuprum pati coacta ; postquam uentum est in eum locum in quem consulis iussu centurio misso nuntio necessarios mulieris praetium quo eam redimerent affere iusserat, aurum expendente centurione et in eius pondus animo oculisque intento, Gallograecis lingua suae gentis imperauit ut eum occiderent ; interfecti deinde caput manibus retinens ad coniugem uenit, abiectoque ante pedes eius et iniuriae et ultionis suae ordinem exposuit. Huius foeminae quid aliud quisquam quam corpus in potestatem hostium uenisse dicat : nanque animus neque uinci neque pudicitia capi potuit. Graeca foemina nomine Hippo cum hostium classe esset excepta, in mare se, ut pudicitiam morte tueretur, abiecit ; cuius corpus Erithreo littori appulsum proxima undis humus sepulturae mandatum ad hoc tempus tumulo contegit ; sanctitatis uero gloriam aeternae traditam memoriae Graecia laudibus suis celebrando quotidie florentiorem effecit. Non minus ue Ciane Syracusana uirgo uiolatam ab ebrio patre pudicitiam ulta est. Etenim ex ea re cum graui peste Siracusae laborarent oraculaque respondissent de scelerato sacrificandum esse, cum nemo intelligeret ad quem ea res pertineret, Ciane parentem capillis apprehensum ad aram traxit, illicque manu sua eum pro uictima mactauit atque super occisi corpus se quoque interemit. Medulina uirgo Romana in bacchanalibus ab ebrio patre obscuro in loco uim passa, ut stupri autorem agnosceret, digito eius anulum detraxit quem aliquandiu

LXIX. 9-10 Cn. Manlio Cos. *nos* : Cn. Manilio Cos. *1531 1549 1645* Cn. Manilio Cosule *1641* || 21 nanque *1531 1549 1645* : nam *1641* || 27 ue *1531* : *omis. 1549 1641 1645* || 36 quem *1549 1641 1645* : que *1531.*

assez longtemps, jusqu'à ce que, devenue majeure, elle identifiât, grâce à la preuve de l'anneau, son père comme l'auteur de son agression. Et alors, comme il était de nouveau ivre, elle le tira jusqu'à l'autel de la Foudre, la tête ornée de guirlandes, et là, répandant des flots de larmes, elle le sacrifia comme le violeur de sa pudicité[187]. Sophronia, une matrone romaine de haute noblesse, comme des hommes envoyés par Maxence l'attendaient, entra, accompagnée seulement d'une seule servante, dans sa chambre où elle se donna la mort avec un couteau[188], après avoir demandé pardon à Dieu en une longue prière si elle quittait la vie avant le jour fixé. Lucrèce, la Romaine, doit être placée au premier rang parce que, afin de ne souiller d'aucune faute ni son âme ni son corps, qui brillaient tous deux de l'éclat remarquable de la pudicité, elle se donna la mort : pour se racheter de sa pudeur désormais entachée, elle voulut verser son sang et quitter la vie[189]. Alors que Thèbes était prise et ravagée par Nicator[190], celui-ci s'enflamma d'amour pour une jeune thébaine et pensa qu'elle accepterait son amour comme un cadeau ; cependant, comme rien n'avançait alors qu'il la courtisait depuis longtemps, la jeune fille, craignant qu'il ne devienne violent, se retira dans un lieu en prétextant quelque chose à faire et se donna la mort de sa propre main. Cinquante jeunes vierges de Sparte agirent de la même façon : en effet, alors qu'elles se rendaient pour des rites sacrés à la cité de Messène, comme le stipulait le traité, les jeunes gens de Messène leur faisaient des propositions sexuelles, et, pour fuir leur violence et conserver leur pudicité, elles renoncèrent à la vie et se donnèrent la mort. Un autre exemple éclatant de pudicité fut donné par deux jeunes filles de Leuctres, en Béotie, dont le père était Skédasus : en effet, en l'absence de leur père, elles accueillirent chez elles deux jeunes gens en vertu d'un vieux lien d'hospitalité et, violentées par eux, le jour suivant, d'un commun accord, elles se tuèrent avec la même épée, la première, après l'avoir utilisée, la laissant à l'autre, signifiant clairement de cette façon que, si la violence avait été exercée sur leurs corps, leurs âmes demeuraient cependant innocentes de toute faute[191]. Phitomène[192], une jeune fille d'Alexandrie, esclave d'un citoyen romain, était vivement aimée de lui en raison de sa beauté et de sa vertu et, comme il s'acharnait en vain depuis longtemps par des promesses et des menaces, le maître, changeant finalement son amour en haine, la dénonça aux juges en tant que chrétienne. Et comme seruarit quoad maiuscula facta ex anuli signo patrem iniuriae autorem cognouit. Itaque tunc denuo deprehensum ebrium capite sertis, ut erat, redimito ad aram Fulguris traxit atque illic multis conspersum lachrymis tanquam pudicitiae suae uiolatorem sacrificauit. Sophronia Romana matrona nobilitate insigni, cum eam a Maxentio missi uiri expectarent, ipsa una tantum comitata ancilla cubiculum suum ingressa est ubi posteaquam longiore oratione se Deo excusauit si ante statutam diem uitam relinqueret, cultello sibi ipsi mortem consciuit. Lucretiae Romanae in eo anteferenda quod ipsa ne uel corpus uel animum, quae duo insigni pudicitiae candore fulgebant, labe aliqua inficeret, manum sibi iniecit : illa ut lesum iam pudorem excusaret, sanguinem cum uita effundere uoluit. Captis euersisque a Nicathore Thebis, is in Thebanae uirginis flammas incidit et muneris loco, quod ab eo diligeretur, accepturam arbitratus ; tamen diu rogando cum nihil profecisset, uirgo imminere uim uerita cum in partem secessisset, aliud a se agi uelle fingens, mortem manu sua sibi consciuit. Hoc idem quinquaginta quoque Sparthanae uirgines fecerunt : nam cum ad Messeniorum urbem sacrorum causa profectae essent, sicuti ex foedere promissum erat, Messenii iuuenes in uenerem eas solicitabant, quorum uim ut effugerent incolumi pudicitiae uitam postponentes mortem oppetierunt. Insigne quoque pudicitiae exemplum illud fuit, quod duae Leutris Skedaso patre in Boeotia ortae uirgines ediderunt : nam cum absenti patre duos iuuenes pro ueteri hospitio domi excepissent, ab iis uim passae eodem ferro die postera ambae concordes, cum prima eo usa, alteri eius usum concessisset, se interemerunt, hoc testimonio declarantes et si corporibus uis allata erat, animos tamen culpae insontes mansisse. Phithomena Alexandrina uirgo, quae Romani ciuis serua, ab eo et propter formam et propter uirtutem uehementer diligebatur et, cum diu promissis minisque frustra oppugnasset, dominus tandem amore in odium conuerso, ad iudices eam ceu christianam detulit. Cum autem propter hoc

LXIX. 53 a se agi *1531 1549 1645* : se agere *1641* || 56 sicuti *1531 1549 1645* : sicut *1641* || 59 Skedaso *nos* : Escedaso *Socas* Sedasio *edd.* || 62 usa *1549 1641 1645* : uasa *1531.*

cela ne la faisait pas changer d'avis, plongée dans la chaux vive, elle aima mieux quitter la vie sous la torture plutôt que de violer sa pudicité ; pudicité assurément remarquable. Anastasie se montra tout aussi inflexible pour garder intacte sa pudicité : en effet, comme l'impératrice Théodora la soupçonnait d'être aimée de son mari, l'empereur Justinien, et la blessait d'un reproche amer, pour montrer par une action claire qu'elle ne répondait pas à Justinien dans cette affaire, elle s'enfuit à Alexandrie et se cacha parmi des religieuses ; et là, par la suite, après avoir appris la mort de Théodora et qu'elle était aimée plus vivement qu'avant par Justinien, libéré du joug de Théodora, craignant cependant quelque violence, elle refusa cet amour que de très nombreuses femmes auraient passionnément désiré. C'est pourquoi, couverte de vêtements d'homme, elle s'enfuit aux confins du désert égyptien où, sous le nom d'Anastase, pour passer pour un homme, elle mena longtemps une vie austère et chaste[193]. Alors qu'Attila, le roi des Huns, assiégeait la ville d'Aquilée, Dugna, célèbre dans cette ville par sa noblesse et par sa pudicité, voyant les barbares faire déjà irruption dans la ville, ayant appris qu'ils pillaient les villes, agissaient de façon cruelle et cupide et ne se dispensaient pas d'outrager la vertu des femmes, pour ne pas s'exposer à ce genre de violence, comme sa maison était située sur la rive du fleuve, elle s'y jeta, la tête la première, par la fenêtre[194].

LXX. Exemples de femmes qui jouirent d'une très grande renommée en raison de l'excellence de leur beauté

Des femmes aussi qui, en raison de leur beauté, jouirent d'une très grande renommée, furent aimées les unes par des dieux, les autres par des hommes. Ariane, la fille de Minos, était d'une beauté si gracieuse que, pour cette raison, Bacchus la prit pour femme et plaça dans le ciel sa couronne ornée d'étoiles. La sublime Antiope, fille de Nyctée et épouse de Lycus, roi de Thèbes, fut aimée de Jupiter pour sa beauté et d'elle naquirent Zethus et Amphion. Jupiter aima aussi Egine, la fille d'Asopus, roi de Béotie, à cause de l'excellence de sa beauté, et il s'unit à elle sous la forme puella de sententia non moueretur, feruenti pici immersa hoc tormento uitam agere quam pudicitiam uiolare maluit ; pudicitiam profecto mirandam. Non minus indignabundam Anastasia se, ne suam macularet pudicitiam, ostendit : nam cum eam Theodora augusta suscipata a Iustiniano augusto uiro suo diligi, acerbo uerbo carpsisset, ut uero experimento declararet se ea in re Iustiniano non respondere, Alexandriam profugit atque illic inter sacras uirgines latuit ; ubi postea Theodorae audita morte, cum se impensius quam antea a Iustiniano Theodorae iugo liberato diligi audiret, uerita ne tandem uis inferretur, eum declinauit amorem quem permultae magno studio sequi uoluissent. Itaque uiriles amicta uestes ad extrema Aegypti deserta aufugit, ubi Anastasii, tanquam uir esset, nomine sumpto, diu austere ac sancte uixit. Cum Attila Hunnorum rex Aquileiam urbem oppugnaret, Dugna in ea urbe nobilitate atque pudicitia insignis, quae barbaros iam urbem irrumpere uidebat, quos acceperat in diripiendis urbibus crudeliter auareque rem gerere neque a mulierum pudicitia iniuriam abstinere, ne eam uim incurreret, cum domum in amnis ripa positam haberet, a fenestris in eum se praecipitem misit.

Exempla mulierum quae ob excellentiam formae celeberrima fama clarae fuerunt. Caput LXX.

Fuerunt etiam ob formam mulieres summa celebritate clarae quarum aliquae a diis, nonnullae ab hominibus sunt adamatae. Ariadne, filia Minois, forma fuit elegante quam propterea Bacchus duxit in uxorem eiusque coronam stellis ornatam in astra retulit. Antiopa filia Nyctei et uxor Lyci regis Thebarum speciosissima propter formam a Ioue adamata est, ex qua Zetum et Amphionem suscepit. Aeginam quoque Asopi Regis Boeotiae filiam ob excellentem pulchritudinem adamauit Iupiter

LXIX. 83 Aquileiam *1549 1645* : Aquilegiam *1531 1641.*

d'un feu. Briséis était si belle qu'Achille brûla d'amour pour elle et l'aima plus que toutes les autres bien qu'elle fût une servante. La jeune Thessalienne Cénis, la plus belle jeune fille de Thessalie, connut l'étreinte de Neptune. Cydippé fut aimée d'Acontius pour l'éclat de sa beauté. Properce aima Cynthie qu'il célébra comme la seconde beauté après Hélène[195]. Déjanire, la femme d'Hercule, était, comme le dit Ovide[196],

Autrefois la plus belle jeune fille
Et la jalousie s'empara de nombreux prétendants.

Déipylé, la femme de Tydée, ne céda à aucune autre pour l'éloge de sa beauté. Eurydice, la femme d'Orphée, parmi les jeunes filles

Semblait dépasser ses semblables dans les palais célestes
Comme la charmante Vénus l'emportait sur toutes les femmes[197].

Virgile aima Galatée dont la beauté était admirable. La beauté d'Hippodamie était si gracieuse et harmonieuse que, pour obtenir sa main, les prétendants s'affrontaient dans des combats, et comme Pélops en était sorti vainqueur, il épousa la jeune fille. Hiera, femme de Télèphe, était la plus grande et la plus belle de toutes les femmes (que Protésilas vit). La beauté de Lavinia fut cause de la guerre entre Enée et Turnus, chacun des deux désirant l'avoir pour femme. Catulle aima Lesbie dont toute la personne était d'une beauté exceptionnelle,

A elle seule, elle déroba à toutes tous les charmes[198].

Gallus aima Lycoris qu'aucune beauté ne pouvait supplanter. Selon Plutarque[199], la sublime Lamia fut aimée de Démétrius, elle qui, dit-on, jouait aussi merveilleusement de la flûte ; et c'est tout d'abord par la suavité de son chant et de sa musique que celle-ci s'attira la grâce de tous. Maia, la fille d'Atlas, dépassait ses sœurs iacuitque cum ea in specie ignis. Briseis formosa adeo fuit ut Achilles eius amore conflagrauerit eamque quamuis ancillam plus quam puellas omnes adamauerit. Caenis puella Thessala Thessalidum uirgo pulcherrima a Neptuno compressa est. Cidippe ab Acontio ob praestantiam formae adamata est. Cynthiam adamauit Propertius quam secundam post Helenam canit. Deianyra Herculis uxor, ut Ouidius inquit,

quondam pulcherrima uirgo,
Multorumque fuit spes inuidiosa procorum.

Deipile Tydei uxor nulli fuit formae laude secunda. Eurydice, Orphei uxor, puellas

Tam uisa est superare pares coelestibus aulis,
Quam iucunda Venus dominas supereminet omnes.

Galateam adamauit Virgilius cuius pulchritudo fuit admirabilis. Fuit tam elegans et concinna Hippodamiae pulchritudo ut ad impetrandas eius nuptias celebrata sint certamina procorum, in quibus cum uictor euasisset Pelops puellam duxit uxorem. Hiera fuit, uxor Telephi, mulier omnium (quas Prothesilaus uidit) maxima atque pulcherrima. Lauiniae forma fuit origo belli inter Aeneam et Turnum quorum uterque eam sibi uxorem dari uolebat. Lesbiam adamauit Catullus quae cum pulcherrima tota erat,

Tum omnibus una omnes surripuit ueneres.

Lycorym Gallus cui pulchritudine nulla praeferri potuit. Lamia autore Plutarcho puella fuit speciosissima a Demetrio adamata quae et tibiis optime cecinisse dicitur ; haec primo canendi modulandique suauitate gratiam sibi apud omnes comparauit. Maia Athlantis filia forma sorores suas superauit

LXX. 16 secundam *1531 1641 1645* : secundum *1549* || 20 Deipile *nos* : Deiphile *edd.*

en beauté et c'est pour cette raison que Jupiter s'unit à elle. Omphale, reine de Lydie, était d'une beauté si majestueuse qu'Hercule se soumit à elle. Panthée était la femme d'Abradatas, un noble perse, et Cyrus l'avait faite prisonnière après avoir vaincu les camps de Syrie. Mais, comme Abradatas était absent et commandait une délégation chez les Bactriens, elle fut confiée à la garde du Mède Araspas qui assura à Cyrus que, dans toute l'Asie, il n'existait pas encore, ou on ne l'avait toujours pas trouvée, une plus belle femme[200]. Il y avait aussi en Sémiramis une beauté remarquable et son visage était digne d'un empire. Sisigambis, la femme de Darius, ne le cédait en beauté à aucune femme de son temps, selon Quinte Curce[201], et, bien que Darius fût vaincu, non seulement Alexandre ne la viola pas mais encore il veilla à ce que personne ne posât la main sur le corps de la captive. La jeune Tyro, fille de Salmonée, fut aimée de Neptune pour sa beauté. Violantilla, la femme du poète Stella, ne le céda en beauté à aucune jeune fille. Il y en a encore d'autres, en nombre infini, comme Pasiphaé, Bérénice, Hermione, Pénélope, Deidamia, Hersilia, femme de Romulus, Héro, Virginie, Anaxarète, Antigone, Arachné, Aréthuse, Arsinoé, Polyxène, Pélagie, Lycaste, Jocaste, Hécube, Cassandre, Hespéria, Cléopâtre, Célia, Ilia, et beaucoup d'autres héroïnes, presque en nombre infini, dont les unes furent célébrées par les historiens pour la beauté de leur corps uniquement, et les autres non seulement pour la beauté de leur corps mais aussi pour l'harmonie de leur caractère. La beauté d'Hélène, chantée au plus haut point par tous les poètes, aurait mérité la plus grande louange si elle n'avait provoqué la ruine de Troie et n'avait été cause d'une guerre de dix ans. Mais il n'est personne qui ne la touve odieuse en pensant à un tel désastre et à un tel malheur. Alexandre le Grand, vainqueur et empereur de presque tout l'Orient, se maria avec Roxane, la fille d'un satrape barbare, uniquement à cause de sa beauté[202]. Et celles qui furent aimées d'un amour ardent pour leur beauté le furent tantôt par des dieux, tantôt par des hommes ; nous ferons de nouveau mention de certaines des plus célèbres d'entre elles pour que les hommes sachent que la beauté ne rend pas les jeunes filles moins éclatantes que les ornements, la richesse et la naissance. C'est pourquoi Daphné, la fille du fleuve Pénée, fut aimée de Phébus ; Ariane de Gnosse le fut de Bacchus ; Sapho, de Phaon ;

ob quam Iupiter cum ea concubuit. Omphale regina Lydorum fuit facie adeo praestanti ut ei se submiserit Hercules. Panthea uxor fuit Abradatae uiri nobilis apud Persas quam Cyrus expugnatis Assyriorum castris duxerat captiuam. Abradata autem absente et apud Bactrianos legatum agente Araspae Maedo seruanda tradita est, qui apud Cyrum affirmauit nondum esse ortam aut omnino iuuentam tota Asia pulchriorem. Fuit etiam in Semiramide eximia pulchritudo et facies imperio digna. Sisigambis uxor Darii nulli suae aetatis foeminae pulchritudine cessit, teste Curtio, quam tamen uicto Dario Alexander non solum non uiolauit, sed etiam summam adhibuit curam ne quis captiuo corpori illuderet. Tyro puella Salmonei filia ob formam a Neptuno adamata est. Violantilla, Stellae poetae uxor, nulli puellae pulchritudine cessit. Fuerunt et aliae fere innumerae ut Pasiphae, Berenice, Hermione, Penelope, Deidamia, Ersilia uxor Romuli, Ero, Virginia, Anaxarete, Antigone, Arachne, Arethusa, Arsinoe, Polixena, Pelagia, Lycaste, Iocasta, Hecuba, Cassandra, Hesperia, Cleopatra, Caelia, Ilia, heroinae et aliae prope infinitae, quarum aliae sola corporis pulchritudine, aliae uero non sola corporis forma sed etiam morum concinnitate ab historicis sunt decantatae. Helenae forma poetis omnibus cantatissima laudem meruisset maximam nisi ea Troiae ruinam bellique decennalis causam attulisset. At nemo est cui non sit odio quum tantae cladis et calamitatis uenit in mentem. Magnus Alexander, totius prope orientis uictor et imperator, Roxanam, satrapis barbari filiam, matrimonio sibi iunxit ob solam eius pulchritudinem. Quae uero ob pulchritudinem ardentissimo amore fuerunt adamatae tum a diis, tum ab hominibus innumerae sunt ; ex quibus nonnullas celebriores iterum annotabimus ut sciant homines formam non minus claras efficere puellas quam ornamenta, diuitias et genus. Fuit itaque Daphne, Penei fluminis filia, Phebi amasia ; Gnosia Ariadna, Bacchi ;

LXX. 50 Salmonei *Socas* : Salomei *edd.* || 53 Deidamia *Socas* : Diadamia *1549 1645* Diademia *1531 1641* || 56 Hesperia *1641* : Hesperiae *1531 1549 1645* || 62 quum *1531 1549 1645* : cui *1641* || 64 satrapis *1531 1549 1645* : satrapae *1641* || 69 Daphne *1549 1641 1645* : Daphnae *1531.*

la déesse Hébé, du jeune Hercule ; la nymphe Syrinx, de Pan ; Héro, de Léandre ; Phyllis, la fille du roi des Thraces Lycurgue, de Démophon ; Iphis, de Patrocle ; Smilax, de Crocus ; Glycère, de Pausias, le peintre de Sicyone ; Pancaspé, d'Alexandre, et Alexandre lui-même en fit cadeau au peintre Apelle[203] ; Phylacé, de Stratoclès ; Echo, de Narcisse ; Flora, la déesse des fleurs, de Zéphyr ; Acmé, de Septimius ; Aufiléna, de Quintius ; Andromède, de Persée ; Lesbie, comme nous l'avons dit, de Catulle ; Quintilia, de Licinius Calvus ; Lydé, de Callimaque[204] ; Battis, de Philétas ; Béatrice, de Dante Alighieri ; Laure, de Pétrarque ; Licinia, d'Horace ; Stella[205], de Platon, selon Plutarque ; Violantilla, comme nous l'avons dit[206], du poète Stella ; Leucadie, de Térence Varron de l'Atax ; Délie, Sulpicia, Némésis, Nérée, de Tibulle ; Cynthie, comme nous l'avons dit[207], de Properce ; Mélénis, de Domitius ; Pamphila, de Valérius Aedituus ; Chrysis, de Quintus Trabéa, l'auteur de comédies ; Martia, d'Hortensius ; Terentia, de Cicéron ; Calpurnia, de Pline ; Pudentilla, d'Apulée ; Rusticiana, de Symmaque ; Corinne, d'Ovide ; Césennia, de Gétulicus ; Argentaria, de Lucain ; Lamia, de Démétrius ; Phryné, de Timothée ; Flora, de Pompée ; Aspasie, de Périclès ; Rhodopis, de Psammétique ; et Cléopatre, d'Antoine. Il en existe d'autres encore à Ténédos, une île proche de Troie, que Nymphodorus décrit, dans son Périple en Asie, comme les plus belles de toutes les femmes. Et il y en a encore d'autres, de jadis et d'autrefois, dont la beauté fut extrêmement célèbre et que nous omettons pour faire court. Mais toi, illustre Jeanne, tu ne dois pas être omise : en effet, non seulement tu mérites d'être nommée parmi celles-ci, mais d'être placée avant elles toutes puisque tu les dépasses toutes non seulement par la beauté de ton corps, mais aussi par ta pudeur et ta pudicité. Ainsi, il s'ensuit qu'à notre époque toi seule doit être considérée comme parfaite puisque les éléments de la perfection chez les jeunes femmes, comme l'a montré Aristote avec raison, sont au nombre de deux uniquement : la pudicité, qui a pour compagne la pudeur, et la beauté du corps, et tu les dépasses toutes sur les deux plans. Et ce n'est pas sans raison qu'il en est ainsi, l'illustrissime Victoria

Sappho, Phaonis ; Hebe iuuentutis dea Herculis ; Syrinx nympha, Panos ; Ero, Leandri ; Phyllis, filia Lycurgi regis Thracum, Demophoontis ; Iphis, Patrocli ; Smilax, Croci ; Glicera, Pausiae Sicyonii pictoris ; Pancaspen, Alexandri, quam Alexander ipse muneri dedit Apelli pictori ; Philace, Stratoclis ; Echo, Narcissi ; Flora, dea florum, Zephiri ; Acme, Septimii ; Aufilena, Quintii ; Andromeda, Persei ; Lesbia, ut diximus, Catulli ; Quintilia, Calui Licinii ; Lyde, Callimaci ; Batthis, Philetae ; Beatrix, Dantis Aligerii ; Laura, Petrarchae ; Licinia, Horatii ; Stella, Platonis, ut Plutarchus auctor est ; Violantilla, ut diximus, Stellae poetae ; Leucadia, Terentii Varronis Atacini ; Daelia, Sulpitia, Nemesis, Neaera, Tibulli ; Cynthia, ut diximus, Propertii ; Melenis, Domitii ; Pamphila, Valerii Aeditui ; Chrysis, Q. Trabeae Comoediographi ; Martia, Hortensii ; Terentia, Tullii ; Calphurnia, Plinii ; Pudentilla, Apulei ; Rusticiana, Symmachi ; Corynna, Nasonis ; Cesennia, Getulici ; Argentaria, Lucani ; Lamia, Demetrii ; Phryne, Timothei ; Flora, Pompeii ; Aspasia, Periclis ; Rodopis, Psammetici ; et Antonii Cleopatra. Sunt et aliae apud Tenedum, Troianis adiacentem insulam, quas esse omnium quotquot sunt mulieres speciosissimas in Asiae Periplo, scribit Nymphodorus. Insuper et aliae olim et tunc quarum forma celeberrima fuit quas breuitatis causa preatermisimus. Non autem tu illustris Ioanna praetereunda es : non enim solum inter has connumerari mereris, sed omnibus anteponi quandoquidem non modo corporis forma, uerumetiam pudore pudicitiaue omnes exuperas. Qua ratione fit ut sola nostro aeuo felix sis habenda quippe cum felicitatis partes in puellis ipsis, ut recte Aristoteles probauit, duae tantum sint : pudicitia cuius comes est pudor, et forma quibus tu super omnes emicas. Nec ab ratione ita esse, illustrissima Victoria

LXX. 73 Smilax *nos* : Esmilax *Socas* Similax *edd.* || 74 Pancaspen *nos* : Campaspe *1549 1645* Campsape *1531 1641* || 76 Quintii *1531 1549 1641* : Quinti *1645* || 85 Rusticiana *nos* : Rusticana *edd.* || 88 Rodopis *Socas* : Rodope *edd.* || Psammetici *nos* : Psametico *Socas* Psamnitici *edd.* || 91-92 Insuper et aliae olim et tunc quarum forma celeberrima fuit *1531 1549 1645* : Insuper et aliae fuerunt olim et nunc sunt quarum forma celeberrima fuit *1641* || 96 pudicitiaue *1531 1549 1645* : pudicitiaque *1641.*

Colonna[208], marquise de Pescara, honneur et modèle le plus resplendissant des femmes, l'a montré. Car, à cause de la beauté du corps, la jeune fille affronte et combat de façon très dure tous les amants qui, éperdument amoureux, s'efforcent de la posséder ; et, en raison de la pudicité, ou de la pudeur, elle se surpasse elle-même ainsi que ceux qui cherchent à la soumettre à leur vœu et à leur pouvoir. Les flèches de l'amour, en effet, n'ont aucune efficacité contre les jeunes filles vertueuses. Et Lucien[209] ne l'a pas ignoré : en effet, alors qu'on lui demandait pourquoi les Muses étaient insensibles aux flèches de l'amour, il répondit : parce que la pudicité ou la pudeur leur sont une défense et une arme. Tu es donc la plus heureuse puisqu'il n'y a pas de bonheur plus parfait que de vaincre ses ennemis au terme d'un ardent combat ; et la preuve en est pour nous les honneurs rendus aux vainqueurs, comme les triomphes, les lauriers, les couronnes, les anneaux et toutes les autres choses de ce genre.

LXXI. Exemples d'hommes distingués par les Anciens pour leur beauté célèbre et remarquable

Après ces exemples, venons-en aux hommes distingués par les Anciens pour leur beauté remarquable et dont certains relèvent de la fiction poétique et, par suite, ont valeur d'allégorie. Mais étant donné que de tels exemples expriment la puissance et le pouvoir de l'amour, ils sont racontés de façon plus frappante si on pense qu'ils sont des récits historiques et non des paroles allégoriques, relatons-les comme s'ils étaient des faits historiques. On rapporte, selon Platon, que chez les Grecs, Alcibiade était d'une beauté exceptionnelle qui suscitait l'admiration et l'amour. Chez les Romains, Scipion. Démétrius, surnommé Poliorcète, revendiqua aussi pour lui la plus grande partie de ce bien. On dit qu'Alexandre était beau, mais

Columna Piscariensium Marchionissa, mulierum decus iubarque splendidissimum probauit. Nam ob corporis formam puella cum iis amantibus omnibus pugnat ac acerrime contendit, qui eam ardenter deperientes possidere enituntur ; ob pudicitiam autem pudorem ue et se ipsam et eos exuperat qui eam in sui uotum iurisdictionemque adiicere contendunt. Non enim aduersus pudicas amatoria tela ualent. Quam rem Lucianus non ignorauit : nam cum quaereretur ab eo cur Musae ab amoris saggittis impenetrabiles sunt, respondit : quoniam pudicitia pudore ue sunt munitae armataeque. Es igitur felicissima cum felicius ac beatius possit esse nihil quam acerrime certare atque hostes uincere ; cuius rei signo nobis sunt honores qui uictoribus exhibentur ut triumphi, laureae, coronae, anuli et caetera id genus.

Exempla eorum uirorum qui propter formam celeberrimam a prioribus specie praesignes habiti sunt. Caput LXXI.

Post haec de iis uiris qui a prioribus habiti sunt forma praesignes quorum aliquos poetae fabulati sunt et propterea habent allegoriam. Verum quia exempla haec amoris uim atque imperium exprimunt uehementius si tanquam historia gesta narrentur quam si per allegoriam dicta putentur, ideo de eis exempla afferamus ac si historica sint. Itaque forma in primis apud Graecos uisenda et amabili, ut autor est Plato, fuisse Alcibiadem ferunt. Apud Romanos uero Scipionem. Demetrium cognomento Poliorcetem boni quoque huius plurimum uendicasse sibi. Alexandrum fuisse formosum traditur, sed

LXX. 101 Marchionissa *1641* : Marchio *1531 1549 1645* || 104 enituntur *1531 1549 1645* : conantur *1641* || 105 pudorem ue *1531 1549 1645* : pudoremque *1641* || 105-106 in sui uotum iurisdictionemque *1531 1549 1645* : suo uoto iurisdictionique *1641* || 106 adiicere *1531 1549 1645* : subiicere *1641* || 109 sunt *1531 1549 1645* : sint *1641* || 110 pudore ue *1531 1549 1645* : pudoreque *1641.*
LXXI. 4 fabulati sunt *1531 1549 1645* : in fabulas retulerunt *1641* || 6 historia gesta *1531 1549 1645* : historiae gestae *1641.*

négligé, et, en outre, qu'il y avait dans sa beauté quelque chose d'impressionnant[210]. On prétend que Phaon était un homme très beau, lui que Vénus avait caché dans des laitues ; mais d'autres disent qu'il était passeur et qu'il a usé de cet artifice. Comme Vénus, un jour, s'était adressée à lui pour faire une traversée, il la reçut gracieusement, bien qu'il ignorât qui elle était réellement. On dit qu'une fois arrivée où elle le désirait, la dite Vénus lui offrit un vase d'onguent en albâtre. Et comme il s'en était enduit, il devint le plus beau de tous les hommes et, à ce titre, il suscita le désir ardent des femmes de Mitylène si bien que, surpris en plein crime d'adultère, il advint finalement qu'il fut égorgé[211]. Tout le monde sait qu'il fut aimé de Sappho, la poétesse, fille de Skamandronyme, et dont même Platon et Aristote auraient admiré la sagesse. Il y avait aussi à Lesbos une autre Sappho, mais c'était une courtisane et non une poétesse[212]. Virgile raconte qu'Alexis était très beau et que le berger Corydon se mourait d'amour pour lui. Adonis, fils de Myrrha, fut ardemment aimé par Vénus pour l'excellence de sa beauté. Virgile écrit qu'Aventinus était plus beau qu'Hercule. Virgile encore raconte qu'Asturos était aussi très beau. Tous affirment qu'Atys, un tout jeune Phrygien, fut aimé de Cybèle pour son éclatante beauté. Antinoüs de Bithynie, jeune garçon d'une beauté merveilleuse, était d'une perfection si exceptionnelle que l'empereur Hadrien, dont il était aimé, lui fit construire près de Mantinée un temple et une cité sur le Nil, et fit sculpter le portrait du jeune homme divinisé[213]. Acanthe était un tout jeune homme d'une très grande beauté qui, à cause de la jalousie provoquée par une si grande beauté, fut changé par les dieux en une fleur portant son nom. Tous racontent qu'Amarace fut changé en une plante odoriférante en raison de sa beauté. Asterius, le fils de Vénus, était d'une beauté remarquable, mais il repoussa l'amour de tous. Saxo Grammaticus[214] écrit qu'Alf, fils de Gygare, roi des Danois, était d'une beauté et d'une chevelure si exceptionnelles que l'on pensait que son éclat était dû à des cheveux d'argent. Bathylle, qui était d'une beauté très délicate, apragmona, caeterum et formidabile quiddam formae inerat eius. Hominum quoque pulcherrimum fuisse praedicant Phaona quem inter lactucas occultarat Venus ; sunt qui probant portitorem fuisse hunc eoque se fouisse artificio. Ad hunc transmissura Venus cum appulisset quandoque, grate excepta ab eo est, etiam si quae nam foret prorsus inscio. Transportata uero quo uellet dicta homini alabastrum unguenti obtulit. Quo is cum se oleuisset omnium euasit formosissimus atque eo nomine a Mitylenaeorum mulieribus ardenter appetebatur ; unde factum ut adulter demum deprehensus iugularetur. Amatum a Sappho sciunt omnes quae poetria fuit Scamandronymi filia cuius sapientiam admirarentur etiam Plato et Aristoteles. Fuit et in Lesbo Sappho altera, uerum meretrix haud poetria. Alexim formosum fuisse tradit Virgilius quem deperisse Corydonem pastorem tradit. Adonym, Myrrhae filium, ob excellentiam formae Venus ardenter dilexit. Aventinum Hercule pulchriorem fuisse scribit Virgilius. Asturem etiam formosissimum fuisse idem Virgilius narrat. Atym puerum Phrygium a Cybele ob formae praestantiam adamatum esse omnes asserunt. Antinoo Bithynico mira pulchritudine adolescenti tanta tamque elegans fuit forma ut Adrianus Imperator a quo adamabatur templum ei apud Mantineam constituerit et ciuitatem apud Nilum eiusque imaginem fecerit insculpi nummis. Achantus puer speciosissimus fuit qui ob inuidiam tantae formae in florem sui nominis a diis conuersus est. Amaracum in herbam odoriferam mutatum esse ob formae elegantiam omnes fatentur. Asterius Veneris filius forma fuit insignis sed omnium Amores respuens. Alfum Gygari Danorum regis filium tam excellentis formae ac caesarie extitisse scribit Saxo Grammaticus ut argenteis nitere crinibus putaretur. Batyllus cum esset formae

LXXI. 13 apragmona *1641* : apragmones *1531 1549 1645* || 18 etiam si *1531 1549 1645* : licet *1641* || inscio *1531 1549 1645* : nescio *1641* || 19 dicta *1531 1549 1645* : Venus *1641* || 20 oleuisset *1531 1549 1645* : unxisset *1641* || 24 admirarentur *1531 1549 1645* : admirabantur *1641* || 35 nummis *1641* : numenis *1531 1549 1645.*

fut ardemment aimé par Anacréon. Diadumène, le dégustateur d'Auguste, était un garçon si beau que lors d'un concours de beauté (qui avait lieu à Elis) il remporta la palme. Le jeune Athénien Démoclès était si beau qu'en raison de sa beauté il était appelé par tous « le beau Démoclès » : et il était si soucieux de sa vertu (ce qui est le cas de peu de gens vraiment beaux) que, pour se soustraire à la violence de Démétrius, dont il subissait les assauts, il se jeta dans une marmite d'eau bouillante (puisqu'il ne pouvait fuir d'une autre façon)[215]. Nisus aima Euryalus pour son éclatante beauté, et la Lune aima Endymion pour la même raison. Galestès était un jeune homme d'une beauté remarquable et parfaite, et il était si cher au roi Ptolémée que, sensible à sa défense, le roi en personne épargna certains hommes (qui étaient traînés au supplice)[216]. Hippolyte, le fils de Thésée, était si beau qu'il était aimé de sa belle-mère. Hylas, à cause de la délicatesse de sa beauté, fut ardemment aimé par Hercule et, pour la même raison, il fut enlevé par les nymphes. On célèbre aussi pour l'excellence de sa beauté Hyas, le fils d'Atlas et d'Ether. Hippoclides, le fils de Tisandre, était considéré par les Athéniens comme exceptionnel par sa richesse et par sa beauté. Jules, le fils d'Enée et de Créuse, fut célébré par Virgile pour son éclatante beauté. Juventius était d'une si grande beauté que Catulle l'aima ardemment. Lausus, le fils de Mézence, était d'une si grande beauté que tous disaient qu'il était le plus beau. Lygdus aussi, selon les Anciens, était d'une beauté très éclatante. Léandre, un garçon d'Abydos (qui aimait Héro et était aimé d'elle), fut célébré par de nombreuses louanges pour l'excellence de sa beauté. Ligurinus, en raison de sa grande beauté, fut ardemment aimé par Horace, comme Marathus par Tibulle. Magnes, un jeune homme de Smyrne, paraissait très beau à tous les hommes de son temps et, pour cela, plaisait à tous, mais surtout à Gygès, le roi de Lydie ; comme ses parents toléraient difficilement cette situation, ils lui tondirent les cheveux pour diminuer sa beauté. Et Gygès, indigné, elegantissimae ad Anachreonte ardenter adamatus est. Diadumenus Augusti fuit praegustator, puer adeo speciosus ut in formae certamine (quod fiebat Elidi) meruerit palmam. Democles puer Atheniensis fuit adeo speciosus ut ex pulchritudine sua pulcher Democles ab omnibus uocaretur : cui (quod paucis admodum formosis contigit) tanta extitit pudicitiae cura ut ad declinandam uim Demetrii a quo petebatur ad stuprum se in plenum feruentis aquae lebetem (cum aliter effugere non posset) coniecerit. Euryalum ob praestantiam formae adamauit Nisus, Endymionem uero ob eadem causam Luna. Galestes adolescens forma speciosa decentique fuit et Ptolemaeo regi usqueadeo gratiosus ut rex ipse quibusdam (qui ad supplicium trahebantur) eiusdem patrocinio pepercerit. Hippolytus, Thesei filius, adeo speciosus fuit ut adamaretur a nouerca. Hylas propter formae elegantiam ardenter ab Hercule diligitur quem postea ob eandem causam nymphae rapuerunt. Celebratur etiam ob excellentiam gratiae Hyas Atlantis ex Aethra filius. Hippoclides Tisandri filius diuitiis atque forma ab Atheniensibus praecipuus habitus est. Iulius Aeneae filius ex Creusa ob formae praestantiam a Virgilio celebratur. Iuuencius tantae pulchritudinis fuit ut eum Catullus ardentissime deperiret. Lausus Mezentii filius tantae pulchritudinis fuit ut ab omnibus diceretur pulcherrimus. Lygdus etiam a prioribus forma habitus est praestantissima. Leander puer ex Abydo (qui Ero puellam adamauit et ab ea redamatus est) multis laudibus ob formae excellentiam commendatur. Ligurinus ob pulchritudinis magnitudinem ab Horatio ardenter diligitur quemadmodum Marathus a Tibullo. Magnes Smyrnaeus adolescens omnium sui saeculi pulcherrimus cunctisque propterea gratissimus, sed maxime Gygi Lydorum regi ; quod ferentes aegre parentes capillos ei totonderunt ut aliquid de pulchritudine minueretur. Indignatus

LXXI. 45 quod fiebat Elidi *1531 1549 1645* : quod instituebatur Elide *1641* || 50 aliter *1531 1549 1641* : *omis. 1645* || 53 Galestes *Soccas* : Galetes *edd.* || 55 eiusdem patrocinio *1531 1549 1645* : eo patrocinante *1641* || 65 prioribus *1531 1549 1645* : praedictis *1641* || 70 Magnes Smyrnaeus adolescens *1531 1549 1645* : fuit *add. 1641 post* Magnes Smyrnaeus adolescens.

porta la guerre en Magnésie. Narcisse, le fils de Céphise et de Liriopé, fut aimé pour sa beauté par de nombreuses nymphes ; et tandis que les nymphes se mouraient de désir pour lui, il fut, selon son vœu, changé en une fleur qui porte son nom. En raison de sa beauté, on rapporte que Nisus, roi de Mégare, avait des cheveux d'or. La renommée de Nérée n'est pas moindre, lui qui fut chanté par Homère, Horace, Ovide, Properce, et d'autres encore, tout comme la beauté de Néarche, chantée par Horace. Paris aussi était, selon les Anciens, remarquable par l'excellence de sa beauté. Phèdre d'Elée, l'ami de Socrate et de Platon, à cause de sa remarquable beauté, fut obligé par son maître proxénète (c'est affreux à dire) de se prostituer et de faire commerce de son corps[217]. Stace[218] écrit que Parthénopaeos, le fils de Méléagre et d'Atalante, ou (selon d'autres) de Mars et de Mélanipé, était d'une noble beauté, comme Serranus, selon Virgile. Spurina, un jeune homme remarquable par sa beauté dont la seule vue, charmante, enflammait la passion des femmes et des hommes, s'enlaidit volontairement en s'infligeant des blessures au visage. Virgile, en plusieurs endroits, célèbre aussi Turnus pour sa beauté. Il existe encore beaucoup d'autres garçons dont la beauté est louée pour son excellence. Mais nous voulons faire de ceux-ci des exemples pour que l'on comprenne que la beauté n'est pas une partie négligeable de la félicité humaine puisque le souvenir des hommes beaux n'est pas conservé par les poètes et par les historiens avec moins de soin que celui par lequel les hommes au caractère harmonieux sont honorés. Ensuite, il nous faut parler de l'amour pour lui-même ; car ce que nous en avons dit, nous l'avons dit en passant parce que nous traitions du beau en lui-même. En effet, on ne peut parler du beau sans parler de l'amour lui-même puisque, comme le dit Socrate, le beau et l'amour, qui relèvent du même savoir, sont liés. C'est pourquoi nous devons maintenant parler de l'amour pour lui-même car nous avons déjà parlé du beau, bien que certains points à ce sujet doivent encore, à l'occasion, être évoqués.

uero Gyges bellum mouit in Magnesios. Narcissus filius fuit Cephisi et Lyriopes a multis nymphis ob pulchritudinem adamatus ; cuius desiderio cum nymphae ipsae intabescerent, mutatus est in florem sui nominis. Nisus Megarensium rex ob pulchritudinem capillos aureos habuisse fertur. Non fama minore Nirei forma celebratur ab Homero, Horatio, Ouidio, Propertio, et ab aliis, nec pulchritudo Nearchi ab Horatio. Paris quoque prae formae elegantia a prioribus habitus insignis. Phaedrus Eliensis, Socrati Platonique familiaris, a domino lenone (dictu infandum) ob excellentem formam coactus est se prostituere suoque corpore quaestum facere. Parthenopaeum Meleagri et Atalantae filium, uel (ut aliis placet) Martis et Melanipes, forma fuisse liberali scribit Statius, quemadmodum Serranum scribit Virgilius. Spurina fuit forma egregius adolescens qui cum foeminas uirosque ad libidinem decoro aspectu solo prouocaret, pulchritudinem oris sponte uulneribus deformauit. Turnum quoque a forma plaerisque in locis commendat Virgilius. Sunt etiam alii permulti pueri in quibus elegans fuisse pulchritudo memoratur. Verum hos in exemplo uolumus esse inductos ut intelligatur non minimam partem felicitatis humanae esse pulchritudinem quandoquidem et a poetis et ab historicis non minore diligentia pulchri quam qui animi concinnitate honestantur, in memoriam seruantur. Post haec de amore per se disserendum est ; nam quae de eo hucusque diximus, obiter ea ratione diximus, qua de pulchro ipso pertractauimus. Non enim de pulchro quispiam dicere poterit nisi de ipso amore dixerit quippe cum amor et pulchrum, ut inquit Socrates, correlatiua sint quorum eadem est scientia. Quare de amore disserendum nunc per se ; nam et de pulchro diximus, licet nonnulla obiter de ipso sint adhuc dicenda.

LXXI. 74 bellum *1531 1549 1641* : bella *1645* || 79 nec *1531 1549 1645* : ut et *1641* || 80 a prioribus *1531 1549 1645* : ab iisdem *1641* || 85 Melanipes *nos* : Menalipes *edd.* || 94 pulchri *1531 1549 1645* : uirorum pulchrorum *1641* || 95 in memoriam seruantur *1531 1549 1645* : memoria conseruatur *1641* || 101-102 nam et de pulchro diximus, licet nonnulla obiter de ipso sint adhuc dicenda *1531 1549 1645* : licet hactenus, dum de pulchro diximus, nonnulla obiter de ipso dicenda fuerunt *1641*.

NOTES DE LA TRADUCTION

1. Colonna reprend cette allusion et les suivantes à Nifo. Voir le *De Pulchro,* chapitre XIV.

2. Aristote, *Anal. post.*, A1, 71 a 11-16.

3. Protagoras d'Abdère, accusé d'impiété, dut quitter Athènes. Sa pensée, relativiste, faisait de l'homme la mesure de toutes choses. Cf. Aristote, *Mét.*, K 6, 1062b 11-20.

4. Aristote, *Eth. Nic.*, I 1, 1094 b 14-16 et V 10, 1134 b 18 - 1135 a 5.

5. Exemple pris à Aristote, *Ibid.*, X 5, 1176 a 12-15.

6. Derrière cette remarque assez générale sur le τὸ καλόν stoïcien, on reconnaît la thèse du stoïcien Balbus dans le *De natura deorum* de Cicéron, II, 58 : « Telle est donc l'intelligence du monde (*mens mundi*) que pour cette raison on peut légitimement l'appeler sagesse (*prudentia*) ou providence (*prouidentia*), en grec *pronoia* : ce à quoi elle pourvoit de préférence, ce qui l'occupe avant tout, c'est que le monde, en premier lieu, soit le mieux possible adapté à sa conservation, puis qu'il ne manque de rien et surtout qu'il y ait en lui une beauté éminente (*eximia pulchritudo*) avec tous ses ornements (*ornatus*). » (Traduction de C. Auvray-Assayas, Les Belles Lettres, 2002, p. 83). Le *De natura deorum* de Cicéron est la référence muette des cinq premiers chapitres du *De Pulchro.* Voir la notice, première partie.

7. L'assimilation du Bon au Beau est présente dès le *Banquet* de Platon, 201 C. Le thème de la splendeur néo-platonicienne enrichit cette notion : c'est ainsi que dans le *Commentaire sur le Banquet de Platon* de Ficin, la beauté, « splendeur de la Bonté divine » (II, 3) devient « splendeur de la face de Dieu » (V, 4).

8. Plotin, *Enn.*, I 6 [1], 8, 5-8 : « Car si on voit les beautés corporelles, il ne faut pas courir à elles mais savoir qu'elles sont des images, des traces et des ombres ; et il faut s'enfuir vers cette beauté dont elles sont les images. » (Texte établi et traduit par Emile Bréhier, Paris, Les Belles Lettres, 1989 (1924)).

9. Les pythagoriciens. Nifo déduit cette définition à partir probablement de la mention qui en est faite par Ficin dans le

Commentaire sur le Banquet de Platon, Deuxième discours, chapitre I : *Trinitatem Pythagorici philosophi rerum omnium mensuram esse uoluerunt, ob eam arbitror rationem, quod deus a ternario numero res gubernat atque etiam res ipse ternario numero terminantur* (voir l'édition et la traduction annotée de Pierre Laurens du *Commentaire*, Paris, Les Belles Lettres, 2002, p. 23-24 ainsi que la note 1 p. 261). La source commune est Aristote, *De caelo*, I 1, 268 a 10-13.

10. Ps. Denys, *Les Noms divins*, VII (865 A – 873 A). Ce passage sur la sagesse divine est conforme à la rapide caractérisation qu'en fait Nifo, mais Denys ne parle pas d' « âme du monde ».

11. Platon, *Phaedr.*, 279 B.

12. Nous corrigeons *de libro* par *de pulchro*. Le *Charidème*, dialogue sur la beauté, cité plus loin dans le même chapitre, semble être la source de Nifo bien que Lucien n'attribue pas la recherche de la beauté uniquement aux femmes (voir Lucien, *Charidème*, 6). Nous souhaitons remercier ici J. Bompaire pour son aide précieuse.

13. Lucien, *Charidème*, 22-27. Les propos restent cependant assez éloignés de l'interprétation succinte qu'en donne Nifo.

14. Maxime de Tyr, *Diss.*, XXXIV, 7.

15. Peintre grec d'Héraclée, qui travailla en Italie et à Athènes. La célèbre anecdote de Zeuxis à Crotone est rapportée par Cicéron dans le *De inventione* (II, I, 1-3). Voir aussi Pline, *Histoire naturelle*, XXXV 36, 64-66. Philippe Junod dans *Transparence et opacité* (L'Age d'homme, Lausanne, 1976, p. 92, note 18) mentionne un grand nombre d'allusions à l'exemple de Zeuxis, et notamment, chez les modernes, celles de Boccace, dans son commentaire à la *Divine Comédie*, et d'Alberti, dans *De la statue* et *De la peinture*.

16. Lucien, *Imagines*, 5.

17. *Hippias majeur*, 288 A et 292 C-D.

18. *De caelo*, II 3, 286 a 22-24 : « Mais si la terre doit exister, le feu le doit aussi, car si l'un des contraires existe par nature, l'autre doit aussi exister par nature, du moins s'il est vraiment le contraire du premier, et il doit avoir une certaine nature propre. » (Texte établi et traduit par Paul Moraux, Paris, Les Belles Lettres, 1965).

19. *Symp.*, 201 A.

20. La description de la beauté physique de Jeanne d'Aragon allie la géométrie du célèbre canon de Polyclète, évoqué par Vitruve dans le *De architectura* (III, 1, 2), qui sera à nouveau exposé au chapitre XXXVI, et les *topoi* poétiques de la beauté féminine dont un des modèles ici pourrait bien être le portrait de Sophonisbe de

Pétrarque (*Africa*, V, v. 20-59). Sur le canon de Polyclète et sa postérité, voir P. E. Arias, *Policleto*, Firenze, 1964 et J. Pigeaud, *L'art et le vivant*, Paris, 1995, p. 29-44.

21. Une légère masculinité dans les traits du visage est un critère que l'on retrouve dans bien des descriptions de la beauté féminine à la Renaissance. Voir, par exemple, M. Equicola, *Libro di natura d'amore*, II, 8 (*De la nature d'amour*, traduit par Gabriel Chappuys, 1584, f. 134 v.).

22. L'image est difficile à rendre en français.

23. *Hippias majeur*, 287 E.

24. *Ibid.*, 288 A.

25. *Ibid.*, 289 A.

26. *Ibid.*, 289 E.

27. *Olympiques*, I, v. 1-4 : « [...] l'or, étincelant comme une flamme qui s'allume dans la nuit, efface tous les trésors de la fière opulence » (texte établi et traduit par Aimé Puech, Paris, Les Belles Lettres, 1970 (1922)).

28. *Hippias majeur*, 291 D.

29. *Ibid.*, 291 E - 223 C.

30. *Ibid.*, 293 E.

31. Aristote, *Mét.*, Z 12, 1037 b 10-27.

32. *Hippias majeur*, 294 D-E.

33. *Ibid.*, 296 E-297 C.

34. *Ibid.*, 297 B.

35. Proclus, *Théologie platonicienne*, V, 28. Voir aussi Ficin, *Comm. sur le Banquet*, II, 3 et *Theol. Plat.*, XVIII, 3, et P. Laurens, dans Ficin, 2002, les notes 15 à 17, p. 264, sur la métaphore platonicienne des cercles.

36. Jamblique, *Myst.*, II, 3-5. Voir aussi Ficin, *Comm. sur le Banquet*, II, 2, qui se réfère à Platon (*République*, VI, 508 C) et Denys (*Noms divins*, IV, 1, 693 B). Cf. P. Laurens, *op. cit.*, 2002, notes 9 et 10, p. 263-264 sur la métaphore platonicienne du soleil.

37. Ficin, *Comm. sur le Banquet*, V, 2.

38. Ficin, *ibid.*, V, 3.

39. *Rép.*, IX, 573 A-E. Ce n'est pas la beauté mais Eros qui est ainsi qualifié. La source de Nifo est Diogène Laërce, V, 19.

40. *Phaedr.*, 250 D. La source de Nifo est Diogène Laërce, V, 19.

41. Ces définitions sont attribuées à Théophraste, Théocrite et Carnéade par Diogène Laërce, V, 19.

42. Ficin, *Comm. sur le Banquet*, V, 3.

43. Ficin, *ibid.*, V, 3.

44. Ficin, *ibid.*, V, 3 : *Quo efficitur ut amor ad incorporeum aliquid referatur atque ipsa pulchritudo spiritale quoddam potius rei simulacrum sit quam corporea species.*

45. Cette critique est reprise à Jean Pic de la Mirandole dans le *Commento* (1500), traduit et annoté par Stéphane Toussaint, L'Age d'homme, 1989, p. 110.

46. Allusion vague, pour Catulle comme pour Pétrarque, qui renvoie à un *topos* de la poésie amoureuse présent chez ces deux auteurs.

47. C'est la définition d'Aristote (*Mét.*, M3, 1078 a 35 - b 5), formulée en latin par Cicéron dans les *Tusculanes,* IV, 31 : *Et ut corporis est quaedam apta figura membrorum cum coloris quadam suauitate, eaque dicitur pulchritudo, sic in animo opinionum iudiciorumque aequabilitas et constantia cum firmitate quadam et stabilitate uirtutem subsequens aut uirtutis uim ipsam continens pulchritudo uocatur* (Texte établi par Gérard Fohlen, Paris, Les Belles Lettres, 1968 [1931]). Plotin (*Enn.*, I 6 [1], 20-25) reprend également cette définition de la beauté pour la réfuter. Voir le chapitre XXVI et la note 60.

48. L'ensemble du chapitre expose la position de Ficin sur la question de la symétrie (*Comm. sur le Banquet,* V, 3) qui reprend celle de Plotin (*Enn.* I, 6 « du beau » et V, 8 « De la beauté intelligible »).

49. Voir *Hippias majeur,* 298 A ; *Phaedr.*, 250 C - D ; *Symp.*, 204 B - C et 210-211.

50. Dans les fragments mineurs attribués à Ménandre, on trouve un certain nombre d'allusions platoniciennes (surtout à la *République*), d'où l'épithète que lui donne Nifo. Nous n'avons pas trouvé cependant de définition de la beauté.

51. Platon, *Hippias majeur,* 298-300. Voir aussi Ficin, *Comm.*, V, 2.

52. Ficin, *Comm.*, VI, 8.

53. L'adjectif *animalis* est relatif ici à l'âme (voir aussi le chapitre XLI). Saint Thomas utilise ce même adjectif, notamment au troisième livre de son *Commentaire sur l'Ethique.* Par exemple, livre III, leçon XX, § 600 : *Et dicit quod earum quaedam sunt animales, quaedam corporales.* («Il dit que certains de ces plaisirs sont des plaisirs de l'âme, certains des plaisirs du corps »).

54. Voir le chapitre XXI. Le Socrate dont il est question ici est très néo-platonicien et renvoie aux développements précédents des chapitres XII et XIII.

55. *De caelo,* I 9, 279 a 22-30.

56. L'idée de « préparation » est reprise à Ficin, *Comm.*, V, 6. Mais Ficin, à la suite de saint Augustin (*De ciuitate Dei*, V, 11), ne l'applique qu'à la beauté du corps, selon l'ordre, la mesure et l'aspect que Nifo expose ici et développe à nouveau au chapitre XXXVI, en tant que *forma*. Il élargit l'application du terme, dans les chapitres suivants, à l'âme et aux autres aspects de la beauté corporelle (l'harmonie, le parfum, la douceur et la saveur) en accord avec la réévaluation de la hiérarchie des cinq sens et, particulièrement, la revalorisation des sens de l'odorat, du goût et du toucher.

57. Nifo reprend à son compte la critique qu'Aristote adresse à Platon au premier livre de la *Métaphysique* : « Quant à dire que les Idées sont des paradigmes et que les autres choses en participent, c'est prononcer des mots vides et faire des métaphores poétiques ». (*Mét.*, A 9, 991 a 20-22, traduction de J. Tricot, Paris, Vrin, 1991).

58. Aristote, *Rhét.*, II 2, 1378 a30-b2 : « On se met en colère quand l'on ressent de la peine : l'homme peiné est contrarié dans un désir ; si donc l'on fait obstacle à quelque désir, directement, par exemple quand on empêche l'homme altéré de boire, ou indirectement, l'effet est manifestement le même dans les deux cas ». (Texte établi et traduit par Médéric Dufour, Paris, Les Belles Lettres, 1991 (1931)).

59. Homère n'a écrit ni théorie esthétique ni remarque de ce genre. Nifo le déduit de ses poèmes.

60. Plotin, *Enn.*, I 6 [1], 20-25. Plotin donne effectivement cette définition de la beauté, mais elle reste spécifique à la beauté des corps qui n'est que le premier degré dans la hiérarchie du beau. Nifo détourne sa pensée sur ce point comme il le fera également dans le *De Amore* (chapitre XXIV).

61. Comme Homère, Ovide n'a pas donné de théorie esthétique, mais Nifo déduit de ses poèmes une opinion générale. Par exemple, la métamorphose des Cercopes (*Mét.*, XIV, v. 92-100), va dans le sens de la définition attribuée à Ovide par Nifo : Zeus les changea en « animaux difformes, qui différaient de l'homme tout en lui ressemblant » (*In deforme uiros animal mutauit, ut idem dissimiles homini possent similesque uideri*), « il rapetissa leur corps » (*membraque contraxit*). (Traduction de G. Lafaye, Les Belles Lettres, 1991 (1930)).

62. *Enn.*, I 6 [1], 5, 1-17.

63. Voir *infra*, chap. XXXII.

64. Voir *supra*, chap. XXV et XXVI.

65. Voir *supra*, chap. XXV.

66. Il s'agit du commentaire du second livre du *De anima* d'Aristote consacrée aux sens et à la sensation. Voir Averroès, *Commentarium magnum in Aristotelis De Anima libros*, liber secundum, § 65, 418 a 25 (recensuit F. S. Crawford, Cambridge (Massachusetts), p. 228). Nifo a repris les analyses d'Averroès dans son *De Sensu agente* (Venise, 1497) : soit les sens, passifs, suffisent à causer la sensation, soit il faut postuler un sens agent. Et, effectivement la connaissance qu'apporte la sensation aux hommes est supérieure à celle des animaux. Voir l'article d'Edward P. Mahoney, « Agostino Nifo's De Sensu agente », in *Archiv für Geschichte der Philosophie*, 1971, p. 119-142.

67. *De anima*, II 3, 414 b 5-16.

68. *Symp.*, 203 C.

69. Virgile, *Géorgiques*, III, v. 242-244 :

Omne adeo genus in terris hominumque ferarumque
Et genus aequoreum, pecudes pictaeque volucres
In furias ignemque ruont : amor omnibus idem.

Nifo fera souvent allusion à ce passage dans le *De Amore*, notamment au chapitre XII.

70. Voir *infra*, chap. XLIX et L.

71. Voir *infra*, chap. XLVI.

72. Ovide, *Héroïdes*, I, v. 12.

73. Voir le *De Amore*, chap. XIX.

74. Pline, *Hist. Nat.*, livre II, III, 8-9. A propos de la beauté du ciel, Pline rapproche les mots *caelum* et *caelatum*.

75. Voir le *De Amore*, notamment les chap. XLIX-LIX.

76. Voir *supra*, chap. XXVI.

77. *Technae* (*Ars medica*), livre II. Voir dans *Les six principaux livres de la thérapeutique de Galien avec le deuxième de l'art curatoire à Glaucon*, Paris, pour Oudin Petit, 1554, p. 240 v. : à propos de l'équilibre des quatre éléments (le chaud, le froid, le sec et l'humide), il faut prendre en compte « l'intention de chaque membre » qui exige un équilibre qui lui est propre. Mais la discussion qui suit sur la définition de la meilleure complexion est dans le prolongement des questions de médecine posées par la scolastique, notamment par Pietro d'Abano (1250-1315) dans le *Conciliator differentiarum philosophorum et praecipue medicorum*. La définition de la santé (*sanitas*) est très proche de celle de la meilleure

complexion unie à celle de la meilleure composition. La conception exposée ici par Nifo est influencée par Gentile da Foligno (*ca 1295-*1320) dans son commentaire sur les *Technae* de Galien : *Sanitas est quaedam forma naturalis qua operationes debite fiunt siue bene* (*Expositio et quaestiones subtilissimae super primo libro microtechni Galeni,* Quaestio 29). Sur la question de la médecine et de la scolastique, voir P.-G. Ottosson, *Scholastic medicine and philosophy,* Napoli, 1984 (p. 127-194).

78. Auteur d'un *Enseignement des doctrines de Platon.* On ne trouve pas chez Alcinoos de développements sur la préparation de la matière à recevoir la beauté selon l'ordre, la mesure et l'aspect. Fidèle à l'assimilation platonicienne du Beau et du Bon, Alcinoos applique cependant au Bien les caractéristiques du Beau : ainsi le dit-il « bien proportionné », σύμμετρον (180, 8 Hermann).

79. Pline, *Hist. nat.*, livre XXXIV, 19, 55-56, à propos du canon de Polyclète. Voir les notes du chapitre V du *De Pulchro.*

80. Varron, cité par Pline. Voir note précédente.

81. Vitruve, *De architectura,* III, 1-2.

82. Pseudo-Aristote, *Physiogn.*, II, 806 b.

83. *Amores,* II, 4, v. 40 : *Est etiam in fusco grata colore uenus.*

84. Avicenne, *De animalibus,* livre 19 (per magistrum Michaelem Scotum de arabico in latinum translatus, s. l., *ca* 1500, liber decimus nonus, p. 54 (non numérotée)).

85. Athéna est caractérisée chez Homère par l'épithète γλαυκῶπις (la déesse « aux yeux pers »).

86. C'est-à-dire les pêches.

87. Anecdote rapportée par Aulu-Gelle, *Nuits attiques,* I, 1, 2. Voir aussi Plutarque, fr. 23, 1.

88. Voir *supra,* la fin du chap. V.

89. *De caelo,* II 12, 293 a 4-14.

90. Remarque générale. On peut se reporter à Aristote, *Politique,* VII 17, 1336 b 12-23 : passage sur l'éducation des enfants et la pudeur vis-à-vis des représentations artistiques.

91. Remarque générale. Platon observe une certaine réserve vis-à-vis de la musique dans la *République* (376 E – 403 C). Mais elle a aussi, pour les platoniciens, une autre dimension, pythagoricienne, avec la musique des sphères.

92. *Politique,* VIII 11, 1339 b 20-25.

93. Voir *supra,* chap. XXXIX.

94. Ovide, *Métamorphoses*, XIII, v. 796 : *Mollior et cygni plumis, et lacte coacto.* Au chapitre XV du *De Amore*, Nifo citera plus longuement le portrait de Galatée (v. 789-797) accompagné d'un commentaire destiné à établir que la beauté est transmise à l'âme par tous les sens.

95. Voir *supra*, chap. XL.

96. *Eth. Nic.*, VIII 9, 1159 a 3-5.

97. Voir *supra*, chap. XXII.

98. Allusion vague à la sagesse stoïcienne.

99. *Phaedr.*, 237 D.

100. *Cratyle*, 411 E.

101. *Charmide*, 159 B.

102. *Eth. Nic.*, VIII 7, 1157 b 28-31.

103. Voir *supra*, chap. XXII et XLII.

104. Pour Cratyle, Phèdre et Charmide, voir le chapitre XLIII.

105. Platon, *Phaedr.*, 247 C – 250 B. Thème et croyance repris par toute la tradition néo-platonicienne. Sur les rapports de l'âme et du corps, voir Ficin, *Comm.*, IV, 3.

106. *Leg.*, 739 E et 782 A.

107. *Phédon*, 72 E – C. Mais l'ensemble du dialogue tend à montrer la pré-existence des âmes. Ici Nifo choisit ce qui va dans son sens.

108. Allusion de Nifo à son propre commentaire du *De anima* d'Aristote en 1503.

109. *Les parties des animaux*, I 1, 639 b 11-26.

110. *De animal. part.*, I 5, 645 a 11-23.

111. *Les parties des animaux*, I 5, 645 a 16-23.

112. Référence aux notions aristotéliciennes d'acte et de puissance. Voir le *De anima*, II 5, 417 a 6-14.

113. *De anima*, II 4, 415 a 25-28.

114. Voir *supra*, chap. XXX.

115. *Eth. Nic.*, III, 13, 1118 b 1-19.

116. Voir le *De Amore*, chap. XVI.

117. Platon, *Phaedr.*, 249 C - D (sur la théorie de la réminiscence) et *Symp.*, 189 D – 191 D (discours d'Aristophane).

118. *Eth. Nic.*, III 13, 1118 b 10-11.

119. *Eth. Nic.*, VII 5, 1147 a 31-1147 b 5. Cette « loi individuelle » est importante non seulement pour comprendre la subjectivité du goût et sa fragilité, mais aussi pour comprendre, à la fin de ce même chapitre, le retour sur la thèse d'Hippias auquel Nifo, implicitement, a donné raison dès le chapitre V : comme le dit Aristote dans ce

passage, la convergences de nombreuses opinions particulières peut déboucher sur une connaissance, celle qui est issue des sens et de la perception.

120. Voir *supra*, chap. XXXIII.

121. Voir *supra*, chap. XLIX.

122. La différence entre *uti* et *frui* parcourt l'œuvre d'Augustin.

123. P. Lombard, *Liber sent.*, III, dist. XXVII, cap. 5. Commentant Augustin (*De doctrina christiana*), il conclut : *Et diligere Deum « propter se » modus est diligendi Deum.* Mais P. Lombard ne parle pas de jouissance humaine et charnelle mais de l'amour de Dieu.

124. Voir *infra*, chap. LI et le *De Amore*, chap. XLI-XLII.

125. Voir le *De Amore*, chap. XVI.

126. *Oec.*, III, 1 (fr. 184). Le troisième livre de l'*Economique* apparaît dans la version latine de Guillaume Durand à la fin du XIIIe siècle. Selon le volume consulté par Nifo, il est possible que ces passages aient été ajoutés au livre II.

127. *Eth. Nic.*, VII 12, 1152 b 4-8.

128. *Ibid.*, VII 14, 1154 a 8-19.

129. *Ibid.*, VII 15, 1154 b 20-24.

130. Voir *supra*, chap. XLIX.

131. Ficin, *Comm.*, III, 2 : *Nempe similia similibus conservantur. Amor autem simile ad simile trahit.* Ficin suit la tradition platonicienne (*Lys.* 214 A).

132. *Ibid.*, VIII 4, 1156 b 17-24.

133. *Ibid.*, VIII 7, 1158 a 10-14.

134. *Rhét.*, I 11, 1371 a 17-20.

135. Voir *infra*, chap. LVII.

136. *Rhét.*, I 11, 1371 a 21-22.

137. L'exemple argumentatif du flatteur est repris à Aristote, *Rhét.*, I 11, 1371a 22-24.

138. Les néo-platoniciens. Voir les chapitres XII et XIII.

139. Voir *supra*, chap. XII.

140. Juvénal, *Satires*, X, v. 297-8 :

[...] *rara est adeo concordia formae / atque pudicitiae.* [...]

141. Ovide, *Héroïdes*, XVI, v. 290 : *Lis est cum forma magna pudicitiae.*

142. *Eth. Nic.*, IX 11, 1171 a 35-b4.

143. *Les parties des animaux*, I 5, 644 b 31-35. Aristote ne fait aucune analogie avec les jeunes femmes en particulier. L'interprétation que fait Nifo du texte aristotélicien est très personnelle.

144. *Heroic.*, 54, 4.

145. *De Trinitate*, X, 2, 4.

146. Légende reprise à Philostrate, *Heroic.*, 54, 4.

147. Jaufre Rudel, seigneur de Blaye (Gironde), célèbre troubadour du XIIe siècle, aurait éprouvé un amour mystérieux pour la comtesse de Tripoli. Réelle ou non, cette passion est devenue une légende et le thème de « l'amour de loin » inspira de nombreux poètes dont Dante et Pétrarque.

148. Les distinctions entre amour, bienveillance et amitié sont tirées de l'*Ethique à Nicomaque*, VIII 2, 1155 b34-1156 a5. Nifo, dans le *De Amore*, se référera souvent à ce passage d'Aristote.

149. *Eth.Nic.*, X, 4, 1174 b 33.

150. *Ibid.*, X 5, 1175 b 1-13. L'exemple des joueurs de flûte est également repris à ce passage d'Aristote.

151. Ovide, *Rem. Amor.*, v. 8.

152. *Eth. Nic.*, X 5, 1176 a 5-6.

153. Exemple repris à Aristote, *Eth. Nic.*, X 5, 1176 a 6-7.

154. Cette distinction se retrouve dans le *De Amore* et tend à montrer que les sens ne sont pas cause de nos erreurs mais plutôt les égarements de la raison. La source est Aristote, *Eth. Nic.*, X 5, 1176 a 19-29.

155. On pense plutôt à Perse, *Satires*, V, v. 52-53 :
Mille hominum species et rerum discolor usus
Velle suum cuique est nec uoto uiuitur uno.

156. Voir *supra*, chap. IV.

157. Saint Thomas d'Aquin, *Commentaire sur l'Ethique d'Aristote*, livre III, Leçon XIX (600-612) : Thomas, commentant Aristote, distingue les plaisirs propres aux trois premiers sens (la vue, l'ouïe et l'odorat), sur lesquels l'intempérance ne s'exerce pas, et les plaisirs propres aux deux derniers sens (le goût et le toucher), qui sont l'objet de l'intempérance. L'odorat, cependant, peut entrainer un plaisir intempérant lorsqu'il a pour objet le parfum, suggestif, des femmes (609). Donc Nifo, qui adapte ce passage à son propos, interprète Thomas assez fidèlement en limitant chez lui la jouissance à celle de l'esprit, de la vue et de l'ouïe.

158. Voir *supra*, chap. XXXIX et XL.

159. Bien que, dans ce chapitre, Nifo ait jusqu'ici traité le goût comme l'un des cinq sens à part entière, il a déjà précisé précédemment que le plaisir procuré par le goût était dépendant et mêlé au plaisir procuré par le toucher (voir les chapitres XXXV

et XL). Cette analyse est héritée de l'*Ethique à Nicomaque* (III, 1118 a). Donc, en traitant du toucher, il considère qu'il traite aussi du goût. Pourtant, cela ne l'empêche pas de réserver, dans le *De Pulchro* comme dans le *De Amore*, des développements propres aux plaisirs gustatifs.

160. Chapitre XVI du *De Amore*.

161. Voir *supra*, chap. XLII et XLIII.

162. Aulu-Gelle, *Nuits attiques*, XIX, 6.

163. Voir Plutarque, *Les vies, Caton l'Ancien*, IX, 5 (341 c).

164. Voir Diogène Laërce, *Vies et doctrines*, VI, 54.

165. Diogène Laërce, *Vie et doctrines*, V, 53. Mais cette anecdote n'est pas rapportée.

166. *Eth. Nic.*, IV 15, 1128 b 10-14.

167. *Protagoras*, 322 C.

168. Valère Maxime, *Faits et dits mémorables*, III, 2 et V, 1. Voir aussi Plutarque, *Caes.*, 56, 733 l-734b (mais il s'agit de la tête du fils de Pompée lors de la bataille de Munda)

169. Plutarque, *Mor.*, 246 A-B (*Mulierum virtutes*).

170. Aulu-Gelle, *Nuits attiques*, XIX, 9.

171. Valère Maxime, *Faits et dits mémorables*, IV, 5 (*De verecundia Romanorum*).

172. Plutarque, *Mor.*, 249 B-C (*Mulierum virtutes*) et Aulu-Gelle, *Nuits attiques*, XV, 10.

173. Plutarque, *Vies d'Agis et Cléomène*, 38, 5-12 (823 c-e).

174. Boccace, *De mulieribus claris*, LXI, 9.

175. Spurina est un beau jeune homme étrusque qui mutila son visage afin de ne plus susciter le désir des femmes. Cf. Valère Maxime, *Faits et dits mémorables*, IV, 5, ext. 1. Exemple repris au chapitre LXXI.

176. Boccace, *De mul. clar.*, LXVI.

177. Cicéron, *Philippiques*, II, 15.

178. Virgile, *Géorgiques*, II, v. 524.

179. Xénocrate était réputé pour sa tempérance (voir Diogène Laërce, IV, 7 et Valère Maxime II, 10, ext. 2 et IV, 3, ext. 3). La source la plus proche de la citation donnée par Nifo est Cicéron, *De Fin.*, IV, 6, 18.

180. Ammien Marcellin, *Hist.*, XVI 7, 9-10.

181. Quintilien, *Inst. Or.*, VI, 75.

182. Le *De Pulchro* se clôt, des chapitres LXIX à LXXI, sur des séries d'*exempla* mythographiques ou historiques empruntés à

Hygin, Valère Maxime, Aulu-Gelle, Sidoine, Apollinaire ou encore à la poésie amoureuse (Tibulle, Catulle, Properce, Ovide). Le *Libro della natura d'amore* (1525) de Mario Equicola est aussi une source de seconde main importante. Le procédé du catalogue énumératif, voire de la simple liste, à la manière d'Ovide et surtout d'Hygin, peut surprendre dans un ouvrage à caractère philosophique (cf. la notice). En effet, les développements qui suivent sont en rupture avec le reste du traité. Renonçant à référencer une à une chacune des mentions faites par Nifo, nous avons cependant indiqué, chaque fois que nous l'avons pu, la source des anecdotes les plus développées.

183. Val. Max., VI, 1, ext. 3. Voir aussi Boccace, *De mulier. clar.*, LXXX.

184. Tit. Liv., XXXVIII, 24 et Val. Max., VI, 1 ext. 2. Voir aussi Boccace, *De mulier. clar.*, XXXIII.

185. Val. Max., VI, 1, ext. 1. Voir aussi Boccace, *De mulier. clar.*, LIII.

186. Plut., *Parall. Min.*, 310 B.

187. Plut., *Parall. Min.*, 310 C.

188. Rufin, *Hist. eccl.*, VIII 14, 16-17.

189. Val. Max., VI, 1, 1. Voir aussi Boccace, *De mulier. clar.*, XLVIII.

190. Surnom de Séleucos Ier.

191. Plut., *Amatoriae Narrationes*, II, 3, 773 B-D et Xénophon, *Hell.*, 6, 4, 7.

192. Philomène nous est inconnue. Eusèbe de Césarée connaît une Philomène, « possédée du démon », sans lien avec l'anecdote rapportée par Nifo (cf. *Hist. Eccl.*, V, 13, 2). Nous conservons donc la forme « Phitomène ».

193. Rufin, dans l'*Historia monachorum in Aegypto* (éd. A. J. Festugière, Bruxelles, 1993), rapporte la vie et les faits de saint Anastase. Y apparaît aussi sainte Anastasie mais aucune mention n'est faite de l'anecdote du travestissement racontée ici. L'histoire d'Anastasie est bien connue (fête le 10 mars chez les Grecs et le 21 janvier dans le synaxaire arabe). Voir G. M. Fusconi, dans *Bibliotheca Sanctorum*, tome I, [Rome], 1961 ; le *Synaxaire* de Constantinople, éd. H. Delehaye, dans *Propylaeum ad Acta sanctorum Novembris*, col. 523-528 ; L. Clugnet, *Vie et récits de l'abbé Daniel le Scétiote (VIe s.)*, Paris, 1901, p. X-XIII, 2-12. Sur ce thème, voir aussi H. Delahaye, *Les Légendes hagiographiques*, Bruxelles, 1955 (4e éd.), p. 186 sq. Le désert égyptien est celui de Scété (Wâdi Natrũn, entre le Caire et Alexandrie), grand

centre de monastères. Nous tenons à exprimer toute notre gratitude à J.-L. Lemaître, directeur d'études à l'EPHE, pour son aide précieuse.

194. Jacques de Voragine rapporte une anecdote très proche à propos des Huns mais les noms des personnages ne sont pas mentionnés (*La légende dorée*, 153, 205-207).

195. *Elégies*, II, 3, v. 32 : *post Helenam haec terris forma secunda redit.*

196. *Métamorphoses*, IX, v. 9-10.

197. Nous n'avons pas identifié ces vers. Au dernier chapitre du *De Amore*, à propos de la beauté d'Eurydice, Nifo cite un certain Quintius inconnu. Il s'agit sûrement du même auteur et du même poème.

198. Catulle, 86, v. 6.

199. Plutarque, *Vie de Démétrius*, XVI, 5-6.

200. Xénophon, *Cyr.*, V, 2-8.

201. Quinte Curce, *Histoires*, III, 12, 21-24.

202. Quinte Curce, *Histoires*, VIII, 4, 23-26.

203. Pline, *Hist. nat.*, XXXV 36, 86.

204. Lydé est traditionnellement la femme du poète Antimaque et non de Callimaque. Nifo reproduit ici la confusion de Mario Equicola dans le *Libro della natura d'amore* III, 1 (1584, f. 150 v.).

205. Une tradition, s'appuyant sur une épigramme attribuée à Platon, adressée à un certain Alexis, fait de Phèdre l'éromène du philosophe. Voir Diogène Laërce, III, 29 et Apulée, *Apologie*, X, 9. Voir aussi P. Laurens, 2002, p. 255-256, note 12. En revanche, Plutarque n'en fait pas mention. Il est à noter que Nifo, ici, féminise le nom de Phèdre, sans doute pour ôter tout soupçon d'homosexualité, qualifiée dans le *De Amore* de contre nature d'un point de vue physique (tout comme une relation hétérosexuelle qui s'écarterait des usages habituels). Pour autant Nifo ne s'attarde pas sur cette question et ne prononce aucune diatribe contre l'homosexualité.

206. Voir *supra*, l. 51.

207. Voir *supra*, l. 16.

208. Victoria Colonna (1490-1547) était la cousine de Pompeo Colonna, commanditaire du *De Pulchro et Amore*, et mariée à Ferrante Francesco d'Avalos, marquis de Pescara. Voir sa biographie dans R. Mollaretti Nobbio, *Vittoria Colonna e Michelangelo*, Firenze, 1990.

209. Lucien, *Dialogi deorum*, 19[23], 2.

210. Les mentions, dans cet ordre et en ces termes, de la beauté d'Alcibiade, de Scipion, de Démétrius et d'Alexandre ont pour source Elien, *Var. hist.*, XII, 14.

211. Elien, *Var. hist.*, XII, 18.

212. Elien, *Var. hist.*, XII, 19.

213. Pausanias, VIII 9, 7-8.

214. *Gesta Danorum*, VII, 6, 1 (*La Geste des Danois*, traduit par J.-P. Troadec, Gallimard, 1995, p. 295).

215. Plutarque, *Vie de Démétrius*, XXIV, 2-5.

216. Elien, *Var. hist.*, I, 30.

217. Il s'agit de Phédon d'Elis et non de Phèdre. Anecdote rapportée par Aulu-Gelle, *Nuits attiques*, II, 18, 1.

218. *Silves*, II, 6, v. 42-44.

INDEX AVCTORVM
(Introduction et notice)

INDEX AVCTORVM
(texte et traduction)

TABLE DES MATIÈRES

COLLECTION
« LES CLASSIQUES DE L'HUMANISME »

dirigée par Pierre Laurens et Alain Michel

LÉON BATTISTA ALBERTI

Poèmes (*Rime*), par G. Gorni et M. Sabbatini.

Grammaire de la langue toscane (*Grammatichetta*) par Giuseppe Patota

GUILLAUME BUDÉ

L'étude des Lettres. Principes pour sa juste et bonne institution (*De studio literarum recte et commode instituendo*), par M.-M. de la Garanderie.

Le passage de l'hellénisme au christianisme (*De transitu Hellenismi ad Christianismum*), par M.-M. de la Garanderie et D. Penham.

Philologie (*De Philologia*), par M.-M. de la Garanderie.

DANTE ALIGHIERI

Le Banquet (*Il convivio*), par Ph. Guiberteau (traduction seule).

MARSILE FICIN

Théologie platonicienne de l'immortalité des âmes (*Theologia platonica de immortalitate animarum*), tomes I, II et III, par R. Marcel.

Commentaire sur Le Banquet de Platon (*Commentarium in Convivium Platonis de amore*), par P. Laurens.

PIERRE MARTYR D'ANGHIERA

Les quatre voyages de Christophe Colomb (*De orbe novo*, Ire Décade), par B. Gauvin.

ALBERTINO MUSSATO

Écérinide, Épîtres métriques sur la poésie, Songe (*Ecerinis, Epistolae, Somnium*), par J.-F. Chevalier.

PÉTRARQUE

Lettres familières (*Rerum familiarium libri*), t. I, II et III (livres I-III, IV-VII et VIII-XI), par U. Dotti et A. Longpré.

Lettres de la vieillesse (*Seniles*), t. I et II (livres I-III, IV-VII), par U. Dotti, E. Nota, F. Fabre, A. de Rosny, *et al.*

ANGE POLITIEN

Silves (*Silvae*), par P. Galand-Hallyn.

LE POGGE

Les Ruines de Rome (*De varietate fortunae,* Livre I), par J.-Y. Boriaud et Ph. Coarelli.

– À paraître en 2004 –

PÉTRARQUE

Lettres de la vieillesse (*Seniles*), t. III (livres VIII-XI), par U. Dotti, E. Nota et C. Laurens.

Lettres familières (*Rerum familiarium libri*), t. IV (livres XII-XV), par U. Dotti et A. Longpré.

L'Afrique (*Africa*), Chants I-V, par P. Laurens.

FLAVIO BIONDO

Rome restaurée (*Roma instaurata*), par A. Raffarin-Dupuis.

LÉON BATTISTA ALBERTI

Propos de table (*Intercenales*), par R. Cardini et C. Laurens.

ANTONIO LOSCHI, GREGORIO CORRER, LEONARDO DATI

Trois tragédies humanistes (*Achilles, Procné, Hiempsal*), par J. F. Chevalier

GIROLAMO MERCURIALE

La gymnastique (*De arte gymnastica*), par J. M. Agasse.

– En préparation –

LÉON BATTISTA ALBERTI

Opuscules artistiques (*De Pictura, De statua, Elementa picturæ*), par F. Vuilleumier Laurens

AGOSTINO NIFÒ

De l'amour (*De amore*), par L. Boulègue.

PÉTRARQUE

Lettres de la vieillesse (*Seniles*), t. IV à VI (livres XII -XVIII), par U. Dotti, E. Nota, J.-Y. Boriaud et R. Lenoir.

Lettres familières (*Rerum familiarium libri*), t. V à VII (livres XVI-XXIV), par U. Dotti et A. Longpré.

L'Afrique (*Africa*), Chants VI-IX, par P. Laurens.

La Vie solitaire (*De vita solitaria*), par M. Angeli.

Le Chansonnier (*Canzoniere*), par J.-Y. Masson.

Les Triomphes (*Trionfi*), par J.-Y. Masson.

Ce volume,
le vingtième de la collection
« Les Classiques de l'Humanisme »
publié aux Éditions Les Belles Lettres
a été achevé d'imprimer
en octobre 2003
dans les ateliers de Normandie Roto Impression s.a.s.
61250 Lonrai.

N° d'éditeur : 6007
N° d'imprimeur : 03-2694
Dépôt légal : novembre 2003
Imprimé en France